# Programador Java Certificado. Curso práctico

## 3ª Edición

# Programador Java Certificado. Curso práctico

**3ª Edición**

*Antonio J. Martín Sierra*

Ra-Ma®

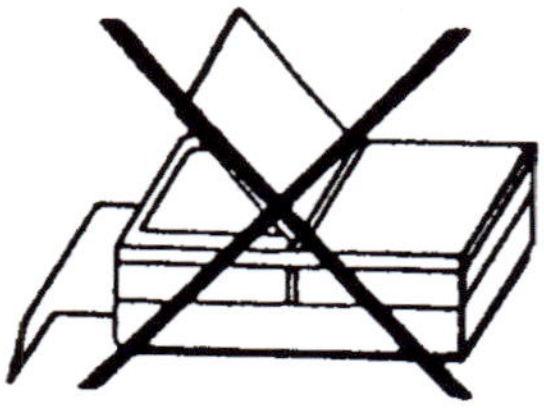

La ley prohíbe
fotocopiar este libro



Editado por:
RA-MA Editorial, S.A.
Calle Jarama, 3A, Polígono Industrial Igarsa
28860 - PARACUELLOS DE JARAMA, Madrid
Teléfono: (+34) 91 658 42 80
Fax: (+34) 91 662 81 39
Correo electrónico: editorial@ra-ma.com
Internet: www.ra-ma.es y www.ra-ma.com
ISBN: 978-84-7897-972-1
Depósito Legal: M-19475-2010
Autoedición: Autores
Diseño Portada: Antonio García Tomé
Impresión:
Impreso en España en abril de 2010

*A mis hijos Alejandro y Raúl.*

# ÍNDICE

# PRÓLOGO

A día de hoy, el número de libros publicados en castellano sobre Java es enormemente extenso. En este escenario cabe pues preguntarse qué tiene de particular el presente libro.

Programador Java Certificado no pretende ser una especie de Biblia de Java, más bien lo que puede distinguir a este libro de otros es su particular enfoque didáctico.

Consciente de la dificultad que entraña el aprendizaje de un lenguaje de programación como Java a través de un manual, he utilizado mis siete años de experiencia en la enseñanza de este lenguaje para intentar plasmar los conceptos de una forma sencilla, clara y encadenada, procurando seguir un orden lógico en las explicaciones que evitase en lo posible los saltos hacia adelante y hacia atrás en la exposición de los temas. Cada tema o concepto que se explica viene además acompañado de un ejemplo práctico para ayudar a su comprensión.

A lo anterior se debe añadir el hecho de que éste es de los pocos libros de Java en castellano, orientados a la obtención de la Certificación Java Sun.

## OBJETIVOS

El objetivo de este libro es conseguir que el lector adquiera un profundo conocimiento del lenguaje Java, proporcionándole al mismo tiempo la ayuda necesaria para que logre superar el examen de Certificación 310-065, que lo refrenda como Programador Java Sun Certificado.

Con este libro no se pretende especializar al lector en el desarrollo de un tipo concreto de aplicaciones con Java, sino en conseguir un dominio completo del lenguaje. Así pues, aspectos como el desarrollo de aplicaciones informáticas para la Web o la programación de dispositivos electrónicos en Java, quedan fuera del alcance de esta obra.

No obstante, se han incluido dos temas que, aunque no forman parte de los objetivos del examen, son de gran importancia en el desarrollo de la mayoría de aplicaciones Java. Se trata de la creación de aplicaciones basadas en entornos gráficos y el acceso a bases de datos en Java.

## A QUIÉN VA DIRIGIDO

Este libro está dirigido a programadores en cualquier lenguaje que, sin tener conocimientos de Java, quieran adentrarse en este lenguaje de programación y adquirir una sólida formación sobre el mismo.

También aquellos programadores Java que quieran obtener la Certificación pueden encontrar este libro como una útil herramienta para la preparación del examen. En él se exponen algunos conceptos que son desconocidos por los programadores, debido a que su uso pasa muchas veces desapercibido en el desarrollo cotidiano de las aplicaciones, pero que son de gran importancia para la consecución del examen.

## ESTRUCTURA DEL LIBRO

Los contenidos expuestos en el manual se encuentran organizados en dos bloques: una primera parte dedicada a la enseñanza del lenguaje y las librerías de uso general y otra centrada en la revisión de cada uno de los objetivos marcados en el examen de Programador Java Certificado 310-065 (versión JDK 1.6 o Java 6).

### Parte I

Engloba los capítulos comprendidos entre el 1 y el 9. El capítulo 1 nos introduce las características de la tecnología Java y nos proporciona la base necesaria para comenzar a crear programas en Java, lenguaje cuyos elementos sintácticos son analizados en el capítulo 2.

El capítulo 3 presenta las clases de uso general más importantes incluidas en la plataforma, mientras que el capítulo 4 se dedica al estudio de uno de los pilares básicos de la programación Java: la programación orientada a objetos. En el capítulo 5 se analiza el mecanismo de excepciones Java como medio para capturar y tratar errores provocados por la aplicación durante la ejecución de la misma.

Tras el estudio de la sintaxis del lenguaje y los elementos de soporte, los capítulos 6, 7 y 8 se centran en el empleo de Java en dos importantes áreas del desarrollo, éstas son el acceso a datos y la creación de entornos gráficos.

Finalmente, el capítulo 9 está dedicado a la creación de aplicaciones multitarea que es uno de los aspectos más potentes, y a la vez complejos, que nos ofrece Java.

## Parte II

Esta parte consta de los capítulos 10 y 11. Por un lado, el capítulo 10 nos adentra en uno de los aspectos más extravagantes de la programación Java: las clases anidadas. Se trata de un modelo de programación cada vez menos utilizado en el desarrollo de aplicaciones, sin embargo, gran parte de las cuestiones de examen utilizan esta estructura sintáctica.

El capítulo 11 se centra en realizar una revisión exhaustiva de cada uno de los puntos que componen los objetivos del examen de Certificación 310-065, llamando la atención del lector sobre aquellos aspectos especialmente relevantes de cara a la correcta resolución de las cuestiones que en ellos se plantean. Este examen corresponde a la Certificación de Programador Java Sun, centrada en el conocimiento del lenguaje y las librerías de uso general.

## Apéndices

Además de los 11 capítulos comentados, el libro incluye tres apéndices. El apéndice A contiene un resumen de las clases AWT y swing más utilizadas en el desarrollo de aplicaciones basadas en entorno gráfico. El apéndice B contiene las respuestas a las cuestiones de autoevaluación propuestas al final de cada capítulo. Finalmente, el apéndice C incluye una simulación del examen 310-065, con preguntas tipo que pueden ser planteadas en dicha prueba.

Si desea obtener más información sobre los programas de Certificación Java de Sun puede consultar la página Web:

http://www.sun.com/training/certification/java/index.html

# CONVENCIONES UTILIZADAS

Se han utilizado las siguientes convenciones a lo largo del libro:

- Uso de **negrita** para resaltar ciertas definiciones o puntos importantes a tener en cuenta.
- Utilización de *cursiva* para métodos y propiedades de objetos y atributos de etiquetas, así como para presentar el formato de utilización de algún elemento de código.
- Empleo de estilo `courier` para listados de código Java.

# CD-ROM

Con el libro se incluye un CD-ROM con todas las prácticas desarrolladas en los distintos capítulos del mismo. Estas prácticas han sido creadas con el entorno de desarrollo NetBeans 6.5 y pueden ser ejecutadas tanto con la versión Java SE 5.0 como con la 6.0.

En el caso de que el lector disponga de un IDE distinto a NetBeans puede utilizar los códigos fuente de las clases que se encuentran en el subdirectorio \src de cada práctica.

Espero que este libro resulte de utilidad al lector y le ayude, tanto a la comprensión del lenguaje Java como a la superación del examen de Certificación. Si desea realizar algún comentario u observación puede contactar con el autor a través de la siguiente dirección de correo:

ajms66@gmail.com

Capítulo 1

# INTRODUCCIÓN A JAVA

Sun Microsystems, la empresa propietaria de Java, no imaginó en 1991, año en que se desarrolló la primera versión del lenguaje, que unos diez años después, éste se iba a convertir en el lenguaje de programación más utilizado por la comunidad mundial de desarrolladores y, mucho menos, que la mayoría de los grandes fabricantes de software del momento IBM, Oracle, Borland, BEA, etc., desarrollarían sus productos para, de alguna u otra manera, dar soporte al lenguaje Java.

Java es, sin duda alguna, el lenguaje de programación que más impacto ha tenido en los últimos años, especialmente en el mundo de desarrollo para la Web. Probablemente, Internet no sería lo que es hoy sin la existencia de Java.

Pero la expansión de Java, lejos de detenerse, va en aumento, pues no sólo es el referente en el desarrollo de aplicaciones Web, sino que también tiende a imponerse en los grandes retos que tiene la programación para el futuro, como son los Servicios Web o la programación para dispositivos electrónicos.

Esta especie de "Revolución del mundo Software" que Java ha provocado hace que uno llegue a preguntarse, ¿qué tiene Java que no tengan los demás lenguajes de programación? Como lenguaje de programación, Java no se diferencia mucho del resto de los lenguajes orientados a objetos, sin embargo, Java es algo más que un lenguaje y posee una serie de características que lo hacen especial.

Durante este capítulo exploraremos todas esas características para, posteriormente, adentrarnos en el estudio del lenguaje y del resto de elementos que forman parte de la tecnología Java.

# 1.1 CARACTERÍSTICAS DE JAVA

He aquí los principales puntos en los que se apoya la tecnología Java:

- **Lenguaje totalmente orientado a objetos**. Todos los conceptos en los que se apoya esta técnica, encapsulación, herencia, polimorfismo, etc., están presentes en Java.

- **Disponibilidad de un amplio conjunto de librerías**. Como ya se mencionó anteriormente, Java es algo más que un lenguaje. La programación de aplicaciones con Java se basa no sólo en el empleo del juego de instrucciones que componen el lenguaje, sino, fundamentalmente, en la posibilidad de utilizar el amplísimo conjunto de clases que Sun pone a disposición del programador y con las cuales es posible realizar, prácticamente, cualquier tipo de aplicación.

  En este amplio abanico, encontramos clases para la creación de interfaces gráficas, gestión de red, multitarea, acceso a datos y un largo etcétera.

- **Aplicaciones multiplataforma**. Ésta es, posiblemente, la característica más importante de Java y la que ha propiciado su amplia aceptación en la comunidad de desarrolladores y fabricantes software. Que las aplicaciones Java sean multiplataforma significa que, una vez se ha compilado el programa, éste puede ser ejecutado en diferentes sistemas operativos sin necesidad de realizar cambios en el código fuente y sin que haya que volver a compilar el programa, es lo que en el mundo Java se expresa con la frase "compila una vez y ejecuta en cualquier plataforma".

  Esta independencia de la plataforma se consigue gracias al concepto de **máquina virtual**, el cual trataremos con detalle en el siguiente punto.

- **Ejecución segura de aplicaciones**. La seguridad de las aplicaciones Java se manifiesta en varios aspectos. Por un lado, el lenguaje carece de instrucciones que puedan provocar accesos descontrolados a la memoria, éste es el caso de los punteros, una característica muy potente y peligrosa del lenguaje C/C++ que en Java no está presente. Por otro lado, la máquina virtual, que es el entorno en el que se ejecutan las aplicaciones Java, impone ciertas restricciones a las aplicaciones para garantizar una ejecución segura.

- **Amplio soporte de fabricantes software**. Esta característica se deriva en parte de las anteriores, sobre todo, del hecho de que los programas Java no estén vinculados a un determinado sistema operativo.

  Hoy en día, encontramos una amplia variedad de productos software de diferentes fabricantes que dan soporte a Java, como puede ser el caso de los entornos de desarrollo o los servidores de aplicaciones.

## 1.2 LA MÁQUINA VIRTUAL JAVA (JVM)

La **Máquina Virtual Java** o **JVM** es un entorno de ejecución para aplicaciones Java, cuya principal finalidad es la de adaptar los programas Java compilados a las características del sistema operativo donde se van a ejecutar.

En la figura 1 tenemos un esquema en el que se ilustra todo el proceso de compilación y ejecución de aplicaciones.

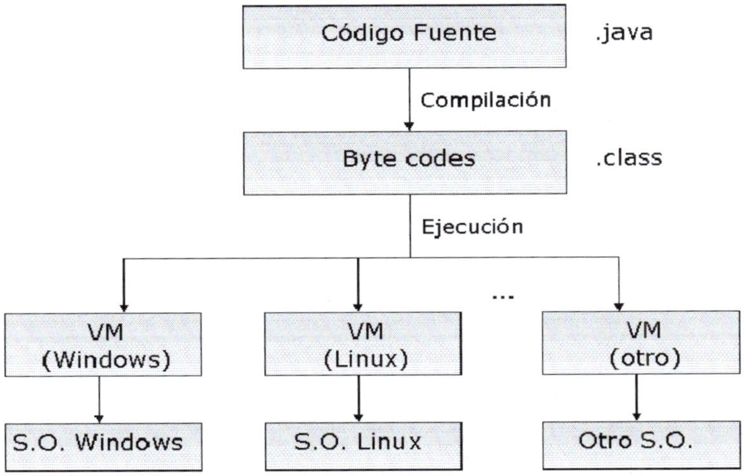


***Fig. 1** - Proceso de compilación y ejecución de aplicaciones Java*

Todo programa Java está organizado en clases, éstas se codifican en archivos de texto con extensión .java. Cada archivo de código fuente .java puede contener una o varias clases, aunque lo normal es que haya un archivo por clase.

Cuando se compila un .java se genera uno o varios archivos .class de código binario (uno por cada clase), denominados **bytecodes**, que son independientes de la arquitectura.

Esta independencia supone que los bytecodes no pueden ser ejecutados directamente por ningún sistema operativo, es durante la fase de ejecución cuando los archivos .class se someten a un proceso de interpretación, consistente en traducir los bytecodes a código ejecutable por el sistema operativo. Esta operación es realizada por un software conocido como **Máquina Virtual Java**.

Cada sistema operativo proporciona su propia implementación de la JVM, todas ellas ofrecen el mismo "aspecto" de cara a los bytecodes, sin embargo, cada una realiza la interpretación de acuerdo a las características del sistema operativo para el que ha sido diseñada.

Hoy en día encontramos implementación de *máquina virtual* para la mayoría de los sistemas operativos existentes, en la mayoría de ellos la JVM es un componente más del propio sistema operativo.

## 1.3 EDICIONES JAVA

Una de las características de Java indicadas anteriormente es el hecho de disponer de un amplio conjunto de paquetes (librerías) de clases para la realización de las aplicaciones. Todo este compendio de clases se organiza en tres grandes grupos, conocidos como ediciones Java (figura 2).

***Fig. 2-*** *Ediciones Java*

Las tres ediciones en las que actualmente se organiza la tecnología Java son:

- **Java Standar Edition (Java SE).** Forman parte de este grupo los paquetes de clases de uso general (tratamiento de cadenas, colecciones, acceso a datos, etc.), es decir, aquéllos que se utilizan en cualquier tipo de aplicación. Java SE incluye también los paquetes de clases para la creación de entornos gráficos y aplicaciones para navegadores Internet (applets). Esta edición será en la que nos centraremos durante esta parte del curso.

- **Java Enterprise Edition (Java EE).** Proporciona los paquetes y tecnologías necesarias para la creación de aplicaciones empresariales multicapa, entre ellas, las aplicaciones que se van a ejecutar en entorno Web.

- **Java Micro Edition (Java ME).** También los dispositivos electrónicos, tales como agendas electrónicas, PDAs o teléfonos móviles, pueden beneficiarse de la tecnología Java. Esta edición, incluye una serie de paquetes y especificaciones que posibilitan la creación de aplicaciones Java ejecutables en dispositivos electrónicos de capacidades limitadas.

## 1.4 PRIMEROS PASOS EN JAVA

Durante esta sección, explicaremos detalladamente los pasos previos que tenemos que realizar antes de proceder a la escritura y ejecución de programas en Java, posteriormente y a modo de ejemplo, escribiremos, compilaremos y ejecutaremos nuestro primer programa Java.

### 1.4.1 El Java Development Kit (JDK)

El Java Development Kit proporciona el conjunto de herramientas básico para el desarrollo de aplicaciones con Java estándar. Se puede obtener de manera gratuita en la Web de Sun (figura 3), descargándolo desde la dirección http://java.sun.com/javase/downloads/index.jsp.

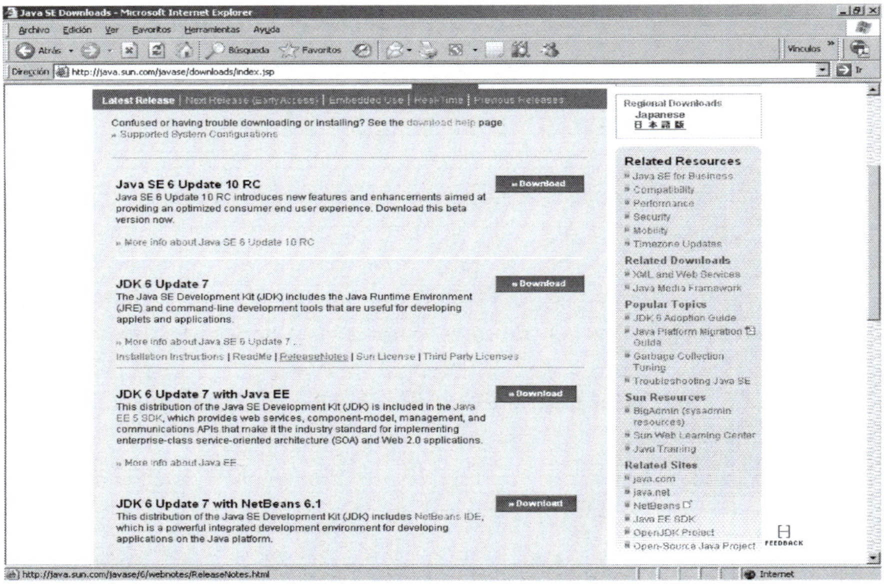


*Fig. 3 - Página de descarga del JDK para la edición estándar*

En primer lugar aparece la revisión más reciente de la última versión del JDK lanzada por Sun, actualmente se trata de la versión JDK 6. Ésta no incorpora ninguna novedad en la sintaxis del lenguaje respecto a la versión anterior JDK 5, tan sólo algunas mejoras en determinadas API's específicas de Java estándar. Así pues, aunque este libro se basa en la versión 6, todo lo aquí explicado en lo que a sintaxis del lenguaje se refiere es igualmente aplicable para la versión 5, pues los cambios en el lenguaje entre la versión 5 y la 6 son prácticamente irrelevantes, no así entre la 5 y la anterior (JDK 1.4) donde los cambios fueron tan sustanciales que pasó a denominarse Java 5 en vez de Java 1.5.

En este sentido, para aquellos lectores que utilicen versiones de Java estándar anteriores a la 5, se indicará explícitamente qué características del lenguaje han sido incorporadas a partir de esta versión 5 y, por tanto, no están presentes en las anteriores.

Además del JDK, esta página nos ofrece otras opciones de descarga que son:

- JDK 6 with Java EE. Permite descargar, además del Java estándar, las librerías del Java EE.

- JDK 6 with NetBeans. Con esta opción descargamos, además del JDK, el entorno de desarrollo (IDE) NetBeans para la construcción de aplicaciones Java. Más adelante comentaremos algo más sobre este aspecto.

- Java Runtime Environment (JRE). Proporciona únicamente el entorno de ejecución de las aplicaciones, incluyendo las librerías Java SE. Ésta es la opción que utilizaríamos si sólo quisiéramos ejecutar aplicaciones Java creadas por terceros.

Una vez elegida la opción de descarga, pulsaremos el botón "Download" asociado, mostrándose una página en la que se nos solicita la elección de la plataforma y el idioma (normalmente sólo aparecerá la opción multi-language), así como la aceptación del contrato de licencia. Tras pulsar el botón "Continuar", se mostrará una nueva página similar a la indicada en la figura 4.

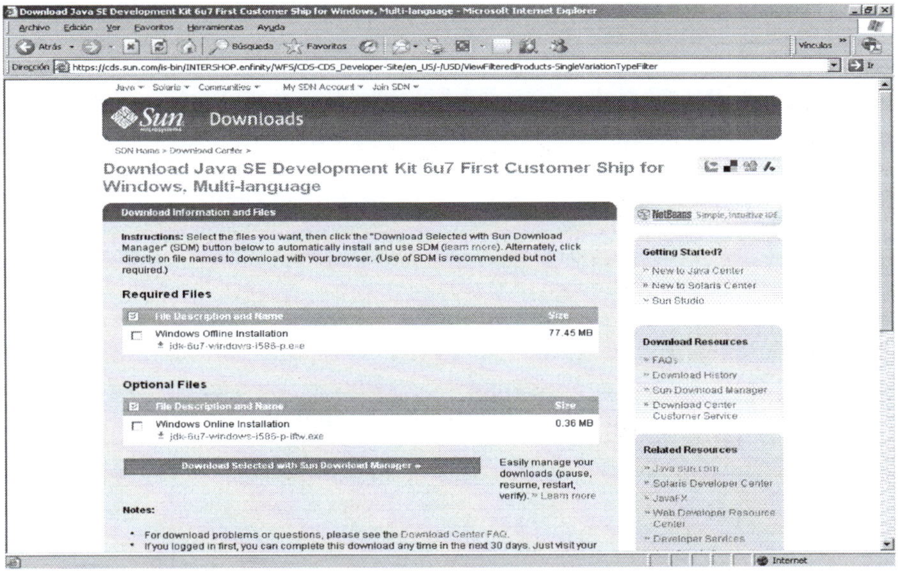


*Fig. 4 - Página de descarga de la plataforma Java SE 6.0*

En el caso de Windows, podemos elegir dos modalidades de instalación:

- **Windows Offline Installation**. Descarga un ejecutable con el JDK y el programa de instalación del mismo. Con esta modalidad, se descarga el software primero y se realiza la instalación a posteriori sin necesidad de mantener la conexión de red. Es la opción más recomendable.

- **Windows Online Installation**. Descarga un ejecutable que permite realizar la instalación del JDK a través de la red.

En cualquiera de las dos opciones, la instalación es guiada por un asistente, haciendo que el proceso resulte bastante sencillo e intuitivo.

Una vez instalado en el equipo, el JDK proporciona:

- La implementación de la máquina virtual para el sistema operativo indicado durante el proceso de descarga del JDK.

- Herramientas para la compilación y ejecución de programas. Estos programas están contenidos en la carpeta \bin dentro del directorio de instalación y deben ser utilizados a través de la consola de comandos.

- Paquetes de clases del Java SE. Dentro del directorio de instalación del JDK (figura 5), en la carpeta *jre\lib* se encuentra el archivo **rt.jar**, donde están contenidas todas las clases que componen el Java SE.

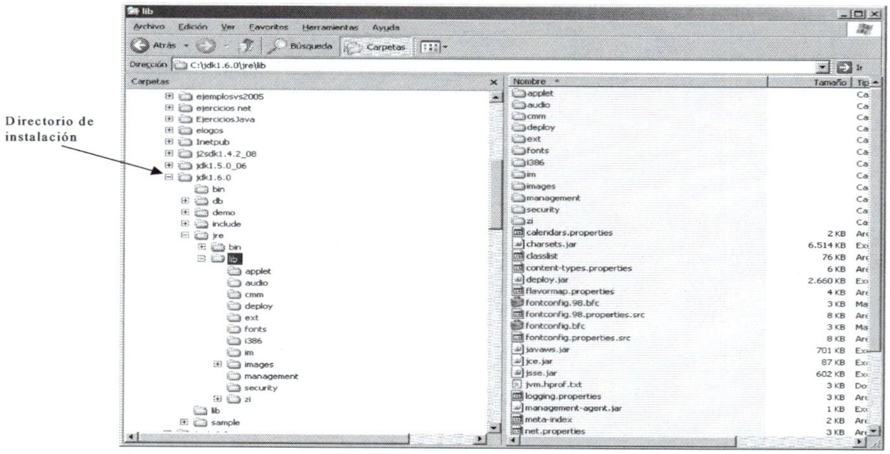


***Fig. 5*** *- Directorio de instalación del JDK y su contenido*

## 1.4.2 Configuración de variables de entorno

Antes de poder utilizar las herramientas del JDK para compilar y ejecutar programas, es necesario configurar las variables de entorno PATH y CLASSPATH.

La configuración de variables de entorno se puede hacer a través de la consola, el problema es que una vez que ésta se cierre, los valores establecidos en las variables se perderán. Por ello, resulta más cómodo y eficiente realizarlo a través del panel de control de Windows, aunque la forma de hacerlo depende ligeramente de la versión de sistema operativo utilizado.

En el caso de XP Professional, hacemos doble clic en el icono "Sistema" del panel de control, esto hará que se abra el cuadro de diálogo "Propiedades del sistema", dentro del cual pulsaremos el botón "Variables de entorno" que se encuentra en la pestaña "Opciones avanzadas" (figura 6).

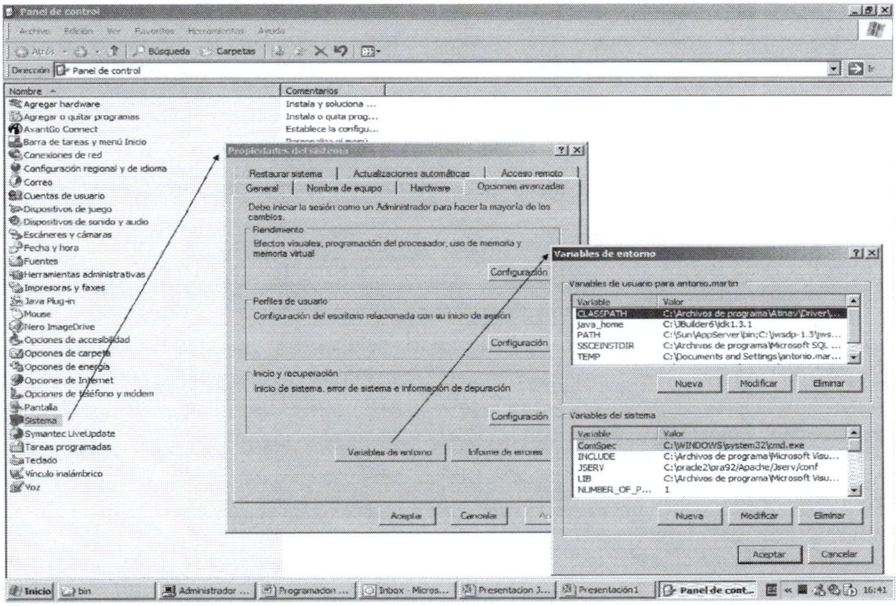


***Fig. 6** - Configuración de variables de entorno en XP*

Una vez abierto el cuadro de diálogo "Variables de entorno", se puede elegir entre crear una variable de entorno para el usuario actual (variables de usuario), o una variable para todos los usuarios (variables de sistema).

El significado y utilidad de las variables que tenemos que configurar es el siguiente:

- **PATH**. Esta variable debe contener la ruta del directorio en el que se encuentran las herramientas para compilación y ejecución de aplicaciones. Como indicamos antes, dichos programas se encuentran en la carpeta \bin del directorio de instalación (en el ejemplo C:\Archivos de programa\Java\jdk1.6.0_05\bin).

Añadiendo esta dirección al PATH (figura 7), es posible invocar a los comandos del JDK desde la consola de comandos, con independencia del directorio en el que esté situado el *prompt*.

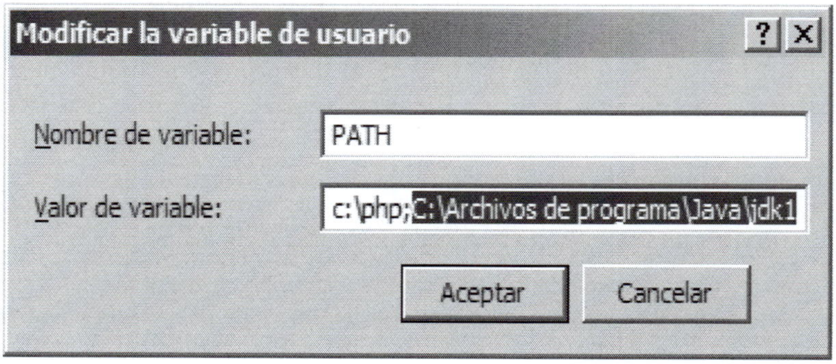


***Fig.*** *7 - Inclusión de la dirección del JDK en la variable PATH*

- **CLASSPATH**. Esta variable debe contener las direcciones de los directorios donde se encuentran las clases (.class) que van a ser utilizadas por las aplicaciones que vamos a desarrollar. Como mínimo, debe indicarse la dirección ".", la cual hace referencia al directorio actual (aquél desde el que se ejecutan los comandos del JDK). La ubicación de las clases del Java SE se encuentra ya predeterminada, por lo que no es necesario indicarla en la variable. Para cualquier otro conjunto de clases, se deberá indicar en esta variable la dirección del directorio base donde están contenidos los paquetes con las clases a utilizar o, en el caso de que el conjunto de clases con sus correspondientes paquetes estén comprimidos en un archivo .jar, deberá especificarse la dirección absoluta del mismo.

  Al igual que con PATH, estas direcciones habrá que añadirlas a la lista de las ya existentes (figura 8), separándolas unas de otras con un ";".

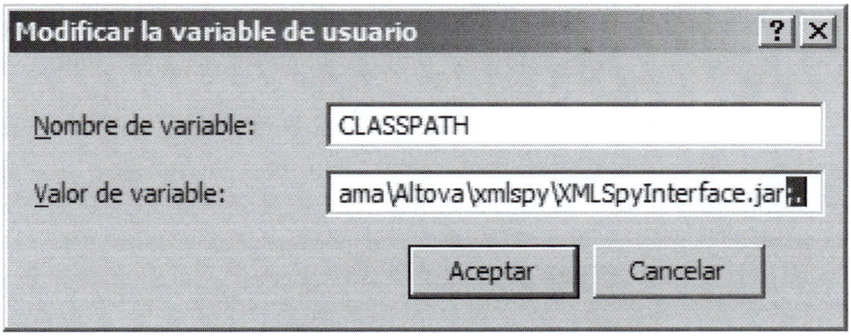


***Fig. 8** - Inclusión de direcciones de las clases en CLASSPATH*

## 1.4.3 Creación del primer programa en Java

Aunque aún carecemos del conocimiento del lenguaje, vamos a presentar un primer programa Java, consistente en la impresión de un mensaje de saludo en la pantalla. Este programa nos va a servir para conocer el procedimiento general que se debe seguir para crear, compilar y ejecutar programas con Java estándar.

En el próximo capítulo, abordaremos el estudio de la sintaxis del lenguaje Java y se analizará con detalle el código de este ejemplo. De momento nos limitaremos a su codificación, compilación y ejecución.

### 1.4.3.1 CODIFICACIÓN

Utilizando cualquier editor de texto, por ejemplo el bloc de notas, procedemos a escribir el código mostrado en la figura 9. Hay que tener en cuenta que Java hace distinción entre mayúsculas y minúsculas, por lo que hay que codificarlo tal cual se muestra.

```
public class Saludo
{
        public static void main (String [ ] args )
        {
                System.out.println ("Bienvenido a Java");
        }
}
```

***Fig. 9** - Programa para mostrar un texto de saludo*

Después, procedemos a guardar este programa en un archivo de texto llamado Saludo.java (el nombre del archivo debe ser el mismo que se le ha dado a la clase). Si se está utilizando el bloc de notas, antes de guardar el archivo se debe elegir "Todos los archivos" en la opción "Tipo", dentro del cuadro de diálogo "Guardar", especificando en la opción "Nombre" el nombre del archivo y su extensión (figura 10).

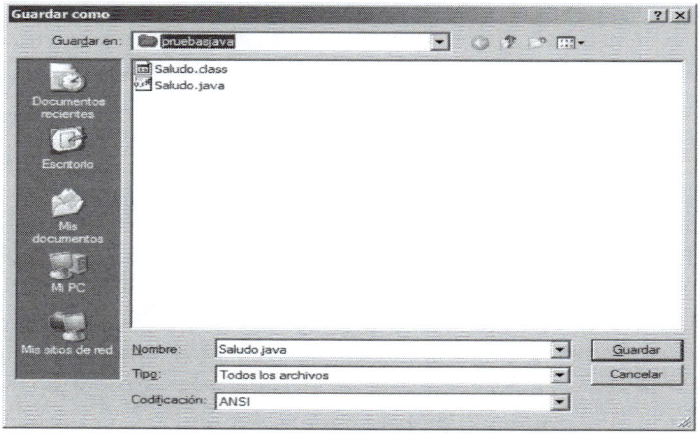


*Fig. 10 - Guardar archivos de código Java con el bloc de notas*

## 1.4.3.2 COMPILACIÓN

La compilación de un archivo de código fuente .java se realiza a través del comando *javac.exe* del JDK. Si se ha establecido correctamente la variable de entorno PATH, *javac* podrá ser invocado desde el directorio en el que se encuentre el archivo .java (figura 11). Tras ejecutar este comando, se generarán tantos archivos .class como clases existan en el código fuente, en este ejemplo se creará solamente el archivo *Saludo.class*.

*Fig. 11 - Compilación de un archivo de código fuente Java*

En caso de que existan errores sintácticos en el código fuente, el compilador nos habría informado de ello y, por supuesto, el .class no se generaría. Por ejemplo, si en el código anterior cambiamos *System* por *system*, al intentar la compilación obtendríamos un mensaje de error como el indicado en la figura 12.

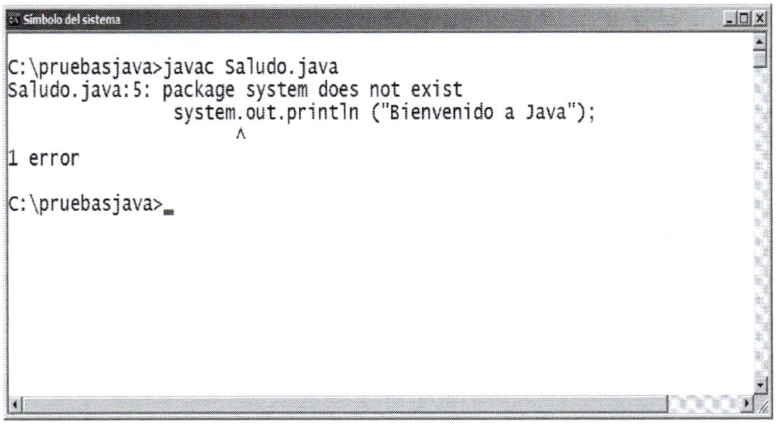


***Fig. 12** - Error en la compilación de una clase*

## 1.4.3.3 EJECUCIÓN

Para ejecutar el programa, utilizaremos el comando *java.exe*, seguido del nombre de la clase que contiene el método *main()*, en nuestro caso será Saludo, que es la única clase existente. Es necesario que la variable de entorno CLASSPATH esté correctamente configurada e incluya el caracter "." (Directorio actual) en la lista de direcciones, lo que permitirá invocar al comando *java* desde el directorio en el que se encuentra el .class (figura 13).

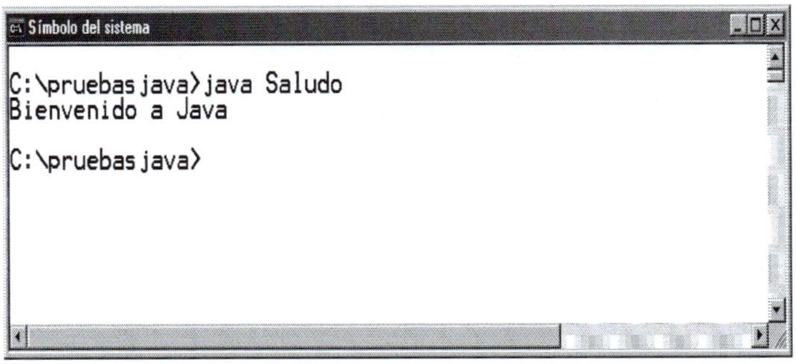


***Fig. 13** - Ejecución de la clase principal*

La llamada a java.exe insta a la máquina virtual a buscar en la clase indicada un método llamado *main()* y proceder a su ejecución. Posteriormente trataremos con más detalle este método.

En caso de que java.exe no encuentre la clase, bien porque la dirección del directorio actual (.) no figure en la variable CLASSPATH o bien porque el nombre de la clase sea incorrecto, se producirá una excepción (error) de tipo **NoClassDefFoundError** al intentar ejecutar el comando java.exe (figura 14).

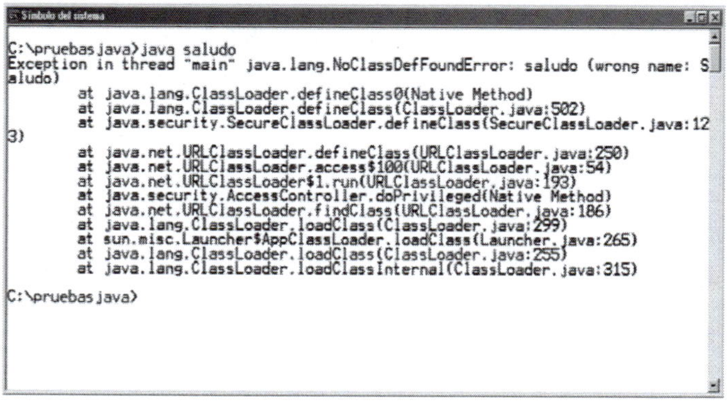


***Fig. 14*** *- Error de ejecución de la clase*

Si el problema no es la dirección de la clase, sino que el formato del método *main()* no es correcto, el programa compilará correctamente pero se producirá una excepción de tipo NoSuchMethodError (figura 15) al ejecutar el comando.

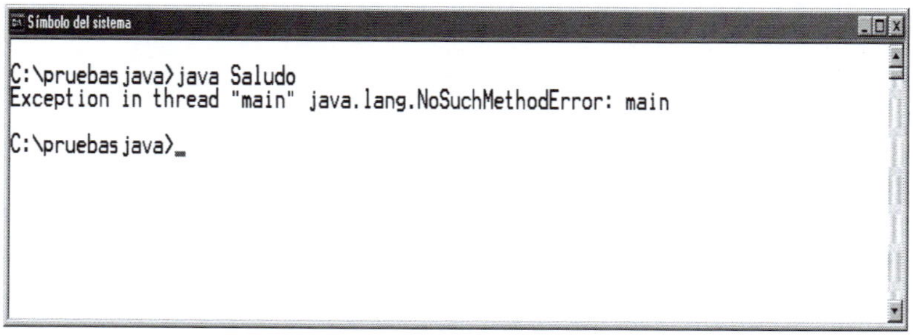


***Fig. 15*** *- Si el formato del método main() no es correcto la JVM no lo encuentra*

El procedimiento que se acaba de explicar para compilar y ejecutar la clase Saludo es el mismo que habrá que aplicar para las distintas clases que vamos a crear a lo largo de los próximos capítulos.

## 1.5 ENTORNOS DE DESARROLLO PARA JAVA

Cuando se va a desarrollar una aplicación que puede contar con un elevado número de líneas de código y va a estar constituida de varias clases, la utilización de las herramientas del SDK para la compilación y ejecución de los programas puede resultar engorrosa, además de dificultar la detección y solución de errores, tanto de compilación como de ejecución.

En esos casos resulta mucho más práctica la utilización de un entorno de desarrollo integrado (IDE). Un IDE proporciona todos los elementos indispensables para la codificación, compilación, depuración y ejecución de programas dentro de un entorno gráfico amigable y fácil de utilizar.

Los IDE para Java utilizan internamente las herramientas básicas del JDK en la realización de estas operaciones, sin embargo, el programador no tendrá que hacer uso de la consola para ejecutar estos comandos, dado que el entorno le ofrecerá una forma alternativa de utilización, basada en menús y barras de herramientas. La figura 16 muestra el aspecto de uno de estos entornos de desarrollo, se trata de NetBeans.

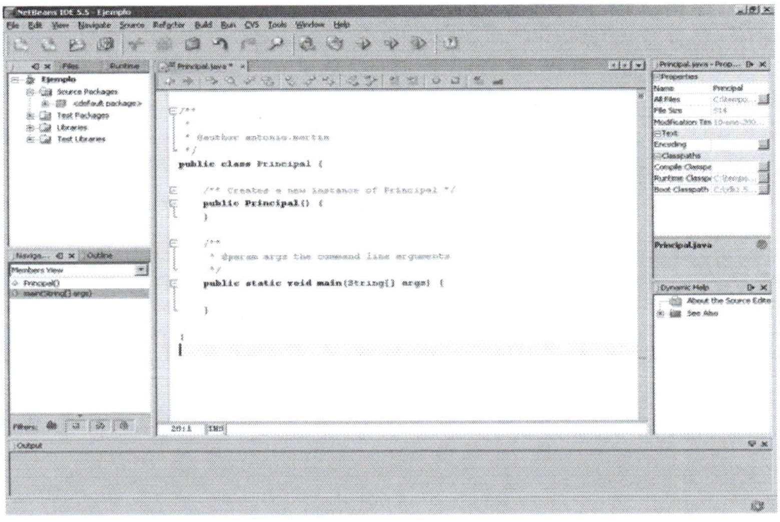

***Fig. 16*** *- Aspecto del IDE NetBeans*

La escritura de código también resulta una tarea sencilla con un IDE. Éstos suelen contar con un editor de código que resalta las palabras reservadas del lenguaje para distinguirlas del resto del código, algunos incluso permiten la auto-escritura de instrucciones utilizando la técnica *Intellisense,* que consiste en mostrar la lista completa de métodos de un objeto según se escribe la referencia al mismo (figura 17).

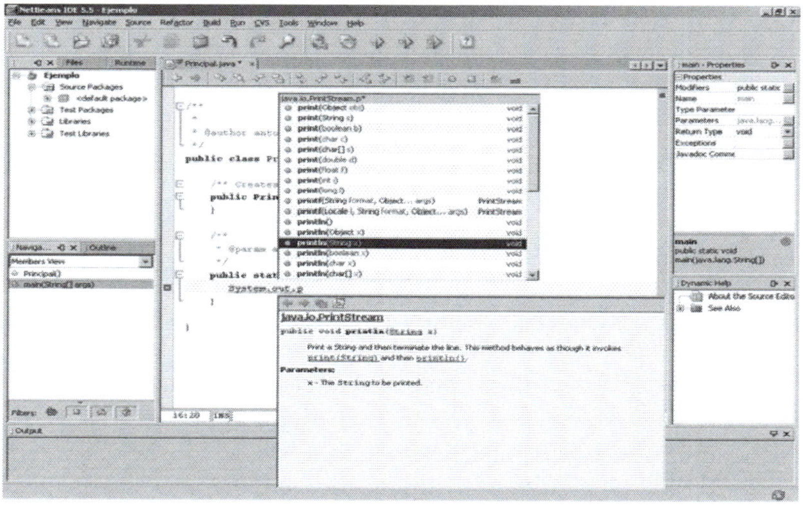

***Fig. 17** - Auto escritura de instrucciones con un IDE*

Existen en el mercado numerosos IDE para desarrollar aplicaciones Java. La figura 18 muestra una tabla en la que aparecen algunos de los más utilizados en la actualidad. En ella se indica el nombre del producto, el fabricante y una dirección en la que se puede obtener información sobre las características del producto, descarga de versiones de aprendizaje, etc. Todos ellos permiten la creación de aplicaciones tanto Java SE como Java EE.

| *Entorno de desarrollo* | *Fabricante* | *Más info.* |
|---|---|---|
| **NetBeans** | Sun Microsystem | http://www.netbeans.org/downloads/index.html |
| **Jbuilder** | Borland | http://www.borland.com/us/products/jbuilder/index.html |
| **Jdeveloper** | Oracle | http://www.oracle.com/technology/products/jdev/index.html |
| **Eclipse** | Eclipse Foundation | http://www.eclipse.org/downloads/index.php |

***Fig. 18** - Entornos de desarrollo para aplicaciones Java*

La mecánica de utilización de estos programas es muy similar. Todos ellos se basan en el concepto de proyecto como conjunto de clases que forman una aplicación, así pues, el primer paso que habrá que seguir para crear una aplicación con uno de estos entornos de desarrollo será la creación de un proyecto.

A la hora de crear un proyecto, los IDE nos dan la posibilidad de elegir entre diferentes plantillas o tipos de proyecto, según la aplicación que vamos a desarrollar (figura 19).

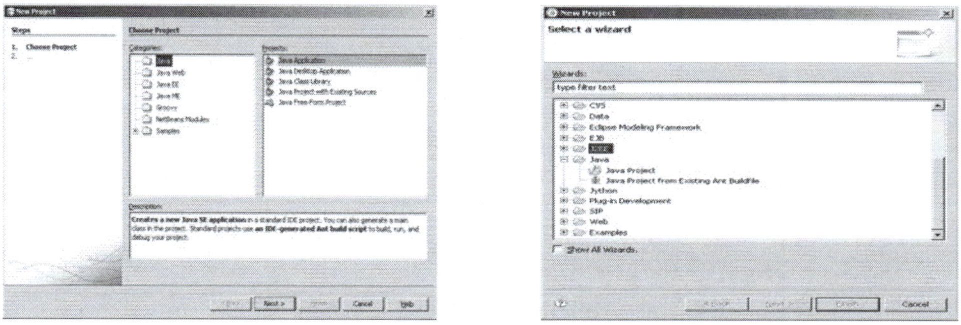

NetBeans Eclipse

*Fig. 19 - Creación de tipos de proyecto en NetBeans y Eclipse*

## 1.6 CONCEPTOS BÁSICOS DE PROGRAMACIÓN EN JAVA

Una de las principales características de Java, comentada anteriormente, es el hecho de que es un lenguaje totalmente orientado a objetos. Como tal, todo programa Java debe estar escrito en una o varias clases, dentro de la cuales se podrá hacer uso además del amplio conjunto de paquetes de clases prediseñadas.

Aunque hay un capítulo especialmente dedicado al estudio de la programación orientada a objetos, vamos a aclarar a continuación algunos conceptos básicos, necesarios para poder avanzar en el aprendizaje del lenguaje.

### 1.6.1 Objetos

Desde el punto de vista de la programación, un objeto es una especie de "caja negra" (figura 20) que expone una serie de operaciones (métodos) que pueden ser utilizados por otros programas para la realización de tareas mayores, de la misma forma que en el mundo real un objeto de tipo televisión expone los métodos *encender()*, *cambiarcanal()* o *ajustarvolumen()* para permitir a un usuario ver su programa o película favorita.

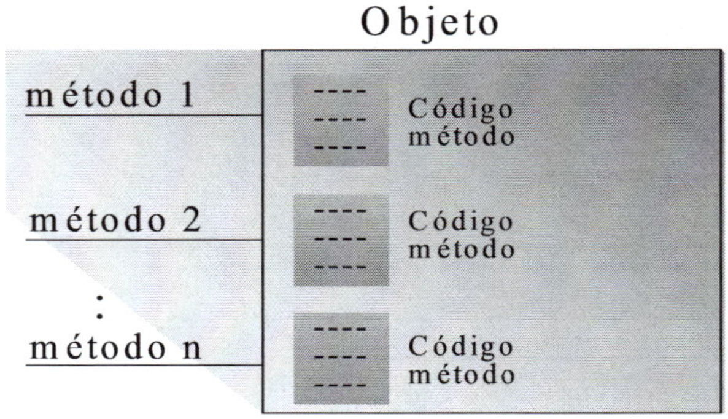


***Fig. 20*** *- Representación lógica de un objeto con sus métodos*

Para poder invocar a los métodos de un objeto desde fuera del mismo es necesario disponer de *la* ***referencia al objeto***. Normalmente, ésta se guarda una variable que a través del operador "." permite hacer la llamada a los métodos del objeto de la forma indicada en la figura 21.

```
referenciaobjeto.metodo1();
referenciaobjeto.metodo2(argumento1, argumento2,..);
```

```
referenciatelevision.encender();
referenciatelevision.ajustarvolumen("subir", 2);
```

***Fig. 21*** *- Llamada a los métodos de un objeto*

Algunos métodos necesitan que se les proporcione una serie de datos (argumentos de llamada) para poder realizar su función. Los argumentos deben ser suministrados en la llamada al método, situándolos entre paréntesis y separados por "," a continuación del nombre del método, tal y como se refleja en la llamada al método *ajustarvolumen()* de la figura 21. Incluso en aquellos métodos que no requieran parámetros, la sintaxis de Java obliga a utilizar los paréntesis en la llamada a los mismos.

### 1.6.2 Clases

Las clases contienen la definición de los objetos, dicho de otra manera, una clase es el lugar en el que se codifican los métodos que van a exponer los objetos de esa clase. Siguiendo con el símil de la televisión, una marca y modelo de televisor sería la clase (cada modelo de televisor define sus propios métodos), mientras que un televisor concreto de esa marca y modelo sería el objeto.

En Java una clase se define de la forma indicada en la figura 22.

```
[public] class Nombreclase
{
            //Declaración de campos o atributos

            //Definición de métodos
}
```

***Fig. 22** - Definición de una clase Java*

Opcionalmente, la palabra *class* puede estar precedida por el modificador de acceso *public*, su uso se explicará más adelante en un tema dedicado a los modificadores de acceso, por ahora basta decir que una clase definida como *public* debe ser almacenada en un archivo .java cuyo **nombre tiene que ser exactamente el mismo que el de la clase**.

Una vez definida la clase con sus métodos, los programadores podrán crear objetos de la misma (instancias) para poder hacer uso de los métodos. Las instancias u objetos de una clase se crean con el operador ***new***, este operador crea la instancia, la almacena en memoria y devuelve una referencia a la misma que normalmente se guarda en una variable para, posteriormente, invocar a los métodos del objeto (figura 23).

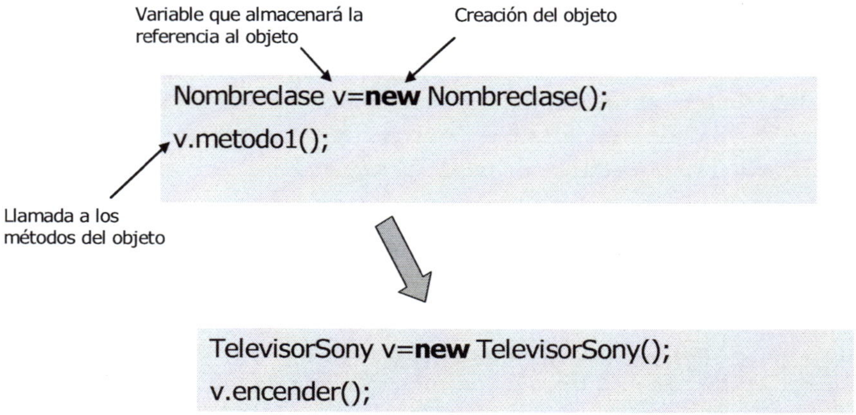


***Fig. 23*** *- Creación de un objeto o instancia y posterior llamada a sus métodos*

## 1.6.3 Métodos y campos

Los **métodos** definen el comportamiento de los objetos de una clase, estos métodos pueden hacer uso de **campos** o **atributos** para almacenar información sobre el objeto, información que puede ser utilizada posteriormente por cualquiera de los métodos del objeto. Por ejemplo, la clase TelevisorSony debería tener un campo *volumen* donde almacenar el volumen actual del televisor, de este modo, el método *ajustarvolumen()* podrá usar este campo para mantener actualizado en cada momento el volumen del televisor.

En Java, los métodos de una clase se implementan mediante funciones y los campos mediante variables, la sintaxis se indica en la figura 24. Donde la palabra *tipo*, representa un tipo de dato válido en Java y puede ser un tipo de dato primitivo (los trataremos con detalle en el próximo capítulo) o un tipo objeto y debe ser utilizado para indicar el tipo de dato de los campos, los parámetros de métodos y valor de devolución de éstos.

Como hemos comentado, los métodos de una clase Java pueden recibir determinados datos (argumentos) en la llamada. Los valores recibidos por el método se declaran en la cabecera de éste como parámetros de llamada. La declaración de parámetros de un método sigue el formato de la declaración de variables en Java.

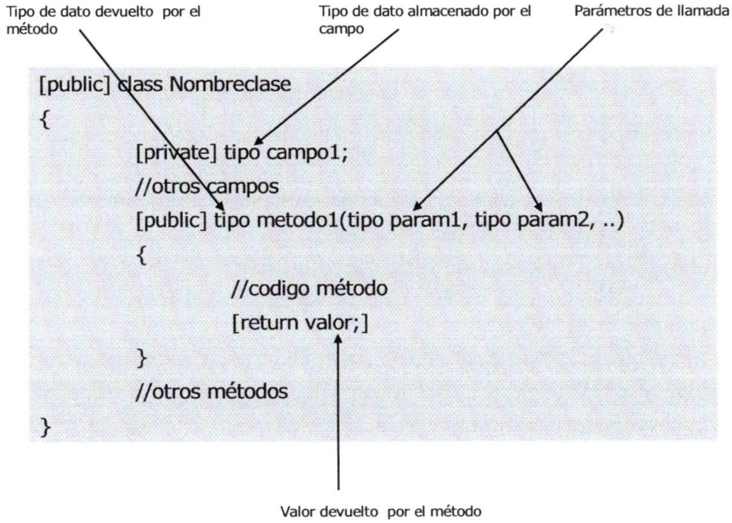


***Fig. 24** - Definición de una clase Java con métodos y campos*

Cuando se invoca a un método utilizando argumentos, éstos son copiados en los parámetros declarados en la cabecera del método (figura 25). Así pues, los argumentos de llamada deben coincidir en número y tipo con los parámetros declarados.

Opcionalmente, un método puede devolver un resultado al punto de llamada, para lo cual se utiliza la palabra *return* en alguna parte del cuerpo del método, seguida del valor a devolver. El tipo de devolución del método se indica en la definición del mismo, delante del nombre, en caso de que no devuelva ningún resultado el tipo de devolución será *void.*

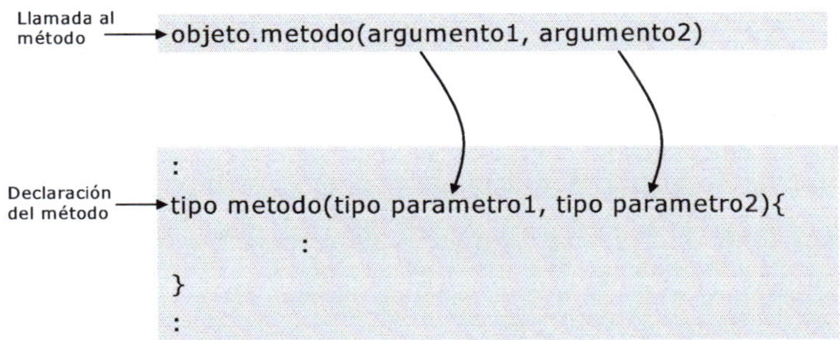


***Fig. 25** - Paso de argumentos a parámetros*

Cuando se hace una llamada a un método que devuelve un resultado, éste deberá ser almacenado en una variable del tipo correspondiente o utilizado en alguna expresión:

*tipo variable = instancia.metodo(...);*

Otro punto a destacar de la definición de una clase es el tema de los modificadores de acceso. Como ya se vio anteriormente, una clase puede tener el modificador *public*, éste puede ser utilizado también en la definición de los métodos para permitir el acceso a los mismos desde el exterior de la clase.

En el caso de los campos, suele utilizarse el modificador *private* para impedir que puedan ser utilizados directamente desde el exterior, forzando a que el acceso a los mismos se haga siempre a través de los métodos de la clase. Este mecanismo de protección se conoce en programación orientada a objetos como **encapsulación**, cuyas características y ventajas serán estudiadas con detenimiento en próximos capítulos.

Siguiendo con el ejemplo de la clase televisor, la implementación del campo *volumen* y el método *ajustarvolumen()* quedaría como se indica en el siguiente listado:

```
public class TelevisorSony
{
      private int volumen;
      public void ajustarvolumen (String modo,
                                         int valor)
      {
            if(modo.equals("subir"))
                  volumen+=valor;
            else
                  volumen-=valor;
      }
}
```

El siguiente bloque de instrucciones crearía un objeto TelevisorSony y realizaría una llamada al método *ajustarvolumen()*:

```
TelevisorSony ts=new TelevisorSony();
ts.ajustarvolumen("bajar",1);
```

## 1.6.4 Métodos y campos estáticos

Según lo visto anteriormente, para poder invocar a un método es necesario primeramente crear un objeto o instancia de la clase correspondiente. A partir de ahí, puede utilizarse la variable que almacena la referencia al objeto para llamar a los métodos.

Esto es así porque, normalmente, los métodos y los campos que éstos utilizan, están asociados a los objetos. Por ejemplo, el campo *volumen* y el método *ajustarvolumen()*, están asociados a un objeto televisor particular (cada televisor tiene su ajuste de volumen).

Sin embargo, no todos los métodos y campos de una clase tienen por qué estar asociados a un objeto particular de la misma, puede haber métodos genéricos cuya tarea a realizar no dependa de un objeto particular. Por ejemplo, la clase TelevisorSony podría tener un método *obtenerprecio(),* cuya ejecución generaría el mismo resultado para cualquier objeto de la clase, pues todos los objetos televisor tendrían el mismo precio (suponemos que hay un único modelo).

A este tipo de métodos se les conoce como **métodos estáticos** y, puesto que no dependen de un objeto particular de la clase, se les puede invocar sin necesidad de crear objetos utilizando la sintaxis indicada en la figura 26.

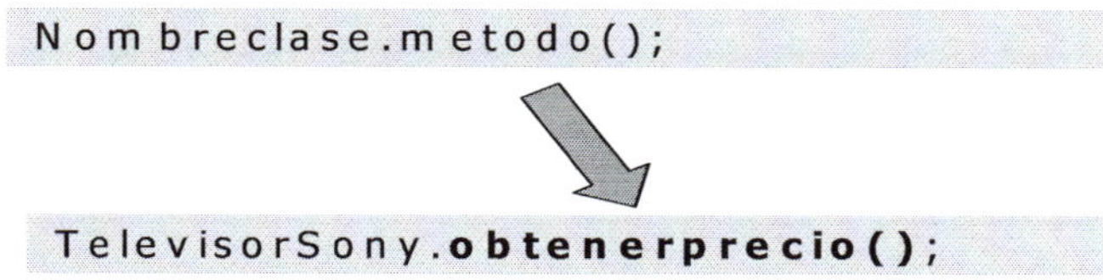


***Fig. 26** - Llamada a un método estático*

De la misma forma que puede haber métodos estáticos, también puede haber campos estáticos, cuyos valores no están asociados a objetos concretos de la clase. Un ejemplo de campo estático en la clase TelevisorSony sería el campo *pulgadas*, ya que éste es un valor que no depende de un objeto televisor en particular, sino que está asociado a la marca y modelo específico (una vez más, suponemos que hay un único modelo TelevisorSony).

La definición de un método y campo estático en Java se ajusta a la sintaxis indicada en la figura 27.

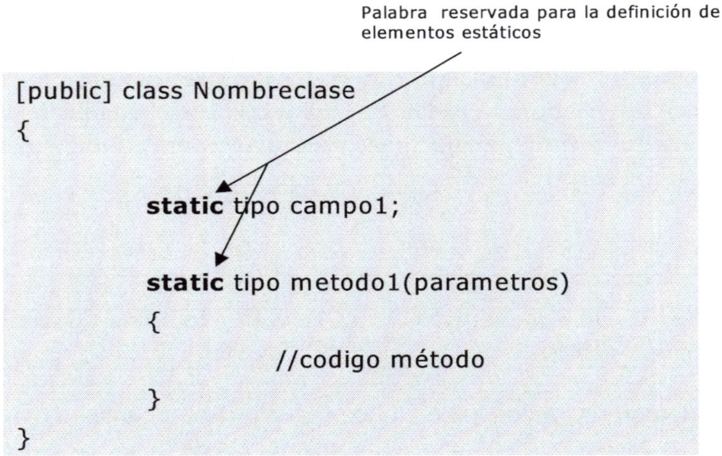


***Fig. 27** - Definición de campos y métodos estáticos en una clase*

Volviendo al ejemplo de la clase TelevisorSony, la definición del campo *pulgadas* y el método *obtenerprecio*() quedarían como se indica a continuación:

```
public class TelevisorSony
{
      public static int pulgadas=29;
      public static float obtenerprecio()
      {
            //instrucciones para devolver el precio
      }
}
```

A diferencia de los campos estándar, que suelen ser privados para uso interno de la clase, los campos estáticos deben llevar un modificador de acceso que permita su uso desde el exterior de la misma, éste puede ser *public*, *protected* o ninguno (como en la figura 27).

La implementación de un método estático impone una serie de restricciones en el código que deben ser tenidas en cuenta:

- **Un método estático no puede hacer referencia a elementos no estáticos de su misma clase**. Lógicamente, si un método estático no depende de ningún objeto particular de la clase, no puede hacer referencia dentro del código a campos y métodos que sí dependan de los objetos. Por ejemplo, dentro del método *obtenerprecio*() no se podría hacer referencia al campo *volumen,* dado que éste tendría un valor específico para cada objeto.

- **Un método estático no puede hacer uso de *super* y *this*.** Estas palabras reservadas se estudiarán con detalle en el capítulo dedicado a la POO.

## 1.6.5 El método *main()*

Toda aplicación Java está compuesta por al menos una clase, incluso la sencilla aplicación de la figura 9 que generaba un mensaje de saludo. En alguna de esas clases, que ha de estar declarada con el modificador de acceso *public,* debe existir un método estático llamado *main()*, cuyo formato debe ser el indicado en la figura 28.

```
public static void main(String[] args)
{
        //código del método
}
```

***Fig. 28*** *- Formato del método main()*

El método *main()* debe cumplir las siguientes características:

- Ha de ser un método público.
- Ha de ser un método estático.
- No puede devolver ningún resultado (tipo de devolución *void*).
- Ha de declarar un array de cadenas de caracteres en la lista de parámetros o un número variable de argumentos.

El método *main()* es el punto de arranque de un programa Java, cuando se invoca al comando java.exe desde la línea de comandos, la JVM busca en la clase indicada un método estático llamado *main()* con el formato indicado en la figura 28. Dentro del código de *main()* pueden crearse objetos de otras clases e invocar a sus métodos, en general, se puede incluir cualquier tipo de lógica que respete las restricciones indicadas para los métodos estáticos.

Es posible suministrar parámetros al método *main()* a través de la línea de comandos. Para ello, los valores a pasar deberán especificarse a continuación del nombre de la clase, separados por un espacio:

*>java nombre_clase arg1 arg2 arg3*

Los datos llegarán al método *main()* en forma de un array de cadenas de caracteres. Por ejemplo, dada la siguiente clase:

```
public class Ejemplo
{
        public static void main (String [] args)
        {
                System.out.println(args[0]);
                System.out.println(args[1]);
                System.out.println(args[2]);
                System.out.println(args[3]);
        }
}
```

Si se ejecuta utilizando la siguiente expresión en la línea de comandos:

```
>java Ejemplo hola que tal
```

se producirá la siguiente salida por pantalla:

```
>hola
que
tal
estas
```

# 1.7 CUESTIONES DE AUTOEVALUACIÓN

1. ¿Qué edición Java habría de utilizar para crear un programa que es utilizado por un único ordenador?

2. Al intentar ejecutar este programa se produce un error (excepción), ¿dónde está el fallo?

```
public class Ejercicio
{
        public static void main (String args)
```

```
        {
            System.out.println("hola");
        }
}
```

3. Si un método es estático (elegir una respuesta):

   A. No puede crear objetos de otras clases en su interior.

   B. La llamada al método con cualquier objeto de la clase provocará el mismo resultado.

   C. No puede ser invocado utilizando la expresión:

      *objeto.metodo()*

4. Indica cuál de las siguientes afirmaciones sobre las clases Java es incorrecta:

   A. Una clase Java solamente permite crear un número limitado de objetos de la misma.

   B. En el interior de una clase puede haber tantos métodos estáticos como no estáticos.

   C. Los campos definidos en una clase pueden ser públicos o privados.

5. Escribe la cabecera de un método público, llamado impresión, que reciba como parámetro una cadena de caracteres y que no devuelva ningún resultado.

Capítulo 2

# SINTAXIS DEL LENGUAJE

En la segunda parte del capítulo 1 hemos estado introduciendo el concepto de clase, estudiando su definición y la creación de campos y métodos. Durante esa fase, aparecieron algunos elementos sintácticos que desarrollaremos aquí ampliamente.

En este capítulo nos centraremos en lo que a sintaxis del lenguaje se refiere, dejando para más adelante el estudio de las clases de Java estándar. Sin embargo, en determinados códigos de ejemplo, que mostraremos a lo largo del capítulo, y con el fin de que éstos sean más ilustrativos, haremos uso de algunas clases de uso general de Java SE que serán tratadas en profundidad en el capítulo siguiente.

## 2.1 SINTAXIS BÁSICA

Antes de introducirnos de lleno en la sintaxis del lenguaje, vamos a comentar algunos aspectos sintácticos generales:

- **Lenguaje sensible a mayúsculas/minúsculas**. El compilador Java hace distinción entre mayúsculas y minúsculas, no es lo mismo escribir *public* que Public, de hecho, utilizar la segunda forma en vez de la primera provocaría un error de compilación al no reconocer Public como palabra reservada. La distinción entre mayúsculas y minúsculas no sólo se aplica a las palabras reservadas del lenguaje, también a los nombres de variables y métodos.

- **Las sentencias finalizan con ";"**. Ya lo hemos visto en los ejemplos que se han presentado en el capítulo anterior, toda sentencia Java debe terminar con el carácter ";".

- **Los bloques de instrucciones se delimitan con llaves ({..})**. Esto también lo hemos podido comprobar en los ejemplos anteriores, donde el contenido de una clase y el código de un método se delimitaban mediante dichos símbolos.

- **Comentarios de una línea y multilínea**. En Java, un comentario de una línea va precedido por "//" mientras que los que ocupan varias líneas se delimitan por "/*" y "*/" (figura 29).

```
//comentario de una línea
/*comentario de
  varias líneas*/
```

*Fig. 29 - Comentarios en un programa Java.*

## 2.2 SECUENCIAS DE ESCAPE

Hay determinados caracteres en Java que, o bien no tienen una representación explícita, o bien no pueden ser utilizados directamente por el hecho de tener un significado especial para el lenguaje. Para poder utilizar estos caracteres dentro de un programa Java se utilizan las secuencias de escape.

Una secuencia de escape está formada por el caracter "\" seguido de una letra, en el caso de ciertos caracteres no imprimibles, o del caracter especial. La tabla de la figura 30 contiene las principales secuencias de escape predefinidas de Java.

| Secuencia de escape | Significado |
|---|---|
| \b | Retroceso |
| \n | Salto de línea |
| \t | Tabulación horizontal |
| \\ | Barra invertida \ |
| \' | Comilla simple |
| \" | Comilla doble |

***Fig. 30** - Secuencias de escape*

Por ejemplo, si quisiéramos mostrar:

*Java "mañana"*

*VB "tarde"*

utilizaríamos la instrucción:

```
System.out.println("Java\t\"mañana\"\nVB\t\"tarde\"");
```

## 2.3 TIPOS DE DATOS PRIMITIVOS

Toda la información que se maneja en un programa Java puede estar representada, bien por un objeto o bien por un *dato básico o de tipo primitivo*. Java soporta los ocho tipos de datos primitivos que se indican en la figura 31.

Entre los ocho tipos de datos primitivos no encontramos ninguno que represente una cadena de caracteres, el motivo es que en Java éstas se tratan mediante objetos, concretamente, objetos de la clase String. En el próximo capítulo abordaremos con detalle el tratamiento de cadenas.

| Tipo básico | Tamaño |
|---|---|
| byte | 8 bits |
| short | 16 bits |
| int | 32 bits |
| long | 64 bits |
| char | 16 bits |
| float | 32 bits |
| double | 64 bits |
| boolean | - |

***Fig. 31*** *- Tipos primitivos Java*

Los tipos de datos primitivos se pueden organizar en cuatro grupos:

- **Numéricos enteros**. Son los tipos *byte*, *short*, *int* y *long*. Los cuatro representan números enteros con signo.

- **Caracter**. El tipo *char* representa un caracter codificado en el sistema unicode.

- **Numérico decimal**. Los tipos *float* y *double* representan números decimales en coma flotante.

- **Lógicos**. El tipo *boolean* es el tipo de dato lógico, los dos únicos posibles valores que puede representar un dato lógico son *true* y *false*. *true* y *false* son palabras reservadas de Java, a diferencia de otros lenguajes, no existe una equivalencia entre estos valores y los números enteros. En cuanto al tamaño en número de bits del tipo *boolean*, éste es dependiente de la máquina virtual.

## 2.4 VARIABLES

Una variable es un espacio físico de memoria donde un programa puede almacenar un dato para su posterior utilización.

## 2.4.1 Tipos de datos de una variable

En Java las variables pueden utilizarse para tratar los dos tipos de datos indicados anteriormente:

- **Tipos primitivos**. Las variables que se declara de un tipo primitivo almacenan el dato en sí, tal y como se indica en la figura 32.

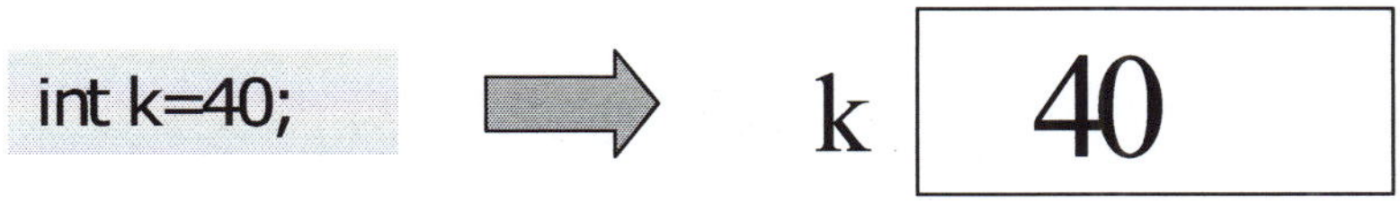


***Fig. 32*** *- Variable conteniendo un tipo primitivo*

- **Tipo objeto**. Como ya se mencionó en el capítulo anterior, los objetos en Java también se tratan a través de variables, sólo que, a diferencia de los tipos primitivos, una variable de tipo objeto no contiene al objeto como tal sino una referencia al mismo (figura 33). No debe importarnos el valor exacto contenido en la variable, tan sólo tenemos que saber que a través del operador "." podemos acceder con ella a los métodos del objeto referenciado, utilizando la expresión:

*variable_objeto.metodo();*

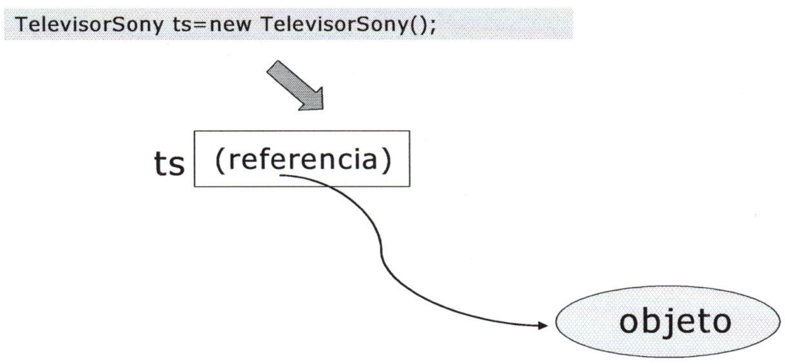


***Fig. 33*** *- Variable conteniendo una referencia a un objeto*

## 2.4.2 Declaración de variables

Como se desprende de los anteriores ejemplos, una variable se declara de la forma:

*tipo_dato nombre_variable;*

Un nombre de variable válido debe cumplir las siguientes reglas:

- Debe comenzar por un caracter alfabético.
- No puede contener espacios, signos de puntuación o secuencias de escape.
- No puede utilizarse como nombre de variable una palabra reservada a Java.

También es posible declarar en una misma instrucción varias variables de igual tipo:

*tipo variable1, variable2, variable3;*

La figura 34 muestra algunos ejemplos de declaraciones de variables válidas y no válidas.

| ***Válidas*** | ***No válidas*** |
|---|---|
| int k, cod; | boolean 7q; //comienza por un número |
| long p1; | int num uno; //contiene un espacio |
| char cad_2; | long class; //utiliza una palabra reservada |

***Fig. 34*** *- Ejemplos de declaraciones de variables*

### 2.4.3 Asignación

Una vez declarada una variable se le puede asignar un valor siguiendo el formato:

*variable=expresion;*

donde *expresion* puede ser cualquier expresión Java que devuelva un valor acorde con el tipo de dato de la variable:

```
int p, k, v;
p=30;
k=p+20;
v=k*p;
```

También es posible asignar un valor inicial a una variable en la misma instrucción de declaración:

```
int num=5;//declara la variable y la inicializa
int p, n=7;//declara dos variables y sólo inicializa
                    //la segunda
```

### 2.4.4 Literales

Un literal es un valor constante que se puede asignar directamente a una variable o puede ser utilizado en una expresión.

Existen cuatro tipos de literales básicos, coincidiendo con los cuatro grupos en los que se pueden dividir los tipos básicos Java, esto es, numéricos enteros, numéricos decimales, lógicos y caracter. A la hora de utilizar estos literales en una expresión hay que tener en cuenta lo siguiente:

- **Los literales numéricos enteros se consideran como tipo int.** Dado que todo literal entero es un tipo int, una operación como:

  *byte b=10*

  intentaría asignar un número de tipo int a una variable de tipo byte, lo que a priori podría provocar un error de compilación. Sin embargo, como veremos más adelante, en expresiones de ese tipo Java realiza una conversión implícita del dato al tipo destino, siempre y cuando el dato "quepa" en la variable.

- **Los literales numéricos decimales se consideran como tipo double**. Una asignación de tipo:

  *float p=3.14*

  provoca un error de compilación al intentar asignar un dato double a una variable float que tiene un tamaño menor. Para evitar el error, se debe utilizar la letra "f" a continuación del número:

  *float p=3.14f;*

  lo que provoca una conversión del número *double* a *float*.

- **Los literales boolean son *true* y *false***. Estas palabras reservadas no tienen equivalencia numérica, por lo que la siguiente instrucción provocará un error de compilación de incompatibilidad de tipos:

  *boolean b=0;*

- **Los literales de tipo char se escriben entre comillas simples**. Se puede utilizar la representación del caracter o su valor unicode en hexadecimal, precedido de la secuencia de escape \u:

  *char car='#';*

  *char p='\u03AF';*

  Dado que un caracter es realmente un número entero, también puede asignarse directamente a una variable char el literal entero correspondiente a la combinación unicode del carácter:

  *char c=231; //se almacena el carácter cuyo*

  *//código unicode es 231*

## 2.4.5 Ámbito de las variables

Según dónde esté declarada una variable, ésta puede ser:

- **Campo o atributo**. Se les llama así a las variables que se declaran al principio de la clase (figura 35), fuera de los métodos. Estas variables son compartidas por todos los métodos de la clase y, como ya se comentó en el capítulo anterior, suelen declararse como *private* para limitar su uso al interior de la clase, si bien en algunas ocasiones es necesario asignarles un modificador de acceso que permita su utilización desde el exterior de la misma. Las **variables atributo pueden ser utilizadas sin haber sido inicializadas de manera explícita**, ya que se inicializan implícitamente cuando se crea un objeto de la clase.

- **Variable local**. Son variables que se declaran dentro de un método, su ámbito de utilización está restringido al interior del método y no admiten ningún tipo de modificador (figura 35). Una variable local se crea en el momento en que se hace la llamada al método, destruyéndose cuando finaliza la ejecución de éste (se dice que la variable sale de ámbito). Una variable local también puede estar declarada en el interior de un bloque de instrucciones, sólo que, en este caso, su uso está restringido al interior de ese bloque. **Toda variable local tiene que ser inicializada explícitamente antes de ser utilizada**.

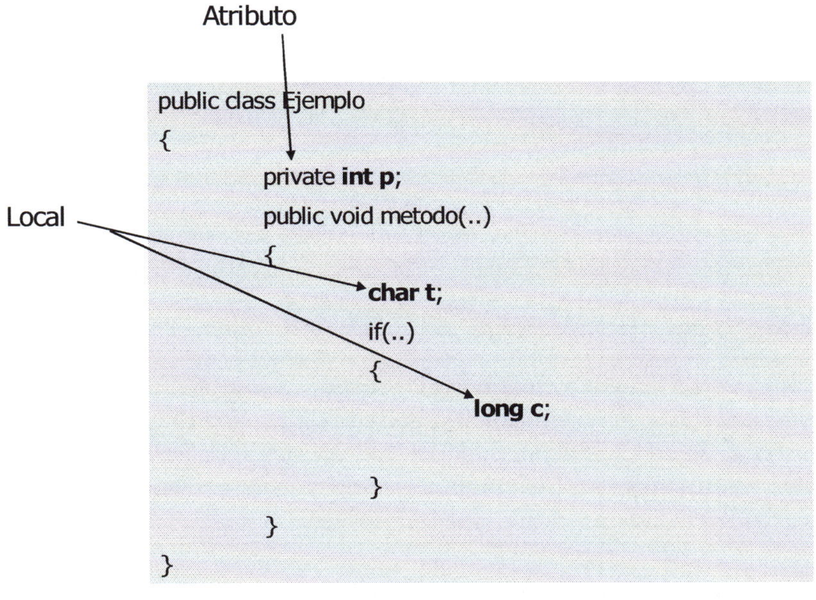


***Fig. 35*** *- Lugares en los cuales se puede declarar una variable en Java*

## 2.4.6 Valores por defecto de una variable

Como ya se ha mencionado anteriormente, las variables de tipo atributo son inicializadas implícitamente antes de su utilización. El valor que toma la variable cuando ésta es inicializada de forma automática, conocido como valor por defecto o predeterminado, depende del tipo que se ha declarado la variable.

La tabla de la figura 36 representa los valores de inicialización de una variable según su tipo.

| Tipo de variable | Valor por defecto |
|---|---|
| byte, short, int, long | 0 |
| char | '\u0000' |
| float, double | 0.0 |
| boolean | false |
| objeto | null |

***Fig. 36** - Valores a los que se inicializa una variable implícitamente*

Las variables locales en cambio no son inicializadas de forma implícita, siendo necesario asignarles un valor antes de que sean utilizadas en alguna instrucción del programa. Por ejemplo, el siguiente bloque de código provocará un error de compilación al intentar hacer uso de una variable sin valor:

```
void metodo(){
        int n;
        n=n+1; //error de compilación
}
```

## 2.4.7 Conversiones de tipo

Java es un lenguaje fuertemente tipado, lo que significa que es bastante estricto a la hora de asignar valores a las variables. A priori, el compilador sólo admite asignar a una variable un dato del tipo declarado en la variable, no obstante, en ciertas circunstancias, es posible realizar conversiones que permitan almacenar en una variable un dato de un tipo diferente al declarado.

En Java es posible realizar conversiones entre todos los tipos básicos, con excepción de boolean, que es incompatible con el resto de tipos.

Las conversiones de tipo pueden realizarse de dos maneras: **implícitamente** o **explícitamente**.

### 2.4.7.1 CONVERSIONES IMPLÍCITAS

Las conversiones implícitas se realizan de manera automática, es decir, el valor o expresión que va a asignar a la variable es convertido automáticamente al tipo de ésta por el compilador, antes de almacenarlo en la variable. El siguiente código es un ejemplo de conversión implícita:

```
int i;
byte b=30;
i=b;
```

En este ejemplo, el dato de tipo *byte* almacenado en la variable b es convertido en un *int* antes de asignarlo a la variable b.

Para que una conversión pueda realizarse de forma automática (implícitamente), **el tipo de la variable destino debe ser de tamaño igual o superior al tipo de origen**, si bien esta regla tiene dos excepciones:

- Cuando la variable destino es entera y el origen es decimal (*float* o *double*), la conversión no podrá ser automática.

- Cuando la variable destino es *char* y el origen es numérico, independientemente del tipo específico, la conversión no podrá ser automática.

El siguiente listado contiene ejemplos de conversiones implícitas:

```
int k=5, p;
short s=10;
char c='ñ';
float h;
p=c; //conversión implícita char a int
h=k; //conversión implícita int a float
k=s; //conversión implícita short a int
```

Por otro lado, los siguientes intentos de conversión implícita provocarían un error:

```
int n;
long c=20;
float ft=2.4f;
char k;
byte s=4;
n=c; //error, no se puede convertir implícitamente
//long a int
k=s; //error, no se puede convertir implícitamente
```

```
// byte a char
n=ft; //error, no se puede convertir implícitamente
//float a int
```

#### 2.4.7.2 CONVERSIONES EXPLÍCITAS

Cuando no se cumplan las condiciones para una conversión implícita, ésta podrá realizarse explícitamente utilizando la expresión:

*variable_destino = (tipo_destino) dato_origen*;

Con esta expresión le estamos diciendo al compilador que convierta *dato_origen* a *tipo_destino* para que pueda ser almacenado en *variable_destino*.

A esta operación se la conoce como *casting* o estrechamiento ya que al convertir un dato de un tipo en otro tipo de tamaño inferior se realiza un estrechamiento que, en algunos casos, puede provocar una pérdida de datos, aunque ello no provocará errores de ejecución. Los siguientes son ejemplos de conversiones explícitas:

```
char c;
byte k;
int p=400;
double d=34.6;
c=(char)d; //se elimina la parte decimal (truncado)
k=(byte)p; //se produce una pérdida de datos
           //pero la conversión es posible
```

En el caso de los objetos no es posible realizar conversiones entre los mismos, sin embargo, es posible asignar un objeto de una clase a una variable de clase diferente. Para que esto sea posible es necesario que exista una **relación de herencia** entre las clases, por lo que este asunto se tratará en el capítulo dedicado a la Programación Orientada a Objetos.

### 2.4.8 Constantes

Una constante es una variable cuyo valor no puede ser modificado. Para definir una constante en Java se utiliza la palabra *final*, delante de la declaración del tipo, siguiendo la expresión:

*final tipo nombre_cte=valor;*

Por ejemplo:

*final double pi=3.1416;*

Una constante se define en los mismos lugares en los que se puede declarar una variable: al principio de la clase y en el interior de un método.

Suele ser bastante habitual que derterminadas constantes tengan que poder ser utilizadas desde el exterior de la clase donde se han declarado; para que además no sea necesario crear objetos de la misma para hacer uso de estas constantes, se declaran como campos públicos y estáticos. Éste es el caso de la constante **PI**, declarada en la clase **Math** de Java estándar de la forma:

*public static final double PI=3.1416;*

## 2.5 OPERADORES

Los operadores son símbolos que permiten realizar operaciones con los datos de un programa. Java dispone de una amplia variedad de operadores, a continuación estudiaremos los más importantes, clasificándolos según el tipo de operación que realizan.

### 2.5.1 Aritméticos

Se utilizan para realizar operaciones aritméticas dentro de un programa, actuando sobre valores de tipo numérico.

El cuadro de la figura 37 muestra los operadores aritméticos más importantes, incluyendo una breve descripción de su función y un ejemplo de utilización.

Sobre el operador +, hay que decir que, además de sumar números, se puede utilizar también para la concatenación o unión de cadenas:

*System.out.println("Hola "+"adios"); //mostraría Hola adios*

También puede utilizarse para unir un texto con el contenido de una variable que no sea de tipo texto, puesto que **Java convierte automáticamente a texto los operandos que no sean de tipo cadena** antes de realizar la concatenación. El siguiente programa muestra en pantalla el cuadrado de un número cualquiera almacenado en una variable:

```
public class Cuadrado{
   public static void main(String []args){
     int r, n=5;
     r=n*n;
     System.out.println ("El cuadrado de "+n+" es "+r);
   }
}
```

Al ejecutar el programa anterior se mostrará la frase,

*El cuadrado de 5 es 25*

| Operador | Descripción | Ejemplo |
|---|---|---|
| + | Suma dos valores numéricos. | int c;<br>c=2+5; |
| - | Resta dos valores numéricos. | int c;<br>c=2-5; |
| * | Multiplica dos números. | int c;<br>c=2*5; |
| / | Divide dos números. El tipo de resultado depende de los operandos, pues en el caso de que ambos sean enteros, el resultado de la división siempre será entero. | int a=8,b=5;<br>float x, y;<br>x=a/b; // El resultado es 1<br>y=a/3.0f; //El resultado es 2.66 |
| % | Calcula el resto de la división entre dos números. | int c;<br>c=7%2; //El resultado es 1 |
| ++ | Incrementa una variable numérica en una unidad y deposita el resultado en la variable. | int c=3<br>c++; //Equivale a c=c+1 |
| -- | Decrementa una variable en una unidad y deposita el resultado en la variable. | int c=3<br>c--; //Equivale a c=c-1 |

***Fig. 37*** *- Operadores aritméticos*

En cuanto a los operadores de incremento (++) y decremento (--), hay que tener cierta precaución al utilizarlos dado que es posible situarlos delante de la variable (prefijo), o después de la variable (posfijo), lo que puede condicionar el resultado final de una expresión. Veamos el siguiente ejemplo (los números de línea se indican a efectos de clarificar la explicación):

```
1   int a=3, b, s;
2   b=a++;
3   System.out.println("b vale "+b); //b vale 3
4   s=++b*++a;
5   System.out.println("s vale "+s); //s vale 20
```

En la línea 2, el operador de incremento está colocado después de la variable, esto implica que primero se asignará el valor actual de la variable "*a*" a la variable "*b*", realizando posteriormente el incremento de "*a*". Por otro lado, en la línea 4, dado que el operador está situado delante de la variable, se realizará primero el incremento de las variables "*a*" y "*b*" y después se multiplicarán sus contenidos.

Como norma general, al utilizar operadores de incremento y decremento en una expresión compleja, debemos tener en cuenta los siguientes puntos:

- Las expresiones Java se evalúan de izquierda a derecha.
- Si el operador se sitúa delante de la variable, se ejecutará primeramente la operación que representa antes de seguir evaluando la expresión.
- Si el operador se sitúa después de la variable, se utiliza el valor actual de la variable para evaluar la expresión y a continuación se ejecuta la operación asociada al operador.

## 2.5.2 Asignación

Además del clásico operador de asignación (=), Java dispone de un conjunto de operadores que permiten simplificar el proceso de operar con una variable y asignar el resultado de la operación a la misma variable.

La tabla de la figura 38 muestra estos operadores y la función que realiza cada uno.

| Operador | Descripción | Ejemplo |
|---|---|---|
| = | Asigna la expresión de la derecha, al operando situado a la izquierda del operador. | int c;<br>c=8*5; //Asigna el resultado de la operación a la variable c |
| += | Suma la expresión de la derecha, a la variable situada a la izquierda del operador. | int c=4;<br>c+=5; //Equivale a realizar c=c+5 |
| -= | Resta la expresión de la derecha a la variable situada a la izquierda del operador. | int c=3;<br>c-=2; //Equivale a realizar c=c-2 |
| *= | Multiplica la expresión de la derecha con la variable y deposita el resultado en la variable. | int a=8;<br>a*=2; //Equivale a realizar a=a*2 |
| /= | Divide la variable situada a la izquierda entre la expresión de la derecha, depositando el resultado en la variable. | int c=7;<br>c/=2; //Equivale a realizar c=c/2 |
| %= | Calcula el resto de la división entre la variable situada a la izquierda y la expresión de la derecha, depositando el resultado en la variable. | int c=6;<br>c%=3; //Equivale a realizar c=c%3 |

***Fig. 38*** *- Operadores de asignación*

### 2.5.2.1 ASIGNACIÓN DE REFERENCIAS Y ASIGNACIÓN DE VALORES

Es importante en este punto destacar la diferencia existente entre realizar una operación de asignación entre variables de tipo objeto y realizar la misma operación entre variables de tipo básico.

En el caso de un tipo básico, por ejemplo un entero, esta operación implica que el dato contenido en una variable se copia en la otra. Esto mismo sucede si la variable es de tipo objeto, ahora bien, en este caso debemos saber que **lo que se está copiando es la referencia al objeto, no el objeto**. Por tanto, nos encontramos con que **no tenemos dos copias del objeto, sino un único objeto referenciado por dos variables** (figura 39).

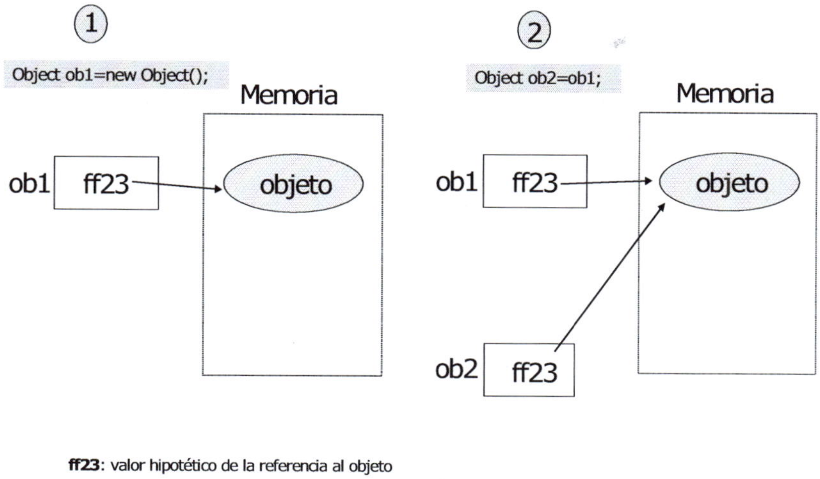


*Fig. 39 - Asignación de una variable objeto a otra*

Como ejemplo concreto, en la figura 40 podemos comparar el efecto producido al realizar una asignación entre variables enteras con el que tiene lugar en la asignación entre variables String.

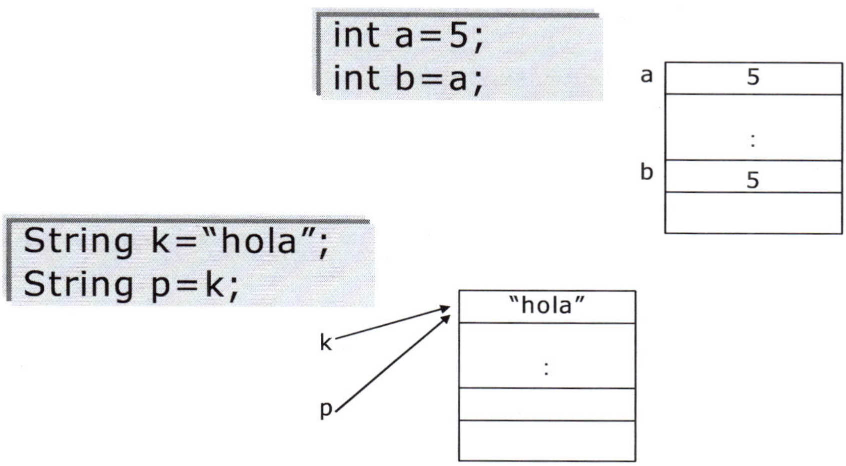


***Fig- 40*** *- Comparativa entre la asignación con variables enteras y con variables String*

## 2.5.3 Condicionales

Se utilizan para establecer una condición dentro de un programa, el resultado de ésta será un tipo boolean (*true* o *false*). Estos operadores se utilizan en instrucciones de control de flujo, tal y como veremos en el apartado siguiente.

La tabla de la figura 41 contiene el listado de los operadores condicionales Java.

| Operador | Descripción |
|---|---|
| == | Compara dos valores, en caso de que sean iguales el resultado de la operación será *true*. |
| < | Si el operando de la izquierda es menor que el de la derecha, el resultado es *true*. |
| > | Si el operando de la izquierda es mayor que el de la derecha, el resultado es *true*. |
| <= | Si el operando de la izquierda es menor o igual que el de la derecha, el resultado es *true*. |
| >= | Si el operando de la izquierda es mayor o igual que el de la derecha, el resultado es *true*. |
| != | Si el valor de los operandos es diferente, el resultado es *true*. |

***Fig. 41*** *- Operadores condicionales*

### 2.5.3.1 COMPARACIÓN DE TIPOS BÁSICOS

Los operadores de comparación (<, >, <= y >=) únicamente podrán utilizarse para comparar enteros, puntos flotantes y caracteres.

Si estos operadores se utilizan con **referencias a objetos** (por ejemplo String), **se produce un error de compilación**:

```
String s="hola";
char c='k';
if(c<=20) //OK
if(s>"adios") //Error de compilación
```

### 2.5.3.2 IGUALDAD DE OBJETOS

Los operadores de igualdad "==" y desigualdad "!=" pueden utilizarse para comparar cualquier tipo de dato compatible.

Ahora bien, si los utilizamos para comparar variables de tipo objeto debemos recordar que lo que contienen estas variables son referencias a objetos, no los objetos en sí, por tanto, **estamos comparando referencias y no objetos**.

Esto implica que podemos tener dos variables referenciando a dos objetos iguales y que la condición de igualdad de las variables resulte falsa. En la figura 42 se muestra un ejemplo de esto utilizando la clase String, en ella se aprecia que hay dos objetos idénticos (mismo valor de texto), situados en zonas de memoria diferentes, por lo que las referencias a los mismos serán también distintas.

Para comprobar la igualdad de objetos, las clases proporcionan un método llamado *equals*, en el que cada clase implementa su propio criterio de igualdad. Por tanto, **si queremos saber si dos objetos de una determinada clase son iguales, se debe utilizar el método** *equals*, no el operador de comparación "==", el cual solamente daría un resultado verdadero si las dos variables apuntan al mismo objeto. En el siguiente capítulo veremos la aplicación de este método en algunas de las clases básicas de Java.

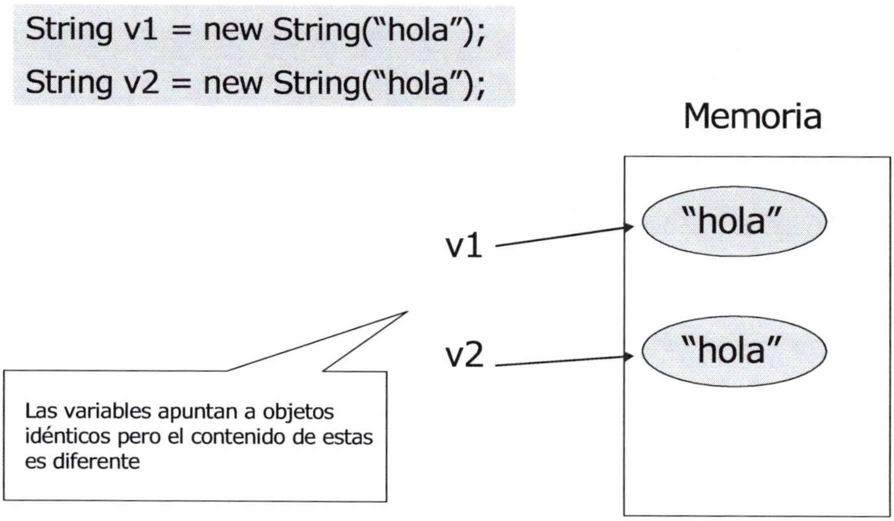


***Fig. 42*** *- Variables diferentes apuntando a objetos iguales*

Un último apunte sobre la utilización del operador "==" con referencias: solamente está permitida la comparación de referencias del mismo tipo de objeto, **si se comparan dos variables de tipos de objetos diferentes, se producirá un error de compilación**. El siguiente bloque de código no compilará:

```
Integer i=new Integer(25);
String s =new String ("hola");
if(i==s){} //¡Error de compilación al comparar
//referencias de distinta clase!
```

## 2.5.4 Lógicos

Operan con valores de tipo boolean, siendo el resultado también de tipo boolean.

La tabla de la figura 43 muestra los tres operadores lógicos de Java.

| Operador | Descripción |
|---|---|
| && | Operador lógico AND. El resultado será true si los dos operandos son true, en cualquier otro caso el resultado será false |
| \|\| | Operador lógico OR. El resultado será true si alguno de los operandos es true |
| ! | Operador lógico NOT. Actúa sobre un único operando boolean, dando como resultado el valor contrario al que tenga el operando |

***Fig. 43** - Operadores lógicos*

Los operadores && y || funcionan en modo "cortocircuito", esto significa que si el primer operando determina el resultado de la operación, el segundo operando no será evaluado.

Esto queda reflejado en el siguiente ejemplo:

```
int p=4, f=2;
if((p>0)||(++f>0)){
      p++;
}
```

```
System.out.println("p vale "+p);
System.out.println("f vale "+f);
```

Al ejecutarse este código se imprimirá en pantalla lo siguiente:

*p vale 5*

*f vale 2*

Lo que demuestra que la expresión incluida en el segundo operando de la operación OR **no llega a ejecutarse** pues, al ser *true* el primer operando (p>0), el resultado de la operación será directamente *true*.

## 2.5.5 Operadores a nivel de bits

Existe una "versión" de operadores lógicos que no operan en modo cortocircuito. Se trata de los operadores lógicos a nivel de bits, que, además de evaluar los dos operandos de la expresión, su principal característica es **que operan a nivel de bits, pudiendo ser el tipo de los operandos tanto boolean como entero**.

En la tabla de la figura 44 tenemos los cuatro operadores a nivel de bits existentes.

| *Operador* | *Descripción* |
|---|---|
| & | Operador lógico AND. Realiza la operación AND entre los operandos, bit a bit. |
| \| | Operador lógico OR. Realiza la operación OR entre los operandos, bit a bit. |
| ^ | Operador lógico OR exclusiva. Realiza la operación OR exclusiva entre los operandos, bit a bit. |
| ~ | Operador NOT. Invierte el estado de los bits del operando. |

***Fig. 44*** *- Operadores a nivel de bits*

El siguiente listado muestra algunos ejemplos:

```
int k=5, p=7;
boolean b=true;
long c=5;
```

```
b = b|(++c>0);
System.out.println ("b vale "+b);
System.out.println ("c vale "+c);
System.out.println (" k & p vale "+(k & p));
```

La ejecución de este código generará:

*b vale true*

*c vale 6*

*k & p vale 5*

## 2.5.6 Operador instanceof

Opera únicamente con referencias a objetos y se utiliza para saber si un objeto pertenece a un determinado tipo. La forma de utilizarlo es:

*referencia_objeto* instanceof *clase*

El resultado de la operación es *true* si el objeto pertenece a la clase especificada o a una de sus subclases.

Por ejemplo, al ejecutar el siguiente código:

```
String s="Hola";
if(s instanceof String){
      System.out.println ("Es una cadena");
}
```

Se mostrará en pantalla el texto:

*Es una cadena*

## 2.5.7 Operador condicional

Se trata de un operador ternario (consta de tres operandos) cuya función es asignar un valor entre dos posibles a una variable, en función del cumplimiento o no de una condición. Su formato es:

*tipo variable = (condicion)?valor_si_true:valor_si_false*

Si la condición resulta verdadera (el resultado es *true*), se almacenará en la variable el resultado de la expresión *valor_si_true*, si no, se almacenará *valor_si_false*.

La ejecución del siguiente bloque de código mostrará en pantalla la palabra "par" :

```
int k=4;
String s = (k%2==0)?"par":"impar";
System.out.println(s);
```

# 2.6 EL RECOLECTOR DE BASURA DE JAVA

Aunque no se trata de un tema relacionado propiamente con la sintaxis del lenguaje, el estudio del recolector de basura resulta fundamental para comprender lo que sucede con los objetos de Java cuando dejan de estar apuntados o referenciados por una variable.

El recolector de basura (Garbage Collector) es una aplicación que forma parte de la JVM y cuyo objetivo es liberar de la memoria los objetos no referenciados. Cuando un objeto deja de estar referenciado, se le marca como "basura", a partir de entonces la memoria que ocupa puede ser liberada por el recolector (figura 45).

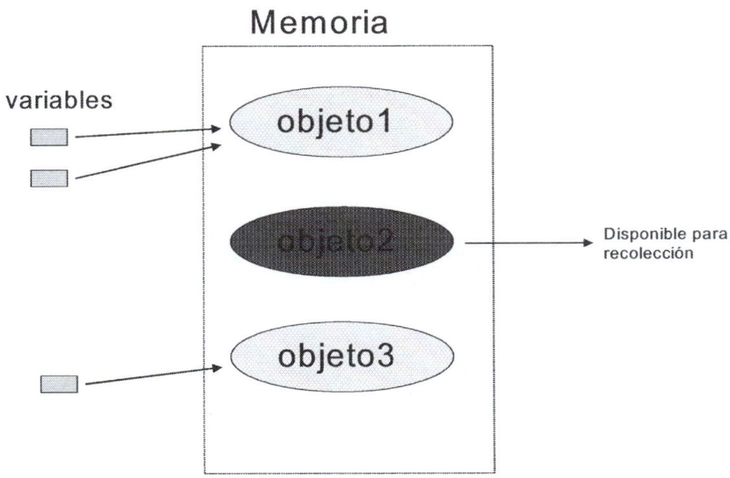


***Fig. 45*** *- Limpieza de objetos no referenciados*

La decisión de en qué momento se va a ejecutar el recolector de basura depende de la implementación de la máquina virtual, por tanto, en Java no es posible saber en qué momento exacto un objeto será destruido, sólo es posible determinar a partir de qué momento esto puede suceder (cuando se elimine la última referencia al mismo).

Si un objeto va a dejar de ser utilizado en un programa, conviene eliminar las referencias al mismo para que sea marcado como "basura". Esto se puede hacer asignando el valor *null* a la variable o variables que apuntan al objeto:

*Integer i = new Integer(30); //se crea el objeto*

*:*

*i=null; //pérdida de referencia*

Aunque no asignemos explícitamente el valor *null* a la variable que apunta al objeto, en el momento en que ésta salga de ámbito, se perderá la referencia y de la misma forma que antes, el objeto será marcado como "basura".

## 2.7 INSTRUCCIONES DE CONTROL

Como cualquier otro lenguaje de programación, Java dispone de un juego de instrucciones para controlar el flujo de ejecución de un programa. Tenemos instrucciones alternativas y repetitivas, a continuación estudiaremos cada una de ellas.

### 2.7.1 Instrucción *if*

La instrucción *if* es una sentencia de tipo *alternativa simple* que permite comprobar una condición dentro de un programa. En caso de que la condición se cumpla se ejecutarán un determinado conjunto de instrucciones, mientras que si no se cumple, se podrá optar por ejecutar otro conjunto diferente de instrucciones o por no ejecutar ninguna.

En la figura 46 se muestra el formato de esta instrucción con un ejemplo de utilización.

**Formato:**

```
if(condicion)
{
        sentencias
}
else
{
        sentencias
}
```

**Ejemplo:**

```
if(a>b)
{
 System.out.println("El mayor es "+a);
}
else
{
 System.out.println("El mayor es "+b);
}
```

***Fig. 46** - Formato y utilización de la instrucción if*

A la hora de utilizar esta instrucción hay que tener en cuenta lo siguiente:

- La condición de comprobación puede ser cualquier expresión cuyo resultado sea de tipo boolean (*true* o *false*), en cualquier otro caso se producirá un error de compilación. El siguiente código representa una utilización incorrecta de *if*:

  ```
  int a=5;
  if(a) //error de compilación
  :
  ```

- El bloque *else* es opcional. En este caso, si la condición no se cumple el programa continuará su ejecución en la siguiente línea después de la llave de cierre "}" del *if*.

- Cuando el bloque de sentencias, bien de *if* o bien de *else*, está formado únicamente por una instrucción, la utilización de las llaves delimitadoras es opcional. No obstante, para una mayor claridad en el código, se recomienda su uso en cualquier caso.

- Las instrucciones *if* se pueden anidar.

El siguiente programa utiliza una instrucción *if* para indicarnos si el número almacenado en cierta variable es par o impar:

```
public class CompruebaPar{
   public static void main (String [] args){
      int p =5; //variable con el número a comprobar
      //si el resto de la división del número entre 2
```

```
            //es 0 será par
            if(p % 2 ==0){
                  System.out.println("el número es par");
            }
            else{
                  System.out.println("el número es impar");
            }
         }
      }
```

### 2.7.2 La instrucción *switch*

Se trata de una instrucción de tipo alternativa múltiple. Permite ejecutar diferentes bloques de instrucciones en función del resultado de una expresión.

La figura 47 muestra el formato de la instrucción y un ejemplo de utilización.

**Formato:**

```
switch(expresion)
{
 case valor1:
          sentencias
          break;
 case valor2:
          sentencias
          break;
 default:
          sentencias
}
```

**Ejemplo:**

```
switch(a)
{
 case 3:
   System.out.println("Estas cerca");
   break;
 case 5:
   System.out.println("Enhorabuena");
   break;
 default:
   System.out.println("Vas mal");
}
```

***Fig. 47** - Formato y ejemplo de utilización de la instrucción switch*

En caso de que el resultado de la expresión coincida con el valor representado por *valor1*, se ejecutarán las sentencias definidas en este bloque, si no coincide se comparará con *valor2,* y así sucesivamente. Si el resultado no coincide con ninguno de los valores indicados en los *case*, se ejecutará el bloque de instrucciones indicado en *default*.

Sobre el uso de la instrucción *switch* hay que tener en cuenta lo siguiente:

- **Los únicos valores que puede evaluar switch son números enteros de tipo int**. Esto incluye, además de int, a aquéllos que puedan ser promocionados a dicho tipo (byte, char y short).

- Un *switch* puede contener cualquier número de *case*, aunque **no puede haber dos case con el mismo valor**.

- La sentencia *break* es opcional y se emplea para provocar la finalización del *switch* al terminar la ejecución de un *case*. En caso de que un determinado *case* no incluya esta instrucción y se produzca la ejecución de su bloque de sentencias, al salir de dicho bloque, el programa continuará con la ejecución del siguiente *case*, **independientemente de que el resultado de la expresión coincida o no con el valor indicado en el mismo**. Por ejemplo, el siguiente código:

```
int h=5;
switch(h*2){
 case 10:
   System.out.println("El resultado es 10");
 case 20:
  System.out.println("El tamaño es demasiado alto");
  break;
 default:
  System.out.println("El resultado no es correcto");
}
```

Imprimirá en pantalla:

*El resultado es 10*

*El tamaño es demasiado alto*

- El bloque *default* se ejecutará si el resultado de la expresión no coincide con ningún *case*. Su uso es opcional.

## 2.7.3 La instrucción *for*

La instrucción repetitiva *for* permite ejecutar un conjunto de instrucciones un número determinado de veces. Su formato y ejemplo de utilización se muestran en la figura 48.

**Formato:**

```
for(inicializacion;condicion;incremento)
{
        sentencias
}
```

**Ejemplo:**

```
for(int i=1;i<=10;i++)
{
  //Muestra los números del 1 al 10
  System.out.println("El número es "+i);
}
```

***Fig. 48*** *- Utilización de la instrucción for*

La ejecución del bucle *for* comienza con la instrucción de inicialización, que, como su nombre indica, suele realizar la inicialización de una variable de control, incluyendo su declaración. A continuación, se comprueba la condición, cuyo resultado debe ser siempre de tipo *boolean*; en caso de que el resultado sea *true*, se ejecutarán las instrucciones delimitadas por el bloque de llaves {}, después se ejecutará la instrucción de incremento y volverá a comprobarse la condición. En el momento en que la condición sea *false,* las instrucciones del bloque no se ejecutarán, continuando el programa en la siguiente línea al bloque de instrucciones.

Sobre la utilización de la instrucción *for* hay que tener en cuenta lo siguiente:

- Las **instrucciones de control del bucle** *for* (inicialización, condición e incremento) son **opcionales**. En cualquier caso, el delimitador de instrucciones ";" siempre debe estar presente. Por ejemplo, si se omiten las instrucciones de comparación e incremento, la cabecera del *for* quedaría:

  *for(int i=0;;)*

- Si se declara una variable en la instrucción de inicialización, ésta será accesible únicamente desde el interior del *for.*

- Al igual que sucede con *if*, las llaves delimitadoras de bloque solamente son obligatorias si el *for* está compuesto por más de una instrucción.

El siguiente programa utiliza un bucle *for* para realizar el cálculo del factorial de un número almacenado en una variable:

```
public class Factorial{
   public static void main (String [] args){
      long p =5; //variable con el número a calcular
      long r=1; //variable que almacena el resultado
      for(int i=1;i<=p;i++){
            r*=i;
      }
      System.out.println("El factorial de "+p +
                              " es "+r);
   }
}
```

## 2.7.4 La instrucción *while*

Permite ejecutar un bloque de instrucciones mientras se cumpla una determinada condición dentro del programa. Los dos posibles formatos que admite esta instrucción y un ejemplo de utilización se muestran en la figura 49.

En ambos casos, el bloque de instrucciones se ejecuta mientras la condición se cumple. En el segundo formato se ejecutan las instrucciones y luego se comprueba la condición, lo que garantiza que el bloque de instrucciones se ejecute por lo menos una vez.

**Formatos:**

```
while(condicion)
{
        sentencias
}
```

```
do
{
        sentencias

}while(condicion);
```

**Ejemplo:**

```
int a=10;
while(a>0)
{
  //Muestra los números del 10 al 1
  System.out.println("el numero es "+a);
  a--;
}
```

***Fig. 49** - Instrucción while y formato de utilización*

Como en el caso de la instrucción *for*, la utilización de llaves para delimitar un bloque de instrucciones sólo es obligatoria si éste está formado por más de una instrucción.

El siguiente programa utiliza un *while* para calcular la suma de todos los números enteros entre dos dados. En el momento en que la suma parcial llegue a alcanzar o superar el valor 1000 se dejará de realizar la operación:

```
public class Sumador{
   public static void main (String [] args){
      int n1 = 5; //número más pequeño
      int n2 = 15; //número mayor
      int res = n1; //variable que almacena el
                  //resultado
      while(res<1000 && n1<n2){
            res += ++n1;//incrementa n1 y lo acumula
                        //a las sumas parciales
      }
   }
}
```

## 2.7.5 Salida forzada de un bucle

Las instrucciones repetitivas *for* y *while*, cuentan con dos instrucciones que permiten abandonar la ejecución del bloque de instrucciones antes de su finalización. Estas instrucciones son:

- ***break***
- ***continue***

### *2.7.5.1 BREAK*

Ya hemos visto la utilidad de *break* en una sentencia *switch*, sin embargo, su uso también se puede extender a las instrucciones repetitivas. En éstas, la utilización de *break* provoca una salida forzada del bucle, continuando la ejecución del programa en la primera sentencia situada después del mismo.

En el siguiente ejemplo, se detiene la ejecución de *for* al producirse una determinada situación:

```
int numero=6;
boolean acierto=false;
for(int i=1;i<=5;i++)
{
  int aleat=Math.floor(Math.random()*10+1);
  if(aleat==numero)
  {
      acierto=true;
      //si acierta el número finaliza la ejecución de
      //la instrucción for
      break;
  }
}
```

### *2.7.5.2 CONTINUE*

La instrucción *continue*, provoca que el bucle detenga la iteración actual y pase, en el caso de *for*, a ejecutar la instrucción de incremento o, en el caso de *while*, a comprobar la condición de entrada.

El siguiente trozo de código suma números impares aleatorios entre 1 y 10, mientras la suma total sea inferior a 1000. La utilización de *continue* en este ejemplo impide que los números pares sean sumados:

```
int suma=0;
while(suma<1000){
  int aleat=Math.floor(Math.random()*10+1);
  if(aleat%2==0){
      continue;
   }
   //sólo se sumarán los números impares
   suma+=aleat;
}
```

*PRÁCTICA 2.1.*

Desarrollar un programa que a partir de dos números enteros dados (dos números cualesquiera almacenados en variables), muestre en pantalla la suma de todos los números pares comprendidos entre ambos.

Se realizarán dos versiones del programa. En una primera versión, todo el código será incluido en el método *main()*. En la segunda versión, la clase contará con dos métodos: *suma()*, que devolverá el resultado de la suma a partir de los números recibidos y *main()*, que realizará la llamada a *suma()* y mostrará el resultado en pantalla.

## 2.8 ARRAYS

Un array es un objeto en el que se puede almacenar un conjunto de datos de un mismo tipo. Cada uno de los elementos del array tiene asignado un índice numérico según su posición, siendo 0 el índice del primero.

### 2.8.1 Declaración

Un array debe declararse utilizando la expresión:

*tipo [] variable_array;*

o

*tipo variable_array[];*

Como se puede apreciar, los corchetes pueden estar situados delante de la variable o detrás. Los siguientes son ejemplos de declaraciones de array:

*int [] k;*

*String [] p;*

*char cads[];*

Los arrays pueden declararse en los mismos lugares que las variables estándar: como **atributos** de una clase o **locales** en el interior de un método. Como ocurre con cualquier otro tipo de variable objeto, cuando un array se declara como atributo se inicializa implícitamente al valor *null*.

### 2.8.2 Dimensionado de un array

Para asignar un tamaño al array se utiliza la expresión:

*variable_array=new tipo[tamaño];*

También se puede asignar tamaño al array en la misma línea de declaración de la variable. Los siguientes son ejemplos de dimensionado de un array:

```
k=new int[5];
cads=new char[10];
String [] noms=new String[10];
```

Cuando un array se dimensiona, **todos sus elementos son inicializados explícitamente** al valor por defecto del tipo correspondiente, independientemente de que la variable que contiene al array sea atributo o local.

Existe una forma de declarar, dimensionar e inicializar un array en una misma sentencia. La siguiente instrucción crea un array de cuatro enteros y los inicializa a los valores indicados entre llaves:

*int[] nums = {10, 20, 30, 40};*

### 2.8.3 Acceso a los elementos de un array

El acceso a los elementos de un array se realiza utilizando la expresión:

*variable_array[indice]*

Donde *indice* representa la posición a la que se quiere tener acceso, y cuyo valor debe estar comprendido entre 0 y *tamaño-1*.

Todos los objetos array exponen un atributo público, llamado *length*, que permite conocer el tamaño al que ha sido dimensionado un array. Este atributo resulta especialmente útil en aquellos métodos que necesitan recorrer todos los elementos de un array, independientemente de su tamaño.

El siguiente bloque de código utiliza *length* para recorrer un array y rellenarlo con números enteros pares consecutivos, empezando por el 0.

```
int [] nums=new int[10];
for (int i=0;i<nums.length;i++){
      nums[i]=i*2;
}
```

El programa que se muestra a continuación calcula la suma de todos los números almacenados en un array de enteros, mostrando además el mayor y el menor de los números contenidos:

```
public class Principal{
   public static void main (String [] args){
      int mayor,menor, suma;
      int [] nums = {3,4,8,2};
```

```
            suma=0;
            menor=nums[0];
            mayor=nums[0]; //en las variables mayor y menor
            //se obtendrá el mayor y el menor de los
            //número buscados,respectivamente. Ambas se
            //inicializan con cualquiera de los valores
            //del array

            //recorre el array en busca de los extremos,
            //acumulando en suma cada uno de los números
            //contenidos en el array
            for(int i=0;i<nums.length;i++){
                  if(nums[i]>mayor){
                        mayor=nums[i];
                  }
                  if(nums[i]<menor){
                        menor=nums[i];
                  }
                  suma+=nums[i];
            }
            System.out.println ("El mayor es "+ mayor);
            System.out.println ("El menor es "+ menor);
            System.out.println ("La suma es "+ suma);
      }
}
```

### 2.8.4 Paso de un array como argumento de llamada a un método

Además de los tipos básicos los arrays también pueden utilizarse como argumentos de llamada a métodos.

Para declarar un método que reciba como parámetro un array se emplea la sintaxis:

```
tipo metodo(tipo variable_array[]){
      //código del método
}
```

El siguiente método recibe como parámetro un array de enteros:

```
void metodoEjemplo(int m[]){
        :
}
```

En cuanto a la llamada, se utilizará la expresión:

```
objeto.metodo(variable_array);
```

A modo de ejemplo ilustrativo, la siguiente clase representa una versión del programa anterior en el que se calculaban la suma, el mayor y el menor de los números almacenados en un array de números. En este caso, se desglosa el código de las operaciones sobre el array en tres métodos a los que se les pasa como parámetro el array de enteros:

```
public class Principal{
   public static void main (String [] args){
      int mayor,menor,suma;
      int [] nums = {3,4,8,2};
      //Llamada a los métodos
      suma=sumar(nums);
      menor=calculoMenor(nums);
      mayor=calculoMayor(nums);
      System.out.println ("El mayor es "+ mayor);
      System.out.println ("El menor es "+ menor);
      System.out.println ("La suma es "+ suma);
   }
   static int sumar(int numeros[]){
      int s=0;
      for(int i=0;i<numeros.length;i++){
            s+=numeros[i];
      }
      return s;
   }
   static int calculoMayor(int numeros[]){
      int may=numeros[0];
      for(int i=0;i<numeros.length;i++){
            if(nums[i]>may){
                  may=nums[i];
            }
      }
```

```
        return may;
    }
    static int calculoMenor(int numeros[]){
        int men=numeros[0];
        for(int i=0;i<numeros.length;i++){
                if(nums[i]<men){
                        men=nums[i];
                }
        }
        return men;
    }
}
```

## 2.8.5 Array como tipo de devolución de un método

También un array puede ser devuelto por un método tras la ejecución del mismo. El formato de un método de esas características será el siguiente:

*tipo [] método(parámetros){*

*:*

*return variable_array;*

*}*

El siguiente método devuelve un array con los cinco números enteros siguientes al número recibido como parámetro:

```
int [] getNumeros(int n){
        int [] nums=new int[5];
        for(int i=0;i<nums.length;i++){
                nums[i]=n+i+1;
        }
        return nums;
}
```

*PRÁCTICA 2.2.*

Desarrollar un programa que, partiendo de un array formado por 10 números enteros cualesquiera, ordene de menor a mayor los números contenidos en dicho array y posteriormente muestre el contenido ordenado en pantalla.

Se debe procurar realizar el programa de forma modular, desglosando el código de la clase en los métodos que se considere apropiados.

### 2.8.6 Recorrido de arrays con *for-each*

A partir de la versión Java 5, el lenguaje Java incorpora una variante de la instrucción *for*, conocida como *for-each*, que facilita el recorrido de arrays y colecciones para la recuperación de su contenido, eliminando la necesidad de utilizar una variable de control que sirva de índice para acceder a las distintas posiciones. Aunque se utiliza un nuevo nombre para identificar esta instrucción (*for-each*), la palabra reservada para su implementación sigue siendo *for*.

En el caso de un array, el formato de la nueva instrucción *for-each* sería:

```
for(tipo variable:var_array){
        //instrucciones
}
```

donde, *tipo variable* representa la declaración de una variable auxiliar del mismo tipo que el array, variable que irá tomando cada uno de los valores almacenados en éste con cada iteración del *for*, siendo *var_array* la variable que apunta al array.

Por ejemplo, supongamos que tenemos el siguiente array:

```
int [] nums = {4, 6, 30, 15};
```

Y queremos mostrar en pantalla cada uno de los números almacenados en el mismo. Utilizando la versión tradicional de *for*, la forma de hacerlo sería:

```
for (int i=0;i<nums.length;i++){
        System.out.println(nums[i]);
}
```

Utilizando la nueva instrucción *for-each*, la misma operación se realizará de la siguiente forma:

```
for (int n:nums){
        System.out.println(n);
}
```

Obsérvese cómo, sin acceder de forma explícita a las posiciones del array, cada una de éstas **es copiada automáticamente a la variable auxiliar *n* al principio de cada iteración**.

Como ejemplo ilustrativo, a continuación se presenta una nueva versión del programa anterior que realiza la suma de los elementos de un array. En este caso se han utilizado bucles *for-each* sin índices en vez de *for* tradicionales:

```
public class Principal{
   public static void main (String [] args){
      int mayor,menor, suma;
      int [] nums = {3,4,8,2};
      //Llamada a los métodos
      suma=sumar(nums);
      menor=calculoMenor(nums);
      mayor=calculoMayor(nums);
      System.out.println ("El mayor es "+ mayor);
      System.out.println ("El menor es "+ menor);
      System.out.println ("La suma es "+ suma);
   }
   static int sumar(int numeros[]){
      int s=0;
      for(int n:numeros){
            s+=n;
      }
      return s;
   }
   static int calculoMayor(int numeros[]){
      int may=numeros[0];
      for(int n:numeros){
            if(n>may){
                  may=n;
            }
      }
      return may;
   }
   static int calculoMenor(int numeros[]){
      int men=numeros[0];
      for(int n:numeros){
            if(n<men){
                  men=n;
            }
      }
      return men;
   }
}
```

Recordemos que el código anterior solamente funcionará con la versión 5 de Java SE o posteriores.

## 2.8.7 Arrays multidimensionales

Los arrays Java pueden tener más de una dimensión, por ejemplo, un array de enteros de dos dimensiones se declararía:

```
int [][] k;
```

A la hora de asignarle tamaño se procedería como en los de una dimensión, indicando en los corchetes el tamaño de cada dimensión:

```
k= new int[3][5];
```

Igualmente, para acceder a cada una de las posiciones del array se utilizaría un índice por dimensión:

```
k[1][3]=28;
```

Si imaginamos un array de dos dimensiones como una tabla organizada en filas y columnas, el array anterior tendría el aspecto indicado en la figura 50.

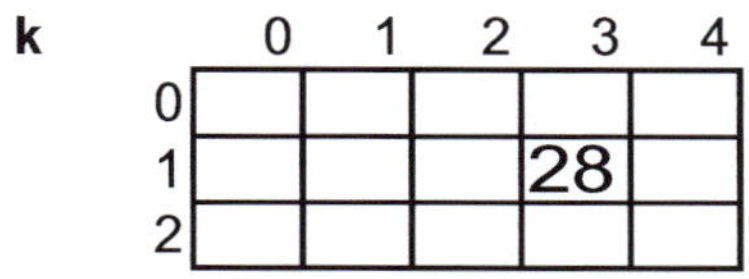


***Fig. 50** - Array bidimensional*

### 2.8.7.1 RECORRIDO DE UN ARRAY MULTIDIMENSIONAL

Para recorrer un array multidimensional podemos utilizar la instrucción *for* tradicional, empleando para ello tantas variables de control como dimensiones tenga el array. La siguiente instrucción almacenaría en cada una de las posiciones del array *k*, definido anteriormente, la suma de sus índices:

```
for(int i=0;i<5;i++) //recorre primera dimensión
      for(int j=0;j<3;j++) //recorre segunda dimensión
            k[i][j]=i+j;
```

Igualmente, se puede utilizar también una instrucción *for-each* para recuperar el contenido de un array multidimensional, simplificando enormemente dicha tarea. El siguiente ejemplo mostraría en pantalla los valores almacenados en el array *k* anterior:

```
for(int[] n:k) //recorre primera dimensión
      for(int p:n) //recorre segunda dimensión
            System.out.println("valor: "+p);
```

### 2.8.7.2 ARRAYS MULTIDIMENSIONALES IRREGULARES

Es posible definir un array multidimensional en el que el número de elementos de la segunda y sucesivas dimensiones sea variable, indicando inicialmente sólo el tamaño de la primera dimensión:

```
int [][] irreg = new int [2][];
```

Un array de estas características equivale a un array de arrays, donde cada elemento de la primera dimensión almacenará su propio array:

```
irreg[0]= new int[4];
irreg[1]= new int [6];
```

La figura 51 ilustra gráficamente la situación.

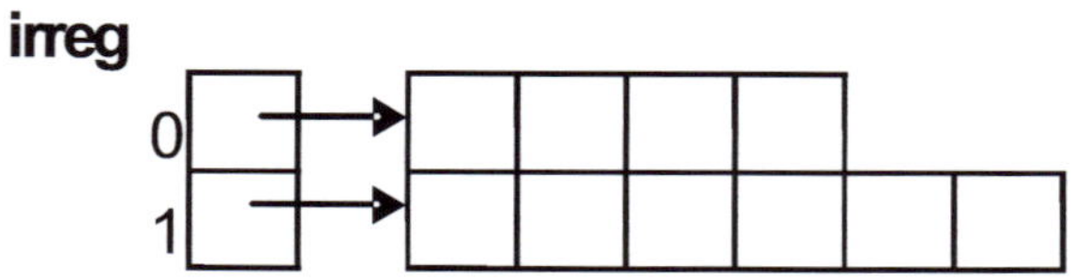


*Fig. 51 - Array bidimensional con dimensiones de diferente tamaño*

Un array de estas características sería complicado de recorrer empleando un bucle *for* normal, en cambio, mediante *for-each* su recorrido sería exactamente igual que con los arrays multidimensionales estándar. El siguiente ejemplo recorrería el array anterior:

```
for(int[] n:irreg) //recorre primera dimensión
      for(int p:n) //recorre segunda dimensión
            System.out.println("valor: "+p);
```

## 2.9 TIPOS ENUMERADOS

Los tipos enumerados son otra de las nuevas características incluidas a partir de la versión 5 de Java SE, consistente en la posibilidad de definir nuevos tipos de datos cuyos posibles valores están limitados a un determinado conjunto dado.

Anteriormente a la versión 5, la forma de definir un determinado conjunto de valores era mediante la utilización de constantes:

```
public class Direcciones{
      public static final int NORTE=1;
      public static final int SUR=2;
      public static final int ESTE=3;
      public static final int OESTE=4;
}
```

De esta forma, para referirse a alguno de los valores definidos en las constantes anteriores se utilizaría la expresión:

*Nombre_clase.CONSTANTE*

Por ejemplo,

```
Direcciones.NORTE
```

hace referencia al valor 1.

El siguiente programa de ejemplo hace uso de las constantes anteriores para establecer un dato miembro, cuyos posibles valores deben los definidos en la clase Direcciones:

```
public class Barco{
      private int orientacion;
      public void setOrientacion(int s){
            orientacion = s;
      }
      public int getOrientacion(){
            return orientacion;
      }
}
public class Navegacion{
      public static void main(String []args){
            Barco b=new Barco();
            //establecimiento de la orientación a
            //partir de los valores enteros definidos
            //en las constantes
            b.setOrientacion(Direcciones.OESTE);
      }
}
```

Examinando con detenimiento el programa anterior nos damos cuenta de que el sistema de asignación de orientaciones es totalmente inseguro, ya que nada impediría hacer algo como esto:

*b.setOrientacion(10);*

Provocando que el objeto barco entrase en un estado indeterminado al asignar al dato miembro orientación un valor no permitido.

Precisamente, aquí es donde entran en juego los tipos enumerados. Mediante un tipo enumerado definimos el conjunto de posibles valores que puede almacenar una variable de ese tipo, generando un error de compilación la asignación a la variable de un valor no definido en la enumeración.

### 2.9.1 Definición de un tipo enumerado

Un tipo enumerado se define según el siguiente formato:

*[public] enum Nombre_tipo {VALOR1, VALOR2,..}*

Siendo Nombre_tipo el nombre que se va a asignar al tipo enumerado y VALORN los posibles valores que puede tomar. La declaración del tipo enumerado puede estar en el interior de una clase o en el exterior, nunca en el interior de un método.

En el ejemplo anterior, podríamos sustituir la lista de constantes por un tipo enumerado llamado Direcciones con los cuatro valores de dirección posibles:

```
enum Direcciones{NORTE, SUR, ESTE, OESTE}
```

Como se puede ver, los valores del tipo enumerado no necesitan ningún número o cadena de caracteres asociada.

Las clases *Barco* y *Navegacion* quedarían ahora de la siguiente manera:

```
public class Barco{
      private Direcciones orientacion;
      public void setOrientacion(Direcciones s){
            orientacion = s;
      }
      public Direcciones getOrientacion(){
            return orientacion;
      }
}
```

```
public class Navegacion{
      public static void main(String []args){
            Barco b=new Barco();
            //establecimiento de la orientación a
            //partir de los valores de la enumeración
            b.setOrientacion(Direcciones.OESTE);
      }
}
```

Al declararse el parámetro *orientación* como tipo *Direcciones,* el compilador sólo admitirá que se le asignen los valores definidos en dicha enumeración, haciendo más seguro el código.

## 2.9.2 Clases de enumeración

Una enumeración es un tipo especial de clase, clase que hereda *java.lang.Enum.* A diferencia de las clases estándares, una clase de enumeración no permite el uso del operador *new* para la creación de objetos. Cada uno de los valores de la enumeración representa uno de los posibles objetos de la clase, así pues, éstos serán creados de forma implícita al hacer referencia en el código estos valores (figura 52).

Además de los métodos heredados de *Enum,* todas las enumeraciones disponen del método estático *values(),* que devuelve un array con todos los objetos de la clase.

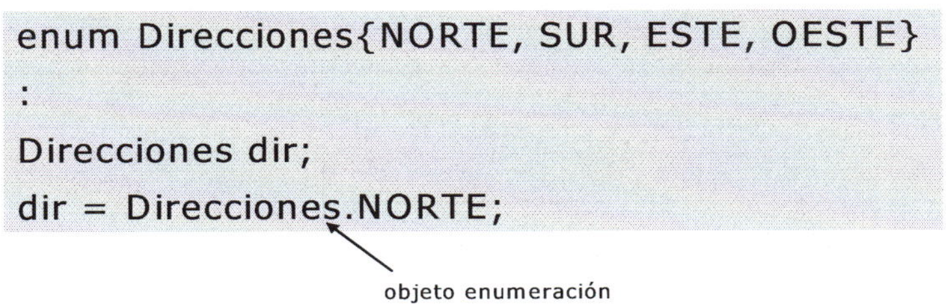


***Fig. 52*** *- Creación de un objeto de enumeración*

El siguiente método muestra en pantalla todos los valores de la enumeración Direcciones definida anteriormente:

```
public void muestraValores(){
      for(Direcciones dir:Direcciones.values()){
            System.out.println(dir);
      }
}
```

Al ejecutar el método anterior se visualizará en la pantalla:

NORTE

SUR

ESTE

OESTE

Otra diferencia entre los objetos de las clases estándares y los objetos enumerados, está en que estos últimos pueden ser utilizados en expresiones de comparación de igualdad mediante el signo == y como valores de una instrucción *switch*:

```
for(Direcciones dir:Direcciones.values()){
    if(dir==Direcciones.SUR||dir==Direcciones.NORTE){
          System.out.println("Rumbo erroneo");
    }
    else{
          System.out.println("Rumbo correcto");
    }
}
```

## 2.9.3 Constructores y métodos de una enumeración

Como ya hemos visto, una enumeración es como una clase, lo que significa que también puede definir constructores y métodos. Tanto unos como otros siempre deben estar declarados después de la lista de valores de la enumeración.

### 2.9.3.1 CONSTRUCTORES

Se definen igual que en las clases estándares:

*Nombre_enumeracion(lista_parametros){*

*:*

*}*

Cuando una enumeración dispone de constructores con parámetros, los valores de los argumentos de llamada deben estar especificados en cada uno de los valores de la enumeración:

```
enum Direcciones{
      NORTE(4), SUR(2), ESTE(2), OESTE(3)
      int distancia;
      Direcciones(int d){//constructor
                  distancia=d;
      }
}
```

La enumeración anterior es una versión nueva de Direcciones, en la que se ha añadido un constructor que inicializa un atributo *distancia*. Los valores de *distancia* se suministran al constructor cuando se hace referencia a los distintos objetos del enumerado: NORTE, SUR, ESTE y OESTE.

### 2.9.3.2 MÉTODOS

Los métodos también se definen igual que en las clases. Como ejemplo, incluiremos en la enumeración Direcciones un método que nos permita recuperar la distancia:

```
enum Direcciones{
      NORTE(4), SUR(2), ESTE(2), OESTE(3)
      int distancia;
      Direcciones(int d){
            //constructor
            distancia=d;
      }
      int getDistancia(){
            return distancia;
      }
}
```

El siguiente programa nos muestra la distancia recorrida por un barco (objeto de la clase Barco utilizada anteriormente en un ejemplo) que sigue la orientación NORTE:

```
public class Navegacion{
      public static void main(String []args){
            Barco b=new Barco();
            Direcciones d;
            b.setOrientacion(Direcciones.NORTE);
            d=b.getOrientacion();
            //imprimirá "Distancia recorrida: 4"
```

```
            System.out.println("Distancia recorrida: "+
                                   d.getDistancia());
        }
    }
```

## 2.10 MÉTODOS CON NÚMERO VARIABLE DE ARGUMENTOS

Cuando en el capítulo 1 explicamos el funcionamiento del paso de parámetros al invocar a un método, se dijo que el número de argumentos utilizados en la llamada viene determinado por el número de parámetros que el método acepta. Esto significa que si, por ejemplo, un método tiene declarados dos parámetros, la llamada al método deberá efectuarse con dos argumentos.

A partir de la versión Java 5 es posible definir métodos que reciban un número variable de argumentos, para ello es necesario declarar un parámetro que recoja todos los argumentos de número variable. La declaración de un parámetro de estas características debe hacerse utilizando el siguiente formato:

*tipo ... nombre_parámetro*

Por ejemplo, un parámetro declarado de la siguiente forma en un método:

```
String ... cadenas
```

representaría cualquier número de argumentos de tipo String.

Un parámetro declarado de esta manera es realmente un array en el que se almacenan los argumentos recibidos y cuyos valores deben ser todos del mismo tipo.

El siguiente método corresponde a un método que calcula la suma de todos los números recibidos en el parámetro:

```
//puede ser invocado con cualquier número de
//argumentos de tipo entero
public int sumador (int ... varios){
      int s=0;
      for(int i:varios){
            s+=i;
      }
      return s;
```

```
}
```

El siguiente programa utiliza el método *sumador()* para realizar diversos cálculos de sumas enteras:

```
public class Calculos{
  public static void main(String []args){
      System.out.println(sumador(3,7,9,11)); //30
      System.out.println(sumador(25,4,6)); //30
      System.out.println(sumador(8,19));//27
  }

  public static int sumador (int ... varios){
      int s=0;
      for(int i:varios){
            s+=i;
      }
      return s;
  }
}
```

Un método puede declarar tanto parámetros estándares como parámetros para número variable de argumentos. En estos casos, los segundos deben aparecer declarados al final de la lista de parámetros:

*public void metodo1(int k, String s, int ... nums){} //correcto*

*public void metodo2(int p, String ... cads, long f){} //incorrecto*

La definición de métodos con un número variable de argumentos resulta muy útil para todas aquellas situaciones en donde la cantidad de datos que deba recibir el método en la llamada no esté determinada. Éste es el caso del nuevo método para la salida de datos en Java, llamado *printf()*, que será estudiado en el siguiente capítulo.

## 2.11 CUESTIONES DE AUTOEVALUACIÓN

1. Dos de las siguientes palabras no se corresponden con tipos básicos del lenguaje Java, indica cuales son:

   int, double, Long, boolean, byte, char, string

2. El siguiente trozo de código contiene un error de compilación, indica cuál es:

```
int  k=2500;
float r=3.7;
byte p=(byte)k;
```

3. Dada la siguiente clase:

```
class Ejemplo{
  char k;
  float f;
  Object ob;
  void gestion(){
      byte b;
  }
}
```

   Indica cuál es el valor por defecto que tomarán las variables k, f, ob y b.

4. Teniendo en cuenta que a, b y c son variables tipo *int* que han sido inicializadas con algún valor, indica cuál de las siguientes instrucciones es incorrecta:

   A. a = b * c++;

   B. a = c ^b;

   C. a = b && c;

5. Teniendo en cuenta que a, b y c son variables tipo *int* y que han sido inicializadas con algún valor, indica cuál de los siguientes encabezados de una instrucción *if* es incorrecto:

   A. if(a=(b+c))

   B. if(++a>(b-c))

   C. if((a+b)==0)

6. Indica cuál será el contenido de las variables k y v al finalizar la ejecución del siguiente bloque de instrucciones:

```
int k=5;
int v=2;
if(k>0 ||(++v>1)){
      for(int i=0;i<v;i++){
            k++;
      }
}
```

7. Una de las siguientes formas de crear arrays es incorrecta, indica cuál:

   A. int p [] = new int[5];

   B. int [] n = {5, 3, 9, 10};

   C. int [10] v = new int;

8. El siguiente bloque de instrucciones contiene un error de compilación, indica cuál es:

```
int p=1;
byte b;
while(p--){
      b=(byte)p;
      System.out.println(b);
}
```

9. Escribe un método que reciba como parámetro dos números enteros y muestre en pantalla todos los números pares comprendidos entre ellos (incluidos ellos mismos, si son pares).

10. Dado el siguiente código:

```
1. Object ob = new Object();
2. Object cn = ob;
3. ob = null;
4. cn = new Object();
5. cn = null;
```

¿En qué línea será elegido para la recolección el objeto creado en la línea 1?

# 2.12 LISTADO DE LAS PRÁCTICAS

## 2.12.1 PRÁCTICA 2.1.

*********versión 1*****************

```
public class SumaPares {
  public static void main(String[]  args)
  {
    //números cualesquiera
    int n1=7, n2=13;
    //variable que acumula la suma
    int suma=0;
    //variables que almacenarán el mayor y el menor de
    //los números
    int mayor,menor;
    //antes de proceder a la suma es necesario
    //identificar el número de inicio de la suma y el
    //de finalización de la misma
    if(n1>n2){
      mayor=n1;
      menor=n2;
    }
    else{
      mayor=n2;
      menor=n1;
    }

    //realiza el cálculo de la suma
     for(int i=menor;i<=mayor;i++){
       //si el numero es par se suma
       if(i%2==0){
         suma += i;
       }
     }
     System.out.println("La suma es "+suma); //con los
      //números elegidos, el resultado será 30
  }
}
```

*********versión 2*****************

```
public class SumaPares2 {
  public static void main(String[] args) {
    //números cualesquiera
    int n1=7, n2=13;
    //invoca al método sumatorio para calcular la suma
    int suma=sumatorio(n1,n2);
    System.out.println("La suma es "+suma);
  }

  //método que realiza la suma
  public static int sumatorio(int s1, int s2){
    //variables que almacenarán el mayor y el menor de
    // los números
    int mayor,menor;
    //variable local de sumas parciales
    int suma=0;
    //identifica los extremos
    if(s1>s2){
      mayor=s1;
      menor=s2;
    }
    else{
      mayor=s2;
      menor=s1;
    }

     //realiza el cálculo de la suma
     for(int i=menor;i<=mayor;i++){
       //si el numero es par se suma
       if(i%2==0){
         suma += i;
       }
     }
     //devuelve la variable que contiene el resultado
     //final de la suma
     return suma;
  }
}
```

## 2.12.2 PRÁCTICA 2.2.

```
public class Ordenacion {
  public static void main(String[] args) {
    //array de enteros cualesquiera
    int [] nums = {2, 34, 19, 5, 7, 28, 55, 3, 45, 21};
    //llama al método que ordena el array
    ordenar(nums);
    //llama al método que muestra el contenido
    //del array
    mostrar(nums);
  }

  //el método no necesita devolver una referencia al
  //array ordenado, dado que ambas referencias,
  //num y m, apuntan al mismo objeto array
  public static void ordenar(int [] m){
    //variable auxiliar utilizada para el intercambio
    //datos en el array
    int aux;
    //recorre las posiciones del array
    for(int i=0;i<m.length;i++){
      //el segundo for se utiliza para comparar el
      //valor de la posición actual con las siguientes


      for(int j=i+1;j<m.length;j++){
        //si uno de los siguientes valores es inferior
        //al actual, procede al intercambio de las
        //posiciones del array
        if(m[j]<m[i]){
          aux=m[i];
          m[i]=m[j];
          m[j]=aux;
        }
      }
    }
  }
```

```
    //se encarga de mostrar el contenido del array
    public static void mostrar(int [] m){
      //recorre el array utilizando for-each
      for(int num:m){
        System.out.print(num+",");
      }
    }
  }
```

**Capítulo 3**

# CLASES DE USO GENERAL

Hasta ahora, nuestro análisis de Java se ha centrado en la sintaxis del lenguaje. Hemos estudiado los tipos de datos básicos y su manipulación mediante variables y operadores, hemos analizado las instrucciones de control que proporciona el lenguaje y hemos creado y manejado arrays.

Sin embargo, aunque se ha hecho mención al tratamiento de objetos en un programa, salvo la clase String que ha aparecido en algunos de los ejemplos aparecidos en el capítulo anterior, aún no hemos utilizado ninguna de las clases de Java estándar.

Como ya se mencionó al principio, Java es mucho más que un lenguaje, tan sólo la edición Java SE proporciona más de 10.000 clases (entre clases e interfaces) con sus correspondientes conjuntos de métodos, los cuales nos van a ofrecer todo lo necesario para desarrollar diferentes tipos de aplicaciones.

Durante este capítulo vamos a analizar en profundidad algunas de esas clases, concretamente, aquéllas que llamamos de uso general y que nos van a permitir resolver problemas que se pueden plantear en cualquier tipo de aplicación.

Para el estudio de este conjunto de clases de uso general, las vamos a dividir en cuatro grupos:

- Clases básicas

- Clases de envoltorio

- Clases de E/S
- Colecciones

En capítulos posteriores estudiaremos otros conjuntos de clases que nos permitirán resolver problemas más específicos, como la creación de aplicaciones basadas en entorno gráfico o el acceso a bases de datos.

## 3.1 ORGANIZACIÓN DE CLASES: LOS PAQUETES

Antes de afrontar el estudio de las clases, vamos a analizar la forma en la que éstas se organizan.

Los paquetes son un mecanismo utilizado por Java que permite organizar las clases de una manera estructurada y jerárquica. Básicamente, un paquete es un directorio en el que se almacenan los archivos .class con los byte codes de la clase, un paquete puede a su vez estar compuesto de otros subpaquetes.

Todas las clases de Java siguen esta organización. En el caso de Java SE, existe un paquete principal, llamado java, dentro del cual existen una serie de subpaquetes en donde se encuentran las distintas clases que componen la edición (figura 53).

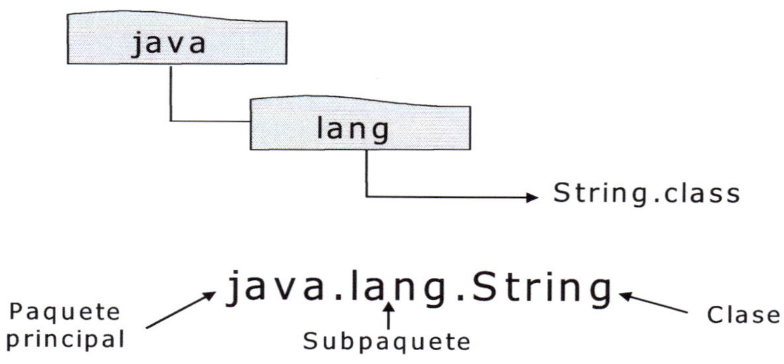


*Fig. 53 - Estructura de paquetes en Java*

### 3.1.1 Ventajas de la utilización de paquetes

La utilización de paquetes para la organización de las clases en Java proporciona principalmente dos beneficios:

- **Permiten organizar las clases de manera estructurada**. Del mismo modo que en un directorio del disco almacenamos archivos relacionados, los paquetes permiten agrupar clases que tengan algún tipo de relación lógica. Esto facilita su localización y utilización en un programa.

- **Evitan conflictos de nombres**. Una clase localizada en un determinado paquete se identifica mediante lo que se conoce como **nombre cualificado de la clase**. Éste se compone del nombre de la clase, precedido por los nombres de los subpaquetes en donde se encuentra hasta llegar al paquete principal, separados por un "." (figura 53). Esto permite que en un programa se puedan utilizar dos o más clases que tengan el mismo nombre y que se encuentren distintos paquetes, pues al estar identificadas por su nombre cualificado éste será diferente para cada una.

### 3.1.2 Importar clases y paquetes de clases

Cuando se hace referencia desde código a una clase que se encuentra en un paquete diferente, es necesario utilizar el nombre cualificado de la misma, tal y como hemos comentado en el punto anterior. Esto puede resultar bastante engorroso cuando se utilizan clases que se encuentran en subpaquetes internos y se va a referenciar a las mismas en distintos puntos del código.

Una alternativa a la utilización de nombres cualificados consiste en importar la clase que se va a utilizar. Al importar una clase, podemos hacer referencia a la misma sin necesidad de utilizar el nombre cualificado, tan sólo con el nombre de la clase.

Para importar una clase se utiliza la sentencia *import* al principio del archivo de código .java, antes de la definición de la clase:

*import nombre_cualificado_de_la_clase;*

La figura 54 ilustra un ejemplo en el que se ve la diferencia entre utilizar el nombre cualificado e importar la clase.

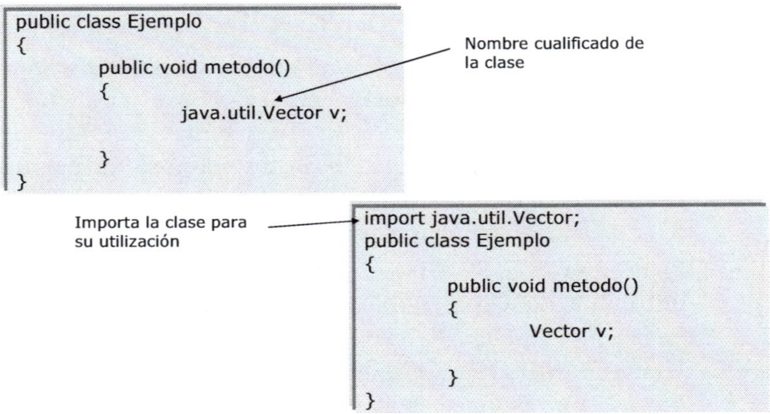


***Fig. 54*** *- Diferencia entre importar una clase y utilizar su nombre cualificado*

Si se van a utilizar varias clases de un mismo paquete, puede resultar más cómodo importar el paquete entero. Esto se hace utilizando la expresión:

*import nombre_paquete.*;*

Por ejemplo,

```
import java.util.*;
```

La sentencia anterior importa el paquete *java.util* al completo, lo que permite hacer referencia desde el código a cualquier clase del mismo utilizando únicamente el nombre de la clase.

### 3.1.3 Paquetes de uso general

Las clases que vamos a estudiar a lo largo de este capítulo se encuentran distribuidas en tres paquetes de Java SE:

- **java.lang**. Incluye las clases fundamentales para la realización de cualquier programa Java. Dado que sus clases son de uso común en los programas, el compilador importa el paquete completo de forma implícita, por lo que no deberá utilizarse la sentencia *import* para importar clases de este paquete.

- **java.io**. Contiene las clases para la gestión de la entrada y salida de datos en Java. Independientemente del dispositivo E/S que se utilice, Java utiliza siempre las mismas clases para enviar datos a la salida y leer datos de la entrada.

- **java.util**. En este paquete encontramos clases para utilidades varias, tales como el tratamiento de colecciones de objetos, la manipulación de fechas o la construcción de expresiones regulares.

### 3.1.4 La especificación del API Java SE

Antes de comenzar el estudio de las clases de Java estándar, es conveniente que empecemos a familiarizarnos con la utilización de la especificación del API Java SE o documentación oficial de las clases de Java Estándar.

Esta especificación contiene toda la información que un programador necesita conocer sobre cualquiera de las clases Java SE de cara a su utilización: definición de la clase (nombre, modificadores, clase que hereda e interfaces que implementa), paquete en donde se encuentra, atributos públicos, métodos y constructores.

Como se puede comprender, dado el elevado número de clases existentes en Java SE, esta ayuda resulta de crucial importancia para el programador de cara a poder consultar cualquier aspecto sobre las clases que éste vaya a utilizar en el desarrollo de una aplicación, evitando la memorización de nombres de métodos, parámetros y tipos de devolución, etc.

En la página Web de Java encontramos un enlace a la página que contiene la especificación del API Java SE de cada una de las tres versiones que se mantienen activas actualmente (Java SE 1.4, Java SE 5.0 y Java SE 6.0). Además de poder acceder a la ayuda on-line, en la zona de descargas encontraremos un enlace para poder descargar la documentación de cara a realizar las consultas en local.

La figura 55 muestra el aspecto de la página principal de la especificación del API Java SE 6.0. En ella observamos cómo la ventana queda dividida en tres partes, la llamada "zona 1" donde se muestran los diferentes paquetes que forman la especificación, la "zona 2" con las clases incluidas en el paquete seleccionado en la "zona 1", y la "zona 3" donde se muestra la información relativa a la clase seleccionada en la "zona 2".

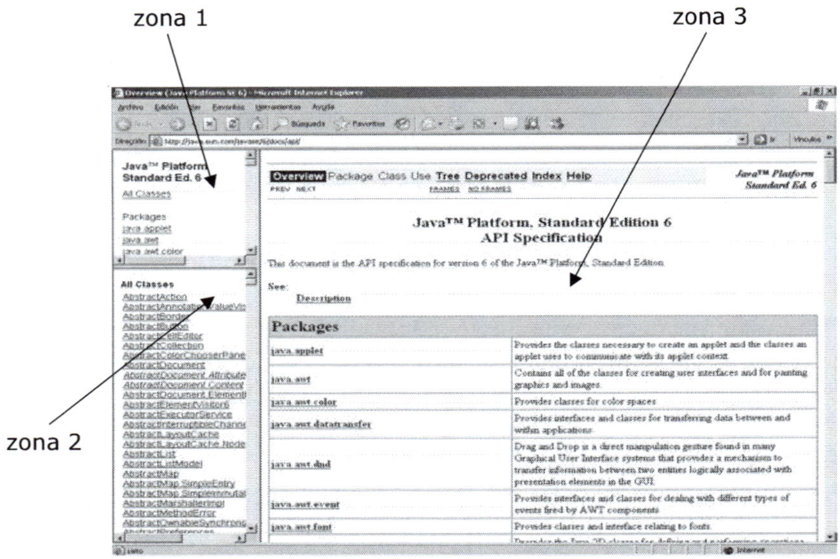


*Fig. 55 - Especificación del API Java SE*

Toda la información relacionada con la clase seleccionada en la "zona 2" es presentada en la "zona 3". En la parte superior de esta ventana se indica el nombre de la clase y el paquete en que se encuentra, así como la clase que hereda y las interfaces que implementa. Seguidamente, aparece una breve descripción del funcionamiento y utilidad de la clase, mostrando finalmente una tabla con todos los miembros de la clase (constructores, datos de miembros públicos y métodos).

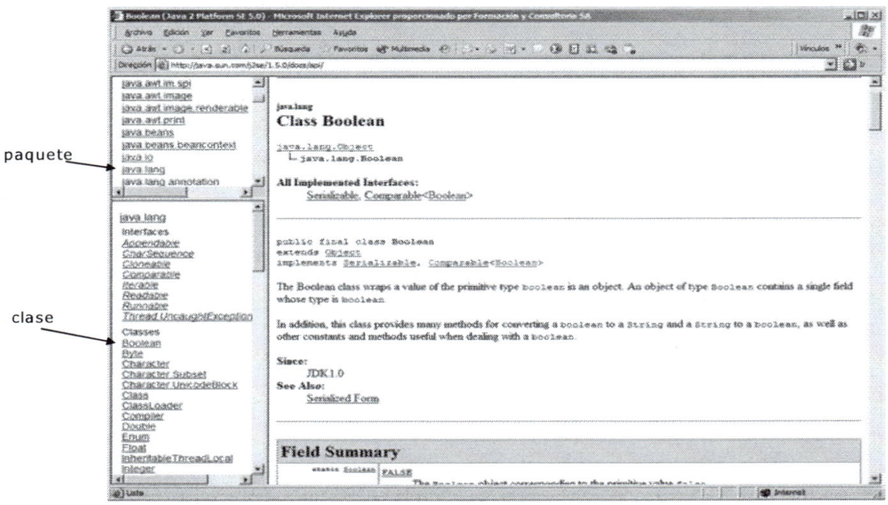


*Fig. 56 - Ayuda sobre una clase del API*

La figura 56 muestra el aspecto de la página de ayuda de la clase java.lang.Boolean. En ella podemos observar que en la zona 3, antes del listado de los miembros de la clase, se ofrece una breve descripción de la clase en la que se indica la definición formal de la misma (nombre de la clase, modificadores, clase que hereda e interfaces que implementa), además de un breve comentario sobre algunas de las características más destacables de la clase.

## 3.2 GESTIÓN DE CADENAS: LA CLASE STRING

En Java las cadenas de caracteres no se corresponden con ningún tipo básico, sino que son objetos pertenecientes a la clase java.lang.String.

Esta clase, proporciona una amplia variedad de métodos que permiten realizar las operaciones de manipulación y tratamiento de cadenas de caracteres, habituales en un programa.

### 3.2.1 Creación de objetos String

Para crear un objeto String podemos seguir el procedimiento general de creación de objetos en Java, utilizando el operador *new*. La siguiente instrucción crea un objeto String a partir de la cadena indicada y lo referencia con la variable *s*:

```
String s=new String("Texto de prueba");
```

Sin embargo, dada la amplia utilización de estos objetos dentro de un programa, Java permite crear y asignar un objeto String a una variable de la misma forma que se hace con cualquier tipo de dato básico. Así, la sentencia anterior es equivalente a:

```
String s="Texto de prueba";
```

Una vez creado el objeto y asignada la referencia al mismo a una variable, puede utilizarse ésta para acceder a los métodos definidos en la clase String:

```
s.length(); //llamada al método length()
```

Las variables de tipo String pueden utilizarse también en una expresión que haga uso del operador "+" para concatenar cadenas:

```
String s="Hola";
String t=s + " que tal"; //La variable t apunta al
                         //objeto "Hola que tal"
```

## 3.2.2 Inmutabilidad de objetos String

En Java, las cadenas de caracteres son objetos inmutables, esto significa que una vez el objeto se ha creado, **no puede ser modificado**.

Este hecho nos hace reflexionar sobre qué es lo que sucede cuando escribimos una instrucción como la siguiente:

```
String s= "Hola ";
s=s + "que tal";
```

Como es fácil de intuir, la variable *s* pasa a apuntar al objeto de texto "Hola que tal". Aunque, a raíz de la operación de concatenación pueda parecer que el objeto "Hola " apuntado por la variable s ha sido modificado, no es eso lo que está sucediendo.

Lo que realmente ocurre es que al concatenar "Hola " con "que tal" **se está creando un nuevo objeto de texto**, "Hola que tal", que pasa a ser referenciado por la variable s (figura 57). El objeto "Hola", por tanto, deja de estar referenciado por dicha variable, con lo que se pierde toda posibilidad de volver a acceder al mismo. A partir de aquí, el **recolector de basura de Java** puede liberar la memoria ocupada por el objeto, si el sistema así lo requiere.

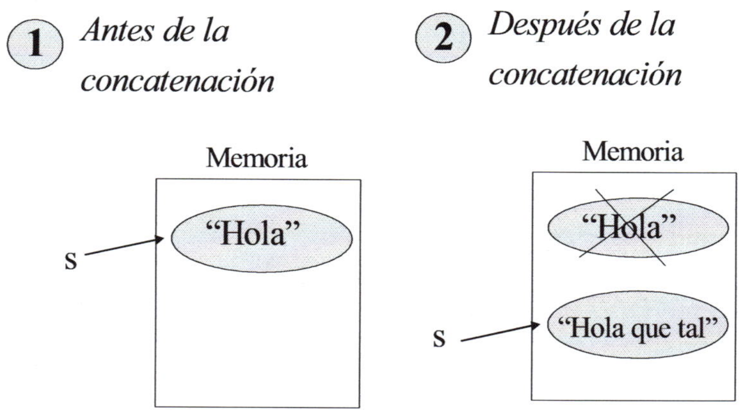


***Fig.** 57 - Situación de la memoria antes y después de concatenar dos textos*

### 3.2.3 Principales métodos de la clase String

La clase String cuenta con un amplio conjunto de métodos para la manipulación de cadenas de texto, a continuación se indican algunos de los más interesantes:

- int **length**(). Devuelve el número de caracteres de la cadena sobre la que se aplica.
- boolean **equals**(String otra). Compara la cadena con otra, haciendo distinción entre mayúsculas y minúsculas. Como ya se comentó anteriormente, se debe utilizar este método, en vez del operador ==, cuando se van a comparar dos cadenas de texto:

```
String s1, s2;
//suponiendo que las variables adquieren
//algún valor
if(s1==s2) //El resultado puede ser falso
      //aunque las cadenas sean iguales
if(s1.equals(s2)) //El resultado siempre será
      //verdadero si las cadenas son iguales
```

- boolean **equalsIgnoreCase**(String otra). Actúa igual que el anterior pero sin hacer distinción entre mayúsculas y minúsculas.
- char **charAt**(int pos). Devuelve el caracter que ocupa la posición indicada (base 0) dentro de la cadena. El siguiente programa de ejemplo muestra el número de veces que aparece un caracter dentro de una cadena:

```
public class Principal{
   public static void main (String [] args){
      String s= "texto de prueba";
      char c= 'e';
      int cont=0;
      for(int i=0;i<s.length();i++){
            if(s.charAt(i)==c){
                  cont++;
            }
      }
      System.out.println("La letra "+c+
                  "aparece "+cont+ "veces");
   }
}
```

- String **substring**(int inicio, int final). Devuelve un trozo de la cadena sobre la que se aplicará. La subcadena devuelta está formada por los caracteres que van desde la posición indicada en *inicio*, hasta la posición *final-1*. Al ejecutar las siguientes instrucciones se mostraría en pantalla el mensaje "de prueba":

```
String s= "texto de prueba";
System.out.println(s.substring(6,15));
```

- int **indexOf**(String cad). Devuelve la posición de la cadena indicada parámetro, dentro de la cadena principal. Si no aparece, devuelve -1. Existe otra versión de este método en la que se puede indicar la posición del caracter en la que se debe comenzar la búsqueda. Se suele utilizar bastante este método para comprobar si un determinado caracter se encuentra presente en una cadena, tal como se indica en el siguiente método de ejemplo:

```
public boolean existe(String texto, String car){
        if(texto.indexOf(car)!=-1){
                return true; //está presente
        }
        else{
                return false; //no está presente
        }
}
```

- String **replace**(char old, char new). Devuelve la cadena resultante de sustituir todas las apariciones del primer caracter, por el segundo caracter. Este método es muy útil cuando, por ejemplo, se quiere sustituir un tipo de separador decimal por otro:

```
String spunto, scoma="4,56";
spunto=scoma.replace(',', '.'); //devuelve 4.56;
```

- static String **valueOf**(tipo_basico dato). Método estático que devuelve como cadena el valor pasado como parámetro. Existen tantas versiones de este método como tipos básicos Java.

- String **toUpperCase**(). Devuelve la cadena en formato mayúsculas.

- String **toLowerCase**(). Devuelve la cadena en formato minúsculas.

- String[] **split**(String regex). Devuelve el array de String resultante de descomponer la cadena de texto en subcadenas, utilizando como separador de elemento el caracter especificado en el parámetro regex. Por ejemplo, dado el siguiente programa:

```
public class ConversionArray{
   public static void main (String [] args){
      String s= "lunes,martes,miércoles";
      String[] cads=s.split(",");
      for(String aux:cads){
            System.out.println("Día: "+aux);
      }
   }
}
```

Tras la ejecución del método *main()* se mostrará en pantalla lo siguiente:

*Día: lunes*

*Día: martes*

*Día: miércoles*

Además de caracteres individuales, se puede utilizar cualquier expresión regular válida como argumento de llamada al método *split()* para definir el delimitador de elementos de array en la cadena. En posteriores secciones estudiaremos la sintaxis para la construcción de expresiones regulares.

*PRÁCTICA 3.1.*

Elaborar un programa que, partiendo de una cadena de texto suministrada en la llamada a *main()*, muestre dicha cadena con los caracteres invertidos.

## 3.3 LA CLASE MATH

Esta clase proporciona métodos para la realización de las operaciones matemáticas más habituales en un programa. **Todos los métodos de la clase Math son estáticos**, por lo que no necesitamos crear ninguna instancia de la clase para su utilización, de hecho, no es posible crear ningún objeto de la clase Math.

### 3.3.1 Constantes públicas

La clase Math dispone de dos atributos públicos estáticos que contienen dos de las constantes matemáticas más utilizadas:

- static double **E**. Contiene el valor doble más cercano al número e.
- static double **PI**. Contiene el valor doble más cercano al número pi.

### 3.3.2 Métodos

Los métodos más interesantes expuestos por esta clase son:

- numero **max**(numero n1, numero n2). Devuelve el mayor de dos números. Existen cuatro versiones de este método, pudiendo ser los números (tanto los parámetros como los tipos de devolución) de tipo *int*, *long*, *float* o *double*. El siguiente programa hace uso de este método para averiguar la temperatura máxima de las almacenadas en un array:

```
public class Termometro{
 public static void main (String [] args){
      int [] temp = {25,38,12,30};
      int maxima = temp[0]; //se inicializa la
            //variable que almacenará la
            //tempereratura máxima con cualquiera
            //de los valores del array
      for (int tp:temp){
            maxima=Math.max(maxima,tp);
      }
      System.out.println("Temperatura máxima "+
             maxima);
 }
}
```

- numero **min**(numero n1, numero n2). Devuelve el menor de dos números. Existen también las mismas cuatro versiones que las del método *max()*.

- double **ceil**(double n). Devuelve el entero mayor más cercano al número indicado en el parámetro:

```
double d=Math.ceil(4.3) //almacena el valor 5.0
```

- double **floor**(double n). Devuelve el entero menor más cercano al número indicado en el parámetro:

```
double d=Math.floor(4.3) //almacena el valor 4.0
```

- double **round**(double n). Devuelve el entero más cercano al número indicado en el parámetro:

```
double d=Math.round(4.3) //almacena el valor 4.0
```

- double **pow**(double n1, double n2). Devuelve el resultado de elevar n1 a n2.

- double **random**(). Devuelve un número aleatorio mayor o igual que 0.0 y menor que 1.0. El siguiente programa utiliza este método para generar 10 números aleatorios entre 1 y 50 y después almacenarlos en un array:

```
public class Principal{
    public static void main (String [] args){
        int [] m = new int[10];
        for (int i=0;i<m.length;i++){
            m[i]= (int)(Math.random()*50+1);
        }
    }
}
```

### 3.3.3 Importaciones estáticas

La importación estática es una característica incluida en el lenguaje Java a partir de la versión 5, consistente en la posibilidad de importar todos los miembros estáticos de una clase, de modo que pueda hacerse referencia a los mismos sin necesidad de utilizar el nombre de la clase delante del método o atributo.

Esta característica puede resultar bastante útil cuando se utilizan los métodos de la clase Math pues, como sabemos, todos ellos son estáticos. Por ejemplo, para invocar al método *pow()* con la importación estática de la clase *Math*, podemos utilizar *pow(3, 8)* en vez de *Math.pow(3, 8)*.

Para importar los elementos estáticos de una clase debemos utilizar la instrucción *import* de la forma siguiente:

*import static paquete.clase.*;*

Así pues, si queremos importar los elementos estáticos de la clase Math utilizaríamos:

```
import static java.lang.Math.*;
```

Mediante la importación estática el ejemplo anterior de la generación de números aleatorios quedaría:

```
import static java.lang.Math.*;
public class Principal{
   public static void main (String [] args){
      int [] m = new int[10];
      for (int i=0;i<m.length;i++){
            m[i]= (int)(random()*50+1);
      }
   }
}
```

# 3.4 UTILIZACIÓN DE FECHAS

El paquete java.util proporciona dos clases para el tratamiento básico de fechas en una aplicación Java, se trata de las clases Date y Calendar.

## 3.4.1 La clase Date

Un objeto Date representa una fecha y hora concretas con precisión de un milisegundo. Esta clase permite manipular una fecha y obtener información de la misma de una manera tremendamente sencilla, sin embargo, ofrece un nulo soporte para la internalización de aplicaciones por lo que a partir de la versión JDK 1.1 se incorporó una nueva clase llamada Calendar que amplía las posibilidades a la hora de trabajar con fechas.

No obstante, y aunque la mayoría de los métodos de esta clase estén *deprecated* (obsoletos), no está de más conocer su funcionamiento básico.

Uno de los dos constructores de Date que quedan no *deprecated* es el constructor por defecto. Utilizando éste, crearíamos un objeto Date representando la fecha y hora actuales:

```
Date dt = new Date();
```

A través del método *toString()* obtendríamos la representación en forma de cadena de la fecha y hora actuales. Por ejemplo, la ejecución del siguiente programa:

```
import java.util.*;
public class PruebaFecha {
    public static void main(String[] args) {
        Date dt=new Date();
        System.out.println(dt.toString());
    }
}
```

mostraría en pantalla algo similar a esto (suponiendo que ésa fuera la fecha y hora en que se ejecuta la aplicación):

*Thu Dec 14 09:59:46 CET 2006*

Internamente, el objeto Date guarda la información de la fecha y hora como un número de tipo *long* que representa la cantidad de milisegundos transcurridos desde el día 1 de enero de 1970 hasta el momento de la creación del objeto. Número que puede ser obtenido a través del método *getTime()* de la clase Date.

En este sentido, comentar que el segundo constructor no *deprecated* de la clase Date permite crear una fecha a partir de esta cantidad numérica. Por ejemplo, al ejecutar el siguiente programa:

```
import java.util.*;
public class PruebaFecha {
    public static void main(String[] args) {
        Date dt=new Date(2000000000000L);
        System.out.println(dt.toString());
    }
}
```

se mostraría la siguiente información:

*Wed May 18 05:33:20 CEST 2033*

### 3.4.2 La clase Calendar

Como se ha comentado anteriormente, la clase Calendar surgió para cubrir las carencias de la clase Date en el tratamiento de fechas.

### 3.4.2.1 CREACIÓN DE UN OBJETO CALENDAR

Calendar es una clase abstracta, por lo que no podremos utilizar el operador *new* para crear objetos de la misma. A través del método estático *getInstance()* creamos un objeto de una subclase de Calendar (gracias al polimorfismo es totalmente transparente para el programador la clase a la que pertenece este objeto) que representa la fecha y hora actuales:

```
Calendar cal = Calendar.getInstance();
```

Utilizando el método *get()* podríamos recuperar de manera individual cada uno de los campos que componen la fecha, para ello este método acepta un número entero indicando el campo concreto que se quiere obtener. La propia clase Calendar define una serie de constantes con los valores que corresponden a cada uno de los campos que componen una fecha y hora. Por ejemplo, mediante el siguiente programa se mostraría en pantalla la fecha actual utilizando el formato *mes/dia/año*:

```
import java.util.*;
public class PruebaCalendar {
    public static void main(String[] args) {
        Calendar cal=Calendar.getInstance();
        String fecha="";
        fecha+=cal.get(Calendar.DAY_OF_MONTH)+"/";
        fecha+=cal.get(Calendar.MONTH)+1+"/";
        fecha+=cal.get(Calendar.YEAR);
        System.out.println("Hoy es "+fecha);
    }
}
```

Obsérvese cómo **en el caso del mes el valor devuelto por *get()* está comprendido entre 0 y 11**, por lo que será necesario sumar un 1 al resultado.

### 3.4.2.2 MÉTODOS DE LA CLASE CALENDAR

Además del método *get()*, la clase Calendar proporciona los siguientes métodos para el manejo de fechas:

- void **set**(int año, int mes, int día). Modifica la fecha del objeto Calendar, asignándole el año, mes y día especificados en los parámetros. Este método está sobrecargado, existiendo otra versión en la que es posible establecer nuevos valores tanto para la fecha como para la hora. Por otro lado, debemos tener en cuenta que los meses comienzan a numerarse por 0.

- void **setTime**(Date d). Establece la fecha y hora del objeto Calendar a partir de un objeto Date.

- Date **getTime**(). Devuelve la fecha/hora como un objeto Date.

- void **add**(int campo, int cantidad). Realiza una modificación relativa en uno de los campos de la fecha/hora, añadiendo una cantidad de tiempo al campo especificado en el primer parámetro. Por ejemplo, la siguiente instrucción restaría 10 minutos a la hora especificada en el objeto Calendar referenciado por la variable *cal*:

```
cal.add(Calendar.MINUTE, -10);
```

- void **roll**(int campo, int cantidad). Funciona igual que *add()*, con la diferencia de que la adición de la cantidad de tiempo al campo no afectará a los demás. Por ejemplo, si la fecha del objeto es 10/11/2006 y se añade 5 al campo mes, la nueva fecha sería 10/4/2006, es decir, al superar el número de meses del año volvería a empezar la cuenta desde el primero aunque **el valor del año no cambiará**:

```
import java.util.*;
public class CambiaHora {
      public static void main(String[] args) {
         Calendar cal=Calendar.getInstance();
         //como los meses van de 0 a 11, el mes
         //de noviembre tendría índice 10
         cal.set(2006,10,10);
         cal.roll(Calendar.MONTH,5);
         System.out.println(
                  cal.getTime().toString());
      }
}
```

El programa anterior mostraría en pantalla (el valor de la hora podría ser otro cualquiera):

*Mon Apr 10 12:43:22 CEST 2006*

# 3.5 CLASES DE ENVOLTORIO

Para cada uno de los tipos de datos básicos, Java proporciona una clase que lo representa. A estas clases se las conoce como **clases de envoltorio**, y se utilizan fundamentalmente para:

- **Encapsular un dato básico en un objeto**. En el amplio conjunto de clases Java, existen determinados métodos que realizan algún tipo de manipulación con datos de tipo objeto, un ejemplo de ello, es el método *add()* de la clase *Vector* que permite almacenar objetos en una colección, o el método *setAttribute()* de *HttpSession* que se utiliza para almacenar un objeto como variable de sesión en una aplicación Web Java EE. En todos estos casos, los datos tienen que ser objetos, por ello, para que puedan almacenarse números en un Vector o en una variable de sesión, deberá ser necesario encapsularlas en un objeto.

- **Conversión de cadena a tipo básico**. En la mayoría de las operaciones de entrada de datos, éstos llegan a la aplicación en forma de cadena de caracteres. Las clases de envoltorio proporcionan métodos estáticos que permiten convertir una cadena de texto, formada por caracteres numéricos, en un tipo numérico.

Existen 8 clases de envoltorio: **Byte**, **Short**, **Character**, **Integer**, **Long**, **Float**, **Double** y **Boolean**, todas ellas se encuentran en el paquete java.lang.

## 3.5.1 Encapsulamiento de un tipo básico

Todas las clases de envoltorio permiten crear un objeto de la clase a partir del tipo básico. Por ejemplo, podríamos crear un objeto *Integer* a partir de un *int* de la siguiente forma:

```
int k=23;
Integer num=new Integer(k);
```

A excepción de Character, las clases de envoltorio también permiten crear objetos partiendo de la representación como cadena del dato. La siguiente instrucción crea un objeto *Float* a partir de la cadena numérica:

```
String s= "4.65";
Float ft=new Float(s);
```

De cara a recuperar el valor a partir del objeto, las 8 clases de envoltorio proporcionan un método con el formato *xxxValue()* que devuelve el dato encapsulado en el objeto, donde *xxx* representa el nombre del tipo en el que se quiere obtener el dato. Por ejemplo, para obtener el valor de los datos envueltos en los objetos de las instrucciones anteriores utilizaríamos:

```
float dato=ft.floatValue();
int n=num.intValue();
```

### 3.5.2 Conversión de cadena a tipo numérico

Las clases numéricas proporcionan un método estático *parseXxx*(String) que permite convertir la representación en forma de cadena de un número en el correspondiente tipo numérico, donde xxx es el nombre del tipo al que se va a convertir la cadena de caracteres, en función de la clase que se utilice. Por ejemplo, en la clase Integer tenemos el método *parseInt()*, mientras que en *Double* encontramos *parseDouble()*:

```
String s1= "25", s2= "89.2";
int n=Integer.parseInt(s1);
double d=Double.parseDouble(s2);
```

### 3.5.3 Autoboxing

El *autoboxing* representa otra de las nuevas características del lenguaje incluidas a partir de la versión Java 5 siendo, probablemente, una de las más prácticas.

Consiste en la encapsulación automática de un dato básico en un objeto de envoltorio, mediante la utilización del operador de asignación.

Por ejemplo, según se ha explicado anteriormente, para encapsular un dato entero de tipo *int* en un objeto *Integer*, deberíamos proceder del siguiente modo:

```
int p = 5;
Integer n = new Integer(p);
```

Utilizando el *autoboxing* la anterior operación puede realizarse de la siguiente forma:

```
int p = 5;
Integer n = p;
```

Es decir, la creación del objeto de envoltorio se produce implícitamente al asignar el dato a la variable objeto.

De la misma forma, para obtener el dato básico a partir del objeto de envoltorio no será necesario recurrir al método *xxxValue(),* esto se realizará implícitamente al utilizar la variable objeto en una expresión. Por ejemplo, para recuperar el dato encapsulado en el objeto *n* utilizaríamos:

```
int a = n;
```

A la operación anterior se le conoce como *autounboxing* y, al igual que el *autoboxing*, solamente pueden ser utilizadas a partir de la versión Java 5.

El *autoboxing/autounboxing* permite al programador despreocuparse de tener que realizar de forma manual el encapsulado de un tipo básico y su posterior recuperación, reduciendo el número de errores por esta causa.

El siguiente método representa un ejemplo más de la utilización del *autoboxing/autounboxing*, en él se hace uso de esta técnica para mostrar por pantalla los números recibidos en un array de objetos Integer:

```
void   muestraNumeros(Integer [] nums){
       int suma=0;
       for(Integer n: nums){
              suma+=n; //autounboxing
              System.out.println("El número vale "+n);
       }
       System.out.println("La suma total es "+suma);
}
```

# 3.6 ENTRADA Y SALIDA EN JAVA

Una de las operaciones más habituales que tiene que realizar un programa Java es intercambiar datos con el exterior. Para ello, el paquete java.io de Java SE incluye una serie de clases que permiten gestionar la entrada y salida de datos en un programa, independientemente de los dispositivos utilizados para el envío/recepción de los datos.

La figura 58 muestra cuáles son las principales clases de este paquete y la operación para la que son utilizadas.

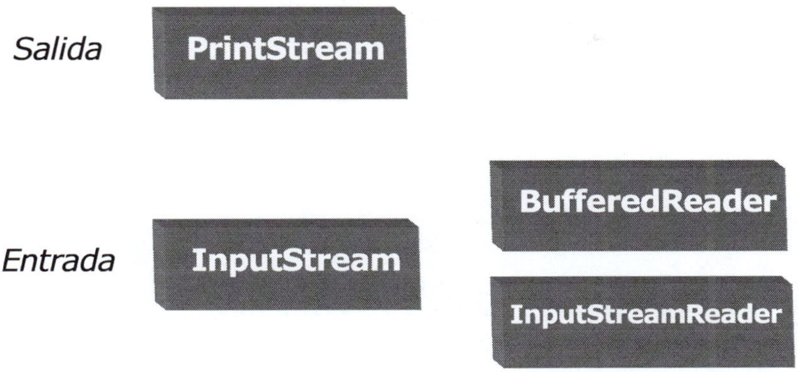


*Fig. 58 - Principales clases para realizar la entrada y salida de datos*

## 3.6.1 Salida de datos

El envío de datos al exterior se gestiona a través de la clase PrintStream, utilizándose un objeto de la misma para acceder al dispositivo de salida. Posteriormente, con los métodos proporcionados por esta clase, podemos enviar la información al exterior.

El proceso de envío de datos a la salida debe realizarse siguiendo dos pasos:

1. **Obtención del objeto PrintStream**. Se debe crear un objeto PrintStream asociado al dispositivo de salida, la forma de hacerlo dependerá del dispositivo en cuestión. La clase **System** proporciona el atributo estático *out* que contiene una referencia al objeto PrintStream asociado a la salida estándar, representada por la consola.

2. **Envío de datos al stream**. La clase PrintStream dispone de los métodos *print(String cadena)* y *println(String cadena)* para enviar una cadena de caracteres al dispositivo de salida, diferenciándose uno de otro en que el segundo añade un salto de línea al final de la cadena. Esto explica que para enviar un mensaje a la consola se utilice la expresión:

```
System.out.println("texto de salida");
```

Ambos métodos se encuentran sobrecargados, es decir, existen varias versiones de los mismos para los distintos tipos soportados por el lenguaje. En general, para enviar datos desde un programa Java al exterior habrá que utilizar la expresión:

*objeto_printstream.println(dato);*

o

*objeto_printstream.print(dato)*

siendo "*dato*" un valor de tipo *String, int, float, double, char* o *boolean*.

## 3.6.2 Salida con formato

### 3.6.2.1 LOS MÉTODOS FORMAT() Y PRINTF()

A partir de la versión Java 5, la clase *PrintStream* proporciona dos métodos de escritura que permiten aplicar un formato a la cadena de caracteres que se va a enviar a la salida. Se trata de los métodos *printf()* y *format()*; ambos realizan la misma función y tienen exactamente el mismo formato:

*format (String formato, Object ... datos)*

*printf (String formato, Object ... datos)*

El argumento *formato* consiste en una cadena de caracteres con las opciones de formato que van a ser aplicadas sobre los datos a imprimir.

Por otro lado, *datos* representa la información que va a ser enviada a la salida y sobre la que se va a aplicar el formato, siendo el número de estos datos variable. Tal y como se explicó en el capítulo 2, la sintaxis *Object ...datos* indica que se trata de un número variable de argumentos, en este caso puede tratarse de cualquier número de objetos Java.

A modo de ejemplo, dadas las siguientes instrucciones:

```
double cuad=Math.PI*Math.PI;
System.out.printf("El cuadrado de %1$.4f es %2$.2f",
                                  Math.PI, cuad);
```

La salida producida por pantalla será:

*El cuadrado de 3,1416 es 9,87*

### 3.6.2.2 SINTAXIS DE LA CADENA DE FORMATO

La cadena de formato puede estar formada por un texto fijo, que será mostrado tal cual, más una serie de especificadores de formato que determinan la forma en que serán formateados los datos.

En el ejemplo anterior, las expresiones %1$.4f y %2$.2f representan los especificadores de formato para los valores *Pi* y cuadrado de *Pi*, respectivamente.

Los especificadores de formato para números y cadenas deben ajustarse a la sintaxis:

*%[posicion_argumento$][indicador][minimo][.num_decimales]conversion*

El significado de cada uno de estos elementos es el siguiente:

- ***Posicion_argumento***. Representa la posición del argumento sobre el que se va a aplicar el formato. El primer argumento ocupa la posición 1. Su uso es opcional.
- ***Indicador***. Consiste en un conjunto de caracteres que determina el formato de salida. Su uso es opcional. Entre los caracteres utilizados cabe destacar:

  '-'. El resultado aparecerá alineado a la izquierda.

  '+'. El resultado incluirá siempre el signo (sólo para argumentos numéricos).
- ***Minimo***. Representa el número mínimo de caracteres que serán presentados. Su uso también es opcional.
- ***Num_decimales***. Número de decimales que serán presentados, por lo que solamente es aplicable con datos de tipo float o double. Obsérvese que este valor debe venir precedido por un punto. Su uso es opcional.
- ***Conversion***. Consiste en un caracter que indica cómo tiene que ser formateado el argumento. La tabla de la figura 59 contiene algunos de los caracteres de conversión más utilizados.

| Carácter | Función |
|---|---|
| 's' , 'S' | Si el argumento es null se formateará como "null". En cualquier otro caso se obtendrá argumento.toString() |
| 'c', 'C' | El resultado será un carácter unicode |
| 'd' | El argumento se formateará como un entero en notación decimal |
| 'x', 'X' | El argumento se formateará como un entero en notación hexadecimal |
| 'e','E' | El argumento se formateará como un número decimal en notación científica |
| 'f' | El argumento se formateará como un número decimal |

***Fig. 59*** *- Caracteres de formato de salida de datos*

Para el formato de fechas, los especificadores de formato deben ajustarse a la sintaxis:

*%[posicion_argumento$][indicador][minimo]conversion*

El significado de los distintos elementos es el indicado anteriormente. En este caso, el elemento *conversion* está formado por una secuencia de dos caracteres. El primer caracter es 't' o 'T', siendo el segundo caracter el que indica cómo tiene que ser formateado el argumento.

Las tablas de las figuras 60 y 61 contienen la lista de los caracteres de conversión más utilizados para formato de horas y fechas, respectivamente.

| Carácter | Función |
|---|---|
| 'H' | Hora del día, formateada como un número de dos dígitos comprendido entre 00 y 23 |
| 'I' | Hora del día, formateada como un número de dos dígitos comprendido entre 01 y 12 |
| 'M' | Minutos de la hora actual, formateados como un número de dos dígitos comprendido entre 00 y 59 |
| 'S' | Segundos de la hora actual, formateados como un número de dos dígitos comprendido entre 00 y 59 |

***Fig. 60*** *- Caracteres para formato de horas*

| *Carácter* | *Función* |
|---|---|
| 'B' | Nombre completo del mes |
| 'b' | Nombre abreviado del mes |
| 'A' | Nombre completo del día de la semana |
| 'a' | Nombre abreviado del día de la semana |
| 'y' | Últimos dos dígitos del año |
| 'e' | Día del mes formateado como un número comprendido entre 1 y 31 |

***Fig. 61*** *- Caracteres para formato de fechas*

Por ejemplo, dadas las siguientes instrucciones:

```
Calendar c=Calendar.getInstance();
System.out.printf("%1$tH:%1$tM:%1$tS---%1$td de %1$tB"+
                  " de %1$ty", c);
```

La salida producida por pantalla será la siguiente:

*16:27:14---13 de noviembre de 05*

### 3.6.3 Entrada de datos

La lectura de datos del exterior se gestiona a través de la clase **InputStream**. Un objeto InputStream está asociado a un dispositivo de entrada, que en el caso de la entrada estándar (el teclado) podemos acceder al mismo a través del atributo estático *in* de la clase System.

Sin embargo, el método *read()* proporcionado por la clase *InputStream* para la lectura de los datos, no nos ofrece la misma potencia que *print* o *println* para la escritura. La llamada a *read*() devuelve el último caracter introducido a través de dispositivo, esto significa que para leer una cadena completa sería necesario hacerlo caracter a caracter, lo que haría bastante ineficiente el código.

Por ello, para realizar la lectura de cadenas de caracteres desde el exterior es preferible utilizar otra de las clases del paquete java.io: la clase **BufferedReader**.

La lectura de datos mediante BufferedReader requiere seguir los siguientes pasos en el programa:

1. **Crear objeto InputStreamReader**. Este objeto permite convertir los bytes recuperados del stream de entrada en caracteres. Para crear un objeto de esta clase, es necesario indicar el objeto InputStream de entrada, si la entrada es el teclado este objeto lo tenemos referenciado en el atributo estático *in* de la clase System:

```
InputStreamReader rd;
rd=new InputStreamReader(System.in);
```

2. **Crear objeto BufferedReader**. A partir del objeto anterior se puede construir un BufferedReader que permita realizar la lectura de cadenas:

```
BufferedReader bf;
bf=new BufferedReader(rd);
```

3. **Invocar al método readLine()**. El método *readLine()* de BufferedReader devuelve todos los caracteres introducidos hasta el salto de línea, si lo utilizamos para leer una cadena de caracteres desde el teclado devolverá los caracteres introducidos desde el principio de la línea hasta la pulsación de la tecla "enter":

```
String s=bf.readLine();
```

En el ejemplo de la figura 62 se pueden apreciar los pasos comentados anteriormente. Se trata de un programa que solicita por teclado la introducción de una cadena de texto para, posteriormente, mostrarla por consola.

Hay que mencionar un punto importante a tener en cuenta cuando se utilizan ciertos métodos de determinadas clases, se trata del hecho de que al invocar a estos métodos el programa puede lanzar una **excepción**. Aunque más adelante se tratará en profundidad el tema de las excepciones, cuando la llamada a un método de un objeto puede lanzar una excepción el programa que utiliza ese método está obligado a capturarla o a relanzarla.

Importa el paquete io

Lanza la excepción

```
import java.io.*;
public class Ejemplo {
  public static void main(String[] args) throws IOException{
    String cad;
    InputStreamReader ir;
    BufferedReader bf;
    //1. Crea objeto InputStreamReader
    ir=new InputStreamReader(System.in);
    //2. Crea objeto BufferedReader
    bf=new BufferedReader(ir);
    System.out.println("Introduzca su nombre");
    //3. Lee la línea de texto introducida
    cad=bf.readLine();
    System.out.println("Te llamas: "+cad);
  }
}
```

***Fig. 62** - Ejemplo de lectura de cadenas por teclado*

Éste es el caso del método *readLine()* de BufferedReader, cuya llamada puede lanzar la excepción **IOException**. En este ejemplo, se ha optado por relanzar la excepción, incluyendo la expresión *throws IOException* en la cabecera del método *main()*.

Cuando se utiliza *readLine()* para leer datos numéricos, hay que tener en cuenta que el método devuelve los caracteres introducidos como tipo String, por lo que deberemos recurrir a los métodos de las clases de envoltorio comentados anteriormente (los métodos estáticos *parseXxx(String)* para convertir el dato a número y poder operar con él.

El siguiente código corresponde a una mejora del programa que realiza el cálculo del factorial de un número, incluyendo la lectura de dicho número por teclado a través del método *readLine()*:

```
import java.io.*;
public class Factorial {
  public static void main(String[] args)
                      throws IOException{
    String cad;
    long result=1;
    BufferedReader bf=new BufferedReader(
            new InputStreamReader(System.in));
    System.out.println("Introduzca el número");
    cad=bf.readLine(); //Obtiene el número en
```

```
                                 //formato cadena
        long num=Long.parseLong(cad); //Convierte la cadena
                                 // a número

        for(int i=1;i<=num;i++){
            result*=i;
        }
        System.out.println("El factorial de "+num+
                                     " es "+result);
    }
}
```

*PRÁCTICA 3.2.*

Se pretende desarrollar una aplicación para la lectura de notas por teclado y presentación de resultados por pantalla. El programa solicitará la introducción de notas, una tras otra, hasta que se reciba una nota negativa (que no será contabilizada), en ese instante se mostrará en pantalla el número de notas leídas, la nota media, la nota más baja y la más alta. Consideraremos que la nota más baja y la más alta que pueden ser introducidas son 0 y 10, respectivamente, pudiendo contener cifras decimales.

## 3.6.4 Scanners

Como acabamos de comprobar, la lectura de datos por teclado desde una aplicación Java resulta bastante engorrosa. A fin de simplificar este proceso, con la versión Java 5 se incorpora la clase *java.util.Scanner*. Esta clase proporciona una serie de métodos para realizar la lectura de datos desde un dispositivo de entrada o fichero, tanto en forma de cadena de caracteres como en cualquier tipo básico.

### 3.6.4.1 CREACIÓN DE UN OBJETO SCANNER

Para tener acceso a estos datos de entrada, primeramente necesitamos crear un objeto scanner asociado al InputStream del dispositivo de entrada. En el caso del teclado se utilizaría la instrucción:

```
Scanner sc = new Scanner(System.in);
```

La cadena de caracteres introducida por teclado hasta la pulsación de la tecla "enter" es dividida por el objeto scanner en un conjunto de bloques de caracteres de longitud variable, denominados *tokens* (figura 63). De forma predeterminada, el caracter utilizado como separador de *token* es el espacio en blanco.

***Fig. 63*** *- División de una cadena de entrada en tokens*

Utilizando los métodos de la clase Scanner es posible recuperar secuencialmente cada uno de estos *tokens*, e incluso convertirlos implícitamente a un determinado tipo de datos.

### 3.6.4.2 MÉTODOS DE LA CLASE SCANNER

Entre los métodos más destacables de Scanner se encuentran:

- String **next**(). Devuelve el siguiente *token*.
- boolean **hasNext**(). Indica si existe o no un nuevo *token* para leer.
- xxx **nextXxx**(). Devuelve el siguiente *token* como un tipo básico, siendo *Xxx* el nombre de este tipo básico. Por ejemplo, *nextInt()* para lectura de un entero o *nextFloat()* para la lectura de un float.
- boolean **hasNextXxx**(). Indica si existe o no un siguiente *token* del tipo especificado, siendo *Xxx* el nombre del tipo.
- void **useDelimiter**(String d). Establece un nuevo delimitador de *token.*

El siguiente programa solicita al usuario su nombre y número de personal, mostrando a continuación dichos datos en pantalla:

```
import java.util.Scanner;
public class MuestraDatos {
  public static void main(String[] args){
    String nom;
    int cod;
    Scanner sc = new Scanner(System.in);
    System.out.println("Introduzca su nombre:");
    nom = sc.next(); //lee el nombre
    System.out.println("Introduzca su número de"+
```

```
                                " personal:");
        cod = sc.nextInt(); //lee el número de personal
                // como int
        System.out.println(nom + ":" + cod);
    }
}
```

Como hemos indicado antes, hay que tener en cuenta que el delimitador de *token* es el espacio en blanco. En el programa anterior esto significa que si el nombre introducido contiene un espacio, por ejemplo, "Luis Pérez", al ejecutar la instrucción:

```
nom = sc.next();
```

la cadena recuperada en la variable *nom* será "Luis", pero como la cadena aún no ha finalizado y hay más *tokens* para leer la siguiente llamada a *next()* (en el ejemplo *nextInt()*) intentará devolver el siguiente *token* (en el ejemplo será la cadena "Perez"), dado que el contenido de éste no puede ser convertido a *int* se producirá una excepción de tipo *java.util.InputMismatchException*.

Para evitar este problema, deberá asignarse como delimitador de *token* el salto de línea, de esta forma la primera llamada a *next()* devolverá todo el texto introducido hasta la pulsación de "enter". El establecimiento de un nuevo delimitador se lleva a cabo mediante el método *useDelimiter()* comentado anteriormente. En este ejemplo habría que añadir, después de la creación del objeto scanner, la instrucción:

```
sc.useDelimiter("\n");
```

### 3.6.4.3 RECUPERACIÓN DE DATOS DE UN FICHERO EXTERNO

Además de hacer más sencilla la tarea de lectura de datos de usuario a través de teclado, la utilización de *scanners* permite simplificar el proceso de recuperación de datos de un archivo externo mediante el recorrido secuencial del mismo.

En este caso, para crear el objeto scanner deberíamos utilizar la expresión:

*Scanner sc=Scanner(File source)*

siendo *source* un objeto de la clase **java.io.File** asociado al fichero que contiene los datos a leer y *sc* la variable que almacenará la referencia al objeto scanner. Como se verá en el capítulo 6, un objeto File es una representación abstracta de un fichero o archivo del disco, para su creación podemos recurrir a la expresión:

*File f=File (String pathname)*

donde *pathname* representa la ruta (absoluta o relativa) del archivo y *f* la variable que almacena la referencia al objeto *file*.

Por ejemplo, suponiendo un conjunto de números enteros almacenados en un archivo *datos.txt*, donde cada número se encuentra separado del siguiente por una coma (carácter ","), el siguiente programa realizaría la suma de todos esos números y mostraría el resultado en pantalla:

```
import java.io.*;
import java.util.*;
public class Lectura {
    //La creación de un objeto File requiere declarar
    //o capturar la excepción
    //java.io.FileNotFoundException
    public static void main(String[] args)
                        throws FileNotFoundException{
        int suma=0;
        File f=new File("datos.txt");
        Scanner sc=new Scanner(f);
        sc.useDelimiter(",");
        //mientras haya tokens numéricos que leer
        //recupera el siguiente token como un int
        while(sc.hasNextInt()){
            suma+=sc.nextInt();
        }
        System.out.println("La suma total es "+suma);
    }
}
```

## 3.6.5 La clase Console

La versión JDK 1.6 ha incorporado una nueva clase de entrada/salida para gestionar la interacción con el usuario a través de la consola; se trata de la clase java.io.Console.

Tal y como veremos a continuación, la utilización de esta clase para la lectura y presentación de datos en consola resulta mucho más simple que el empleo de las clases Scanner y BufferedReader estudiadas anteriormente.

### 3.6.5.1 OBTENCIÓN DE UN OBJETO CONSOLE

Cada máquina virtual Java en ejecución tiene un objeto Console asociado, objeto que puede obtenerse fácilmente llamando al método estático *console()* de la clase System:

*Console consola = System.console();*

Este método sólo devolverá el objeto consola si la máquina virtual se ha lanzado desde ésta, es decir, si lo ejecutamos desde un IDE, como por ejemplo Netbeans, **no tendremos ninguna consola asociada**, devolviendo la llamada a *console()* el valor *null*.

### 3.6.5.2 LECTURA Y ESCRITURA EN CONSOLA

Una vez obtenida la referencia al objeto Console podemos hacer uso de los métodos de ésta clase para recuperar y mostrar datos en la consola. Entre sus métodos más importantes destacamos:

- *String readLine()*. Recupera la última línea de texto introducida por el usuario en la consola.
- *String readLine (String formato, Object ...arg)*. Se trata de una variante del método anterior que permite mostrar un mensaje en consola para la solicitud de los datos, siguiendo el formato indicado en el primer parámetro. Por ejemplo, la siguiente instrucción muestra un mensaje de texto en la consola para que el usuario introduzca su nombre, recuperando el valor suministrado en una variable:

```
Console consola = System.console();
String nom = consola.readLine("%1s",
          "Introduce tu nombre: ");
```

- *char[] readPassword()*. Permite que el usuario pueda introducir una clave o password, deshabilitando el eco del teclado. El valor introducido es devuelto como un array de caracteres.
- *Console printf (String formato, Object ...arg)*. Muestra una serie de datos en la consola con el formato indicado. Su funcionamiento es igual al del método printf() de PrintWriter.
- *Console format (String format, Object ...arg)*. Realiza exactamente la misma función que printf().
- *PrintWriter writer()*. Devuelve el objeto PrintWriter asociado a la consola.

# 3.7 EXPRESIONES REGULARES

Las expresiones regulares se introdujeron en Java a partir de la versión 1.4. Normalmente, las expresiones regulares se emplean en programación para la creación de patrones, cuya principal utilidad es la búsqueda de coincidencias dentro de una cadena de caracteres.

Una expresión regular se compone de una combinación de caracteres que tienen una funcionalidad especial, por ejemplo, la expresión "J2[SEM]E" permitiría definir un patrón para la localización de las palabras J2SE, J2ME y J2EE en una cadena.

Desde la versión 1.4 se incluye un paquete de clases especial para la utilización de expresiones regulares en patrones de búsqueda, se trata del paquete java.util.regex. En él se encuentran las clases Pattern y Matcher que permiten definir un patrón y localizar coincidencias del mismo en una cadena, respectivamente.

## 3.7.1 Definición de un patrón

Un patrón es un objeto de la clase Pattern, para crearlo se debe utilizar el método estático *compile()* de la propia clase Pattern. El formato de este método es el siguiente:

*static Pattern compile (String reg)*

Donde la cadena de texto *reg* representa la expresión regular que define el patrón. De esta forma, si quisiéramos crear un patrón con la expresión regular expuesta anteriormente como ejemplo sería:

```
Pattern p=Pattern.compile("J2[SEM]E");
```

## 3.7.2 Búsqueda de coincidencias

Una vez definido el patrón, éste puede aplicarse sobre una determinada cadena de caracteres para comprobar si existe una parte de la misma que coincida con los criterios establecidos en la expresión del patrón.

Esta búsqueda de coincidencias se realiza utilizando los métodos de la clase Matcher. La clase Pattern dispone del método *matcher()* que permite crear un objeto Matcher a partir de la cadena donde se desea realizar la búsqueda:

*Matcher matcher (String cadena)*

Por ejemplo, para poder aplicar los métodos de búsqueda de Matcher sobre la cadena "J2SE", utilizando el objeto Pattern definido anteriormente, deberíamos crear un objeto Matcher utilizando la siguiente instrucción:

```
Matcher m = p.matcher("J2SE");
```

Una vez creado el objeto, podemos emplear por ejemplo el método boolean *matches()* para saber si la cadena coincide completamente o no con la expresión del patrón:

```
if(m.matches()){
      System.out.println("Existe coincidencia");
}
else{
      System.out.println("No se encontraron "+
                              " coincidencias");
}
```

En este caso y dado que sí existe coincidencia, al ejecutar las instrucciones anteriores se mostrará en pantalla.

*Existe coincidencia*

Además del método *matches()* para la comprobación de coincidencias completas, la clase Matcher proporciona otros métodos para la búsqueda de coincidencias dentro de la cadena. Antes de analizar estos métodos vamos a conocer algo más sobre la sintaxis de las expresiones regulares.

### 3.7.3 Caracteres utilizados en la construcción de expresiones regulares

Existen diferentes tipos de caracteres que pueden ser empleados a la hora de construir una expresión regular.

A continuación vamos a comentar algunos de los más utilizados:

- ***Caracteres literales***. Cuando un determinado caracter deba formar parte de la cadena buscada, se incluirá directamente dentro de la expresión regular de búsqueda en la posición donde dicho caracter tenga que aparecer. Por ejemplo, la expresión "J2 [SEM]E" contiene los caracteres literales J, 2 y E, indicando que la cadena buscada comienza por los caracteres "J2" y termina con el caracter "E". En este sentido, indicar que los métodos de búsqueda de Matcher hacen distinción entre mayúsculas y minúsculas.

- ***Caracteres alternativos***. Para indicar que en una determinada posición de la cadena patrón puede aparecer cualquiera de los caracteres pertenecientes a un conjunto dado, dicho conjunto tendrá que delimitarse con unos corchetes ([]).

  Veamos algunos ejemplos:

  > [BCNK]. Indica que en esa posición puede aparecer cualquiera de los caracteres indicados (B, C, N o K).
  >
  > [A-V]. Puede aparecer cualquier letra que se encuentre entre la A y la V mayúscula.
  >
  > [^CD]. Cualquier letra menos las indicadas, es decir menos las letras C y D.
  >
  > [0-9][a-dA-D]. Cualquier combinación de dos dígitos donde el primero de ellos es un número del 0 al 9 y el segundo una de las cuatro primeras letras del alfabeto (mayúsculas o minúsculas).

- ***Caracteres especiales.*** Son unos caracteres que tienen un significado especial dentro de la sintaxis de patrones. La tabla de la figura 64 contiene alguno de los más empleados.

| Carácter | Función |
|---|---|
| . | Representa cualquier carácter |
| \d | Dígito entre 0 y 9 |
| \s | Espacio en blanco |
| \w | Un carácter de palabra (letra o número) |

***Fig. 64*** *- Caracteres especiales*

- ***Cuantificadores.*** Se trata de caracteres que determinan la frecuencia con la que pueden aparecer las expresiones asociadas. En la figura 65 aparecen estos símbolos.

| *Símbolo* | *Función* |
|---|---|
| + | La expresión puede aparecer una o más veces |
| ? | La expresión puede aparecer ninguna o una sóla vez |
| * | La expresión puede aparecer cualquier número de veces |

***Fig. 65*** *- Caracteres de tipo cuantificador*

Estos caracteres se colocan a continuación de la expresión a la que se quieren aplicar. Por ejemplo, la expresión regular "\d*" representaría una cantidad numérica de cualquier número de cifras.

- ***Grupo de caracteres.*** Para agrupar un conjunto de caracteres en una unidad individual se deberán indicar entre paréntesis (). Por ejemplo, la expresión "(java)+" indica que la palabra *java* puede aparecer una o más veces seguidas.

A fin de aclarar lo explicado sobre la sintaxis de expresiones regulares, la figura 66 muestra algunos ejemplos de expresiones y su significado.

| *Expresión* | *Significado* |
|---|---|
| \d\d/\d\d/\d\d | Formato de fecha corta |
| \w+\.?\w+@\w+\.\w+ | Dirección de correo electrónico |
| www\..+\.com | Dirección web de dominio .com |

***Fig. 66*** *- Ejemplos de expresiones regulares*

## 3.7.4 Métodos de la clase Matcher

Como hemos indicado anteriormente, un objeto Matcher resulta de aplicar sobre una cadena de caracteres un patrón de búsqueda formado por una expresión regular.

A través de los siguientes métodos de la clase Matcher podemos obtener información sobre el resultado de esta operación:

- boolean **matches()**. Indica si la cadena de caracteres se ajusta o no al formato definido por la expresión regular.

- boolean **find()**. Localiza la siguiente coincidencia con el patrón en la cadena. Si no hay más coincidencias devuelve *false*. Utilizando este método y un bucle *while* podemos iterar sobre una cadena de texto en busca de todas las coincidencias que se den con el patrón.

- int **start()**. Devuelve la posición del primer caracter del trozo de cadena que se ajusta al patrón.

- int **end()**. Devuelve la posición del caracter siguiente al último del trozo de cadena que se ajusta al patrón.

- String **group()**. Devuelve el trozo de cadena que se ajusta al patrón.

El siguiente ejemplo ilustra el significado y utilidad de estos métodos. Se trata de un programa que muestra en pantalla todas las direcciones de Internet existentes en una cadena de texto. Obsérvese que en la cadena que respresenta la expresión regular se debe utilizar la doble barra "\\" en vez de la barra simple para los caracteres especiales, ya que la barra simple "\" está reservada en Java para las secuencias de escape.

```
import java.util.regex.*;
public class Busqueda {
    public static void main(String[] args) {
        //formato de la cadena de búsqueda
        String patron="www\\.\\w*\\.es";
        String direcciones="La direccion de búsqueda ";
        direcciones+="es www.search.es, aunque para ";
        direcciones+="navegar, mejor www.boat.es. "
        direcciones+="Para informarse: www.news.es.";
        //creción de los objetos Pattern y Matcher
        Pattern p=Pattern.compile(patron);
        Matcher m=p.matcher(direcciones);

        //recuperación de todas las coincidencias
        while(m.find()){
            System.out.println(m.group());
        }
    }
}
```

Si se ejecuta el programa anterior se visualizará en pantalla el siguiente resultado:

*www.search.es*

*www.boat.es*

*www.news.es*

# 3.8 COLECCIONES

Una colección es un objeto que almacena un conjunto de referencias a otros objetos, dicho de otra manera, es una especie de array de objetos.

Sin embargo, a diferencia de los arrays, las colecciones son dinámicas, en el sentido de que no tienen un tamaño fijo y permiten añadir y eliminar objetos en tiempo de ejecución.

Java incluye en el paquete **java.util** un amplio conjunto de clases para la creación y tratamiento de colecciones. Todas ellas proporcionan una serie de métodos para realizar las operaciones básicas sobre una colección, como son:

- Añadir objetos a la colección.
- Eliminar objetos de la colección.
- Obtener un objeto de la colección.
- Localizar un objeto en la colección.
- Iterar a través de una colección.

A continuación, vamos a estudiar algunas de las clases de colección más significativas.

## 3.8.1 La clase ArrayList

Un ArrayList representa una colección basada en índices, en la que cada objeto de la misma tiene asociado un número (índice) según la posición que ocupa dentro de la colección, siendo 0 la posición del primer elemento (figura 67).

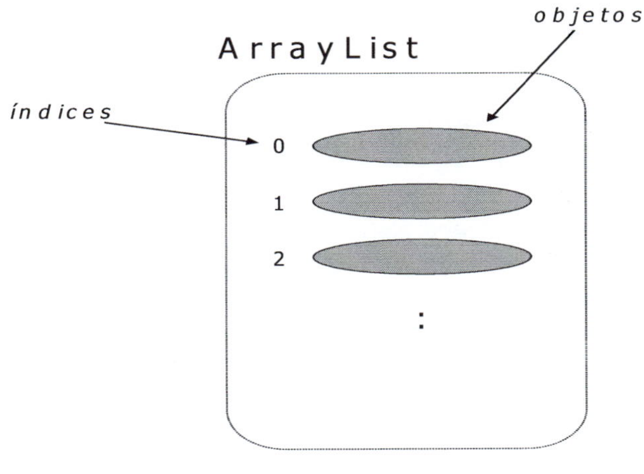


***Fig. 67** - Disposición de objetos en un ArrayList*

### 3.8.1.1 CREACIÓN DE UN ARRAYLIST

Para crear un objeto ArrayList utilizamos la expresión:

*ArrayList variable_objeto=new ArrayList();*

Donde *variable_objeto* es la variable que contendrá la referencia al objeto ArrayList creado. Por ejemplo:

*ArrayList v=new ArrayList();*

Una vez creado, podemos hacer uso de los métodos de la clase ArrayList para realizar las operaciones habituales con una colección.

### 3.8.1.2 MÉTODOS DE LA CLASE ARRAYLIST

Los principales métodos expuestos por esta clase son:

- boolean **add**(Object o). Añade un nuevo objeto a la colección (su referencia) y lo sitúa al final de la misma, devolviendo el valor *true*. Los objetos añadidos pueden ser de cualquier tipo, no siendo necesario que todos pertenezcan a la misma clase:

```
ArrayList v=new ArrayList();
v.add("hola"); //añade la cadena en la primera
               //posición del ArrayList
v.add(new Integer(6)); //añade el número en la
                       //segunda posición
```

Obsérvese en este ejemplo cómo, debido a que el ArrayList no puede almacenar tipos básicos, ha sido necesario envolver el número en un objeto *Integer* para poder añadirlo a la colección. Sin embargo, a partir de la versión 5 del lenguaje, gracias a la característica del *autoboxing* es posible añadir directamente el número sin envolverlo previamente en un objeto pues, como ya sabemos, esta operación se lleva a cabo implícitamente. Según esto, la instrucción para añadir el número entero a la colección se puede reescribir para la versión 1.5 de la siguiente forma:

```
v.add(6); //autoboxing
```

- void **add**(int indice, Object o). Añade un objeto al ArrayList en la posición especificada por *indice*, desplazando hacia delante el resto de los elementos de la colección. Como se aprecia en la figura 67, el índice de la primera posición es 0.

- Object **get**(int indice). Devuelve el objeto que ocupa la posición indicada. Hay que tener en cuenta que el tipo de devolución es Object, por tanto, para guardar la referencia al objeto devuelto en una variable de su tipo será necesario realizar una conversión explícita:

```
ArrayList v=new ArrayList();
v.add("texto");
//Conversión explícita a String
String s=(String)v.get(0);
```

En el caso de que se almacenen objetos numéricos, es necesario recordar que la llamada a *get()* devuelve el objeto de envoltorio, y no el número:

```
ArrayList v=new ArrayList();
v.add(new Integer(6));
//Recupera el objeto y muestra en número
Integer i=(Integer)v.get(0);
System.out.println(i.intValue());
```

Utilizando autoboxing/autounboxing la operación anterior podría realizarse de la siguiente manera:

```
ArrayList v=new ArrayList();
v.add(6); //autoboxing
//Recupera el objeto numérico
```

```
int i=(Integer)v.get(0);//unboxing
//Muestra el número
System.out.println(i);
```

La realización de conversiones cuando se recupera una referencia almacenada en una colección suele generar cierta confusión entre los programadores Java iniciados. Algunas veces se tiende a realizar operaciones como ésta:

```
ArrayList v=new ArrayList();
v.add("35");
//Intenta recuperarlo como objeto numérico
Integer s=(Integer)v.get(0);
```

El código anterior compilaría sin ningún problema, sin embargo, al ejecutar la última línea se produciría una excepción **ClassCastException,** dado que no se puede convertir explícitamente un objeto String (eso es lo que se ha almacenado en el objeto de colección) en un Integer. Únicamente se puede convertir explícitamente el objeto a su tipo original. En el caso de que tengamos que recuperar como número un dato numérico almacenado como de texto en la colección, deberíamos hacerlo del siguiente modo:

```
ArrayList v=new ArrayList();
v.add("35");
//Se recupera en su tipo original
String s=(String)v.get(0);
//Se convierte la cadena a número entero
int n=Integer.parseInt(s);
```

- Object **remove**(int indice). Elimina de la colección el objeto que ocupa la posición indicada, desplazando hacia atrás los elementos de las posiciones siguientes. Devuelve el objeto eliminado.

- void **clear**(). Elimina todos los elementos de la colección.

- int **indexOf**(Object o). Localiza en el ArrayList el objeto indicado como parámetro, devolviendo su posición. En caso de que el objeto no se encuentre en la colección, la llamada al método devolverá como resultado el valor –1.

- int **size**(). Devuelve el número de elementos almacenados en la colección. Utilizando este método conjuntamente con *get()*, se puede recorrer la colección completa. El siguiente método realiza el recorrido de un ArrayList de cadenas para mostrar su contenido en pantalla:

```
public void muestra(ArrayList v){
      for(int i=0;i<v.size();i++){
            System.out.println((String)v.get(i));
      }
}
```

Como sabemos, a partir de la versión Java 5 se puede utilizar la variante *for-each* para simplificar el recorrido de colecciones, así el método anterior quedaría:

```
public void muestra(ArrayList v){
      for(Object ob:v){
            System.out.println((String)ob);
      }
}
```

A modo de resumen sobre el funcionamiento de la colección ArrayList, se presenta el siguiente programa para la gestión de temperaturas. Inicialmente, se presentará un menú en pantalla para elegir la opción deseada (1. Añadir temperatura, 2. Mostrar temperatura media, 3. Mostrar temperaturas extremas), menú que volverá a presentarse de nuevo en la pantalla tras completar cualquiera de las tres primeras opciones:

```
import java.io.*;
import java.util.*;
public class Gestion {
   public static void main(String[] args)
                     throws IOException{
    //En este ArrayList se almacenan
    //todas las temperaturas
    ArrayList temperaturas=new ArrayList();
    String opcion;
    BufferedReader bf=new
    BufferedReader(new InputStreamReader(System.in));
    do{
      System.out.println("Elegir opción:\n");
      System.out.println("1. Añadir temperatura");
```

```
    System.out.println("2. Mostrar temperatura "+
                           "media");
    System.out.println("3. Mostrar temperaturas"+
                           " extremas");
    System.out.println("4. Salir");
    opcion=bf.readLine();

    switch(Integer.parseInt(opcion)){
      case 1:
          double temp;
          System.out.println("Introduce la "+
                           " temperatura: ");
          //Convierte a tipo double la
          // temperatura leída
          temp=Double.parseDouble(bf.readLine());
          almacenaTemperatura(temp,temperaturas);
          break;
      case 2:
          muestraMedia(temperaturas);
          break;
      case 3:
          muestraExtremas(temperaturas);
    }
  }
  while(!opcion.equals("4"));
}
static void almacenaTemperatura(double d,
                  ArrayList temperaturas){
    //Necesita convertir el número a objeto para
    //poderlo añadir al ArrayList
    temperaturas.add(new Double(d));
}
static void muestraMedia(ArrayList temperaturas){
    double media=0.0;
    for(Object tp:temperaturas){
         //Las temperaturas se convierten
         //explícitamente al tipo de objeto original
         //para después extraer el valor numérico
         media+=((Double)tp).doubleValue();
    }
    media/=temperaturas.size();
    System.out.println("La temperatura media es: "+
                                  media);
}
```

```
        static void muestraExtremas(ArrayList temperaturas){
            //Se inicializan las variables extremo con
            //el valor de la primera temperatura
            double maxima;

            maxima=((Double)temperaturas.get(0))
                                        .doubleValue();
            double minima=maxima;
            for(tp:temperaturas){
                double aux;
                 aux=((Double)tp).doubleValue();
                if(aux>maxima){
                    maxima=aux;
                }
                if(aux<minima){
                    minima=aux;
                }
            }
            System.out.println("La temperatura máxima es "+
                                        maxima);
            System.out.println("La temperatura mínima es "+
                                        minima);
        }
    }
```

### 3.8.2 La clase Hashtable

La clase Hashtable representa un tipo de colección basada en claves (figura 68), donde los objetos almacenados en la misma (valores) no tienen asociado un índice numérico basado en su posición, sino una clave que lo identifica de forma única dentro de la colección. Una clave puede ser cualquier tipo de objeto.

La utilización de colecciones basadas en claves resulta útil en aquellas aplicaciones en las que se requiera realizar búsquedas de objetos a partir de un dato que lo identifica. Por ejemplo, si se va a gestionar una colección de objetos de tipo "Empleado", puede resultar más práctico almacenarlos en un Hashtable, asociándoles como clave el "dni", que guardarlos en un ArrayList en el que a cada empleado se le asigna un índice según el orden de almacenamiento.

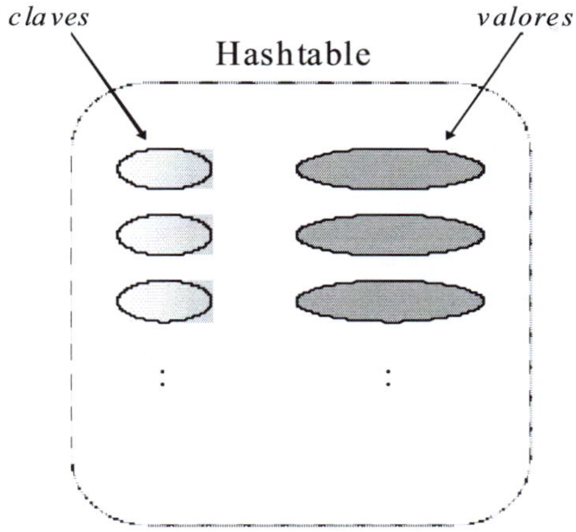


*Fig. 68* - *Organización de un hashtable*

### 3.8.2.1 CREACIÓN DE UN HASHTABLE

La creación de un objeto hashtable se realiza utilizando el constructor sin parámetros de la clase:

*Hashtable variable_objeto=new Hashtable();*

Por ejemplo,

```
Hashtable tb=new Hashtable();
```

### 3.8.2.2 MÉTODOS DE LA CLASE HASHTABLE

Los principales métodos expuestos por la clase Hashtable para manipular la colección son los siguientes:

- Object **put**(Object key, Object valor). Añade a la colección el objeto valor, asignándole la clave especificada por *key*. En caso de que exista esa clave en la colección, el objeto que tenía asignada esa clave se sustituye por el nuevo objeto valor, devolviendo el objeto sustituido. Por ejemplo, el siguiente código:

```
Hashtable hs=new Hashtable();
hs.put("a21","pepito");
System.out.println ("Antes se llamaba "+
hs.put("a21","luis"));
```

Mostrará en pantalla:

*Antes se llamaba pepito*

- boolean **containsKey**(Object key). Indica si la clave especificada existe o no en la colección.

- Object **get**(Object key). Devuelve el valor que tiene asociada la clave que se indica en el parámetro. En caso de que no exista ningún objeto con esa clave asociada, devolverá *null*.

- Object **remove**(Object key). Elimina de la colección el valor cuya clave se especifica en el parámetro. En caso de que no exista ningún objeto con esa clave, no hará nada y devolverá *null*, si existe, eliminará el objeto y el mismo será devuelto por el método.

- int **size**(). Devuelve el número de objetos almacenados en la colección.

- Enumeration **keys**(). Devuelve un objeto enumeration que permite iterar sobre el conjunto de claves. En el siguiente apartado se estudiará con detalle este objeto.

### 3.8.2.3 ITERACIÓN DE UN HASHTABLE: LA INTERFAZ ENUMERATION

Al no estar basado en índices, un Hashtable no se puede recorrer utilizando una instrucción *for* con una variable que recorra las posiciones de los objetos.

Esto no significa que no se pueda iterar sobre un Hashtable, se puede hacer a través de un objeto enumeration.

Enumeration es un objeto que implementa la interfaz **java.util.Enumeration**. En el capítulo siguiente veremos qué es una interfaz, por ahora, bastará con saber que las interfaces disponen de una serie de métodos que pueden ser aplicados sobre los objetos que las implementan.

Los métodos proporcionados por la interfaz Enumeration permiten recorrer una colección de objetos asociada y acceder a cada uno de sus elementos. En el caso concreto del método *keys()* de la clase Hashtable, el objeto Enumeration devuelto nos permite recorrer la colección de claves del Hashtable.

Un objeto Enumeration lo podemos imaginar como una especie de puntero o referencia, que puede ir apuntando a cada uno de los elementos de una colección (figura 69).

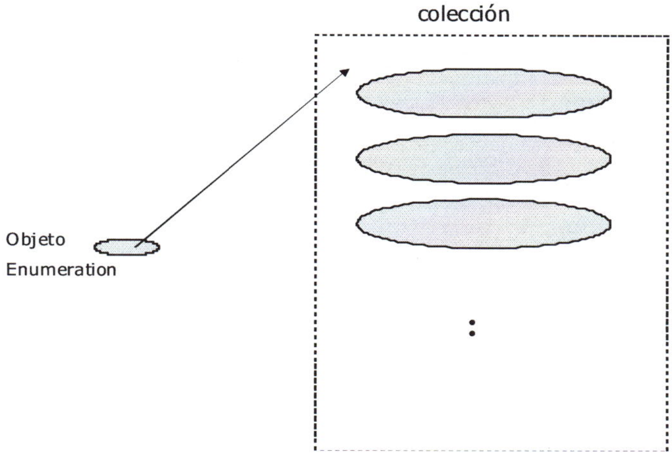


***Fig. 69** - Objeto enumeration asociado a una colección*

La interfaz Enumeration dispone de los siguientes métodos:

- Object **nextElement**(). La llamada al método *nextElement()* sobre un objeto enumeration, provoca que éste pase a apuntar al siguiente objeto de la colección, devolviendo el nuevo objeto apuntado. Hay que tener en cuenta que, **inicialmente, un enumeration se encuentra apuntando a la posición que está antes del primer objeto de la colección**, por lo que la primera llamada a *nextElement()* devolverá el primer objeto.

- boolean **hasMoreElements**(). Indica si hay más elementos por recorrer en la colección. Cuando el objeto enumeration esté apuntando al último elemento, la llamada a este método devolverá *false*.

Con estos dos métodos, utilizando un bucle *while*, se puede acceder a todos los elementos de la colección asociada al Enumeration.

El siguiente método recibe como parámetro un objeto Hashtable en el que se han almacenado objetos String con claves asociadas de tipo String, su misión consiste en mostrar en pantalla todos los valores almacenados, tendríamos que escribir el siguiente código:

```
public void muestraDatos(Hashtable tb){
      String valor, clave;
      Enumeration e= tb.keys();
      while (e.hasMoreElements())
      {
            clave=(String)e.nextElement();
            //obtiene el objeto a partir de la clave
            valor=(String)tb.get(clave);
            System.out.println(valor);
      }
}
```

Con el fin de aclarar el funcionamiento de esta clase, se presenta a continuación un programa para la gestión de una lista de nombres. El programa presentará inicialmente un menú en pantalla para elegir la opción deseada (1. Añadir nombre, 2. Eliminar nombre, 3. Mostrar todos, 4. Salir), menú que volverá a presentarse de nuevo en la pantalla tras completar cualquiera de las tres primeras opciones. Cada nombre llevará asociado como clave un DNI:

```
import java.io.*;
import java.util.*;
public class GestionNombres {
  public static void main(String[] args)
                              throws IOException{
    Hashtable nombres=new Hashtable();
    String opcion;
    BufferedReader bf=new BufferedReader(
                  new InputStreamReader(System.in));
    do{
      System.out.println("Elegir opción:\n");
      System.out.println("1. Añadir nombre");
      System.out.println("2. Eliminar nombre");
      System.out.println("3. Mostrar todos los "+
                                "nombres");
      System.out.println("4. Salir");
      opcion=bf.readLine();
      switch(Integer.parseInt(opcion)){
        case 1:
            String nom,dni;
```

```
                System.out.println("Introduce Nombre: ");
                nom=bf.readLine();
                System.out.println("DNI: ");
                dni=bf.readLine();
                almacenaNombre(nom,dni,nombres);
                break;
            case 2:
                String d;
                System.out.println("Introduzca el dni: ");
                d=bf.readLine();
                eliminaNombre(d,nombres);
                break;
            case 3:
                mostrarTodos(nombres);
                break;
          }
        }
        while(!opcion.equals("4"));
      }
      static void almacenaNombre(String n, String k,
                                 Hashtable lista){
          if(!lista.containsKey(k)){
              lista.put(k,n);
          }
      }
      static void eliminaNombre(String k,Hashtable lista){
          if(lista.containsKey(k)){
              lista.remove(k);
          }
      }
      static void mostrarTodos(Hashtable lista){
          System.out.println("Los nombres son: ");
          Enumeration claves=lista.keys();
          while(claves.hasMoreElements()){
            String k=(String)claves.nextElement();
            System.out.println(k+" - "+lista.get(k));
          }
      }
  }
```

## 3.8.3 Genéricos

Después de haber analizado el funcionamiento de las colecciones y de haber estudiado algunas de las clases más significativas en este terreno, es el momento de abordar una de las mejoras más significativas del lenguaje incluidas en Java 5 y que simplifica algunos de los aspectos relativos al tratamiento de colecciones en los programas. Se trata de los genéricos.

### 3.8.3.1 EL PROBLEMA DE LAS COLECCIONES DE TIPO OBJECT

Para comprender en qué consiste esta característica, analicemos de nuevo el comportamiento de las colecciones a la hora de almacenar y recuperar los objetos. Como ya se explicó al principio, y se ha visto en los programas de ejemplo presentados, debido a que las colecciones gestionan los objetos a través del tipo Object, cada vez que se intenta recuperar un objeto de la colección es necesario realizar una conversión explícita al tipo específico para poderlo manipular posteriormente:

```
ArrayList l=new ArrayList();
l.add("Cadena de prueba");
:
String s=(String)l.get(0);
System.out.println(s.length());
```

Aparte de la incomodidad de las conversiones explícitas en la recuperación de objetos, la utilización de Object como tipo común tiene como consecuencia que el compilador no realice ninguna comprobación de tipo, ni al agregar el objeto a la colección, ni al recuperarlo, haciendo que el código sea inseguro. Esto significa que si, por ejemplo, estamos tratando con una colección de cadenas de caracteres y por error se añade un objeto de cualquier otro tipo, el compilador no generará ningún error, produciéndose durante la ejecución del programa una excepción de tipo ***ClassCastException*** al intentar convertir el objeto a cadena:

```
ArrayList l=new ArrayList();
l.add("Cadena de prueba");
l.add("Segunda cadena");
l.add(new Integer(10));//compila correctamente
:
for(int i=0;i<l.size();i++){
  String s=(String)l.get(i); //compila bien pero,
                    //generará una ClassCastException
                    //cuando i valga 2
  System.out.println(s.length());
}
```

#### 3.8.3.2 COLECCIONES DE TIPOS GENÉRICOS

La utilización de colecciones basadas en tipos genéricos proporciona un mecanismo que permite notificar al compilador el tipo de los objetos que va a ser almacenado en la colección. Esto supone dos mejoras respecto al funcionamiento tradicional de las colecciones:

- Cualquier instrucción que intente **almacenar en la colección un objeto de un tipo que no sea el especificado provocará un error de compilación** (siempre será mejor que el compilador nos avise de que algo no está bien antes de esperar a que se produzca una excepción).

- Dado que se conoce el tipo de objeto almacenado en la colección, **no será necesario realizar una conversión explícita durante su recuperación.**

Todas las clases e interfaces de colección del paquete java.util han sido redefinidas en la versión Java SE para poder soportar tipos genéricos.

Para especificar el tipo de objetos a utilizar en una colección basada en tipos genéricos, se debe indicar dicho tipo en la declaración de la variable de colección mediante la utilización de la siguiente expresión:

*tipo_coleccion <tipo_objeto> variable;*

Siendo *tipo_coleccion* la clase de colección utilizada y *tipo_objeto* la clase de los objetos que serán almacenados en ella. Por ejemplo, para declarar un ArrayList de cadenas de caracteres sería:

```
ArrayList <String> lista;
```

Así mismo, la creación del objeto colección debería realizarse según la expresión:

*variable = new tipo_coleccion <tipo_objeto>();*

En el caso de un ArrayList de cadenas:

```
lista = new ArrayList <String>();
```

Es importante destacar que el tipo especificado durante la utilización de colecciones genéricas solamente puede ser de tipo objeto, **no siendo posible**

**utilizar tipos básicos Java**. Por ejemplo, la siguiente declaración provocaría un error de compilación:

```
ArrayList <int> lista; //no compila
```

Una vez creado el objeto de colección, la variable podrá utilizarse normalmente para realizar las operaciones habituales, con la ventaja de que ya no será necesario realizar conversiones explícitas en la recuperación de los elementos:

```
ArrayList <String> l=new ArrayList<String>();
l.add("Cadena de prueba");
l.add("Segunda cadena");
l.add("Nueva cadena");
:
for(int i=0;i<l.size();i++){
        String s=l.get(i); //ausencia de casting
        System.out.println(s.length());
}
```

Si en el código anterior se hubiese intentado añadir un objeto no String a la colección, el compilador habría generado **un error de compilación en la instrucción de llamada al método *add()***:

```
l.add(new Integer(5)); //error de compilación
```

En el caso de una colección de tipo Hashtable, donde además de los elementos de la colección (objetos valor) se almacenan claves (objetos clave) asociadas a cada elemento, la utilización de genéricos permite especificar tanto el tipo del elemento como el de la clave:

*Hashtable<tipo_clave, tipo_elemento> variable*;

Por ejemplo, para disponer de una colección Hashtable con elementos de tipo *Empleado* y clave asociada *String* sería:

```
Hashtable<String, Empleado> tb;
```

El siguiente listado es una nueva versión del programa de gestión de temperaturas con un ArrayList utilizando genéricos:

```
import java.io.*;
import java.util.*;
public class Gestion {
```

```
public static void main(String[] args)
                            throws IOException{
 //Se declara un ArrayList de objetos Double
 ArrayList<Double> temperaturas =
                    new ArrayList<Double>();
 String opcion;
 BufferedReader bf=new BufferedReader(
              new InputStreamReader(System.in));
 do{
   System.out.println("Elegir opción:\n");
   System.out.println("1. Añadir temperatura");
   System.out.println("2. Mostrar temperatura "+
                                 "media");
   System.out.println("3. Mostrar temperaturas "+
                                "extremas");
   System.out.println("4. Salir");
   opcion=bf.readLine();
   switch(Integer.parseInt(opcion)){
     case 1:
         double temp;
         System.out.println("Introduce la "+
                          "temperatura: ");
         //Convierte a tipo double
         //la temperatura leída
         temp=Double.parseDouble(bf.readLine());
         almacenaTemperatura(temp,temperaturas);
         break;
     case 2:
         muestraMedia(temperaturas);
         break;
     case 3:
         muestraExtremas(temperaturas);
   }
 }
 while(!opcion.equals("4"));
}
static void almacenaTemperatura(double d,
              ArrayList<Double> temperaturas){
    //necesita convertir el número a objeto para
```

```
            //poderlo añadir al ArrayList, aunque a través
            //del autoboxing podría haberse añadido
            //directamente el valor double
            temperaturas.add(new Double(d));
        }
        static void muestraMedia(
                    ArrayList<Double> temperaturas){
            double media=0.0;
            for(Double tp:temperaturas){
                //no es necesario hacer el casting
                media+=tp.doubleValue();
            }
            media/=temperaturas.size();
            System.out.println("La temperatura media es: "+
                                                media);
        }
        static void muestraExtremas(
                    ArrayList<Double> temperaturas){
            //se inicializan las variables extremo con
            //el valor de la primera temperatura
            double maxima;
            maxima=temperaturas.get(0).doubleValue();
            double minima=maxima;
            for(Double tp:temperaturas){
                double aux;
                 aux=tp.doubleValue();
                if(aux>maxima){
                    maxima=aux;
                }
                if(aux<minima){
                    minima=aux;
                }
            }
            System.out.println("La temperatura máxima es "+
                                    maxima);
            System.out.println("La temperatura mínima es "+
                                    minima);
        }
    }
```

Podríamos obtener una versión más simple y reducida del programa anterior si, además de los genéricos, utilizamos el autoboxing/autounboxing para eliminar la conversión explícita entre tipo primitivo y objeto, así como los scanners para realizar la lectura de los datos:

```
import java.util.*;
public class Gestion {
   public static void main(String[] args) {
    ArrayList<Double> temperaturas=
                       new ArrayList<Double>();
    int opcion;
    Scanner sc=new Scanner(System.in);

     do{
      System.out.println("Elegir opción:\n");
      System.out.println("1. Añadir temperatura");
      System.out.println("2. Mostrar temperatura "+
                              "media");
      System.out.println("3. Mostrar temperaturas "+
                               "extremas");
      System.out.println("4. Salir");
      opcion=sc.nextInt();
      switch(opcion){
        case 1:
            double temp;
            System.out.println("Introduce la "+
                              "temperatura: ");
            //Recupera el dato como un double
            temp=sc.nextDouble();
            almacenaTemperatura(temp,temperaturas);
            break;
        case 2:
            muestraMedia(temperaturas);
            break;
        case 3:
            muestraExtremas(temperaturas);
      }
    }
    while(opcion!=4);
```

```
    }
    static void almacenaTemperatura(double d,
                    ArrayList<Double> temperaturas){
        //autoboxing
        temperaturas.add(d);
    }
    static void muestraMedia(
                    ArrayList<Double> temperaturas){
        double media=0.0;
        for(Double tp:temperaturas){
            media+=d;//autounboxing
        }
        media/=temperaturas.size();
        System.out.println("La temperatura media es: "+
                                             media);
    }
    static void muestraExtremas(
                    ArrayList<Double> temperaturas){
        //Se inicializan las variables extremo con
        //el valor de la primera temperatura
        double maxima=temperaturas.get(0);//autounboxing
        double minima=maxima;
        for(Double tp:temperaturas){
            if(tp>maxima){
                maxima=tp;//autounboxing
            }
            if(tp<minima){
                minima=tp;//autounboxing
            }
        }
        System.out.println("La temperatura máxima es "+
                    maxima);


       System.out.println("La temperatura mínima es "+
                    minima);
    }
}
```

Del mismo modo, el programa de la gestión de nombres con un Hashtable con todas las nuevas características de Java 5 quedaría:

```
import java.util.*;
public class GestionNombres {
  public static void main(String[] args) {
    Hashtable<String,String> nombres=
                      new Hashtable<String,String>();
    int opcion;
    Scanner sc=new Scanner(System.in);
    sc.useDelimiter("\n");
    do{
      System.out.println("Elegir opción:\n");
      System.out.println("1. Añadir nombre");
      System.out.println("2. Eliminar nombre");

      System.out.println("3. Mostrar todos los "+
                              "nombres");
      System.out.println("4. Salir");
      opcion=sc.nextInt();
      switch(opcion){
        case 1:
            String nom,dni;
            System.out.println("Introduce Nombre: ");
            nom=sc.next();
            System.out.println("DNI: ");
            dni=sc.next();
            almacenaNombre(nom,dni,nombres);
            break;
        case 2:
            String d;
            System.out.println("Introduzca el dni: ");
            d=sc.next();
            eliminaNombre(d,nombres);
            break;
        case 3:
            mostrarTodos(nombres);
            break;
      }
```

```
        }
        while(opcion!=4);
      }
      static void almacenaNombre(String n,
                      String k,
                      Hashtable<String,String> lista){
          if(!lista.containsKey(k)){
              lista.put(k,n);
          }
      }
      static void eliminaNombre(String k,
                      Hashtable<String,String> lista){
          if(lista.containsKey(k)){
              lista.remove(k);
          }
      }
      static void mostrarTodos(
                      Hashtable<String,String> lista){
          System.out.println("Los nombres son: ");
          Enumeration<String> claves=lista.keys();
          while(claves.hasMoreElements()){
            String k=claves.nextElement();
            System.out.println(k+" - "+lista.get(k));
          }
      }
    }
```

### 3.8.3.3 DEFINICIÓN DE TIPOS GENÉRICOS

Para que sea posible especificar en la creación del objeto de colección los tipos de elementos que se pueden añadir, es necesario definir estas clases con una sintaxis especial. Si acudimos a la documentación del API de Java SE 6 para obtener información sobre la clase ArrayList, observamos cómo dicha clase aparece declarada de la siguiente manera:

*class ArrayList <E>*

A esta forma de definir una clase se la conoce como definición con tipo parametrizado o **definición de tipo genérico**. La anterior declaración se lee "clase ArrayList de E", donde E, llamado también parámetro de tipo, es la letra utilizada para referirse al tipo de elementos que se pueden añadir y representa a cualquier tipo de objeto Java.

Como hemos visto en el apartado anterior, es en la declaración de una variable de la clase ArrayList y en la creación de un objeto de la misma cuando se tiene que especificar el tipo concreto de objetos que se van a tratar en esa colección, sustituyendo la letra E por el nombre de clase correspondiente:

```
//ArrayList de enteros
ArrayList<Integer> n;
n = new ArrayList<Integer>();
//ArrayList de cadenas
ArrayList<String> cad;
cad = new ArrayList<String>();
```

A diferencia de la versión 1.4 en donde el método *add()* se declaraba de la siguiente forma:

*boolean add(Object o)*

La declaración de este método en la clase ArrayList genérica a partir de la versión Java 5 tiene el formato:

*boolean add(E o)*

Lo que significa que al ArrayList no se le puede añadir cualquier objeto, sino solamente objetos del tipo declarado en la colección (E). Al especificar un tipo concreto en la creación del objeto ArrayList, **todas las referencias a E en los métodos de ese objeto serán sustituidas automáticamente por el tipo específico**. Por ejemplo, para el objeto ArrayList de Integer referenciado por la variable *n* anterior, el formato del método *add()* quedaría convertido en:

*boolean add(Integer o)*

Los tipos genéricos no se limitan solamente a las colecciones, también podemos definir clases o tipos genéricos propios. Por ejemplo, la definición del siguiente tipo genérico corresponde a una especie de clase de envoltorio capaz de encapsular cualquier tipo de objeto:

```
public class Wrapper<E> {
    //dato encapsulado que puede ser de cualquier
```

```
        //tipo objeto
        private E data;
        public void setData(E d) {
            data=d;
        }
        public E getData(){
            return data;
        }
    }
```

El siguiente programa muestra un ejemplo de utilización de esta clase para encapsular cadenas de caracteres:

```
    public class PruebaData {
        public static void main(String[] args) {
            Wrapper<String> w=new Wrapper<String>();
            w.setData("mi cadena");
            String d=w.getData();
          System.out.println("La cadena es: "+d);
        }
    }
```

Es importante destacar que el parámetro de tipo E representa un tipo objeto, lo que significa que sólo podrán utilizarse como argumentos de tipo referencias a objeto, **nunca tipos primitivos**. La siguiente instrucción produciría, por tanto, un error de compilación:

```
          Wrapper<char> w=new Wrapper<char>();
```

Como se puede ver, la utilización de tipos genéricos simplifica y optimiza el desarrollo de las aplicaciones, especialmente si se hace uso de colecciones. Sin embargo, el uso de los tipos genéricos con la herencia puede provocar situaciones un tanto delicadas, por lo que este aspecto se analizará con detenimiento en el próximo capítulo.

## 3.9 ORGANIZACIÓN DE PROGRAMAS EN CLASES

En los programas de ejemplo presentados hasta el momento, el código completo de los mismos era incluido en una única clase, la clase que contiene el método *main()*.

Como ya se dijo al principio, un programa Java puede estar constituido por varias clases. De hecho, ésta es la línea que debe seguirse normalmente en el desarrollo de una aplicación, siguiendo una organización modular en la que la "lógica de la aplicación" (cálculos y procesado de información, acceso a bases de datos, gestión de eventos en aplicaciones gráficas, etc.) se distribuya en una o varias clases mientras que la clase que contiene al método *main()* se limitará a tareas de entrada/salida, esto es, captura de datos y presentación de resultados (figura 70).

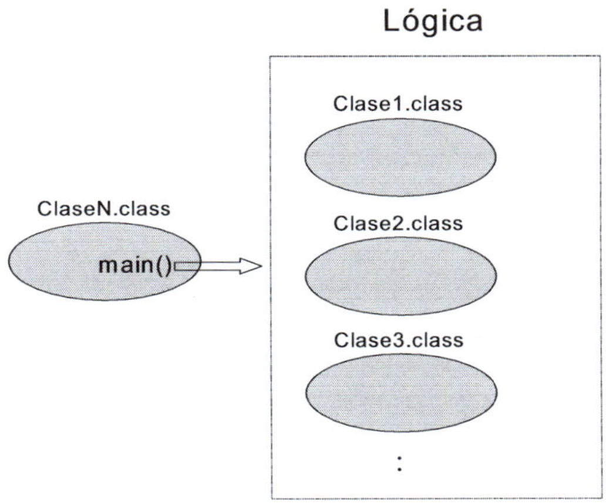


***Fig. 70*** *- Estructura de un programa organizado en varias clases*

La anterior organización proporciona diversas ventajas a la hora de desarrollar una aplicación, entre ellas:

- **Reutilización de código**. La especialización de las clases de lógica en la resolución de un determinado problema, abstrayéndose de los detalles relativos a la entrada y salida de datos, facilita la reutilización de estas clases en otros programas.
- **Desarrollo modular independiente**. La separación de tareas entre las distintas clases permite acometer los desarrollos de las mismas de manera independiente, sin que la creación de una clase esté condicionada por las otras.
- **Escalabilidad**. La escalabilidad se refiere a la facilidad para ampliar la funcionalidad de una aplicación. Siguiendo el modelo de desarrollo propuesto, el agregar nuevas funciones a la aplicación implicará desarrollar clases adicionales para la capa de lógica y añadir nuevas instrucciones a la clase principal, sin que ello implique modificar o rediseñar lo que ya está hecho.

El siguiente programa representa una nueva versión del programa planteado al final del capítulo anterior, cuya misión era la de sumar todos los números almacenados en un array, así como mostrar el mayor y el menor de dichos números.

Por un lado, se creará una clase, a la que llamaremos *CalculoArray,* que incluirá los métodos para realizar las operaciones sobre el array:

```
public class CalculoArray{
      public int mayor (int [] nums){
            int m=nums[0];
            for(int aux:nums){
                  if(aux>m){
                        m=aux;
                  }
            }
            return m;
      }
      public int menor (int [] nums){
            int m=nums[0];
            for(int aux:nums){
                  if(aux<m){
                        m=aux;
                  }
            }
            return m;
      }
      public int suma(int [] nums){
            int s=0;
            for(int aux:nums){
                  s+=aux;
            }
            return s;
      }
}
```

Por otro lado, el método *main()* de la clase Principal utilizará un objeto *CalculoArray* para realizar los cálculos correspondientes sobre un array definido en el propio método:

```
public class Principal{
   public static void main (String [] args){
      int [] numeros = {3,4,8,2};
      CalculoArray ca=new CalculoArray();
      System.out.println ("El mayor es "+
            ca.mayor(numeros));
      System.out.println ("El menor es "+
            ca.menor(numeros));
      System.out.println ("La suma es "+
            ca.suma(numeros));
   }
}
```

Como sabemos, los códigos fuente de estas clases pueden estar bien en un mismo archivo .java, o bien en uno diferente cada clase. En cualquier caso y hasta que veamos en el capítulo 4 el empaquetado de clases, todos los archivos .class resultantes de la compilación deberán estar situados en el mismo directorio.

De cara a la compilación, cada .java debe compilarse individualmente, aunque si se encuentran todos en el mismo directorio pueden compilarse conjuntamente mediante el comando:

>javac *.java

Una vez compiladas todas las clases, se procederá únicamente a la ejecución de la clase que contiene el método *main()*. En el ejemplo anterior:

>java Principal

*PRÁCTICA 3.3.*

Se desea desarrollar una aplicación para la gestión de una pila de cadenas de caracteres. La interfaz de usuario consistirá en un menú que aparecerá en pantalla al arrancar el programa, y cuyas opciones serán las siguientes:

1. Agregar cadena

2. Quitar cadena

3. Mostrar todas

4. Salir

La opción 1 añade una nueva cadena a la pila (el tamaño de la pila es ilimitado) teniendo en cuenta que las cadenas no se pueden repetir; por otro lado, la opción 2 elimina una cadena de la pila (la última en llegar), mientras que la opción 3 muestra en pantalla todas las cadenas. Tras realizar la operación correspondiente, el programa vuelve a mostrar el mismo menú inicial, algo que se repetirá hasta que el usuario elija la opción de salir.

Para acometer el desarrollo de esta aplicación, seguiremos la filosofía planteada anteriormente, consistente en la separación entre la "lógica de aplicación" y las operaciones de entrada/salida. Para ello, se sugiere la creación de una clase Pila donde se encapsularán todas las operaciones sobre la pila. Aunque la aplicación se centra en el tratamiento de pilas de cadenas de caracteres, dicha clase Pila deberá implementarse como tipo genérico, de modo que pueda permitir el apilamiento de cualquier tipo de objetos. Los métodos de Pila podrían ser:

- *void agregar(E cad)*. Añade a la pila el objeto suministrado como parámetro. Si dicho objeto ya existiese (igualdad de objetos) no volverá a añadirse.

- *void quitar()*. Elimina el último objeto añadido.

- *int total()*. Devuelve el número de objetos almacenados.

- *E obtener(int posicion)*. Devuelve el elemento que ocupa la posición indicada, considerando como 0 la posición del primer objeto de la pila.

En otra clase, llamada Principal, se incluirá el método *main()* que incluirá todas las instrucciones necesarias para la generación del menú y del resto de las operaciones de entrada y salida de datos que deba incluir la aplicación.

## 3.10 CUESTIONES DE AUTOEVALUACIÓN

1. ¿Qué mensaje aparecerá en pantalla tras la ejecución del siguiente bloque de instrucciones?

```
String s = new String ("cadena nueva");
String p = new String ("cadena nueva");
if(s==p){
      System.out.println("Son iguales");
}
else{
      System.out.println("Son diferentes");
}
```

A. Aparecerá: "Son iguales"

B. Aparecerá: "Son diferentes"

C. Se producirá un error de compilación

D. Se producirá una excepción

2. ¿Qué mensaje aparecerá en pantalla tras la ejecución del siguiente bloque de instrucciones?

```
String s = new String ("cadena nueva");
String p = s;
if(s==p){
      System.out.println("Son iguales");
}
else{
      System.out.println("Son diferentes");
}
```

A. Aparecerá: "Son iguales"

B. Aparecerá: "Son diferentes"

C. Se producirá un error de compilación

D. Se producirá una excepción

3. ¿Qué mensaje aparecerá en pantalla tras la ejecución del siguiente bloque de instrucciones?

```
String s = new String ("cadena nueva");
String p = new String ("hola");
if(s>p){
      System.out.println("s es mayor");
}
else{
      System.out.println("p es mayor");
}
```

A. Aparecerá: "s es mayor"

B. Aparecerá: "p es mayor"

C. Se producirá un error de compilación

D. Se producirá una excepción

4. ¿Cuáles de las siguientes clases de envoltorio proporcionan el método *longValue()*?

   Int, Float, Character, Boolean, Byte, Long

5. Para leer un dato número entero desde el teclado, suponiendo que la variable *bf* apunta a un objeto *BufferedReader* asociado, habría que utilizar la instrucción:

   A. int num = Integer.parseInt(bf.readLine());

   B. int num = (bf.readLine()).intValue();

   C. int num = (int)bf.readLine();

6. ¿Por qué no compilaría el siguiente bloque de código?

```
ArrayList v = new ArryList();
int n [] = {4, 9, 2, 5};
for(int i=0;i<n.length;i++){
      v.add(n[i]);
}
```

7. Indica cuál de las siguientes afirmaciones sobre los objetos *Hashtable* es errónea:

   A. El conjunto de claves de un *Hashtable* puede ser recorrida mediante un objeto *Enumeration.*

   B. Un objeto *Hashtable* no puede contener dos valores iguales.

   C. En un objeto *Hashtable* no puede haber dos valores con la misma clave asociada.

# 3.11 LISTADO DE LAS PRÁCTICAS

## 3.11.1 PRÁCTICA 3.1.

```
public class InvierteCadenas {
  public static void main(String[] args) {
    //recupera la cadena suministrada
    //en la llamada a main()
    String cad=args[0];
```

```
      //variable auxiliar que almacenará la
      //cadena resultante
      String caraux="";
      for(int i=cad.length()-1;i>=0;i--){
        caraux+=cad.charAt(i);
      }
      System.out.print(caraux);
    }
  }
```

## 3.11.2 PRÁCTICA 3.2.

```
import java.io.*;
public class GestionNotas {
  public static void main(String[] args)
                            throws IOException{
    InputStreamReader is=
            new InputStreamReader(System.in);
    BufferedReader bf=new BufferedReader(is);
    //almacena la nota leída
    float nota=0.0f;
    //almacenará la nota media
    float media=0.0f;
    //lleva la cuenta de las notas leídas
    int validas=0;
    //almacenarán las notas extremas
    float baja=10.0f,alta=0.0f;
    System.out.println("Introduce nota ");
    nota=Float.parseFloat(bf.readLine());
    //mientras la nota leída sea positiva
    //actualiza las variables que contienen
    //la media, nota máxima y nota mínima
    //y vuelve a leer una nueva nota
    while(nota>=0.0){
      if(nota>alta){
        alta=nota;
      }
      if(nota<baja){
        baja=nota;
      }
      media+=nota;
      System.out.println("Introduce nota ");
      nota=Float.parseFloat(bf.readLine());
      validas++;
    }
```

```
        //sólo halla la media si por lo menos hay una
        //nota válida (no negativa)
        if(validas>0){
          media/=validas;
        }
        System.out.println("media "+media+
                      " validas "+validas);
        System.out.println("alta "+alta);
        System.out.println("baja "+baja);
    }
}
```

## 3.11.3 PRÁCTICA 3.3.

```
*******clase Pila***********
public class Pila <E>{
  //almacena la pila de objetos en un ArrayList
  //de tipo genérico
  private ArrayList<E> v=new ArrayList<E>();
  public void agregar(E s)
  {
    //si el objeto no existe la añade
    if(v.indexOf(s)==-1){
        v.add(s);
    }
  }
  public void quitar()
  {
    //elimina el último objeto introducido
    v.remove(v.size()-1);
  }
  public E obtener(int p)
  {
    return v.get(p);
  }
  public int total()
  {
    //el tamaño del ArrayList determina el
    //número de elementos almacenados
    return v.size();
  }
}

*************clase GestionPila********
import java.util.*;
```

```
public class GestionPila {
  public static void main(String[] args) {
    //utliza Scanner en vez de BufferedReader
    Scanner sc=new Scanner(System.in);
    //crea una instancia de la clase Pila
    //indicando el tipo específico String
    Pila<String> p=new Pila<String>();
    //variable que almacena la opción elegida
    int op;
    do{
      System.out.println("1.Agregar cadena");
      System.out.println("2.Quitar cadena");
      System.out.println("3.Mostrar todas");
      System.out.println("4.Salir");
      //recupera directamente como número
      //la opción elegida
      op=sc.nextInt();
      switch(op)
      {
        case 1:
          System.out.println("Introduce cadena");
          String s=sc.next();
          p.agregar(s);
          break;
        case 2:
          p.quitar();
          break;
        case 3:
          imprime(p);
      }
    }while(op!=4);
  }
  public static void imprime(Pila p){
    //recorre la Pila y muestra su contenido
    for(int i=0;i<p.total();i++){
      System.out.println(p.obtener(i));
    }
  }
}
```

Capítulo 4

# PROGRAMACIÓN ORIENTADA A OBJETOS CON JAVA

Como ya se dijo al principio, el lenguaje Java es totalmente orientado a objetos, esto significa que podemos aplicar en una aplicación Java todas las características y beneficios que proporciona este modelo de programación, entre ellas, la encapsulación, la herencia y el polimorfismo.

Durante este capítulo vamos a estudiar todos estos conceptos clave en los que se basa la POO y su aplicación en Java. Se trata de conceptos cruciales, no sólo por su aplicación directa en el desarrollo de las aplicaciones, sino también porque están presentes en todo el conjunto de clases de Java SE y Java EE.

Los distintos temas a tratar en este capítulo y en los que se va a dividir el estudio del mismo son:

- Empaquetado de clases
- Modificadores de acceso
- Encapsulación
- Sobrecarga de métodos
- Constructores
- Herencia

- Sobrescritura de métodos
- Clases abstractas e interfaces
- Polimorfismo

# 4.1 EMPAQUETADO DE CLASES

Como hemos comentado en el capítulo anterior, la organización de las clases en paquetes facilita el uso de las mismas desde otras clases. Por ello, resulta también recomendable utilizar esta técnica en el desarrollo de nuestras propias clases.

Si queremos crear una estructura de paquetes en la que vamos a incluir las clases que vamos a definir, debemos proceder como sigue:

- **Creación de los directorios**. Un paquete no es más que un directorio en el que estarán ubicados los archivos .class con las clases compiladas, así pues, lo primero que habrá que hacer es crear esos directorios dentro del directorio de trabajo (figura 71). Dado que todas las clases, organizadas en sus correspondientes paquetes, van a estar localizadas en este directorio de trabajo, su dirección deberá ser incluida en la variable de entorno CLASSPATH, tal y como se explicó en el capítulo 1.

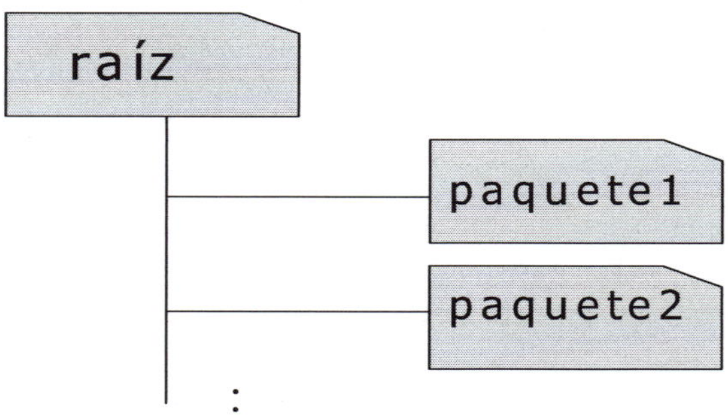


***Fig. 71** - Creación de una estructura de paquetes*

- **Empaquetado de las clases**. Una vez creados los directorios, procederemos al empaquetado de las clases, para ello hemos de utilizar la sentencia *package* en el archivo de código fuente de la clase. La sintaxis de utilización de *package* es la siguiente:

  *package nombre_paquete;*

  Esta sentencia debe ser la primera instrucción del archivo .java, antes incluso que las sentencias import, y afectará a todas las clases existentes en el archivo.

- **Compilación**. Finalmente, situaremos cada uno de los archivos de código fuente de las clases (.java) en su subdirectorio correspondiente, según el paquete al que vayan a pertenecer sus clases. A continuación, nos situaremos desde la línea de comandos en cada uno de los subdirectorios y procederemos a la compilación de los archivos .java, tal y como se explicó en el capítulo 1:

  *raiz\paquete1> javac archivo_clase.java*

  También se puede invocar al comando javac desde el directorio raíz o de trabajo, utilizando la expresión:

  *raiz> javac paquete1\archivo_clase.java*

Para aclarar este proceso, veamos un ejemplo.

Supongamos que vamos a definir una clase para la obtención de mensajes de texto y queremos que esta clase pueda ser utilizada por otras clases que vayan a ser creadas en un futuro.

Hemos decidido que esta clase se va a ubicar en un paquete llamado *pjava*. Suponiendo que el directorio de trabajo es c:\pruebasjava, lo primero que haremos será crear el directorio c:\pruebasjava\pjava. No olvidemos que en la variable de entorno CLASSPATH debemos incluir la dirección del directorio de trabajo (c:\pruebasjava), para que sus clases y paquetes puedan ser importados desde otras clases (figura 72).

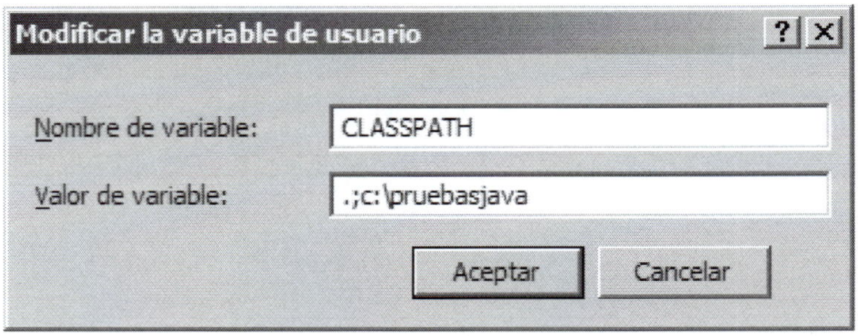


***Fig.** 72 - Configuración de la variable CLASSPATH*

En el directorio *pjava* situaremos el archivo de código fuente de la clase Ejemplo.java, cuyo listado se muestra a continuación:

```
package pjava;
public class Ejemplo{
      public String getMensaje(){
            return "hola";
      }
}
```

Para realizar la compilación de la clase, nos situaremos en el subdirectorio *pjava* y ejecutaremos el comando javac.exe:

*c:\pruebasjava\pjava> javac Ejemplo.java*

Ahora ya podemos hacer uso de *Ejemplo* desde cualquier otra clase que vayamos a crear, independientemente de donde esté situada. Eso sí, como ya explicamos en el capítulo 3, para referirse a la clase *Ejemplo* desde otro lugar habrá que utilizar el nombre cualificado de la misma (pjava.Ejemplo), o bien importarla mediante la sentencia *import*:

```
import pjava.Ejemplo;
public class OtraClase{
      public void llamada(){
            Ejemplo ej = new Ejemplo();
            System.out.println(ej.getMensaje());
      }
}
```

## 4.2 MODIFICADORES DE ACCESO

El tema de los modificadores de acceso no es un punto de la programación orientada a objetos como tal, sin embargo, conviene aclarar este aspecto antes de entrar a analizar otros conceptos más avanzados.

Los modificadores de acceso se utilizan para definir la visibilidad de los miembros de una clase (atributos y métodos) y de la propia clase.

En Java existen cuatro modificadores de acceso que, ordenados de menor a mayor visibilidad, son:

- **private**. Cuando un atributo o método es definido como *private*, su uso está restringido al interior de la clase, lo que significa que solamente puede ser utilizado en el interior de su misma clase. Este modificador puede ser aplicado a métodos y atributos, **pero no a la clase**.

- (**ninguno**). La no utilización de modificador de acceso, proporciona al elemento lo que se conoce como el *acceso por defecto*. Si un elemento (clase, método o atributo) tiene acceso por defecto, únicamente las clases de su mismo paquete tendrán acceso al mismo. El siguiente código aclara el funcionamiento de este modificador:

```
package paquete1;
class ClaseA{
      void metodo1(){
      :
      }
}
public class ClaseB{
      void metodo2(){
            /*correcto, ambas clases están en
            el mismo
            paquete*/
            ClaseA ca = new ClaseA();
            ca.metodo1();
      }
}
package paquete2;
public class ClaseC{
```

```
        void metodo3(){
          /*error, las clases están en paquetes
          diferentes*/
          ClaseA ca = new ClaseA();
        }
        void metodo4(){
          ClaseB cb = new ClaseB();
         /*error, motodo2() no es visible desde
         ClaseC */
         cb.metodo2();
        }
}
```

- **protected**. Se trata de un modificador de acceso empleado en la herencia, por lo que será estudiado con más detenimiento en este capítulo. De momento, baste decir que un método o atributo definido como *protected* en una clase puede ser utilizado por cualquier otra clase de su mismo paquete y además, por cualquier subclase de ella, independientemente del paquete en que ésta se encuentre. Una clase no puede ser *protected*, sólo sus miembros.

- **public**. El modificador *public* ofrece el máximo nivel de visibilidad. Un elemento (clase, método o atributo) *public* será visible desde cualquier clase, independientemente del paquete en que se encuentre.

El cuadro de la figura 73 resume la aplicabilidad de los modificadores de acceso sobre los distintos componentes de una clase.

| | private | (default) | protected | public |
|---|---|---|---|---|
| clase | NO | SI | NO | SI |
| método | SI | SI | SI | SI |
| atributo | SI | SI | SI | SI |
| variable local | NO | NO | NO | NO |

***Fig. 73*** *- Aplicación de modificadores de acceso a los componentes de una clase*

# 4.3 ENCAPSULACIÓN

Como ya vimos en los primeros capítulos, una clase está compuesta, por un lado, de métodos que determinan el comportamiento de los objetos de la clase y, por otro, de atributos que representan las características de los objetos de la clase.

Los métodos que se quieren exponer al exterior llevan el modificador de acceso *public*, mientras que los atributos suelen tener acceso privado, de modo que solamente puedan ser accesibles desde el interior de la clase.

Ésa es precisamente la idea de la encapsulación: mantener los atributos de los objetos como privados y proporcionar acceso a los mismos a través de métodos públicos (métodos de acceso). Esta filosofía de programación proporciona grandes beneficios, entre los que cabría destacar:

- Protección de datos "sensibles".
- Facilidad y flexibilidad en el mantenimiento de las aplicaciones.

## 4.3.1 Protección de datos

Imaginemos que tenemos que crear una clase que representa una figura geométrica, por ejemplo, un rectángulo. Dicha clase podría proporcionar diversos métodos para realizar cálculos sobre la figura, además de disponer de los atributos que la caracterizarían, como pueden ser alto y ancho.

Supongamos que desarrollamos la clase sin aplicar el concepto de encapsulación, proporcionando acceso público a los atributos:

```
public class Rectangulo{
      public int alto, ancho;
      //Métodos de la clase
      :
}
```

Al utilizar esta clase desde cualquier otro programa e intentar asignar valores a los atributos, nada impediría al programador que va a realizar esa tarea hacer algo como esto:

```
Rectangulo r=new Rectangulo();
r.alto=-5;
```

Lógicamente, dimensiones con valores negativos no tienen sentido en una figura geométrica, además de provocar resultados incoherentes en la ejecución de los métodos de la clase.

A este hecho se le conoce también como corrupción de los datos, y una forma de evitarlo sería proteger los atributos del acceso directo desde el exterior mediante la encapsulación, forzando a que el acceso a dichos atributos se realice siempre de forma "controlada" a través de métodos de acceso.

En el ejemplo de la clase *Rectangulo*, la encapsulación de los atributos podría realizarse de la siguiente forma:

```
public class Rectangulo
{
        private int alto, ancho;
        public void setAlto(int alto)
        {
                if(alto>0)
                        this.alto=alto;
        }
        public int getAlto()
        {
                return this.alto;
        }
        public void setAncho(int ancho)
        {
                if(ancho>0)
                        this.ancho=ancho;
        }
        public int getAncho()
        {
                return this.ancho;
        }

        //Otros métodos de la clase
        :
}
```

Se sigue el convenio *setNombre_atributo* para nombrar al método de acceso que permite la escritura del atributo y *getNombre_atributo* para el método de lectura.

La creación de objetos Rectángulo y asignación de valores a los atributos utilizando estos métodos, sería de la siguiente forma:

```
Rectangulo r=new Rectangulo();
r.setAlto(3);
r.setAncho(6);
```

Así, una instrucción como la siguiente:

```
r.setAlto(-4);
```

Provocaría que la variable *alto* permaneciese invariable, impidiendo que pueda tomar un valor negativo.

Gracias al control que se hace en el método de acceso antes de almacenar un valor en el atributo, se evita que dicho atributo se corrompa.

Obsérvese el uso de la palabra *this* para acceder a los atributos. La palabra reservada *this* se utiliza en el interior de una clase para invocar a los métodos y atributos del propio objeto:

*this.metodo();*

Sin embargo, su uso es redundante ya que los métodos y atributos propios pueden ser llamados directamente por su nombre sin necesidad de utilizar *this*. Tan sólo será necesario utilizar esta palabra reservada para invocar a un miembro del propio objeto cuando nos encontremos una variable local y un atributo con el mismo nombre, en cuyo caso, la manera de referirse al atributo será:

*this.variable_atributo*

### 4.3.2 Facilidad en el mantenimiento de la clase

Si una vez creada la clase queremos cambiar el criterio sobre los posibles valores que pueden tomar los atributos, podríamos modificar el código de los métodos de acceso y distribuir la nueva versión de la clase, sin que los programadores que la utilizan tengan que cambiar una sola línea de código de sus programas.

Por ejemplo, si decide que el valor del atributo alto no puede ser inferior a 2, el método *setAlto()* quedaría:

```
public void setAlto(int alto)
{
      if(alto>1){
            this.alto=alto;
      }
}
```

Los detalles de implementación quedan ocultos, manteniendo la interfaz (el formato y utilización del método no cambian) por lo que el código que hace uso de esta clase no tendrá que modificarse.

### 4.3.3 Clases de encapsulación (JavaBeans)

En muchos tipos de aplicaciones, puede resultar útil la creación de clases cuya única finalidad sea la encapsulación de una serie de datos dentro de la misma, datos que están asociados a una entidad (información de un empleado, de un libro, de un producto, etc.) y que conviene tenerlos agrupados en un mismo objeto de cara a facilitar su tratamiento.

A estas clases se las conoce como clases de encapsulación o JavaBeans (aunque este término puede utilizarse también en otros contextos) y, a parte de los campos y constructores, solamente dispone de métodos *set/get.*

El siguiente código corresponde a una clase de estas características:

```
public class Empleado {
  private String nombre;
  private String dni;
  public Empleado(String nombre, String dni)
  {
      this.nombre=nombre;
      this.dni=dni;
  }
  public void setNombre(String n)
  {
    nombre=n;
  }
  public String getNombre()
```

```
    {
      return nombre;
    }
    public void setDni(String n)
    {
      dni=n;
    }
    public String getDni()
    {
      return dni;
    }
}
```

*PRÁCTICA 4.1.*

Se trata de desarrollar una nueva versión del programa para la gestión de una lista de nombres presentado en el capítulo anterior. En este caso, implementaremos una especie de agenda que almacene el nombre, teléfono y DNI de las personas que queremos registrar.

Las opciones que se presentarán al iniciar el programa serán las siguientes:

1. Agregar persona
2. Buscar persona
3. Eliminar persona
4. Mostrar todas las personas
5. Salir

Cuando se elijan las opciones, el programa solicitará el DNI, el nombre y el teléfono de la persona, añadiendo dichos datos a la agenda (el tamaño de ésta es ilimitado), no podrá haber dos personas con el mismo DNI, por lo que en caso de darse esta circunstancia se avisará al usuario y la persona no se añadirá. Otra opción solicitará el DNI de la persona que se quiere localizar, si se encuentra se mostrarán sus datos, si no, se indicará esta circunstancia al usuario.

Finalmente, se mostrarán los datos (DNI, nombre y teléfono) de todas las personas registradas.

Para acometer el desarrollo de esta aplicación, se deberá disponer de una clase de encapsulación, llamada Persona, donde se guarden los tres datos identificativos de cada persona. Además, se debería encapsular toda la lógica de gestión de la agenda en una clase Agenda, con los métodos que se sugieren a continuación:

- boolean *agregar(String dni, String nom, long tel)*. Añade a la agenda la persona con los datos indicados. Devuelve *true* si lo ha podido añadir y *false* si no ha sido posible hacerlo (DNI duplicado).

- void *eliminar(String dni)*. Elimina la persona con el DNI solicitado. Devuelve *true* si lo ha podido añadir y *false* si no ha sido posible hacerlo (DNI duplicado).

- Persona *recuperar(String dni)*. Devuelve la persona con el DNI especificado. Si no existe, devolverá *null*.

- Enumeration *total()*. Devuelve una enumeración con todos los DNI.

Por último, la clase Principal (con el método *main()*) se encargará de las operaciones de entrada/salida.

## 4.4 SOBRECARGA DE MÉTODOS

Otra de las ventajas que nos ofrece la POO orientada a objetos es poder tener en una **misma clase varios métodos con el mismo nombre**, a esto se le llama **sobrecarga** de métodos.

Ejemplos de sobrecarga nos hemos encontrado ya en las clases de uso general que se han visto hasta el momento. Un caso concreto es el los métodos *valueOf()* de la clase String para conversión de tipos básicos en cadenas de caracteres, donde tenemos una versión de este método para cada uno de los tipos básicos Java.

La gran ventaja de la sobrecarga de métodos es que, si tenemos varios métodos que van a realizar la misma operación (por ejemplo, convertir un tipo básico en una cadena), no necesitamos asignarle un nombre diferente a cada uno (con la consiguiente dificultad a la hora de aprenderlos y posible confusión), sino que podemos llamarlos igual a todos ellos.

Para que un método pueda sobrecargarse es imprescindible que se dé la siguiente condición: **cada versión del método debe distinguirse de las otras en el**

**número o tipo de parámetros**. El tipo de devolución puede ser o no el mismo, lo que es indispensable es que se dé la condición anterior.

Los siguientes son ejemplos válidos de sobrecarga:

```
public void calculo(int k){..}
public void calculo(String s){..}
public long calculo(int k, Boolean b){..}
```

En cambio, los siguientes métodos incumplen alguna de las condiciones de la sobrecarga por tanto no podrán estar los tres en la misma clase:

```
public void calculo(int k){..}
public int calculo(int k){..} //aunque cambia el
      //tipo de devolución, la lista de
      //parámetros es igual a la del anterior
public void calculo(int n){..} //es idéntico al
                               //primero
```

La sobrecarga de métodos nos permite, por tanto, disponer de diferentes versiones de un método para llevar a cabo una determinada operación. A la hora de invocar a un método sobrecargado en un objeto, el compilador identificará la versión del método que se quiere invocar por los argumentos utilizados en la llamada. Así, dada la siguiente clase:

```
class Ejemplo{
      public void muestra(){
            System.out.println("Texto predeterminado");
      }
      public void muestra(String s){
            System.out.println("Texto que vale "+s);
      }
}
```

Al ejecutarse la siguiente clase:

```
class Uso{
      public static void main(String [] args){
            Ejemplo ej=new Ejemplo();
            ej.muestra();
      }
}
```

Aparecerá en pantalla la frase:

*Texto predeterminado*

Pues se ha ejecutado la versión sin parámetros del método *muestra()*.

# 4.5 CONSTRUCTORES

## 4.5.1 Definición y utilidad

Para entender la utilidad de los constructores, vamos a utilizar como ejemplo la clase Punto. Esta clase representa puntos geométricos caracterizados por dos coordenadas, x e y, donde a modo de ejemplo se ha añadido un método llamado *dibujar()* y cuya única función es mostrar en pantalla los valores de las coordenadas del punto. La implementación de esta clase sería la siguiente:

```
public class Punto {
  private int x,y;
  public int getX() {
    return x;
  }
  public int getY() {
    return y;
  }
  public void setX(int x) {
    this.x=x;
  }
  public void setY(int y) {
    this.y=y;
  }
  public void dibujar()
  {
    System.out.println("Las coordenadas son "+
                                x +","+y);
  }
}
```

Si quisiéramos crear un punto a partir de esta clase y posteriormente dibujarlo (llamada al método *dibujar()*), deberíamos hacer algo como esto:

```
Punto pt= new Punto();
pt.setX(6);
pt.setY(10);
pt.dibujar();
```

Como se ve, cada vez que se quiere crear un punto para hacer posteriormente alguna operación con el mismo, es necesario primero llamar explícitamente a los métodos *setX()* y *setY()* para asignar valores a las coordenadas del punto. Esto, además de resultar pesado en caso de tener muchos atributos, puede dar lugar a olvidos y, por tanto, a que ciertos atributos queden sin ser inicializados de manera explícita (tomarían un valor por defecto). Para evitar estos problemas, tenemos los **constructores**.

Un constructor es un método especial que es ejecutado en el momento en que se crea un objeto de la clase (cuando se llama al operador *new*). Podemos utilizar los constructores para añadir aquellas tareas que deban realizarse en el momento en que se crea un objeto de la clase, como por ejemplo, la inicialización de los atributos.

A la hora de crear un constructor, hay que tener en cuenta las siguientes reglas:

- El nombre del constructor debe ser el mismo que el de la clase.
- El constructor no puede tener tipo de devolución, **ni siquiera *void*.**
- Los constructores se pueden sobrecargar, lo que significa que una clase puede tener más de un constructor y por tanto distintas formas de inicializar sus atributos. En este sentido, se deben seguir las mismas reglas que se definieron para la sobrecarga de métodos en una clase.
- Toda clase debe tener, al menos, un constructor.

En el siguiente listado se muestra la clase Punto con dos constructores para la inicialización de las coordenadas.

```
public class Punto {
  private int x,y;
  public Punto (int x, int y){
    this.x=x;
    this.y=y;
```

```
    }
    public Punto (int v){
      this.x=v;
      this.y=v;
    }
    //resto del código de la clase
}
```

Ahora podemos hacer uso de estos constructores para hacer más cómoda la creación de un objeto Punto, pasándole las coordenadas del punto al constructor en la instrucción de creación del objeto:

```
Punto pt=new Punto (4, 6); //Llama al primer
                           //constructor
pt.dibujar();
```

Dado que el constructor almacena los números en los datos miembro x e y, la llamada a *dibujar()* en la instrucción anterior provocará que se muestre en pantalla el texto:

*Las coordenadas son 4 y 6*

Si las dos coordenadas fuesen a tener el mismo valor, podríamos haber optado por el segundo constructor:

```
Punto pt=new Punto(5); //x e y tomarán el valor 5
pt.dibujar();
```

## 4.5.2 Constructores por defecto

Según la cuarta de las reglas que hemos dado para la creación de constructores, toda clase debe tener al menos un constructor, pero, ¿qué sucede si creamos una clase sin constructores?

En este caso **el compilador de Java añadirá un constructor** a nuestra clase, denominado constructor por defecto, cuyo aspecto será:

```
public Nombre_Clase(){
          :
}
```

Es decir, será un constructor sin parámetros y sin código, pero necesario para que la clase pueda compilar.

En el caso de la primera versión de la clase Punto, en la que no habíamos creado ningún constructor de manera explícita, el compilador Java añadirá implícitamente el siguiente constructor:

```
public Punto(){
        :
}
```

Sin él, no sería posible crear objetos punto de la forma:

```
Punto pt= new Punto();
```

Así pues, siempre que se defina una clase sin constructores, el compilador añadirá uno por defecto sin parámetros y sin código. Hay que tener en cuenta que **este constructor por defecto será añadido por el compilador Java solamente si la clase carece de constructores**.

Cuando una clase cuenta con constructores, no se añadirá ningún constructor de forma implícita. En este caso, si la clase no dispone de un constructor sin parámetros, como sucede con la última versión de la clase Punto, una instrucción como ésta:

```
Punto pt=new Punto();
```

provocará un **error de compilación**. Este hecho es importante tenerlo en cuenta cuando se está desarrollando una clase, ya que si además de poder inicializar atributos en la creación de los objetos se desea ofrecer la posibilidad de crear objetos de la clase sin realizar ningún tipo de inicialización, será necesario codificar explícitamente un constructor por defecto en la clase. Así pues, para que la operación anterior pudiera realizarse, la clase Punto debería ser:

```
public class Punto {
  private int x,y;
  //constructor por defecto
  public Punto(){
  }
  public Punto (int x, int y){
    this.x=x;
    this.y=y;
  }
```

```
    public Punto (int v){
      this.x=v;
      this.y=v;
    }
    //resto del código de la clase
  }
```

*PRÁCTICA 4.2.*

Se pretende desarrollar una aplicación que simule el funcionamiento de un cajero automático. Primeramente, se debe crear una clase llamada Cuenta, que gestione las operaciones sobre la cuenta. Además de los constructores y campos que se estimen necesarios, la clase contará con los métodos:

- void *ingresar(float c)*. Agrega al saldo de la cuenta la cantidad recibida.

- void *extraer(float c)*. Descuenta del saldo la cantidad recibida. Tras la llamada a este método, el saldo podrá quedar en negativo.

- float *getSaldo()*. Devuelve el saldo actual.

Por otro lado, existirá una clase con el método *main()* encargada de la captura y presentación de datos y la gestión de la cuenta. Al iniciarse la aplicación se mostrará el siguiente menú:

1. Crear cuenta vacía.
2. Crear cuenta saldo inicial.
3. Ingresar dinero.
4. Sacar dinero.
5. Ver saldo.
6. Salir.

La opción 1 crea un objeto Cuenta con saldo 0, la opción 2 solicita una cantidad y crea un objeto Cuenta con ese saldo inicial. En la opción 3 se solicita una cantidad y la ingresa en el objeto creado en las opciones 1 o 2 (debe haber pasado antes por estas opciones), mientras que en la opción 4 se solicita una cantidad y la extrae del objeto creado en las opciones 1 o 2 (también debe haber pasado antes por estas opciones). Finalmente, la opción 5 muestra el saldo, mientras que la 6 finaliza el programa, lo que provocará obviamente que el objeto Cuenta se destruya y se pierda el saldo.

El menú vuelve a presentarse en pantalla mientras no se elija la opción de salir.

# 4.6 HERENCIA

La herencia representa uno de los conceptos más importantes y potentes de la Programación Orientada a Objetos.

## 4.6.1 Concepto de herencia

Podemos definir la herencia como la capacidad de crear clases que adquieran de manera automática los miembros (atributos y métodos) de otras clases que ya existen, pudiendo al mismo tiempo añadir atributos y métodos propios.

## 4.6.2 Ventajas de la herencia

Entre las principales ventajas que ofrece la herencia en el desarrollo de aplicaciones, están:

- **Reutilización de código**. En aquellos casos donde se necesite crear una clase que, además de otros propios, deba incluir los métodos definidos en otra, la herencia evita tener que reescribir todos esos métodos en la nueva clase.

- **Mantenimiento de aplicaciones existentes**. Utilizando la herencia, si tenemos una clase con una determinada funcionalidad y tenemos la necesidad de ampliar dicha funcionalidad, no necesitamos modificar la clase existente (la cual se puede seguir utilizando para el tipo de programa para la que fue diseñada) sino que podemos crear una clase que herede a la primera, adquiriendo toda su funcionalidad y añadiendo la suya propia.

  Por ejemplo, dada la clase Punto podríamos crear a través de la herencia una nueva clase, llamada PuntoColor, que adquiriese las coordenadas *x* e *y* como atributos propios y además pudiera añadir algunos adicionales, como el color.

## 4.6.3 Nomenclatura y reglas

Antes de ver cómo se crean clases en Java utilizando herencia, vamos a definir la nomenclatura básica y a conocer ciertas reglas a tener en cuenta sobre la herencia.

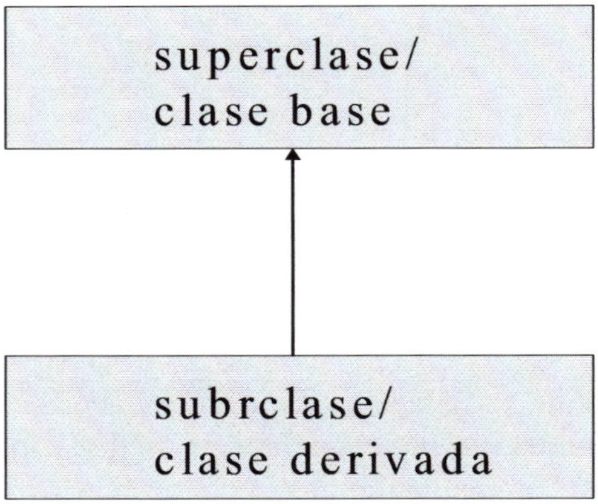


***Fig. 74** - Relación de herencia*

En POO, a la clase que va a ser heredada se la llama **superclase o clase base**, mientras que a la que hereda se la conoce como **subclase o clase derivada**. Gráficamente, la herencia entre dos clases se representa con una flecha saliendo de la subclase hacia la superclase (figura 74).

Hay unas reglas básicas sobre la herencia en Java que hay que tener presentes y que quedan ilustradas en la figura 75:

- En Java no está permitida la herencia múltiple, es decir, una subclase no puede heredar más de una clase.

- Sí es posible una herencia multinivel, es decir, A puede ser heredada por B y C puede heredar B.

- Una clase puede ser heredada por varias clases.

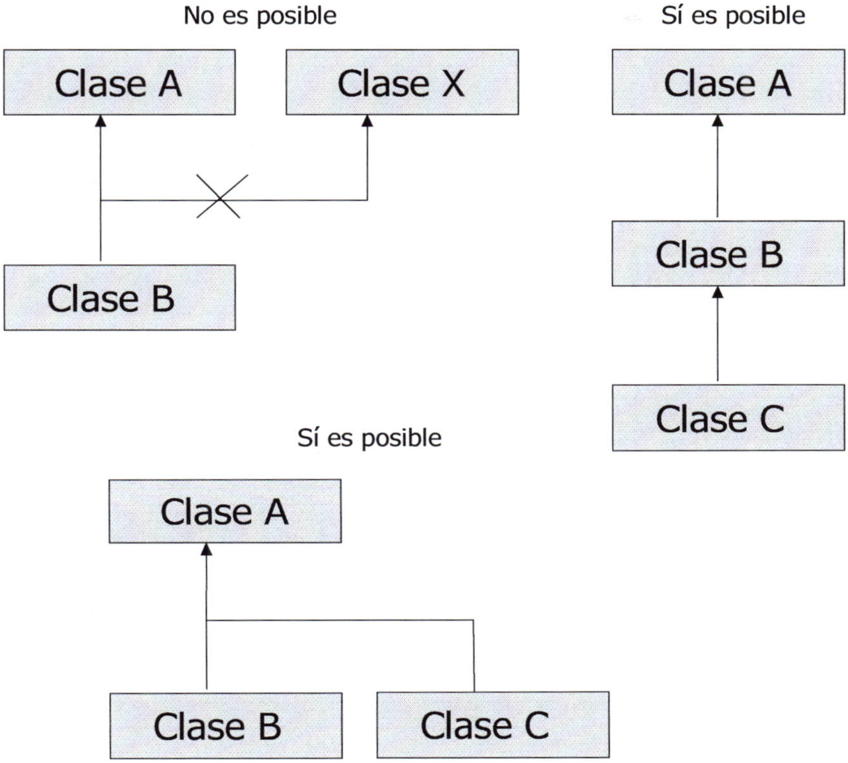


*Fig. 75 - Relaciones de herencia posibles y no posibles*

## 4.6.4 Relación "Es un"

La herencia entre dos clases establece una relación entre las mismas de tipo "Es un", lo que significa que un objeto de una subclase también "es un" objeto de la superclase.

Por ejemplo, Vehículo es la superclase de Coche, por lo que un coche "es un" vehículo (figura 76). De la misma forma, Animal es la superclase de Mamífero y ésta es a su vez superclase de León, esto nos lleva a que un León "es un" mamífero y "es un" animal.

Así pues, una forma de saber si una relación de herencia entre dos clases está bien planteada es comprobar si se cumple la relación "Es un" entre la subclase y la superclase. Por ejemplo, para crear una clase Línea podríamos intentar heredar Punto pensando que es una subclase de ésta, sin embargo ¿una línea "es un" punto? la respuesta es NO, por lo que la herencia está mal planteada.

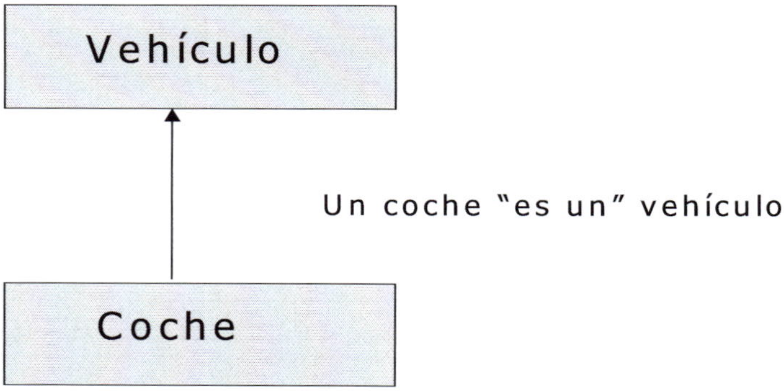


***Fig. 76*** *- Relación "es un" entre subclase y superclase*

## 4.6.5 Creación de herencia en Java

A la hora de definir una clase que va a heredar otra clase, se utiliza la palabra *extends*, seguida del nombre de la superclase en la cabecera de la declaración:

```
public class subclase extends superclase
{
        //código de la subclase
}
```

La nueva clase, podrá incluir atributos y métodos propios para completar su función. Por ejemplo, la clase PuntoColor heredaría Punto para adquirir las coordenadas *x* e *y*, y además incluiría el atributo *color*:

```
public class PuntoColor extends Punto
{
      private String color;
      //resto de la clase
}
```

Todas las clases de Java heredan alguna clase. En caso de que no se especifique mediante *extends* la clase que se va a heredar, implícitamente se heredará **Object**. Esta clase se encuentra en el paquete java.lang y proporciona el soporte básico para cualquier clase Java. Así pues, la definición de una clase que no herede explícitamente a otra, equivale a:

*public class NombreClase* ***extends Object{***

*//código de la clase*

*}*

La clase Object es, por tanto, la superclase de todas las clases de Java, incluidas las del API Java SE y Java EE.

Aunque una subclase hereda todos los miembros de la superclase, incluidos los privados, no tiene acceso directo a éstos, puesto que *private* significa **privado a la clase** o lo que es lo mismo, **solamente accesibles desde el interior de ésta**.

Así pues, ¿cómo se puede acceder desde el interior de la subclase a los atributos privados de la superclase? En el caso de que la superclase disponga de métodos *set/get*, se pueden utilizar directamente desde la subclase al ser heredados por ésta. No obstante, de cara a la inicialización de atributos, los constructores representan la mejor opción para acceder a los datos miembro de la clase; en el siguiente apartado veremos cómo podemos hacer uso de los constructores de la superclase desde la subclase.

## 4.6.6 Ejecución de constructores con la herencia

Hay que hacer especial mención al comportamiento de los constructores de la superclase y subclase cuando se va a crear un objeto de esta última.

Como norma universal, cada vez que en Java se crea un objeto de una clase, **antes de ejecutarse el constructor de dicha clase se ejecutará primero el de su superclase**. Según esto, tras la ejecución del método *main()* del siguiente programa:

```
class Primera{
  public Primera(){
    System.out.println("Constructor de la superclase");
  }
}
class Segunda extends Primera{
  public Segunda(){
    System.out.println("Constructor de la subclase");
  }
}
```

```
public class Principal{
  public static void main(String[] args){
    Segunda s=new Segunda();
  }
}
```

Aparecerá en pantalla lo siguiente:

*Constructor de la superclase*

*Constructor de la subclase*

La explicación a esta situación la tenemos en el hecho de que el compilador Java añade, como primera línea de código en todos los constructores de una clase, la siguiente instrucción:

```
super();
```

Instrucción que provoca una llamada al constructor sin parámetros de la superclase.

Los constructores por defecto también incluyen esta instrucción, así pues, el aspecto real de estos constructores es:

*public Nombre_Clase(){*

*super();*

*}*

Aquellas clases que no hereden a ninguna otra también incluirán esta instrucción como primera línea de código en sus constructores, puesto que, como hemos comentado anteriormente, toda clase que no herede explícitamente otra clase heredará implícitamente la clase java.lang.*Object*.

Si en vez de llamar al constructor sin parámetros quisiéramos invocar a cualquier otro constructor de la superclase, deberíamos hacerlo explícitamente, añadiendo como **primera línea** del constructor de la subclase la instrucción:

*super(argumentos);*

Los *argumentos* son los parámetros que necesita el constructor de la superclase que se desea invocar. Esto permite, entre otras cosas, que el constructor de la subclase pueda pasarle al constructor de la superclase los datos necesarios para la inicialización de los atributos privados y que no son accesibles desde la subclase, tal y como se muestra en el siguiente listado de la clase PuntoColor:

```
public class PuntoColor extends Punto
{
  private String color;
  public PuntoColor(int x, int y, String c){
    super(x, y); //se ejecuta el constructor de Punto
    color=c; //inicialización de atributos propios
  }
  :
}
```

Es necesario volver a recalcar que la llamada al constructor de la superclase, **debe ser la primera línea de código del constructor de la subclase**, de no hacerse así se producirá un error de compilación.

Otra posibilidad es que, en vez de incluir una llamada al constructor de la superclase, se desee invocar a otro de los constructores de su clase. En este caso, se utilizará la palabra reservada *this* en vez de *super*, siendo el constructor invocado el que incluirá la llamada al constructor de la superclase:

```
public class PuntoColor extends Punto
{
  private String color;
  public PuntoColor(int x, int y, String c){
    super(x, y);
    color=c;
  }
  public PuntoColor (int cord, String c){
    //Llamada al otro constructor de PuntoColor
    this(cord,cord,c);
  }
  :
}
```

*PRÁCTICA 4.3.*

Utilizando la herencia, en esta práctica vamos a crear una nueva clase que herede BufferedReader y que, además de los métodos de ésta, incluya una serie de métodos propios que faciliten la lectura de datos de tipo numérico en una aplicación. Para ello, esta nueva clase, a la que llamaremos LecturaNumeros, deberá definir una serie de métodos adicionales que permitan realizar esta tarea. Éstos deben ser:

- int *readInt()*. Devolverá el dato numérico correspondiente a la última línea de caracteres suministrada.

- int *readInt(String mensaje)*. Igual que el anterior, mostrándole previamente al usuario el mensaje indicado.

- Integer *readInteger()*. Funciona igual que *readInt()*, devolviendo el dato como un objeto Integer.

- double *readDouble()*. Devolverá el dato numérico leído, como un tipo double.

- double *readDouble(String mensaje)*. Igual que el anterior, mostrándole previamente al usuario el mensaje indicado.

Así mismo, la clase deberá contar con una serie de constructores que permitan asociar el objeto al dispositivo de entrada:

- *LecturaNumeros()*. Prepara al objeto para realizar la lectura de datos por teclado.

- *LecturaNumeros(Reader r)*. Realiza la lectura desde el objeto Reader especificado como parámetro.

Después de la creación de esta clase, realizaremos una clase de prueba en la que se utilice LecturaNumeros para solicitar cinco números por teclado al usuario y mostrar el resultado en pantalla.

## 4.6.7 Métodos y atributos protegidos

Existe un modificador de acceso aplicable a atributos y métodos de una clase, pensado para ser utilizado con la herencia. Se trata del modificador *protected*.

Un miembro de una clase (atributo o método) definido como *protected*, será accesible desde cualquier subclase de ésta, independientemente de los paquetes en que estas clases se encuentren.

Por ejemplo, dada la siguiente definición de una clase Persona:

```
package basico;
public class Persona{
      private String fecha_nacimiento;
      public Persona(String f){
            fecha_nacimiento=f;
      }
      protected int getEdad(){
            //implementación del método
      }
}
```

Una subclase de Persona definida en otro paquete podrá hacer uso del método *getEdad()*:

```
package varios;
import basico.Persona;
public class Empleado extends Persona{
  private int edad;
  private long nseg;
  public Empleado(String fecha_nacimiento, long nseg){
      super(fecha_nacimiento);
      this.nseg=nseg;
  }
  public void muestradatos(){
      //Acceso al método protegido
     System.out.println ("Edad: "+this.getEdad());
     System.out.println("NISS: "+nseg);
  }
}
```

Es importante subrayar que las subclases acceden a los miembros protegidos a través de la herencia, **no pudiendo utilizar una referencia a un objeto de la superclase para acceder al miembro protegido**. Por ejemplo, la siguiente versión del método *muestradatos()* en la clase Empleado no compilaría:

```
public void muestradatos(){
  Persona p= new Persona("3/11/05");
  System.out.println ("Edad: "+p.getEdad()); //¡Error!
  System.out.println("NISS: "+nseg);
}
```

## 4.6.8 Clases finales

Si queremos evitar que una clase sera heredada por otra, deberá ser declarada con el modificador *final* delante de *class*:

```
public final class ClaseA{
         :
}
```

Si otra clase intenta heredar una clase final se producirá un error de compilación:

```
//esta clase no compilará
public class ClaseB extends ClaseA{
         :
}
```

## 4.6.9 Sobrescritura de métodos

Cuando una clase hereda a otra, el comportamiento de los métodos que hereda no siempre se ajusta a las necesidades de la nueva clase. Por ejemplo, el método *dibujar()* que hereda la clase PuntoColor no se ajusta del todo a sus necesidades, ya que no tiene en cuenta el color a la hora de dibujar el punto.

En estos casos, la subclase puede optar por **volver a reescribir el método heredado**, es lo que se conoce como **sobrescritura** de un método.

A la hora de sobrescribir un método hay que tener en cuenta las siguientes reglas:

- Cuando se sobrescribe un método en una subclase, éste debe tener exactamente el **mismo formato que el método de la superclase** que sobrescribe. Esto significa, que deben llamarse igual, tener los mismos parámetros y mismo tipo de devolución:

```
class Primera{
      public void imprimir (String mensaje){
            System.out.println(mensaje);
      }
}
class Segunda extends Primera{
      //Se mantiene el formato original
      //del método
      public void imprimir (String mensaje){
        //nuevo código de imprimir()
        System.out.println("El mensaje es: ");
        System.out.println(mensaje);
      }
}
```

Sobre la invariabilidad del tipo de devolución en la sobrescritura de un método, la versión 1.5 introduce una excepción a este punto que será estudiada más adelante en los tipos de retorno covariantes.

Hay que tener presente que si al intentar sobrescribir un método en una subclase se mantiene el mismo nombre y se modifican los parámetros, el nuevo método no sobrescribe al de la superclase pero tampoco se produce un error de compilación, ya que estaríamos ante un caso de sobrecarga de métodos: dos métodos con el mismo nombre y distintos parámetros.

La figura 77 muestra la diferencia entre ambos conceptos, presentando un caso de Sobrescritura y sobrecarga de un mismo método en una subclase.

sobrescritura

sobrecarga

```
class Vehiculo{
  public void arrancar(){
    System.out.println("Arranca vehiculo de forma genérica");
  }
}

class Coche extends Vehiculo{
  public void arrancar(){
    System.out.println("Arranca un coche");
  }
  public void arrancar(String s){
    System.out.println("Arranca un coche con "+s);
}
```

***Fig.** 77 - Sobrescritura y sobrecarga de un método*

- El método sobrescrito puede tener un modificador de acceso menos restrictivo que el de la superclase. Por ejemplo, el método de la superclase puede ser *protected* y la versión sobrescrita en la subclase puede ser *public*, pero nunca uno más restrictivo.

- Para llamar desde el interior de la subclase a la versión original del método de la superclase, debe utilizarse la expresión:

  *super.nombre_metodo(argumentos);*

  Si no se utiliza *super* delante del nombre del método, se llamará a la versión sobrescrita en la clase.

En el siguiente código se muestra la clase PuntoColor al completo. En ella se sobrescribe el método *dibujar()* de Punto, proporcionando una versión adaptada para los objetos PuntoColor:

```
public class PuntoColor extends Punto
{
  private String color;
  public PuntoColor(int x, int y, String c){
    super(x, y);
    color=c;
  }
  public PuntoColor (int cord, String c){

     //invoca al otro constructor de la clase
     this(cord,cord,c);
  }
  public String getColor(){
    return color;
  }
  public void dibujar(){
    super.dibujar(); //Ejecuta la versión
                     //definida en Punto
    System.out.println(" y el color es "+color);
  }
}
```

Por otro lado, si se quiere evitar que un método pueda ser sobrescrito desde una subclase deberá declararse con el modificador *final*:

*public final void metodo(..){...}*

*PRÁCTICA 4.4.*

Desarrollar una nueva versión de la práctica 4.2., en la que se utilizará una nueva clase que gestione las operaciones sobre la cuenta, llamada CuentaClave. Esta clase será una subclase de Cuenta y tendrá las siguientes características:

* Incluirá un nuevo dato miembro llamado *clave*.

* Sobrescribirá el método *extraer()*, de modo que sólo permita la extracción si hay saldo suficiente, si no no hará nada.

En cuanto al funcionamiento del programa será igual que en el caso anterior, sólo que al elegir las opciones 1 y 2 para la creación de la cuenta, se pedirá también al usuario la clave que se le quiere asociar, aunque luego no se utilice en las restantes opciones.

No se enviará ningún tipo de aviso al usuario si se intenta sacar más dinero del que se dispone.

# 4.7 CLASES ABSTRACTAS

Después de estudiar la herencia, vamos a analizar las clases abstractas. Éstas juegan un papel fundamental en otro de los conceptos clave de la POO que estudiaremos más adelante: **el polimorfismo**.

## 4.7.1 Definición

Una clase abstracta es una clase en la que alguno de sus métodos está declarado pero no está definido, es decir, se especifica su nombre, parámetros y tipo de devolución pero no incluye código. A este tipo de métodos se les conoce como **métodos abstractos**.

Un método se define como abstracto porque en ese momento no se conoce cómo ha de ser su implementación, serán las subclases de la clase abstracta las responsables de darle "cuerpo" mediante la sobrescritura del mismo.

Por ejemplo, se sabe que toda Figura debe tener un método para poder calcular el área, sin embargo, en la definición de la clase Figura no es posible codificar este método al depender el cálculo de cada tipo concreto de Figura. En este caso definiríamos el método como abstracto en la clase Figura, dejando a las subclases de ésta (Triángulo, Círculo, etc.) los detalles de implementación.

Al incluir el método en la superclase "obligamos" a que todas las subclases respeten el formato especificado.

### 4.7.2 Sintaxis y características

La sintaxis para la creación de una clase abstracta es la siguiente:

*public* ***abstract*** *class nombre_clase*

*{*

*public* ***abstract*** *tipo nombre_metodo(argmentos);*

*//otros métodos*

*}*

Por ejemplo:

```
public abstract class Figura
{
      public abstract double area();
      :
}
```

Obsérvese cómo, tanto en la declaración de la clase como en la del método abstracto, se debe utilizar el modificador *abstract.* Se puede ver también cómo los métodos abstractos son métodos sin cuerpo, su declaración finaliza con un ";" y, dado que no incluyen código, no se utilizan llaves ({..}).

Sobre la creación y utilización de clases abstractas hay que tener en cuenta los siguientes aspectos:

- **Una clase abstracta puede tener métodos no abstractos**. Efectivamente, las clases abstractas pueden incluir tanto métodos abstractos como métodos no abstractos y, por supuesto, atributos. Aunque, basta que tenga un único método abstracto para que la clase tenga que ser declarada como abstracta.

- **No es posible crear objetos de una clase abstracta**. Al haber métodos que no están definidos en la clase, no está permitido crear objetos de ella. Por ejemplo, la siguiente instrucción no compilaría:

  *Figura f=new Figura(); //Error de compilación*

  Como ya se ha comentado, el objetivo de las clases abstractas es servir de base a futuras clases que, a través de la herencia, se encargarán de sobrescribir los métodos abstractos y darles sentido. La clase abstracta únicamente define el formato que tienen que tener ciertos métodos, dejando a las subclases los detalles de implementación de los mismos.

- **Las subclases de una clase abstracta están obligadas a sobrescribir todos los métodos abstractos que heredan**. En caso de que no interese sobrescribir alguno de esos métodos, la subclase deberá ser declarada también abstracta. El siguiente listado muestra un caso de una clase abstracta (Vehículo), que es heredada por otra clase (Coche), en la que se sobrescribe el método abstracto *arrancar()*.

```
abstract class Vehiculo{
  public abstract void arrancar();
}

//La siguiente clase no compila
class Coche extends Vehiculo{
  public void arrancar(String s){
      System.out.println("Arranca un coche "+
                  " con "+s);
  }
}
```

  Al intentar compilar la clase Coche obtendremos un error de compilación. El motivo es que Vehículo, como vimos antes, no está sobrescribiendo el método abstracto *arrancar()*, sino que **lo está sobrecargando al definir un nuevo método *arrancar(String)***. Por tanto, la clase Coche seguirá teniendo un método *arrancar()* abstracto y a no ser que se declare como abstracta o se sobrescriba realmente el método *arrancar()*, tal y como se indica en el siguiente listado, se producirá un error al intentar compilarla:

```
abstract class Vehiculo{
  public abstract void arrancar();
}

//Compila correctamente
class Coche extends Vehiculo{
  public void arrancar(String s){
    System.out.println("Arranca un coche "+
                       " con "+s);
  }
  //sobrescitura de arrancar()
  public void arrancar(){
    System.out.println("Arranca un coche");
  }
}
```

En el momento en que un método abstracto es sobrescrito por una subclase, la palabra *abstract* desaparece de la definición del método.

- **Una clase abstracta puede tener constructores.** Aunque no es posible crear objetos de éstas, las clases abstractas serán heredadas por otras clases de las que sí se podrán crear objetos y, como sabemos, cuando se crea un objeto de una subclase se ejecuta también el constructor de la superclase. De hecho, al igual que sucede con una clase estándar, si no incluimos constructores explícitamente en la clase abstracta el compilador añadirá uno por defecto.

En el siguiente listado se muestra, por un lado, la clase Figura al completo, con sus atributos, constructores, métodos abstractos y métodos estándar. Por otro, están las subclases Triángulo y Círculo que proporcionan una implementación de los métodos abstractos de Figura.

```
//Clase Figura
public abstract class Figura {
  private String color;
  public Figura(String c){
    color=c;
```

```
    }
    public String getColor(){
      return color;
    }
    public abstract double area();
  }
  //Clase Triangulo
  public class Triangulo extends Figura{
    private int base,altura;
    public Triangulo(int b,int a, String c){
      super(c);
      base=b;
      altura=a;
    }
    public double area(){
      return base*altura/2;
    }
    public int getBase{
        return base;
  }
    public int getAltura{
        return altura;
    }
  }
  //Clase Circulo
  public class Circulo extends Figura{
    private int radio;
    public Circulo(int r, String c){
      super(c);
      radio=r;
    }
    public double area(){
      return Math.PI*radio*radio;
    }
    public int getRadio{return radio;}
  }
```

La figura 78 contiene una representación gráfica de estas clases y la relación entre las mismas.

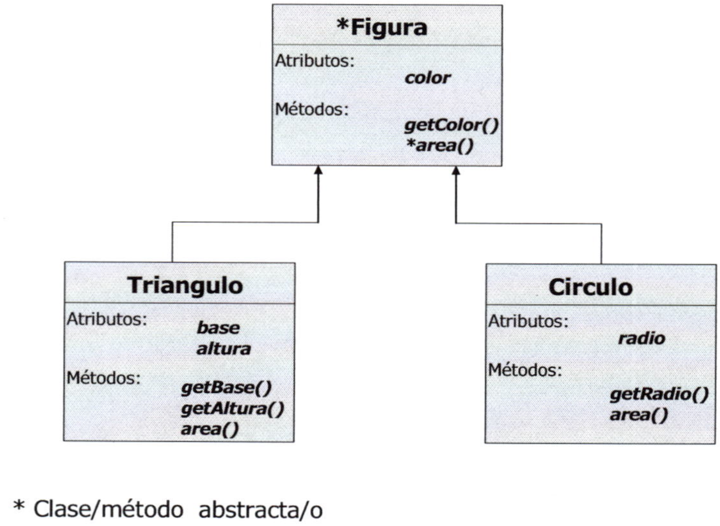


*Fig. 78 - Clases Figura, Triángulo y Círculo*

# 4.8 POLIMORFISMO

El polimorfismo se basa en gran medida en los conceptos aprendidos anteriormente, de hecho, es una de las principales aplicaciones de la herencia y supone el principal motivo de la existencia de las clases abstractas.

Pero antes de definir el polimorfismo, es necesario conocer un fenómeno fundamental sobre la asignación de objetos a variables.

## 4.8.1 Asignación de objetos a variables de su superclase

En Java, es posible asignar un objeto de una clase a una variable de su superclase. Esto es aplicable, incluso, cuando la superclase es una clase abstracta.

Por ejemplo, dada una variable de tipo Figura:

```
Figura f;
```

Es posible asignar a esta variable un objeto Triángulo:

```
f=new Triangulo(...);
```

A partir de aquí, **puede utilizarse esta variable para invocar a aquellos métodos del objeto que también estén definidos o declarados en la superclase,** pero no a aquéllos que sólo existan en la clase a la que pertenece el objeto.

Por ejemplo, puede utilizarse la variable f para invocar a los métodos *area()* y *getColor()* del objeto Triángulo, pero no para llamar a *getBase()* y *getAltura()*:

```
f.getColor(); //invoca a getColor() de Triangulo
f.area(); //invoca a area() de Triangulo
f.getBase(); //error de compilación
f.getAltura(); //error de compilación
```

## 4.8.2 Definición de polimorfismo

Posiblemente, nos estemos preguntando ¿qué utilidad puede tener asignar un objeto a una variable de su superclase para llamar a sus métodos, cuando eso mismo podemos hacerlo si le asignamos a una variable de su propia clase?

Para responder a esta pregunta, volvamos al ejemplo anterior de las clases Figura, Triángulo y Círculo e imaginemos que, además de éstas, tenemos también la clase Rectángulo como subclase de Figura. Según lo comentado en el apartado anterior, sería posible almacenar en una variable Figura cualquier objeto de sus subclases, es decir, objetos Triángulo, Círculo o Rectángulo:

```
//variable de la superclase
Figura f;
f=new Triangulo(..);
f.area(); //Método área de Triangulo
f=new Circulo(..);
f.area(); //Método área de Circulo
f=new Rectangulo(..);
f.area(); //Método área de Rectangulo
```

De lo anterior se desprende un hecho muy interesante: **la misma instrucción *f.area()* permite llamar a distintos métodos *area()*, dependiendo del objeto almacenado en la variable f.**

En esto consiste precisamente el polimorfismo, que puede definirse de la siguiente manera: "**La posibilidad de utilizar una misma expresión para invocar a diferentes versiones de un mismo método**, determinando en tiempo de ejecución la versión del método que se debe ejecutar".

## 4.8.3 Ventajas de la utilización del polimorfismo

A partir de la definición de polimorfismo y del ejemplo presentado con las figuras, es evidente que la principal ventaja que éste ofrece es la **reutilización de código.** El hecho de que utilizando una variable de una clase pueda escribirse una única instrucción que sirva para invocar a diferentes versiones del mismo método, permitirá agrupar instrucciones de este tipo en un bloque de código para que pueda ser ejecutado con cualquier objeto de las subclases (figura 79).

Así pues, volviendo a la pregunta que nos hacíamos en el apartado anterior sobre la utilidad de asignar un objeto a una variable de su superclase para invocar a los métodos de éste, la respuesta es rotunda: REUTILIZACIÓN DE CÓDIGO.

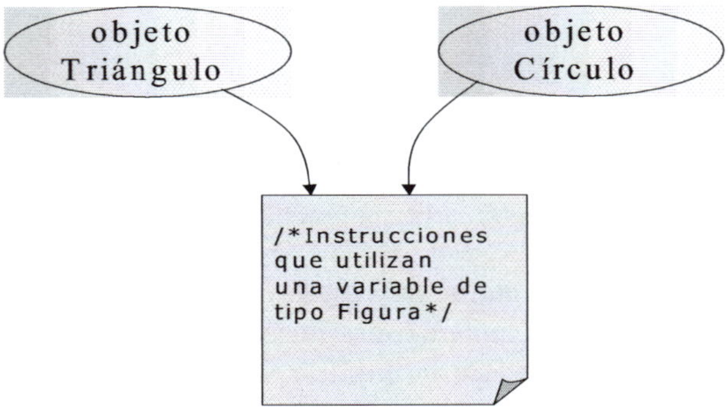


***Fig. 79*** *- Utilización de polimorfismo*

El siguiente programa ilustra un ejemplo de utilización de polimorfismo utilizando las clases Figura, Triángulo y Círculo definidas anteriormente. Como se puede ver, además de *main()*, la clase incluye un método (*mostrar()*) en el que se agrupan todas las instrucciones para visualizar por pantalla los datos de cualquier Figura que se le pase como parámetro:

```
public class GestionaFiguras{
  public static void main(String[] args)
                                   throws IOException{
    //********************Triangulo
    mostrar(new Triangulo(5,7,"verde"));

    //***********************Circulo
    mostrar(new Circulo(4,"azul"));

   //***********************Rectángulo
```

```
        mostrar(new Rectangulo(3,2,"naranja"));

      }
      public static void mostrar(Figura f){
       //Se pueden utilizar con cualquier
       //subclase de Figura
       System.out.println("El color de la figura es "+
                           f.getColor());


        System.out.println("El área de la figura es "+
                           f.area());
      }
    }
```

El resultado de la ejecución de este programa generará la siguiente salida por pantalla:

*El color de la figura es verde*

*El área de la figura es 17.5*

*El color de la figura es azul*

*El área de la figura es 50.27*

*El color de la figura es naranja*

*El área de la figura es 6*

### 4.8.4 Tipos de retorno covariantes

Al hablar de la sobrescritura de métodos en una subclase, dijimos que una de las condiciones que debe cumplir la nueva versión del método era la de mantener invariable el tipo de retorno definido por el método original.

A partir de la versión Java 5 es posible modificar el tipo de retorno al sobrescribir un método, siempre y cuando el **nuevo tipo sea un subtipo(subclase) del original**. Por ejemplo, supongamos que la clase Figura utilizada en los ejemplos anteriores tuviera declarado un método abstracto *getNewFigura()* que devuelve una copia del propio objeto Figura:

```
abstract Figura getNewFigura();
```

Las clases Rectángulo, Triángulo y Círculo, al heredar Figura, dispondrían también de este método y por tanto estarán obligadas a sobrescribirlo. En el caso de Círculo, por ejemplo, si estuviéramos trabajando con versiones anteriores del lenguaje la sobrescritura del método *getNewFigura()* podría ser:

```
public Figura getNewFigura(){
        return new Circulo(radio,getColor());
}
```

De esta manera, suponiendo que *cir* es una variable que contiene una referencia a un objeto Círculo en un determinado programa, para obtener una copia de este objeto Círculo utilizando el método anterior deberíamos escribir:

```
Circulo cir2=(Circulo)cir.getNewFigura();
```

Como podemos observar, dado que *getNewFigura()* devuelve un tipo Figura, es necesario realizar una conversión explícita al subtipo de Figura con el que se está trabajando.

Sin embargo, a partir de Java 5 el método *getNewFigura()* puede sobrescribirse en la clase Círculo de la siguiente manera:

```
public Circulo getNewFigura(){
        return new Circulo(radio,getColor());
}
```

Esto elimina la necesidad de realizar conversiones explícitas a la hora de obtener nuevas copias de objetos Círculo a través de este método:

```
Circulo cir2=cir.getNewFigura(); //Java 5
```

## 4.8.5 El polimorfismo en el API de Java

El polimorfismo también está presente en gran parte de las clases de Java Estándar, por ejemplo, hemos visto que para añadir un objeto a una colección de tipo ArrayList hemos de utilizar el método *add(Object o)* proporcionado por esta clase. Como se puede comprobar, el parámetro recibido es de tipo *Object,* lo que significa que cualquier objeto de la clase que sea (*Object* es heredada implícitamente por todas las clases) puede ser añadido a un ArrayList utilizando este método.

Este ejemplo de manifestación de polimorfismo pone de relieve la gran importancia del mismo y su papel fundamental en la cohesión de la propia plataforma Java, sin su existencia ¡la clase *ArrayList* tendría que tener un método *add()* por cada tipo de objeto que pudiera ser añadido a la colección!, algo que como se puede imaginar es totalmente inviable.

*PRÁCTICA 4.5.*

Utilizando las clases Figura, Triángulo, Rectángulo y Círculo analizadas en este apartado y haciendo uso del polimorfismo, desarrollar una aplicación para la realización de cálculos de figuras.

Al comenzar el programa se mostrará el siguiente menú:

1. Crear Triángulo

2. Crear Círculo

3. Crear Rectángulo

4. Salir

Cuando se elija una de las tres primeras opciones, se solicitará al usuario la introducción de los atributos de la figura correspondiente, incluido el color. Tras ello, el programa mostrará el área de la figura correspondiente y su color, volviendo a aparecer el menú anterior hasta que se elija la opción de salir.

# 4.9 LA HERENCIA Y LOS TIPOS GENÉRICOS

Como ya sabemos, los tipos genéricos nos permiten disponer de colecciones capaces de almacenar cualquier tipo de objeto, pudiendo especificar en la fase de codificación de las aplicaciones el tipo concreto de objeto que va a ser tratado por la colección y permitir así al compilador realizar una comprobación de tipos.

## 4.9.1 Colecciones de clases y subclases

Ahora bien, supongamos que tenemos la siguiente declaración:

```
ArrayList<Object> objs;
```

Dado que Object es la superclase de todas las clases Java y que, por tanto, Integer es una subclase de Object, cabría pensar que la siguiente instrucción es totalmente correcta:

```
objs=new ArrayList<Integer>;
```

Sin embargo, la línea anterior provoca un error de compilación. El motivo es bien sencillo, como objs está declarado como un ArrayList de objetos sería posible hacer algo como esto:

```
objs.add(new Object());
```

Pero como la variable objs contiene realmente un ArrayList de Integer la instrucción anterior equivaldría a asignar un Object a una variable Integer, lo cual no es posible. Así pues, para evitar este problema el compilador no permite realizar asignaciones del tipo de la indicada anteriormente: **el hecho de que Integer sea subclase de Object no implica que un ArrayList de Integer sea un subtipo de un ArrayList de Object**.

## 4.9.2 Comodines

Lo indicado anteriormente puede parecer una limitación, pues impediría definir métodos polimórficos que pudiesen trabajar con colecciones genéricas. Por ejemplo, si quisiéramos tener un método que mostrase en pantalla el contenido de cualquier colección de objetos utilizando tipos genéricos, intentaríamos hacer algo como esto:

```
public void imprime(ArrayList<Object> objs){
      for(Object o:objs){
            System.out.println(o.toString());
      }
}
```

Pero, como hemos comentado anteriormente, no sería posible llamar a este método con ningún ArrayList de un tipo específico:

```
//error de compilación
imprime(new ArrayList<String>());

//error de compilación
imprime(new ArrayList<Integer>());
```

Para solucionar este problema, la versión 1.5 ofrece la siguiente solución para definir el método *imprime()*:

```
public void imprime(ArrayList<?> objs){
      for(Object o:objs){
```

```
                System.out.println(o.toString());
        }
}
```

El símbolo ? representa el **tipo comodín**, es decir, cualquier tipo de objeto. Según esto, la declaración del parámetro *ArrayList<?> objs* en el método *imprime()* implica que éste puede aceptar un ArrayList de cualquier tipo de objeto.

Si bien el símbolo comodín ? representa a cualquier tipo de objeto, se puede utilizar conjuntamente con la palabra *extends* para limitar el rango de objetos admitidos a un determinado subtipo. Por ejemplo, si quisiéramos tener un método que nos mostrase en pantalla el área de todas las figuras almacenadas en una colección, dicho método no debería ser declarado de la forma:

*imprime (ArrayList<?> figuras)*

Lo anterior no resulta conveniente, puesto que un ArrayList de objetos String o de cualquier otra clase también sería admitido, con el consiguiente riesgo de excepciones durante la ejecución del método.

La opción más segura consiste en limitar el parámetro a todas aquellas colecciones cuyos objetos sean subclases de Figura:

```
public void imprime(ArrayList<? extends Figura> figs){
        for(Figura f:figs){
                System.out.println(f.area());
        }
}
```

Cuando trabajamos con el tipo comodín, hay que tener presente que éste representa cualquier tipo de dato y **en ningún caso se podrá intentar añadir a una colección de tipo comodín un objeto de un tipo específico:**

```
public void tratamiento(
        ArrayList<? extends Figura> figs){
        figs.add(new Circulo());//Error de compilación
}
```

Así pues, la opción del comodín como parámetro de tipo en una variable de tipo colección, permite que ésta pueda aceptar colecciones de distintos tipos para realizar operaciones de recuperación de la información almacenada en ella, pero no para añadir nuevos elementos a la misma.

# 4.10 INTERFACES

## 4.10.1 Definición de interfaz

Estrictamente hablando, una interfaz es un conjunto de métodos abstractos y de constantes públicas definidos en un archivo .java. Una interfaz es similar a una clase abstracta llevada al límite, en la que todos sus métodos son abstractos.

La finalidad de una interfaz es la de definir el formato que deben de tener determinados métodos que han de implementar ciertas clases (figura 80).

Por ejemplo, para gestionar eventos en una aplicación basada en entorno gráfico, las clases donde se capturan estos eventos deben codificar una serie de métodos que se ejecutarán al producirse estos eventos. Cada tipo de evento tendrá su propio método de respuesta, cuyo formato estará definido en una interfaz. Así, aquellas clases que deseen responder a un determinado evento, deberán implementar el método de respuesta de acuerdo al formato definido en la interfaz.

Hay que insistir en el hecho de que una interfaz no establece lo que un método tiene que hacer y cómo hacerlo, sino el formato (nombre, parámetros y tipo de devolución) que éste debe tener.

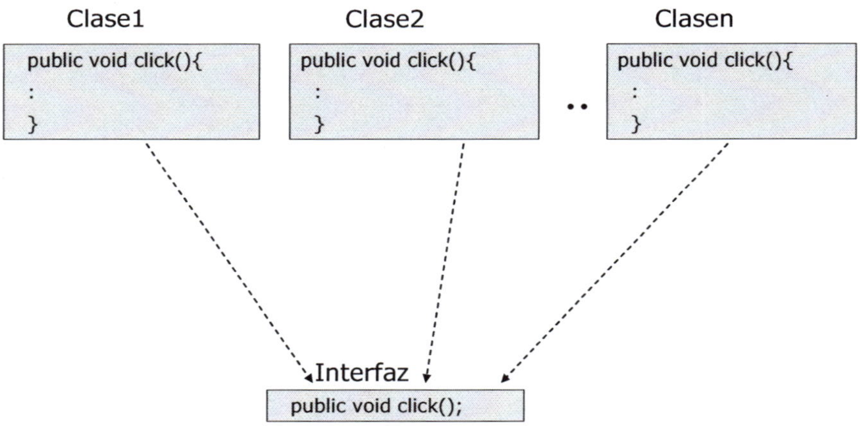


*Fig. 80 - Adherencia a una interfaz*

## 4.10.2 Definición de una interfaz

Una interfaz se define mediante la palabra *interface*, utilizando la siguiente sintaxis:

*[public] interface Nombre_interfaz{*

*tipo metodo1(argumentos);*

*tipo metodo2(argumentos);*

*:*

*}*

Por ejemplo,

```
public interface Operaciones{
      void rotar();
      String serializar();
}
```

Al igual que las clases, las interfaces se definen en archivos .java y, como sucede con aquéllas, si la interfaz utiliza el modificador de acceso public, el nombre de la interfaz deberá coincidir con el del fichero .java donde se almacena. Como resultado de la compilación de una interfaz, se genera un archivo .class.

A la hora de crear una interfaz hay que tener en cuenta las siguientes consideraciones:

- **Todos los métodos definidos en una interfaz son públicos y abstractos**, aunque no se indique explícitamente. El uso de los modificadores abstract y public en la definición de los métodos de la interfaz es, por tanto, redundante si bien su uso no provocará ningún tipo de error.

- **En una interfaz es posible definir constantes**. Además de métodos, las interfaces pueden contener constantes, las cuales son, implícitamente, públicas y estáticas. De hecho, tanto los modificadores *public* y *static* como *final*, se pueden omitir en la definición de constantes dentro de una interfaz. Los siguientes son ejemplos válidos de definición de constantes en el interior de una interfaz:

  ```
  int k=23;
  public String s="hj";
  public static final double p=4.5;
  Object o=new Object();
  ```

- **Una interfaz no es una clase**. Las interfaces tan sólo pueden contener lo que ya se ha comentado: métodos abstractos y constantes. No pueden contener métodos con código, constructores o variables y, por supuesto, no es posible crear objetos de una interfaz.

## 4.10.3 Implementación de una interfaz

Como ya se ha dicho antes, el objetivo de las interfaces es proporcionar un formato común de métodos para las clases. Para forzar a que una clase defina el código para los métodos declarados en una determinada interfaz, la clase deberá *implementar* la interfaz.

En la definición de una clase, se utiliza la palabra *implements* para indicar qué interfaz se ha de implementar:

*public class MiClase implements MiInterfaz{*

*:*

*}*

Por ejemplo,

```
public class Triangulo implements Operaciones{
      public void rotar(){
            //implementación del método
      }
      public String Serializar(){
            //implementación de método
      }
}
```

Sobre la implementación de interfaces, se ha de tener en cuenta lo siguiente:

- Al igual que sucede al heredar una clase abstracta, **cuando una clase implementa una interfaz, está obligada a definir el código (implementar) de todos los métodos existentes en la misma**. De no ser así, la clase deberá ser declarada como abstracta.

- **Una clase puede implementar más de una interfaz**, en cuyo caso, deberá implementar los métodos existentes en todas las interfaces. El formato utilizado en la definición de la clase será:

  *public class MiClase implements Interfaz1, Interfaz2,...{*

  *:*

  *}*

- **Una clase puede heredar otra clase e implementar al mismo tiempo una o varias interfaces**. En este sentido, las interfaces proporcionan una gran flexibilidad respecto a las clases abstractas a la hora de "forzar" a una clase a implementar ciertos métodos, ya que el implementar una interfaz no impide que la clase pueda heredar las características y capacidades de otras clases.

  Por ejemplo, si la clase Triángulo quisiera tener los métodos *rotar()* y *serializar()*, podría implementar la interfaz Operaciones y seguir heredando la clase Figura.

  Al mismo tiempo, el hecho de aislar esos métodos en la interfaz y no incluirlos en la clase Figura, permite que otras clases que no sean figuras puedan implementar esos métodos sin necesidad de heredar a ésta, mientras que el resto de clases que heredan Figura (Rectángulo, Círculo, etc.) y no desean disponer la capacidad de rotar y serializar, no se verán en la obligación de proporcionar dichos métodos.

  La sintaxis utilizada para heredar una clase e implementar interfaces es:

  *public class MiClase extends Superclase*
  *implements Interfaz1, Interfaz2 {*

  *:*

  *}*

- **Una interfaz puede heredar otras interfaces**. No se trata realmente de un caso de herencia como tal, pues lo único que "adquiere" la subinterfaz es el conjunto de métodos abstractos existentes en la superinterfaz. La sintaxis utilizada es la siguiente:

*public interface MiInterfaz extends Interfaz1, Interfaz2 {*

*:*

*}*

### 4.10.4 Interfaces y polimorfismo

Como ya ocurriera con las clases abstractas, el principal objetivo que persiguen las interfaces con la definición de un formato común de métodos es el polimorfismo.

Una **variable de tipo interfaz puede almacenar cualquier objeto de las clases que la implementan**, pudiendo utilizar esta variable para invocar a los métodos del objeto que han sido declarados en la interfaz e implementados en la clase:

```
Operaciones op = new Triangulo();
op.rotar();
op.serializar();
```

Esta capacidad, unida a su flexibilidad, hacen de las interfaces una estructura de programación tremendamente útil.

### 4.10.5 Interfaces en el Java SE

Además de clases, los paquetes de Java estándar incluyen numerosas interfaces, algunas de ellas son implementadas por las propias clases del Java SE y otras están diseñadas para ser implementadas en las aplicaciones.

Como muestra, comentamos algunas de las más importantes:

- **java.lang.Runnable**. Contiene un método para ser implementado por aquellas aplicaciones que van a funcionar en modo multitarea. Analizaremos su uso a lo largo del capítulo 9.

- **java.util.Enumeration**. La utilizamos en el apartado dedicado a las colecciones. Proporciona métodos que son implementados por objetos utilizados para recorrer colecciones.

- **java.awt.event.WindowListener**. Proporciona métodos que deben ser implementados por las clases que van a gestionar los eventos (clases manejadoras) producidos en la ventana, dentro de una aplicación basada en entorno gráfico. Además de esta interfaz, hay otras muchas más para la gestión de otros tipos de eventos en los diversos controles gráficos Java. Estas interfaces serán estudiadas a lo largo del capítulo 8.

- **java.sql.Connection**. Interfaz implementada por los objetos utilizados para manejar conexiones con bases de datos. Además de ésta, el paquete java.sql contiene otras interfaces relacionadas con el envío de consultas SQL y la manipulación de resultados, como es el caso de Statement o ResultSet. Todas ellas serán analizadas con detalle en el capítulo 7.

- **java.io.Serializable**. Esta interfaz no contiene ningún método que deba ser definido por las clases que la implementan, sin embargo, la JVM requiere que dicha interfaz deba ser implementada por aquellas clases cuyos objetos tengan que ser transferidos a algún dispositivo de almacenamiento, como por ejemplo un archivo de disco. Se estudiará durante el capítulo 6.

## 4.11 CUESTIONES DE AUTOEVALUACIÓN

1. ¿En cuáles de los siguientes elementos no puede ser aplicado el modificador de acceso protected?

   clase, método, atributo, variable local, interfaz, constructor

2. ¿Cuál de las siguientes características no corresponde a la encapsulación?

   A. Reutilización de código

   B. Protección de datos

   C. Fácil mantenimiento de las clases

3. El siguiente código provocará un error de compilación, indica el motivo:

```
class Primera{
      int k;
      Primera (int s){
            k=s;
```

```
        }
}
class Segunda extends Primera{
        Segunda(){
                super();
        }
        Segunda(int n){
                k=n;
        }
}
```

4. Dos de los siguientes métodos no pueden pertenecer a la misma clase, indica cuáles son:

   A. public void metodotest(int k){}

   B. public int metodotest(){}

   C. public int metodotest(int k){}

   D. public void metodotest(String s){}

5. Dada la siguiente clase:

```
class Ejemplo{
        protected void generar(String s, int p){}
}
```

   ¿Cuál de los siguientes métodos no podría estar en una subclase de Ejemplo?

   A. void generar(String s, int p){..}

   B. public void generar(){..}

   C. protected int generar(int k){..}

   D. public void generar(String s, int p){..}

6. Una de las siguientes afirmaciones sobre clases abstractas no es correcta, indica cuál:

A. Una subclase de una clase abstracta puede ser también abstracta

B. No es posible crear objetos de una clase abstracta

C. El modificador *abstract* no puede ser aplicado sobre un atributo

D. Una clase abstracta no puede tener constructores definidos explícitamente

7. La principal ventaja que ofrece el polimorfismo es:

A. Modularidad

B. Reutilización de código

C. Protección de datos

8. Si C1 y C2 son los nombres de dos clases e I1 e I2 los de dos interfaces, indica cuál de las siguientes definiciones de una hipotética clase C3 es incorrecta:

A. class C3 extends C1, C2

B. class C3 extends C1 implements I1, I2

C. class C3 implements I1, I2

# 4.12 LISTADO DE LAS PRÁCTICAS

## 4.12.1 PRÁCTICA 4.1.

*********clase Persona***********

```
public class Persona {
    //datos miembro donde se guarda la información
    //de una persona
    private String dni;
    private String nombre;
```

```
        private long telefono;
        //métodos de acceso a los datos
        public void setDni(String d){
            dni=d;
        }
        public String getDni(){
            return dni;
        }
        public void setNombre(String n){
            nombre=n;
        }
        public String getNombre(){
            return nombre;
        }
        public void setTelefono(long t){
            telefono=t;
        }
        public long getTelefono(){
            return telefono;
        }
    }

    *********clase Agenda************
    import java.util.*;
    public class Agenda {
        //utiliza un hashtable para almacenar
        //las personas
        private Hashtable<String, Persona> tb=
                new Hashtable<String, Persona>();
        public boolean agregar(String d, String n, long t){
           //si la clave no existe, entonces crea el objeto
           //persona y lo añade al hashtable, utilizando el
           //dni como clave
           if(!tb.containsKey(d)){
               Persona p=new Persona();
               p.setDni(d);
               p.setNombre(n);
               p.setTelefono(t);
               tb.put(d, p);
```

```
                return true;
            }
            else{
                return false;
            }
        }
        public boolean eliminar(String d){
            //si la clave existe elimina
            //la persona asociada
            if(tb.containsKey(d)){
                tb.remove(d);
                return true;
            }
            else{
                 return false;
            }
        }

        public Persona recuperar(String d){
            if(tb.containsKey(d)){
                //devuelve la persona cuyo dni se indica
                return tb.get(d);
            }
            else{
                 return null;
            }
        }
         public Enumeration<String> total(){
          return tb.keys();
      }
    }

***************clase Principal*************
import java.io.*;
import java.util.*;
public class Principal {
    public static void main(String[] args)
                                  throws IOException{
        BufferedReader bf;
```

```
int op;
Agenda ag;
bf=new BufferedReader(
          new InputStreamReader(System.in));
ag=new Agenda();
String d,n;
long tel;
do{
    System.out.println("1.-Añadir persona");
    System.out.println("2.-Buscar persona");
    System.out.println("3.-Eliminar persona");
    System.out.println("4.-Mostrar todas las"+
                        " personas");
    System.out.println("5.-Salir");
    op=Integer.parseInt(bf.readLine());
    switch(op){
    case 1:
        System.out.println("Introduce nombre");
        n=bf.readLine();
        System.out.println("Introduce dni");
        d=bf.readLine();
        System.out.println("Introduce el "+
                      "telefono");
        tel=Long.parseLong(bf.readLine());
        if(ag.agregar(d, n,tel)){
          System.out.println("La persona se "+
                " ha añadido correctamente");
        }
        else{
           System.out.println("Dni repetido, "+
                "la persona no se ha añadido");
        }
        break;
    case 2:
        System.out.println("Introduce dni");
        d=bf.readLine();
        Persona p=ag.recuperar(d);
        if(p!=null){
            System.out.println("Los datos "+
```

```
                          " son:");
                      System.out.print("DNI:"+p.getDni()+
                          " - ");
                      System.out.print("Nombre:"+
                          p.getNombre()+" - ");
                      System.out.println("Telefono:"+
                          p.getTelefono());
                  }
                  break;
              case 3:
                  System.out.println("Introduce dni");
                  d=bf.readLine();
                  if(ag.eliminar(d)){
                      System.out.println("La persona ha "+
                          "sido eliminada");
                  }
                  else{

                          System.out.println("Ese dni "+
                          " no existe");
                  }
                  break;
              case 4:
                  Enumeration<String> e=ag.total();
                  while(e.hasMoreElements()){
                      //recuperamos los DNI uno a uno
                      d=e.nextElement();
                      //pasamos el dni al método recuperar
                      //para que nos dé la persona
                      Persona per=ag.recuperar(d);
                      //imprimimos dni, nombre y teléfono
                      System.out.println(per.getDni()+
                          " - "+ per.getNombre()+
                          " - "+per.getTelefono());
                  }
              }
          }while(op!=5);
      }
  }
```

# 4.12.2 PRÁCTICA 4.2.

*******clase Cuenta***********

```
public class Cuenta {
  //atributo para almacenar el saldo
  //actual
  private float saldo;
  public Cuenta(){
    //inicializa el saldo a 0
    saldo=0;
  }
  public Cuenta(float s){
    //inicializa el saldo al valor indicado
    saldo=s;
  }
  public void ingresar(float c){
    saldo+=c;
  }
  public void extraer(float c){
    saldo-=c;
  }
  public float getSaldo(){
    return saldo;
  }
}
```

*******clase Cajero*******************

```
import java.io.*;

public class Cajero {
  public static void main(String[] args)
                         throws IOException{
    //variable que almacenará la opción elegida
    String op;
    //variable que almacenará el objeto Cuenta
    Cuenta c=null;
    //variable que almacenará las cantidades
    float cant;
```

```
InputStreamReader is=
              new InputStreamReader(System.in);
BufferedReader bf=new BufferedReader(is);
do{
  System.out.println("Elegir opción:\n");
  System.out.println("1. Crear cuenta vacía");
  System.out.println("2. Crear cuenta saldo "+
                          "inicial");
  System.out.println("3. Ingresar dinero");
  System.out.println("4. Sacar dinero");
  System.out.println("5. Ver saldo");
  System.out.println("6. Salir\n");
  op=bf.readLine();
  switch(Integer.parseInt(op)){
    case 1:
        c=new Cuenta();
        break;
    case 2:
        System.out.println("Saldo inicial: ");
        float inicial=
             Float.parseFloat(bf.readLine());
        c=new Cuenta(inicial);
        break;
    case 3:
        System.out.println("Introduzca cantidad "+
                   "a ingresar: ");
        cant=Integer.parseInt(bf.readLine());
        c.ingresar(cant);
        break;


    case 4:
        System.out.println("Cantidad a extraer: ");
        cant=Integer.parseInt(bf.readLine());
        c.extraer(cant);
        break;
    case 5:
        System.out.println("Su saldo actual es "+
                          " de: "+ c.getSaldo());
        break;
```

```
            }
        }
        while(!op.equals("6"));
    }
}
```

## 4.12.3 PRÁCTICA 4.3.

*********clase LecturaNumeros********

```
import java.io.*;
public class LecturaNumeros extends BufferedReader{
    public LecturaNumeros() {
        //utiliza el constructor de BufferedReader
        //para configurar la lectura desde el teclado
        super(new InputStreamReader(System.in));
    }
    public LecturaNumeros(Reader r){
        //permite realizar la lectura desde cualquier
        //Reader
        super(r);
    }
    public int readInt() throws IOException{
        return Integer.parseInt(this.readLine());
    }
    public int readInt(String s) throws IOException{
        System.out.println(s);
        return Integer.parseInt(this.readLine());
    }
    public Integer readInteger() throws IOException{
        return new Integer(this.readLine());
    }
    public double readDouble() throws IOException{
        return Double.parseDouble(this.readLine());
    }
    public double readDouble(String s) throws
                                         IOException{
        System.out.println(s);
        return Double.parseDouble(this.readLine());
```

```
    }
}
```

*******clase Principal de prueba*************

```
import java.io.*;
public class Principal {
    public static void main(String[] args) throws
                                            IOException{
        LecturaNumeros ln=new LecturaNumeros();
        int suma=0;
        for(int i=1;i<=5;i++){
            suma+=ln.readInt("Introduce número");
        }
        System.out.println("La suma es "+suma);
    }
}
```

## 4.12.4 PRÁCTICA 4.4.

*******clase Cuenta*************************

```
public class Cuenta {
  //atributo para almacenar el saldo
  //actual
  private float saldo;
  public Cuenta(){
    //inicializa el saldo a 0
    saldo=0;
  }
  public Cuenta(float s){
    //inicializa el saldo al valor indicado
    saldo=s;
  }
  public void ingresar(float c){
    saldo+=c;
  }
  public void extraer(float c){
    saldo-=c;
  }
```

```
  public float getSaldo(){
    return saldo;
  }
}
```

*********clase CuentaClave*************************

```
public class CuentaClave extends Cuenta{
  //atributo que almacena el código de la cuenta
  private String codigo;
  public CuentaClave(String c){
    codigo=c;
  }
  public CuentaClave(String c, float f){
    //inicializa el saldo a través del constructor
    //de la superclase
    super(f);
    codigo=c;
  }
  public String getClave(){
    return codigo;
  }
  public void extraer(float c){
    if(getSaldo()>c){
      //invoca a la versión del método extraer()
      //que está definida en la superclase
      super.extraer(c);
    }
  }
}
```

*********clase Cajero**********************************

```
public class Cajero {
  public static void main(String[] args)
                              throws IOException {
    String op;
    CuentaClave c=null;
    float cant;
```

```
InputStreamReader is=
              new InputStreamReader(System.in);
BufferedReader bf=new BufferedReader(is);
do{
  System.out.println("Elegir opción:\n");
  System.out.println("1. Crear cuenta vacía");
  System.out.println("2. Crear cuenta saldo "+
                    "inicial");
  System.out.println("3. Ingresar dinero");
  System.out.println("4. Sacar dinero");
  System.out.println("5. Ver saldo");
  System.out.println("6. Salir");
  op=bf.readLine();
  switch(Integer.parseInt(op)){
    case 1:
        System.out.println("Código de cuenta: ");
        String cod=bf.readLine();
        c=new CuentaClave(cod);
        break;
    case 2:
        System.out.println("Código de cuenta: ");
        cod=bf.readLine();
        System.out.println("Saldo inicial: ");

        float inicial=
              Float.parseFloat(bf.readLine());
        c=new CuentaClave(cod,inicial);
        break;
    case 3:
        System.out.println("Introduzca cantidad "+
                          " a ingresar: ");
        cant=Integer.parseInt(bf.readLine());
        c.ingresar(cant);
        break;
    case 4:
        System.out.println("Cantidad a extraer: ");
        cant=Integer.parseInt(bf.readLine());
        c.extraer(cant);
        break;
```

```
            case 5:
                System.out.println("Su saldo actual es "+
                                 "de: "+c.getSaldo());
                break;
           }
         }
         while(!op.equals("6"));
       }
     }
```

## 4.12.5 PRÁCTICA 4.5.

**********************clase Figura************************

```
public abstract class Figura {
  private String color;
  public Figura(String c){
    color=c;
  }
  public String getColor(){
    return color;
  }

   public abstract float area();
}
```

******************clase Triangulo********************

```
public class Triangulo extends Figura{
  private float base,altura;
  public Triangulo(float b,float a, String c){
    super(c);
    base=b;
    altura=a;
  }
  public float area(){
    return base*altura/2;
  }
}
```

*****************clase Rectangulo*******************

```
public class Rectangulo extends Figura{
  private float base,altura;
  public Rectangulo(float b,float a, String c){
    super(c);
    base=b;
    altura=a;
  }
  public float area(){
    return base*altura;
  }
}
```

*******************clase Círculo**********************

```
public class Circulo extends Figura{
  private float radio;
  public Circulo(float r, String c){
    super(c);
    radio=r;
  }

  public float area(){
    return (float)Math.PI*radio*radio;
  }
}
```

********************clase GestionFiguras****************

```
import java.io.*;
public class GestionFiguras {
  public static void main(String[] args)
                            throws IOException{
    String op,color;
    float base,altura,radio;
    InputStreamReader is;
    is= new InputStreamReader(System.in);
```

```
BufferedReader bf=new BufferedReader(is);
do{
  System.out.println("Elegir opción:\n");
  System.out.println("1. Crear Triangulo");
  System.out.println("2. Crear Rectangulo");
  System.out.println("3. Crear Circulo");
  System.out.println("4. Salir");
  op=bf.readLine();
  switch(Integer.parseInt(op)){
    case 1:
        System.out.println("Introduzca base: ");
        base=Integer.parseInt(bf.readLine());
        System.out.println("Introduzca altura: ");
        altura=Integer.parseInt(bf.readLine());
        System.out.println("Introduzca color: ");
        color=bf.readLine();
        //invoca al método con un Triángulo
        pinta(new Triangulo(base,altura,color));
        break;
    case 2:
        System.out.println("Introduzca base: ");
        base=Integer.parseInt(bf.readLine());
        System.out.println("Introduzca altura: ");
        altura=Integer.parseInt(bf.readLine());
        System.out.println("Introduzca color: ");
        color=bf.readLine();
        //invoca al método con un Rectángulo
        pinta(new Rectangulo(base,altura,color));
        break;
    case 3:
        System.out.println("Introduzca radio: ");
        radio=Integer.parseInt(bf.readLine());
        System.out.println("Introduzca color: ");
        color=bf.readLine();
        //invoca al método con un Círculo
        pinta(new Circulo(radio,color));
        break;
  }
}
```

```
      while(!op.equals("4"));
    }
    //método que utiliza el polimorfismo para mostrar los
    //cálculos de todas las figuras
    public static void pinta(Figura f){
      //invoca a la versión de los métodos implementadas
      //en la subclase de Figura pasada como parámetro
      System.out.println("Area: "+f.area());
      System.out.println("Color: "+f.getColor());
    }
  }
```

Capítulo 5

# EXCEPCIONES

Ya hemos tenido algún contacto con las excepciones en alguno de los ejemplos aparecidos en capítulos anteriores. Por ejemplo, cuando vimos el método *readLine()* de la clase BufferedReader para la lectura de cadenas por teclado, tuvimos que declarar la excepción IOException en el método *main()* para poder compilar el programa.

Durante este capítulo se estudiarán con detalle las excepciones. Analizaremos su funcionamiento y se presentarán las principales clases de excepciones existentes, además de conocer los mecanismos para su captura, propagación y creación.

## 5.1 EXCEPCIONES Y ERRORES

Una excepción es una situación anómala que puede producirse durante la ejecución de un programa, como puede ser un intento de división entera entre 0, un acceso a posiciones de un array fuera de los límites del mismo o un fallo durante la lectura de datos de la entrada/salida.

Mediante la captura de excepciones, Java proporciona un mecanismo que permite al programa sobreponerse a estas situaciones, pudiendo el programador decidir las acciones a realizar para cada tipo de excepción que pueda ocurrir.

Además de excepciones, en un programa Java pueden producirse errores. Un error representa una situación anormal irreversible, como por ejemplo un fallo de la máquina virtual. Por regla general, un programa no deberá intentar recuperarse de un error, dado que son situaciones que se escapan al control del programador.

Cada tipo de excepción está representada por una subclase de **Exception**, mientras que los errores son subclases de **Error**. Ambas clases, Exception y Error, son subclases de **Throwable** (figura 81).

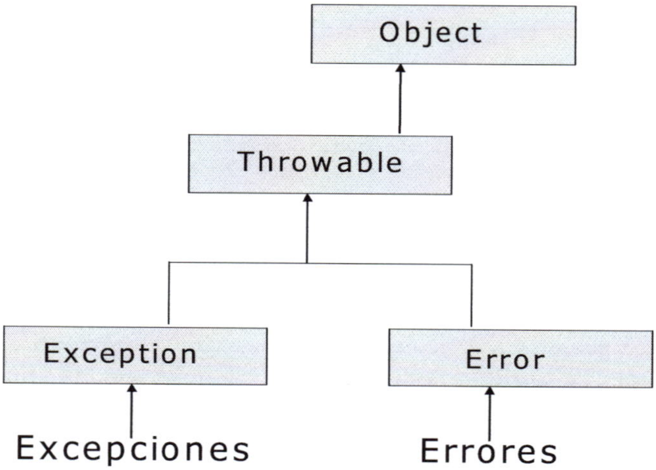


***Fig. 81** - Superclases de excepciones y errores*

## 5.2 CLASES DE EXCEPCIÓN

Al producirse una excepción en un programa, se crea un objeto de la subclase de Exception a la que pertenece la excepción. Como veremos más adelante, este objeto puede ser utilizado por el programa durante el tratamiento de la excepción para obtener información de la misma.

En la figura 82 se muestra la jerarquía de clases con algunas de las excepciones más habituales que podemos encontrar en un programa.

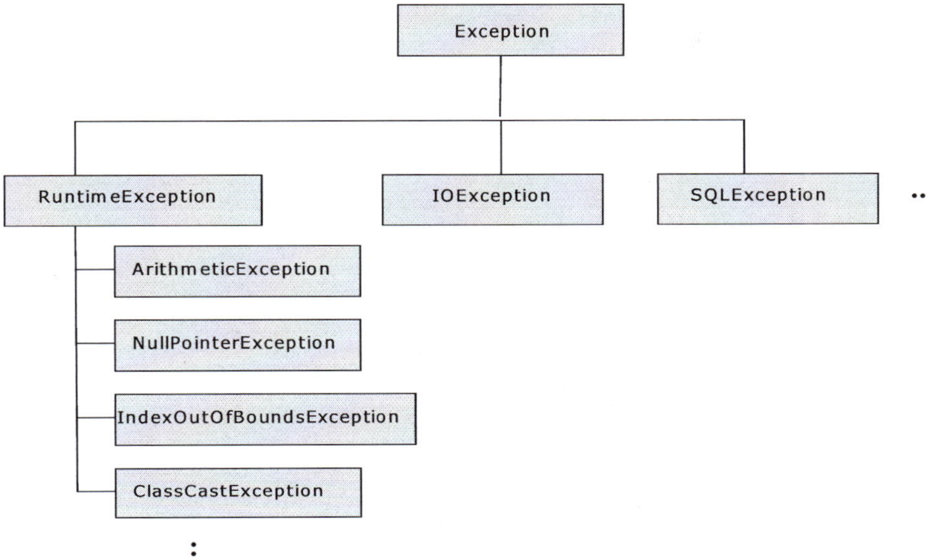


***Fig. 82** - Jerarquía de clases de excepción*

# 5.3 TIPOS DE EXCEPCIONES

Desde el punto de vista del tratamiento de una excepción dentro de un programa, hay que tener en cuenta que todas estas clases de excepción se dividen en dos grandes grupos:

- Excepciones marcadas
- Excepciones no marcadas

## 5.3.1 Excepciones marcadas

Se entiende por excepciones marcadas aquéllas cuya captura es obligatoria. Normalmente, este tipo de excepciones se producen al invocar a ciertos métodos de determinadas clases y son generadas (lanzadas) desde el interior de dichos métodos como consecuencia de algún fallo durante la ejecución de los mismos.

Todas las clases de excepciones, salvo **RuntimeException** y sus subclases, pertenecen a este tipo.

Un ejemplo de excepción marcada es **IOException**. Esta excepción es lanzada por el método *readLine()* de la clase **BufferedReader** cuando se produce un error durante la operación de lectura, lo que obliga al programa que va a hacer uso de dicho método a capturar la excepción, tal y como veremos más adelante.

Si en un bloque de código se invoca a algún método que puede provocar una excepción marcada y ésta no se captura, **el programa no compilará**.

#### 5.3.1.1 DECLARACIÓN DE UNA EXCEPCIÓN

Los métodos que pueden provocar excepciones marcadas, deben declarar éstas en la definición del método.

Para declarar una excepción se utiliza la palabra *throws*, seguida de la lista de excepciones que el método puede provocar:

```
public String readLine() throws IOException
public void service(...) throws
                    ServletException, IOException
```

Así, siempre que vayamos a utilizar algún método que tenga declaradas excepciones, hemos de tener presente que estamos obligados a capturar dichas excepciones.

### 5.3.2 Excepciones no marcadas

Pertenecen a este grupo todas las excepciones de tiempo de ejecución, es decir, *RuntimeException* y todas sus subclases.

No es obligatorio capturar dentro de un programa Java una excepción no marcada, el motivo es que gran parte de ellas (NullPointerException, ClassCastException, etc.) se producen como consecuencia de una mala programación, por lo que la solución no debe pasar por preparar el programa para que sea capaz de recuperarse ante una situación como ésta, sino por evitar que se produzca. Tan sólo las excepciones de tipo ArtihmeticException es recomendable capturarlas.

Si durante la ejecución de un programa Java se produce una excepción y ésta no es capturada, la máquina virtual provoca la finalización inmediata del mismo, enviando a la consola el volcado de pila con los datos de la (figura 83). Estos volcados de pila permiten al programador detectar fallos de programación durante la depuración del mismo.

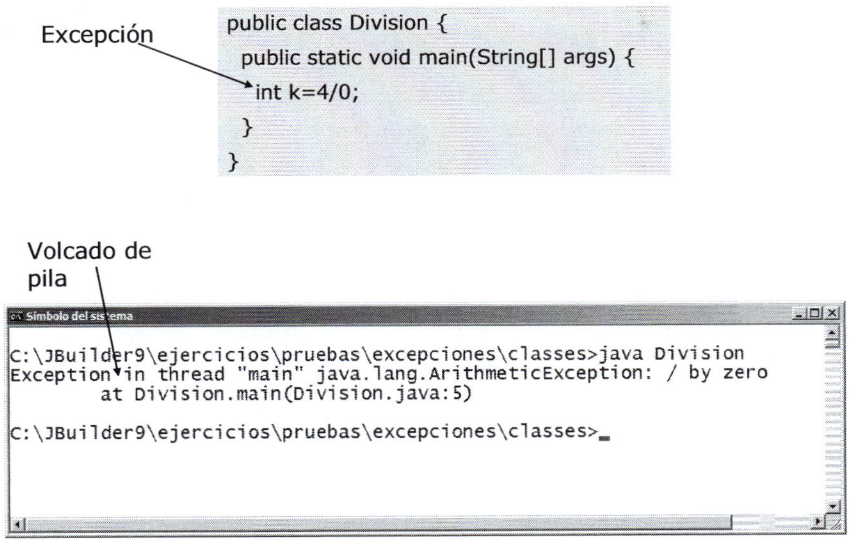


***Fig. 83*** *- Efecto de una excepción no controlada*

# 5.4 CAPTURA DE EXCEPCIONES

Como ya se apuntó anteriormente, en el momento en que se produce una excepción en un programa, se crea un objeto de la clase de excepción correspondiente y se "lanza" a la línea de código donde la excepción tuvo lugar.

El mecanismo de captura de excepciones de Java, permite "atrapar" el objeto de excepción lanzado por la instrucción e indicar las diferentes acciones a realizar según la clase de excepción producida.

A diferencia de las excepciones, los errores representan fallos de sistema de los cuales el programa no se puede recuperar. Esto implica que no es obligatorio tratar un error en una aplicación Java, de hecho, aunque se pueden capturar al igual que las excepciones con los mecanismos que vamos a ver a continuación, lo recomendable es no hacerlo.

## 5.4.1 Los bloques *try...catch...finally*

Las instrucciones *try*, *catch* y *finally*, proporcionan una forma elegante y estructurada de capturar excepciones dentro de un programa Java, evitando la utilización de instrucciones de control que dificultarían la lectura del código y lo harían más propenso a errores.

La sintaxis para la utilización de estas instrucciones se indica en la estructura de la figura 84.

```
try
{
        // instrucciones donde se pueden producir excepciones
}
catch(TipoExcepcion1 arg)
{
        //tratamiento excepcion1
}
catch(TipoExcepcion2 arg)
{
        //tratamiento excepcion2
}
:
finally
{
        //instrucciones de última ejecución
}
```

***Fig. 84*** *- Estructura de código para la captura de excepciones*

### *5.4.1.1 TRY*

El bloque *try* delimita aquella o aquellas instrucciones donde se puede producir una excepción. Cuando esto sucede, el control del programa se transfiere al bloque *catch* definido para el tipo de excepción que se ha producido, pasándole como parámetro la excepción lanzada. Opcionalmente, se puede disponer de un bloque *finally* en el que definir un grupo de instrucciones de obligada ejecución.

### *5.4.1.2 CATCH*

Un bloque *catch* define las instrucciones que deberán ejecutarse en caso de que se produzca un determinado tipo de excepción.

Sobre la utilización de los bloques *catch*, se debe tener en cuenta lo siguiente:

- Se pueden definir tantos bloques *catch* como se considere necesario. Cada bloque *catch* servirá para tratar un determinado tipo de excepción, **no pudiendo haber dos o más catch que tengan declarada la misma clase de excepción**.

- Un bloque *catch* sirve para capturar cualquier excepción que se corresponda con el tipo declarado o cualquiera de sus subclases. Por ejemplo, un *catch* como el siguiente:

```
catch (RuntimeException e){
       :
}
```

  se ejecutaría al producirse cualquier excepción de tipo NullPointerException, ArithmeticException, etc. Esto significa que una excepción podría ser tratada en diferentes *catch*, por ejemplo, una excepción NullPointerException podría ser tratada en un catch que capturase directamente dicha excepción y en uno que capturase RuntimeException.

- Aunque haya varios posibles *catch* que puedan capturar una excepción, **sólo uno de ellos será ejecutado cuando ésta se produzca**. La búsqueda del bloque *catch* para el tratamiento de la excepción lanzada se realiza de forma secuencial, de modo que el primer *catch* coincidente será el que se ejecutará. Una vez terminada la ejecución del mismo, el control del programa se transferirá al bloque *finally* o, si no existe, a la instrucción siguiente al último bloque *catch*, independientemente de que hubiera o no más catch coincidentes.

Esto queda reflejado en el siguiente ejemplo:

```
public class PruebaExcepciones{
  public static void main(String [] args){
     try{
       int s=4/0;
       System.out.println("El programa sigue");
     }
     catch(ArithmeticException e){
       System.out.println("División por 0");
     }

     catch(Exception e)
```

```
            {
              System.out.println("Excepción general");
            }
              System.out.println("Final del main");
        }
    }
```

Tras la ejecución del método *main()*, se mostrará en pantalla lo siguiente:

> *División por 0*
>
> *Final del main*

- Del listado anterior se deduce otro punto importante a tener en cuenta en el tratamiento de excepciones: tras la ejecución de un bloque *catch*, **el control del programa nunca se devuelve al lugar donde se ha producido la excepción**.

- En el caso de que existan varios *catch* cuyas excepciones están relacionadas por la herencia, los *catch* más específicos deben estar situados por delante de los más genéricos (figura 85). De no ser así, se producirá un error de compilación puesto que los bloques *catch* más específicos nunca se ejecutarán.

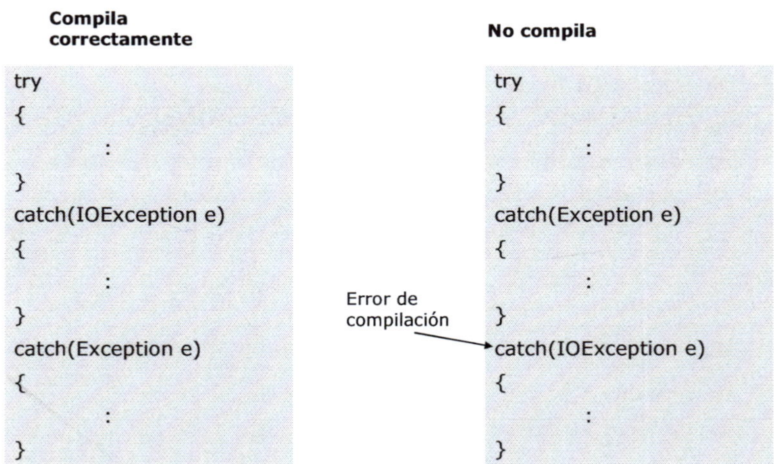


***Fig. 85** - Diferencia entre situar los bloques catch específicos antes y después de los genéricos*

- Si se produce una excepción no marcada para la que no se ha definido bloque *catch*, ésta será propagada por la pila de llamadas hasta encontrar algún punto en el que se trate la excepción (figura 86). De no existir un tratamiento para la misma, la máquina virtual abortará la ejecución del programa y enviará un volcado de pila a la consola.

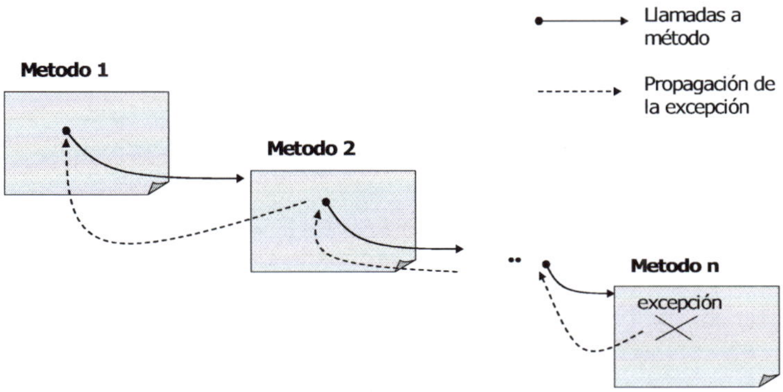


***Fig. 86*** *- Propagación de una excepción en la pila de llamadas*

- Los bloques *catch* son opcionales. **Siempre que exista un bloque *finally*, la creación de bloques *catch* después de un *try* es opcional**. Si no se cuenta con un bloque *finally*, entonces es obligatorio disponer de, al menos, un bloque *catch*.

### *5.4.1.3 FINALLY*

Su uso es opcional. El bloque *finally* se ejecutará tanto si se produce una excepción como si no, garantizando así que un determinado conjunto de instrucciones siempre sean ejecutadas.

Si se produce una excepción en *try*, el bloque *finally* se ejecutará después del *catch* para tratamiento de la excepción. En caso de que no hubiese ningún *catch* para el tratamiento de la excepción producida, el bloque *finally* se ejecutaría antes de propagar la excepción.

Si no se produce excepción alguna en el interior de *try*, el bloque *finally* se ejecutará tras la última instrucción del *try*.

El siguiente código de ejemplo ilustra el funcionamiento de *finally*:

```
public class Excepciones{
  public static void main(String [] args){
```

```
            try
            {
                  int s=4/0;
                  System.out.println("El programa sigue");
            }
            catch(ArithmeticException e)
            {
                  System.out.println("División por 0");
                  return;
            }
            finally
            {
                  System.out.println("Ejecución de finally");
            }
            System.out.println("Final del main");
      }
}
```

Tras la ejecución del método *main()* se mostrará en pantalla lo siguiente:

*División por 0*

*Ejecución de finally*

Esto demuestra que, **aún existiendo una instrucción para la salida del método (return), el bloque finally se ejecutará antes de que esto suceda**.

## 5.4.2 Propagación de una excepción

Anteriormente indicábamos que si en el interior de un método se produce una excepción que no es capturada, bien porque no está dentro de un *try* o bien porque no existe un *catch* para su tratamiento, ésta se propagará por la pila de llamadas.

En el caso de las excepciones marcadas, hemos visto cómo éstas deben ser capturadas obligatoriamente en un programa. Sin embargo, en el caso de que no se tenga previsto ninguna acción particular para el tratamiento de una determinada excepción de este tipo, es posible propagar la excepción sin necesidad de capturarla, dejando que sean otras partes del programa las encargadas de definir las acciones para su tratamiento.

Para propagar una excepción sin capturarla, basta con declararla en la cabecera del método en cuyo interior puede producirse (figura 87).

```
public static void main(String [] args)
{
        BufferedReader b=new BufferedReader(new InputStreamReader(System.in));
        try
        {
                imprime(b);
        }
        catch(IOException e)
        {
                System.out.println("fallo de lectura");
        }
}
```

Declara la excepción para que sea propagada

```
static void imprime(BufferedReader bf) throws IOException
{
        String n=bf.readLine(); //puede provocar una excepción
        System.out.println(n);
}
```

***Fig. 87*** *- Propagación de una excepción*

En el ejemplo de la figura 87, el método *main()* es el que captura la excepción producida en *imprime()*. Si en *main()* se hubiera optado por propagar también la excepción, al ser el último método de la pila de llamadas ésta se propagará a la máquina virtual, cuyo comportamiento por defecto será, como ya sabemos, interrumpir la ejecución del programa y generar un volcado de pila en la consola.

# 5.5 LANZAMIENTO DE UNA EXCEPCIÓN

En determinados casos puede resultar útil generar y lanzar una excepción desde el interior de un determinado método. Esto puede utilizarse como un medio para enviar un aviso a otra parte del programa, indicándole que algo está sucediendo y no es posible continuar con la ejecución normal del método.

Para lanzar una excepción desde código utilizamos la expresión:

*throw objeto_excepcion*;

Donde *objeto_excepcion* es un objeto de alguna subclase de Exception.

El ejemplo siguiente muestra un caso práctico en el que un método, encargado de realizar una operación de extracción de dinero en una cuenta bancaria lanza una excepción cuando no se dispone de saldo suficiente para realizar la operación:

```
class Cajero
{
  public static void main(String [] args)
  {
      Cuenta c=new Cuenta();
      try
      {
            c.ingresar(100);
            c.extraer(20);
      }
      catch(Exception e)
      {
            System.out.println("La cuenta no puede "+
                  "quedar en números rojos");
      }
  }
}
class Cuenta
{
      double saldo;
      public Cuenta()
      {
            saldo=0;
      }
      public void ingresar(double c)
      {
            saldo+=c;
      }

      //el método declara la excepción que
      //puede provocar
      public void extraer(double c) throws Exception
      {
            if(saldo<c){
```

```
                    //creación y lanzamiento de
                    //la excepción
                    throw new Exception();
                }
                else{
                    saldo-=c;
                }
            }
            public double getSaldo()
            {
                return saldo;
            }
        }
```

Como se puede apreciar en el código del ejemplo, cuando se lanza una excepción marcada desde un método (todas lo son salvo RuntimeException y sus subclases) ésta **debe ser declarada en la cabecera del método** para que se pueda propagar al punto de llamada al mismo.

Las excepciones también se pueden relanzar desde un *catch*:

```
catch(IOException e)
{
    throw e;
}
```

En este caso, a pesar de estar capturada por un *catch* y dado que vuelve a ser lanzada, la excepción IOException también deberá declararse en la cabecera del método.

## 5.6 MÉTODOS PARA EL CONTROL DE UNA EXCEPCIÓN

Todas las clases de excepción heredan una serie de métodos de Throwable que pueden ser utilizados en el interior de los *catch* para completar las acciones de tratamiento de la excepción.

Los métodos más importantes son:

- String **getMessage()**. Devuelve un mensaje de texto asociado a la excepción, dependiendo del tipo de objeto de excepción sobre el que se aplique.

- void **printStackTrace()**. Envía a la consola el volcado de pila asociado a la excepción. Su uso puede ser tremendamente útil durante la fase de desarrollo de la aplicación, ayudando a detectar errores de programación causantes de muchas excepciones.

- void **printStackTrace(PrintStream s)**. Esta versión de *printStackTrace()* permite enviar el volcado de pila a un objeto *PrintStream* cualquiera, por ejemplo, un fichero log.

## 5.7 CLASES DE EXCEPCIÓN PERSONALIZADAS

Cuando un método necesita lanzar una excepción como forma de notificar una situación anómala, puede suceder que las clases de excepción existentes no se adecúen a las características de la situación que quiere notificar.

Por ejemplo, en el caso anterior de la cuenta bancaria no tendría mucho sentido lanzar una excepción de tipo NullPointerException o IOException cuando se produce una situación de saldo insuficiente.

En estos casos resulta más práctico definir una clase de excepción personalizada, subclase de **Exception**, que se ajuste más a las características de la excepción que se va a tratar.

Para el ejemplo de la cuenta bancaria, podríamos definir la siguiente clase de excepción:

```
class SaldoInsuficienteException extends Exception
{
      public SaldoInsuficienteException(String mensaje)
      {
            super(mensaje);
      }
}
```

La cadena de texto recibida por el constructor permite personalizar el mensaje de error obtenido al llamar al método *getMessage()*, para ello, es necesario suministrar dicha cadena al constructor de la clase Exception.

El siguiente listado contiene una nueva versión del programa del cajero presentado anteriormente. En este caso, se utiliza una clase de excepción personalizada, **SaldoInsuficienteException**, para representar la situación de saldo negativo en la cuenta:

```
class Cajero{
  public static void main(String [] args){
      Cuenta c=new Cuenta();
      try{
            c.ingresar(100);
            c.extraer(20);
      }
      catch(SaldoInsuficienteException e){
            System.out.println(e.getMessage());
      }
  }
}

class Cuenta{
  double saldo;
  public Cuenta(){
      saldo=0;
  }
  public void ingresar(double c){
      saldo+=c;
  }
  public void extraer(double c)
            throws SaldoInsuficienteException{
      if(saldo<c)
            throw new SaldoInsuficienteException(
                  "números rojos");
      else
            saldo-=c;
  }
  public double getSaldo(){
      return saldo;
  }
}
//clase que representa la excepción personalizada
```

```
class SaldoInsuficienteException extends Exception{
  public SaldoInsuficieteException(String mensaje){
      super(mensaje);
  }
}
```

*PRÁCTICA 5.1.*

Se trata de realizar una nueva versión de la práctica 4.2. La funcionalidad de la aplicación será la misma, introduciendo el mecanismo de excepciones para tratar la situación saldo insuficiente.

Por un lado, habrá que modificar la clase Cuenta para que en caso de que se intente extraer una cantidad de dinero superior al saldo, se impida realizar la operación y se lance una excepción personalizada SaldoInsuficienteException.

Por otro lado, esta excepción deberá ser capturada desde el programa principal.

# 5.8 ASERCIONES

El mecanismo de aserciones fue introducido con la versión 1.4 de Java SE.

Las aserciones se utilizan durante la fase de desarrollo y depuración de una aplicación para verificar ciertas suposiciones asumidas por el programa, evitando la utilización innecesaria de instrucciones *println()* o de captura de excepciones.

Cuando la suposición asumida por el programa no se cumple, la aserción generará un error que provocará la interrupción inmediata del programa.

El aspecto más positivo de las aserciones está en que **solamente se pueden habilitar durante la fase de desarrollo y depuración de la aplicación**. Al realizar el despliegue de la misma todas las aserciones serán ignoradas sin necesidad de introducir cambios en el código, dejando atrás cualquier tipo de sobrecarga que estas instrucciones pudieran producir.

## 5.8.1 Formato de una aserción

Una instrucción de aserción tendrá el siguiente formato:

*assert(condicion);*

Donde *condicion* es una expresión cuyo resultado debe ser de tipo boolean. La condición siempre se espera que sea verdadera (*true*), si es así, no pasa nada, el programa continúa ejecutándose normalmente, pero si la condición es falsa, el programa se interrumpirá lanzando un **AssertionError** que **no deberá ser capturado**.

El siguiente ejemplo consiste en un método privado existente en una clase, cuya misión es realizar algún tipo de cálculo con números naturales enteros positivos. Dado que se supone que el parámetro siempre será positivo, utilizamos una aserción para depurar dicha condición:

```
private void procesa(int num)
{
        assert(num>0); //Lanzará un AssertionError si
                          //el número es negativo
}
```

Si el número suministrado al método *procesa()* no fuera positivo se lanzaría el error, avisándonos de que algo no va como esperábamos.

Existe una segunda forma de utilizar aserciones que permite enviar información adicional a la consola cuando se produce el error de aserción:

*assert(condicion):expresion;*

Donde *expresion* es cualquier expresión que devuelva un valor:

```
private void procesa(int num)
{
        assert(num>0): num+" no es positivo ";
        //procesa la variable num
}
```

Si se produce la aserción, se enviará a la consola un mensaje con el valor del número, seguido de la frase "no es positivo".

Por ejemplo, dado el siguiente programa:

```
public class Ejemplo {
        public static void main(String[] args) {
                int x=-4;
                procesa(x);
```

```
        }
        static void procesa(int num){
                //aserción
                assert (num>0):num+" no es positivo";
        }
}
```

Se generará el siguiente volcado de pila en la consola:

*java.lang.AssertionError: -4 no es positivo*
*at Ejemplo.procesa(Ejemplo.java:8)*
*at Ejemplo.main(Ejemplo.java:4)*
*Exception in thread "main"*

## 5.8.2 Habilitar aserciones

De forma predeterminada, las aserciones están inhabilitadas. Si se quiere hacer uso de ellas, primeramente habrá que indicar al compilador que compile con aserciones, para después habilitarlas en el momento de la ejecución

### 5.8.2.1 COMPILAR CON ASERCIONES

Para compilar con aserciones de la clase Ejemplo, deberíamos utilizar la opción *source* del compilador javac.exe, tal y como se indica a continuación:

*javac –source 1.4 Ejemplo.java*

### 5.8.2.2 EJECUTAR CON ASERCIONES

Para habilitar las aserciones en tiempo de ejecución, podríamos utilizar las expresiones:

*java –ea Ejemplo*

o:

*java –enableassertions Ejemplo*

También se pueden habilitar aserciones a nivel de clase o paquete. La siguiente instrucción habilita las aserciones en un determinado paquete y ejecuta una clase del mismo:

*java –ea:mipaquete... mipaquete.Miclase*

Los puntos "..." indican que afecta al paquete especificado y a sus subpaquetes.

El siguiente ejemplo habilita las aserciones en el paquete *prueba* y ejecuta la clase Ejemplo situada en dicho paquete:

*java –ea:prueba prueba.Ejemplo*

## 5.8.3 Uso apropiado de aserciones

Las aserciones son un gran mecanismo de ayuda para la depuración de programas, sin embargo, es necesario conocer ciertas normas a tener en cuenta a la hora de utilizarlas de cara a hacer un uso apropiado de ellas:

- No se debe utilizar aserciones para validar argumentos de un método público. Dado que no tenemos control sobre los posibles valores que se pueden pasar al método, no tiene sentido realizar suposiciones de los mismos. El siguiente ejemplo representa un uso **inapropiado** de las aserciones:

```
public void proceso(int num){
    assert(num>0): num+" no es positivo ";
        //procesa la variable num
}
```

  Como ahora mismo veremos, si el método proceso fuera privado a la clase, no se consideraría inapropiado el uso de la aserción para verificar el argumento.

- No se debe utilizar aserciones para validar argumentos de la línea de comandos. El motivo es el mismo que en el caso anterior.

- Se puede utilizar aserciones para validar argumentos de un método privado. En este caso sí se tiene total control sobre los valores que se pasan al método, por lo que sí tiene sentido realizar suposiciones sobre dichos valores.

- Se puede utilizar aserciones, incluso en métodos públicos, para validar casos que se sabe nunca sucederán. Por ejemplo, puede ser útil utilizar una aserción para lanzar un error en el caso de que el programa alcance una línea de código que se supone nunca se va a ejecutar:

```
switch(x){
 case 2: a=5;
 case 3: a=7;
 default:assert (false); //Nos avisaría generando
 //un AssertionError error en el hipotético
 //caso de que entrase aquí
```

- No utilizar aserciones que puedan causar efectos colaterales. Una aserción siempre debe dejar al programa en el mismo estado en el que se encontraba antes de ejecutarse. El siguiente contexto representa un uso incorrecto de la aserción:

```
public class Aserciones{
      int a;
      public void metodo(){
            assert(cambia()); //Modifica el valor
                        //de una variable
      }
      public boolean cambia(){
            a++;
            return true;
      }
}
```

# 5.9 CUESTIONES DE AUTOEVALUACIÓN

1. Si definimos una clase de excepción personalizada que herede Exception, ¿será un tipo de excepción marcada?

2. Indica el motivo por el cual la siguiente clase no compilará:

```
import java.io.*;
public class  Ejemplo{
      public void limitador(String s){
            if(s.length()>10){
                  throw new IOException();
            }
      }
}
```

3. ¿Qué se mostrará por pantalla al ejecutarse el método *main()* de la siguiente clase?

```
public class Ejercicio{
  public static void main(String [] args){
        int s=0;
        int [] m ={1,3,5,7};
        try{
            for(int i=0;i<=m.length;i++){
                s+=m[i];
            }
            System.out.println("El total es "+s);
        }
        catch(NullPointerException e){
            System.out.println("Fallo en el array");
        }
        catch(Exception e){
            System.out.println("Error");
        }
        finally{
            System.out.println("Total final "+s);
        }
  }
}
```

*A. Fallo en el array*
*Total final 0*

*B. El total es 16*
*Total final 16*

*C. Error*
*Total final 16*

*D. Error*
*Total final 0*

4. Una de las siguientes afirmaciones sobre la utilización de *finally* es incorrecta, indica cuál:

A. Si se produce una excepción en *try* y ningún bloque *catch* la captura, las instrucciones definidas en *finally* no se ejecutarán.

B. Si no se ha definido ningún *catch* para el *try* la utilización de *finally* se hace obligatoria.

C. Aunque no se produzca la excepción en *try*, el bloque *finally* se ejecutará.

D. No es posible definir dos bloques *finally* para un mismo *try*.

5. Si queremos definir tres *catch* para controlar las excepciones *RuntimeException*, *SQLException* y *ClassCastException,* ¿cuál debe ser el orden de colocación de los mismos?

6. Para enviar el volcado de pila de la excepción desde un *catch* a la consola, utilizaríamos:

*A.* *e.getMessage()*;

B. System.out.println(*e.getMessage()*);

C. System.out.println(*e.printStackTrace()*);

D. *e.printStackTrace()*;

7. La llamada a la instrucción *assert* en un programa provoca:

A. Un error

B. Una llamada a *main()*

C. Una excepción

8. ¿Por qué es inapropiado el uso de *assert* en el siguiente contexto?

```
public class Ejemplo {
   int x=-1;
   public static void main(String[] args) {
      assert(x++>0);
   }
}
```

# 5.10 LISTADO DE LAS PRÁCTICAS

## 5.10.1 PRÁCTICA 5.1.

**********clase Cuenta*********

```
public class Cuenta {
  private float saldo;
  public Cuenta(){
    saldo=0;
  }
  public Cuenta(float s){
    saldo=s;
  }
  public void ingresar(float c){
    saldo+=c;
  }
  public void extraer(float c)
            throws SaldoInsuficienteException{
    if(saldo<c){
      //si no hay saldo suficiente lanza la excepción
      throw new SaldoInsuficienteException();
    }
    else{
      saldo -= c;
    }
  }
  public float getSaldo(){
    return saldo;
  }
}
```

**************clase SaldoInsuficienteException***************

```
public class SaldoInsuficienteException
                        extends Exception {
  public SaldoInsuficienteException()
  {
    //texto predeterminado asociado a la excepción
```

```
      super("Saldo negativo!!!!");
    }
    public SaldoInsuficienteException(String s)
    {
      //permite personalizar el texto asociado
      //a la excepción
      super(s);
    }
}
```

************clase Cajero**********************************

```
import java.io.*;

public class Cajero {
  public static void main(String[] args)
                        throws IOException{
    String op;
    Cuenta c=null;
    float cant;

    InputStreamReader is;
    is=new InputStreamReader(System.in);
    BufferedReader bf=new BufferedReader(is);
    do{
      System.out.println("Elegir opción:\n");
      System.out.println("1. Crear cuenta vacía");
      System.out.println("2. Crear cuenta saldo "+
                 "inicial");
      System.out.println("3. Ingresar dinero");
      System.out.println("4. Sacar dinero");
      System.out.println("5. Ver saldo");
      System.out.println("6. Salir\n");
      op=bf.readLine();
      switch(Integer.parseInt(op))
      {
        case 1:
            //crea cuenta con saldo 0
            c=new Cuenta();
```

```
                    break;
                case 2:
                    System.out.println("Saldo inicial: ");
                    float inicial=
                         Float.parseFloat(bf.readLine());
                    //crea cuenta con saldo inicial
                    c=new Cuenta(inicial);
                    break;
                case 3:
                    System.out.println("Introduzca cantidad "+
                               " a ingresar: ");
                    cant=Integer.parseInt(bf.readLine());
                    c.ingresar(cant);
                    break;
                case 4:
                    System.out.println("Cantidad a extraer: ");
                    cant=Integer.parseInt(bf.readLine());
                    try{
                      c.extraer(cant);
                    }

                    catch(SaldoInsuficienteException e){
                      //si se produce la excepción muestra
                      //el mensaje asociado
                      System.out.println(e.getMessage());
                    }
                    break;
                case 5:
                    System.out.println("Su saldo actual "+
                               " es de: "+c.getSaldo());
                    break;
            }
        }
        while(!op.equals("6"));
    }
}
```

Capítulo 6

# ACCESO AL DISCO

En capítulos anteriores hemos visto cómo los programas Java pueden almacenar diferentes tipos de información en arrays y colecciones. Sin embargo, estos datos permanecen en la memoria RAM del ordenador, lo que significa que en el momento en que la aplicación finalice, toda esta información desaparecerá.

Durante este capítulo veremos cómo almacenar información de forma permanente en ficheros de disco, así como su posterior recuperación.

Java dispone de un gran número de clases incluidas en el paquete java.io específicamente creadas para tratar con ficheros de distintos tipos y manipular información en diferentes formatos.

Durante este capítulo estudiaremos algunas de estas clases, centrando nuestro análisis en el almacenamiento y recuperación de información en disco en forma de tipos básicos, texto y objetos.

## 6.1 INFORMACIÓN SOBRE FICHEROS Y DIRECTORIOS. LA CLASE FILE

Los ficheros o archivos y directorios del disco se representan de forma lógica en las aplicaciones Java como objetos de la clase File.

La clase File no se utiliza para transferir datos entre la aplicación y el disco, sino para obtener información sobre los ficheros y directorios de éste e incluso para la creación y eliminación de los mismos.

### 6.1.1 Creación de un objeto File

Existen diversas formas de crear un objeto File en función de cómo se indique la localización del fichero o directorio que va a representar. Por ejemplo, el constructor *File(String path)* permite construir un objeto File a partir de su dirección absoluta o relativa al directorio actual:

```
File f = new File ("datos.txt");
File f2 = new File("misubdirectorio");
```

La creación del objeto no implica que exista el fichero o directorio indicado en la ruta. Si éste no existe, las anteriores instrucciones no provocarán ninguna excepción, aunque tampoco será creado de forma implícita.

Para crear físicamente el fichero o directorio indicado en el constructor de File habrá que recurrir a los siguientes métodos de la clase:

- boolean **createNewFile()**. Crea el fichero cuyo nombre ha sido especificado en el constructor. Devuelve *true* si se ha podido crear el fichero, mientras que el resultado será *false* si ya existía y por tanto no ha sido creado.

  Por ejemplo, si el fichero datos.txt del ejemplo anterior no existe, se podría ejecutar la siguiente instrucción para crearlo:

  ```
  f.createNewFile();
  ```

  La llamada a *createNewFile()* puede provocar una excepción IOException que habrá que capturar.

  Si un objeto File hace referencia a un fichero no existente y no es creado de forma explícita invocando a *createNewFile()*, la creación del mismo se llevará a cabo implícitamente cuando se vaya a utilizar el objeto File para construir un objeto Writer u OutputStream, a fin de realizar una operación de escritura sobre el fichero.

- boolean **mkdir()**. Crea el directorio cuyo nombre ha sido especificado en el constructor. Si el directorio no existía y se ha podido crear, el método devolverá *true*, de lo contrario el resultado será *false*.

Por ejemplo, para crear físicamente el subdirectorio referenciado por el objeto File f2 sería:

```
f2.mkdir();
```

La clase File también proporciona un constructor que permite crear un objeto File asociado a un fichero, indicando a través de otro objeto File el directorio donde se encuentra dicho fichero:

*File (File dir, String nombre_fichero)*

En este caso, el directorio especificado en *dir* debe existir, de lo contrario se producirá una excepción al intentar utilizar el fichero para realizar cualquier operación sobre el mismo.

El siguiente bloque de instrucciones crearía un fichero llamado info.txt en el interior del directorio *datos*:

```
File f=new File("datos");
f.mkdir(); //si datos no existiese y esta instrucción
        //no estuviera, la llamada a createNewFile()
        //provocaría una excepción.
File fichero=new File(f,"info.txt");
fichero.createNewFile();
```

## 6.1.2 Información sobre un fichero/directorio

Una vez creado el objeto File asociado al fichero o directorio, podemos obtener información del mismo aplicándole los siguientes métodos de la clase File:

- boolean **canRead()**. Indica si se puede o no leer el fichero.
- boolean **canWrite()**. Indica si se puede o no escribir en el fichero.
- boolean **exists()**. Indica si existe o no el fichero o directorio indicado en la ruta.
- boolean **isFile()**. Indica si el objeto File hace referencia o no a un fichero.
- boolean **isDirectory()**. Indica si el objeto File hace referencia o no a un directorio.

- String **getName()**. Devuelve el nombre del fichero sin el path.
- String **getAbsolutePath()**. Devuelve el path absoluto completo.

### 6.1.3 Eliminación y renombrado

Para eliminar físicamente un fichero o directorio la clase File proporciona el método *delete()* con el siguiente formato:

- boolean **delete()**. Elimina el fichero o directorio especificado por el objeto. Si el elemento ha podido ser eliminado el método devolverá *true*, si no devolverá *false*. **Un directorio sólo podrá ser eleminado si está vacío**; si no lo está, la llamada a *delete()* sobre el objeto File devolverá *false*, aunque no provocará ninguna excepción.

Si lo que queremos es renombrar un fichero o directorio existente, utilizaríamos el siguiente método:

- boolean **renameTo(File nuevo)**. Renombra el fichero o directorio, asignándole el nombre del objeto File especificado. La llamada a este método devolverá *true* si se ha podido renombrar el elemento, mientras que el resultado será *false* si esto no ha sido posible. En el caso de un directorio, **no es necesario que esté vacío para poderlo renombrar**.

  El siguiente ejemplo renombra un fichero existente:

```
File f=new File("fichero.txt");
f.createNewFile(); //para poderlo renombrar
                //debe existir
File f2=new File("nuevo_nombre.txt");
f.renameTo(f2); //renombra "fichero.txt" a
                  //"nuevo_nombre.txt"
```

## 6.2 LECTURA DE UN FICHERO DE TEXTO

Muchas de las operaciones realizadas con ficheros en un programa tienen que ver con la lectura de ficheros de texto.

Para recuperar cadenas de caracteres de un fichero, el paquete java.io proporciona dos clases: **FileReader** y **BufferedReader**. A continuación veremos cómo se utilizan estas clases, examinando los dos pasos que hay que seguir para la recuperación de cadenas de caracteres de un fichero.

## 6.2.1 Creación de un objeto FileReader

Para poder recuperar información de un fichero de texto, es necesario primeramente crear un objeto FileReader asociado al mismo. Un objeto FileReader representa un fichero de texto "abierto" para la lectura de datos. Este objeto es capaz de adaptar la información recuperada del fichero a las características de una aplicación Java, transformando los bytes almacenados en el mismo en caracteres unicode.

Se puede construir un objeto FileReader a partir de un objeto File existente o bien proporcionando directamente la ruta del fichero, a partir de los siguientes constructores:

*FileReader (String path)*

*FileReader (File fichero)*

La siguiente instrucción crearía un objeto FileReader que haga referencia al fichero datos.txt:

```
File f = new File("datos.txt");
FileReader fr = new FileReader(f);
```

La clase FileReader proporciona el método *Read()* para la lectura de la información almacenada en un fichero, resultando su uso bastante engorroso ya que los caracteres son recuperados como tipo byte, debiendo ser posteriormente convertidos a String. Es por ello que resulta más cómodo recurrir a la clase BufferedReader para realizar esta operación, utilizando el objeto FileReader como puente para crear un objeto de este tipo.

## 6.2.2 Creación de un objeto BufferedReader

Una vez creado el objeto FileReader, el segundo paso consiste en crear un BufferedReader, para lo cual utilizaremos el constructor:

*BufferedReader (Reader entrada)*

Ya vimos en el capítulo 3 cómo utilizar esta clase para leer cadenas de caracteres desde el teclado. Para leer de un fichero el procedimiento es el mismo, sólo que en este caso el objeto Reader que hay que proporcionar al constructor será el objeto FileReader asociado al fichero:

```
BufferedReader bf=new BufferedReader(fr);
```

Una vez creado el objeto, puede utilizarse el método *readLine()* para leer líneas de texto del fichero de forma similar a como se leían del teclado. En el caso de un fichero, y dado que éste puede estar formado por más de una línea, será necesario utilizar un bucle *while* para recuperar todas las líneas de texto del mismo de forma secuencial.

El siguiente programa muestra por pantalla el contenido completo de un fichero llamado datos.txt:

```
import java.io.*;
public class Lectura {
    public static void main(String[] args)
                              throws IOException{
        File f = new File("datos.txt");
        if(f.exists()){
           FileReader fr=new FileReader("datos.txt");
           BufferedReader bf=new BufferedReader(fr);
           String cad;
           while((cad=bf.readLine())!=null){
             System.out.println(cad);
           }
        }

        else{
           System.out.println("El fichero "+
                        "no existe");
        }
    }
}
```

Según se desprende del programa anterior, el método *readLine()* apunta a la siguiente línea de texto después de recuperar la línea actual. Cuando no existan más líneas para leer, la llamada a *readLine()* devolverá *null*.

Si lo que se quiere es leer caracter a caracter en vez de línea a línea, deberíamos utilizar el método *read()* en lugar de *readLine()*. El método *read()*

devuelve un entero que representa el código unicode del caracter leído, siendo el resultado -1 si no hay más caracteres para leer.

Como vimos en el capítulo 3, también es posible realizar la lectura de los datos almacenados en un fichero de texto utilizando la clase Scanner. Para ello, se pasará el objeto File asociado al fichero al constructor de Scanner; a partir de ahí, se puede hacer uso de los métodos de esta clase para recorrer el fichero y recuperar su contenido en forma de cualquier tipo primitivo Java.

# 6.3 ESCRITURA EN FICHEROS DE TEXTO

La realización de esta operación también se lleva a cabo en dos pasos que implican la utilización de dos clases: **FileWriter** y **PrintWriter**.

## 6.3.1 Creación de un objeto FileWriter

Como primer paso para escribir en un fichero de texto, es necesario construir un objeto FileWriter que nos permita tener acceso al fichero en modo escritura. Para ello, podemos utilizar uno de los siguientes constructores:

- *FileWriter (String path)*

- *FileWriter (File fichero)*

- *FileWriter (String path, boolean append)*

- *FileWriter (File fichero, boolean append)*

Donde el parámetro *append* permite indicar si los datos que se van a escribir se añadirán a los ya existentes (*true*) o sobreescribirán a éstos (*false*). Si se utiliza uno de los dos primeros constructores, los datos escritos en el fichero sustituirán a los existentes (equivalente a append=false).

La clase FileWriter proporciona un método *write()* que permite escribir en el fichero la cadena de caracteres pasada como parámetro, aunque también puede utilizarse la clase estándar de escritura PrintWriter para realizar esta operación.

## 6.3.2 Creación del objeto PrintWriter

La utilización de la clase PrintWriter posibilita que la escritura sobre un fichero se realice de la misma forma que la escritura en pantalla. La diferencia está en que en el caso de la consola o pantalla el objeto PrintWriter asociado se encontraba en System.out, mientras que para un fichero de texto habrá que construir el objeto PrintWriter a partir de un objeto FileWriter:

```
FileWriter fw = new FileWriter("datos.txt");
PrintWriter out = new PrintWriter(fw);
```

Desde la versión Java 5 también es posible crear un objeto PrintWriter a partir de un objeto File o incluso de la ruta del fichero, por lo que las dos instrucciones anteriores podrían reducirse a una sóla:

```
PrintWriter out = new PrintWriter("datos.txt");
```

Una vez creado el objeto PrintWriter, podemos utilizar los métodos *print()*, *println()* y *printf()* vistos en el capítulo 3 para escribir en el fichero. El siguiente bloque de instrucciones almacenaría en un fichero el grupo de nombres existentes en un array:

```
import java.io.*;
public class Grabacion {
    public static void main(String[] args)
                                throws IOException{
        //array de nombres
        String[] nombres=
                 {"ana","rosa","jorge","manuel"};
        //para que funcione también en versiones
        //anteriores a la versión 5
        FileWriter fw = new FileWriter("datos.txt");
        PrintWriter out=new PrintWriter(fw);
        for(int i=0;i<nombres.length;i++){
            out.println(nombres[i]);
        }
        out.flush();
        out.close();
    }
}
```

Obsérvese la utilización de los métodos *flush()* y *close()* de PrintWriter después de la escritura en el fichero. La llamada al método *flush()* garantiza que todos los datos enviados a través del buffer de salida han sido escritos en el fichero, mientras que *close()* cierra la conexión con el fichero y libera los recursos utilizados por ésta.

## 6.4 ESCRITURA DE DATOS PRIMITIVOS JAVA EN UN FICHERO

Las clases PrintWriter y BufferedReader están pensadas para escribir y recuperar, respectivamente, cadenas de caracteres en un fichero.

Para almacenar datos en un fichero en forma de tipos básicos Java, el paquete java.io proporciona las clases **FileOutputStream** y **DataOutputStream**.

### 6.4.1 Creación de un objeto FileOutputStream

Este objeto es el equivalente al FileWriter utilizado en la escritura de cadenas de caracteres. Como en el caso de éste, se puede crear un objeto FileOutputStream que permita añadir información al fichero o sobrescribirla haciendo uso de los constructores:

*FileOutputStream (File fichero, boolean append)*

O:

*FileOutputStream (String path, boolean append)*

La clase FileOutputStream es una subclase de OutputStream, la cual representa un stream o flujo de salida para la escritura de bytes.

### 6.4.2 Creación de un objeto DataOutputStream

A partir del objeto FileOutputStream se puede crear un objeto DataInputStream para realizar la escritura de los datos. El constructor utilizado sería:

*DataOutputStream (OutputStream)*

La clase DataOutputStream proporciona métodos para escribir datos en un fichero en cada uno de los ocho tipos primitivos Java. Estos métodos tienen el formato:

*void writeXxx(xxx dato)*

siendo *xxx* el nombre del tipo primitivo Java.

El siguiente programa escribe en un fichero el contenido de un array de enteros:

```
import java.io.*;
public class GrabaArray {
    public static void main(String[] args)
                                throws IOException {
        FileOutputStream fw=
            new FileOutputStream("datos.mbd",false);
        DataOutputStream ds=new DataOutputStream(fw);
        //array de enteros
        int [] m={5,10,3,6};
        for(int i=0;i<m.length;i++){
            ds.writeInt(m[i]);
        }
        //cierra el stream
        ds.close();
    }
}
```

## 6.5 LECTURA DE TIPOS PRIMITIVOS DE UN FICHERO

Para realizar la lectura de los datos almacenados en un fichero mediante **DataOutputStream**, el paquete java.io proporciona la clase **DataInputStream** que a su vez se apoya en **FileInputStream**.

### 6.5.1 Creación de un objeto FileInputStream

Es el equivalente al FileReader utilizado en la lectura de cadenas de caracteres. Se puede crear un objeto de esta clase a partir de un objeto File o de la cadena que representa la ruta del fichero.

FileInputStream es una subclase de InputStream que, al igual que OutputStream, está orientada al tratamiento de bytes. En este caso, a la lectura de bytes.

### 6.5.2 Creación de un objeto DataInputStream

A partir del objeto FileInputStream se puede crear un DataInputStream para realizar la lectura de los datos.

Esta clase dispone de los métodos *xxx readXxx()* para recuperar los datos almacenados en el tipo indicado, siendo *xxx* el nombre del tipo primitivo.

El siguiente programa recupera todos los datos almacenados en el fichero del programa anterior y los muestra por pantalla:

```
import java.io.*;
public class VocadoDatos {
    public static void main(String[] args)
                            throws IOException {
        DataInputStream ds=new DataInputStream(
                    new FileInputStream("datos.mbd"));
        try{
            //bucle infinito
            for(;;){
             System.out.println(ds.readInt());
            }
        }
        catch(EOFException e){}
    }
}
```

Como se desprende del ejemplo anterior, el método *readInt()* devuelve el entero actual y tras la lectura de éste se posiciona en el siguiente dato entero del fichero. Cuando se llegue al final del fichero se producirá una excepción **EOFExcepction** al invocar al método *readInt()*, produciéndose una salida del bucle infinito y finalizando la aplicación.

Al ejecutar este programa se visualizará en pantalla:

```
5
10
3
6
```

## 6.6 ESCRITURA DE OBJETOS EN UN FICHERO

Hasta ahora hemos visto cómo leer y escribir datos en un fichero, tanto cadenas de caracteres como tipos primitivos Java.

En esta última parte veremos también cómo intercambiar otros tipos de objetos Java entre una aplicación y el disco.

## 6.6.1 Serialización de objetos

Para que un objeto pueda ser almacenado en disco, es necesario que la clase a la que pertenece sea **serializable**. Esta característica la poseen todas aquellas clases que implementen la interfaz **java.io.Serializable**.

La interfaz Serializable no contiene ningún método, basta con que una clase la implemente para que sus objetos puedan ser serializados por la máquina virtual y por tanto almacenados en disco.

El siguiente listado corresponde a una clase Persona de tipo JavaBean, cuyos objetos encapsulan el nombre y la edad de una persona. Estos objetos podrán ser transferidos a disco pues Persona implementa la interfaz Serializable:

```
import java.io.Serializable;
public class Persona implements Serializable{
    private String name;
    private int edad;
    public Persona(String n, int e) {
        name=n;
        edad=e;
    }
    public void setName(String n){
        name=n;
    }
    public String getName(){
        return name;
    }
    public void setEdad(int e){
        edad=e;
    }
    public int getEdad(){
        return edad;
    }
}
```

## 6.6.2 Creación de un objeto ObjectOutputStream

La escritura de objetos en disco se realiza a través de ObjectOutputStream. Para crear un objeto de esta clase es necesario disponer del FileOutputStream asociado al fichero donde se va a realizar la escritura.

Una vez creado el objeto, la clase dispone del método *writeObject(Object obj)* para realizar la escritura del objeto en el disco.

El siguiente programa almacena en un fichero de disco un objeto de la clase Persona definida anteriormente:

```
import java.io.* ;
public class Almacenamiento {
    public static void main(String[] args)
                                    throws IOException{
        FileOutputStream fs=
                  new FileOutputStream("datos.obj");
        ObjectOutputStream os=
                  new ObjectOutputStream(fs);
        os.writeObject(new Persona("paco", 40));
        os.close(); //cierra el stream
    }
}
```

## 6.7 LECTURA DE OBJETOS DE UN FICHERO

Por último, para leer objetos de un fichero que han sido almacenados mediante **ObjectOutputStream**, se deberá utilizar un objeto **ObjectInputStream**.

### 6.7.1 Creación de un objeto ObjectInputStream

La clase ObjectInputStream dispone del método Object *readObject()* para devolver los objetos almacenados en el fichero. El constructor de esta clase requiere un objeto FileInputStream asociado al fichero de donde se leerá el objeto.

El siguiente programa recupera el objeto Persona almacenado en el fichero datos.obj por la clase del ejemplo anterior y muestra sus datos en pantalla:

```
import java.io.*;
public class Recuperacion {
    public static void main(String[] args) throws
            IOException, ClassNotFoundException{
        FileInputStream fs=
                  new FileInputStream("datos.obj");
        ObjectInputStream os=new ObjectInputStream(fs);
```

```
            //se debe realizar un casting al tipo original
            Persona p=(Persona)os.readObject();
            System.out.println(p.getName());
            System.out.println(p.getEdad());
            os.close();
        }
    }
```

Tras la ejecución del programa anterior se visualizará en pantalla:

*paco*

*40*

El método *readObject()*, además de IOException, declara también una excepción de tipo **ClassNotFoundException** que habrá que capturar.

## 6.7.2 Deserialización de objetos

Cuando se recupera un objeto del disco mediante la llamada a *readObject()*, se produce la deserialización del objeto que básicamente consiste en la reconstrucción de éste a partir de la información recuperada.

Durante este proceso, **los datos miembro no serializables (aquéllos que han sido heredados de una clase no serializable) serán inicializados utilizando el constructor por defecto de su clase.** Por el contrario, los datos miembro de la clase del objeto serializado serán restaurados con los valores almacenados.

*PRÁCTICA 6.1.*

Se trata de realizar una nueva versión de la práctica 4.1. en la que los datos de la agenda se almacenen en disco. La funcionalidad de la aplicación será la misma, realizando el almacenamiento de los datos en disco cuando se abandone la aplicación y la recuperación de éstos al iniciarse de nuevo.

# 6.8 LISTADO DE LAS PRÁCTICAS

## 6.8.1 PRÁCTICA 6.1.

************Clase Persona*****************

```
import java.io.*;
public class Persona implements Serializable{
    private String dni;
    private String nombre;
    private long telefono;
    public Persona(String d, String n, long t){
        dni=d;
        nombre=n;
        telefono=t;
    }
    public void setDni(String d){
        dni=d;
    }
    public String getDni(){
        return dni;
    }
    public void setNombre(String n){
        nombre=n;
    }
    public String getNombre(){
        return nombre;
    }
    public void setTelefono(long t){
        telefono=t;
    }
    public long getTelefono(){
        return telefono;
    }
}
```

************Clase Agenda*****************

```
import java.util.*;
```

```
import java.io.*;
public class Agenda {
    private final String path="c:\\agenda.obj";
    Hashtable<String,Persona> tabla;
    public Agenda() throws
            IOException,ClassNotFoundException{
        //Recuperación de los datos de la agenda cuando
        //comienza la ejecución de la aplicación.
        FileInputStream fi=null;
        ObjectInputStream oi=null;
        try{
            fi=new FileInputStream(path);
            oi=new ObjectInputStream(fi);
            tabla=(Hashtable)oi.readObject();

            //cierre del stream
            oi.close();
        }
        catch(FileNotFoundException e)
        {
            tabla=new Hashtable<String,Persona>();
        }
    }
    public boolean agregar(String d, String n, long t){
        //si no existe se añade a la tabla
        if(!tabla.containsKey(d)){
            Persona p=new Persona(d,n,t);
            tabla.put(d, p);
            return true;
        }
        else{
            return false;
        }
    }
    public boolean eliminar(String d){
        //si la clave existe elimina
        //la persona asociada
        if(tabla.containsKey(d)){
           tabla.remove(d);
```

```
            return true;
        }
        else{
            return false;
        }
    }
    public Persona recuperar(String d){
        if(tabla.containsKey(d)){
            //devuelve la persona cuyo dni se indica
            return tabla.get(d);
        }
        else{
            return null;
        }
    }
     public Enumeration total(){
      return tabla.keys();
     }
     public void guardar() throws IOException{
        //Guarda la tabla en el disco
        FileOutputStream fo =
            new FileOutputStream(path);
        ObjectOutputStream os=
            new ObjectOutputStream(fo);
        os.writeObject(tabla);
        os.close();
     }
}
```

************Clase Principal***************

```
import java.io.*;
import java.util.*;
public class Principal {
    public static void main(String[] args) throws
            IOException,ClassNotFoundException{
        BufferedReader bf;
        int op;
        Agenda ag;
```

```
bf=new BufferedReader(
          new InputStreamReader(System.in));
ag=new Agenda();
String d,n;
long tel;
do{
    System.out.println("1.-Añadir persona");
    System.out.println("2.-Buscar persona");
    System.out.println("3.-Eliminar persona");
    System.out.println("4.-Mostrar todas "+
                      "las personas");
    System.out.println("5.-Salir");
    op=Integer.parseInt(bf.readLine());
    switch(op){
    case 1:
        System.out.println("Introduce nombre");
        n=bf.readLine();
        System.out.println("Introduce dni");
        d=bf.readLine();
        System.out.println("Introduce el "+
                          "telefono");
        tel=Long.parseLong(bf.readLine());
        if(ag.agregar(d, n,tel)){
          System.out.println("La persona se "+
                          " ha añadido");
        }
        else{
           System.out.println("Dni repetido, "+
                "la persona no se ha añadido");
        }
        break;
    case 2:
        System.out.println("Introduce dni");
        d=bf.readLine();
        Persona p=ag.recuperar(d);
        if(p!=null){
            System.out.println("Sus datos :");
            System.out.print("DNI:"+p.getDni()+
                      " - ");
```

```
                    System.out.print("Nombre:"+
                              p.getNombre()+" - ");
                   System.out.println("Telefono:"+
                              p.getTelefono());
                }
                break;
            case 3:
                System.out.println("Introduce dni");
                d=bf.readLine();
                if(ag.eliminar(d)){
                    System.out.println("Persona "+
                                    " eliminada");
                }


                else{
                    System.out.println("Ese dni "+
                                     "no existe");
                }
            case 4:
                Enumeration e=ag.total();
                while(e.hasMoreElements()){
                    //recupero los DNI uno a uno
                    d=(String)e.nextElement();
                    //pasamos el dni al método recuperar
                    //para que nos dé la persona
                    Persona per=ag.recuperar(d);
                    //imprimimos dni, nombre y teléfono
                    System.out.println(per.getDni()+
                         " - "+per.getNombre()+
                         " - "+per.getTelefono());
                }
            case 5:
                ag.guardar();
            }

        }while(op!=5);
    }
}
```

Capítulo 7

# ACCESO A DATOS EN JAVA

En el capítulo anterior estudiamos la forma en que una aplicación Java puede almacenar y recuperar información en ficheros de disco. No obstante, la mayoría de los programas Java que manipulan información del disco lo hacen con datos almacenados en una base de datos.

Para tratar con bases de datos existen unos estándares que facilitan a las aplicaciones informáticas manipular la información contenida en ellas. En Java disponemos de un API especial basado en estos estándares que permite desarrollar aplicaciones Java para acceder a bases de datos relacionales, se trata del API JDBC.

Durante este capítulo analizaremos este API, sin duda alguna, uno de los más importantes que incluye la plataforma Java SE.

## 7.1 LA TECNOLOGÍA JAVA DATABASE CONECTIVITY (JDBC)

La mayoría de las aplicaciones necesitan acceder a los datos existentes en un Enterprise Information System, para ello necesitan disponer de alguna tecnología, implementada en una librería de clases, que posibilite el envío de instrucciones SQL a la base de datos y la manipulación de resultados.

**JDBC** proporciona a las aplicaciones Java un mecanismo uniforme para el acceso a datos.

La tecnología JDBC consiste en la utilización de un conjunto de clases (API JDBC) que disponen de una serie de métodos para operar con la base de datos. Utilizando estos métodos, la aplicación dirige todas las peticiones hacia un software intermediario, conocido como driver JDBC, cuya misión es traducir las llamadas a los métodos a órdenes nativas del gestor de BD (figura 88).

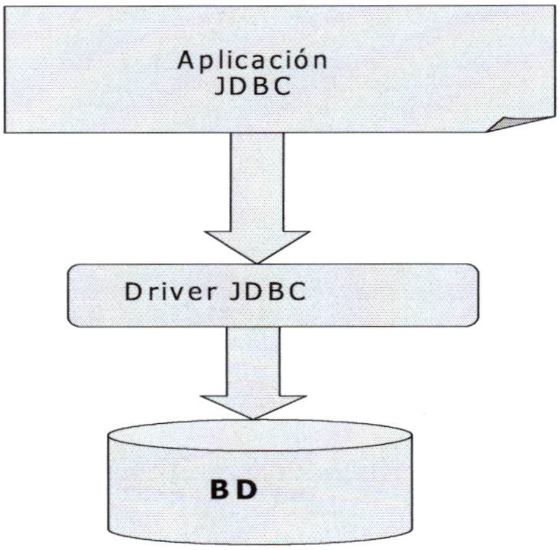


***Fig. 88*** *- Acceso a datos mediante JDBC*

La principal ventaja que ofrece este sistema es que la aplicación se independiza del tipo de base de datos utilizado para almacenar la información. En otras palabras, no hay que escribir un programa para acceder a Oracle, otro para Sybase, etc., dado que el API JDBC utiliza una serie de clases e interfaces genéricas que actúan sobre el driver, no sobre la base de datos.

Tan sólo es necesario disponer de un driver específico para el tipo de base de datos con el que se va a trabajar.

# 7.2 EL DRIVER JDBC

Como se desprende de lo que hemos comentado, el driver JDBC juega un papel fundamental en las aplicaciones Java de acceso a datos. Por ello, vamos a comentar algunos aspectos relevantes sobre éste antes de abordar los aspectos propios de la programación.

## 7.2.1 Estructura y funcionamiento

Básicamente, un driver JDBC es una clase Java que implementa toda la funcionalidad del API JDBC, proporcionando la comunicación entre la aplicación y la base de datos.

Normalmente, son los fabricantes de bases de datos los que distribuyen los driver JDBC aunque también se pueden encontrar en productos de terceros, como entornos de desarrollo (IDE) o servidores de aplicaciones.

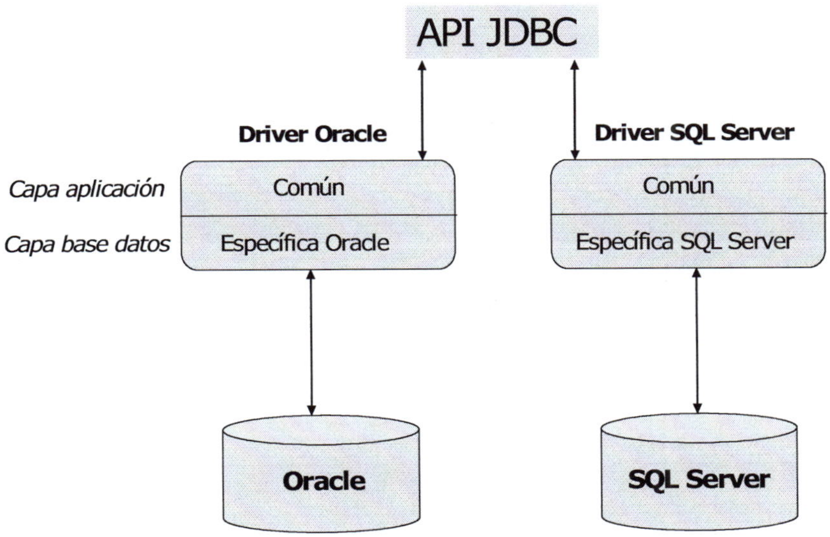


***Fig. 89** - Capas de un driver*

En un driver JDBC se distinguen dos capas o interfaces:

- **Capa de aplicación**. Es la parte del driver que interactúa con la aplicación, todos los driver JDBC, independientemente del tipo de base de datos para la que se hayan diseñado, proporcionan la misma interfaz de aplicación.

- **Capa de base de datos**. Esta capa interactúa con la base de datos, por lo que es específica para cada tipo de base de datos.

## 7.2.2 Tipos de driver JDBC

Independientemente del tipo de base de datos para el que se haya diseñado, un driver JDBC puede pertenecer a una de las siguientes categorías:

- Tipo 1: driver puente JDBC-ODBC
- Tipo 2: driver nativo
- Tipo 3: driver intermedio
- Tipo 4: driver puro-Java

### 7.2.2.1 DRIVER PUENTE JDBC-ODBC

Fueron los primeros tipos de driver JDBC que se lanzaron al mercado, utilizan como intermediario un driver ODBC (figura 90). Dada la gran expansión que en aquellos momentos tenía la tecnología ODBC y el amplio número de drivers ODBC existentes, el driver puente JDBC-ODBC puede utilizarse para acceder a la mayoría de los tipos de bases de datos que hay en el mercado.

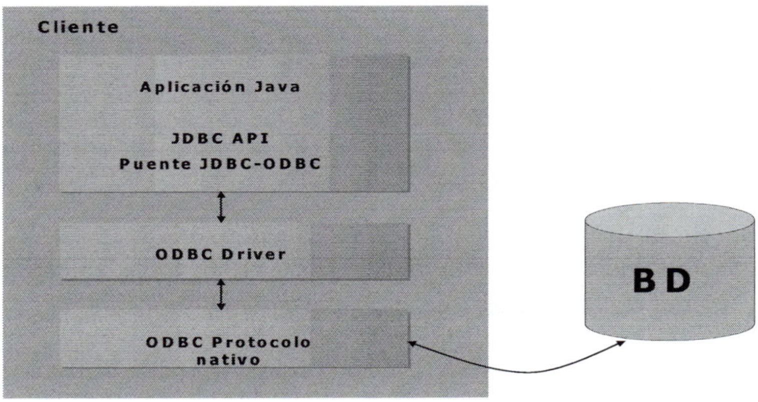


***Fig. 90*** *- Acceso a la base de datos a través del driver intermediario ODBC*

La principal desventaja que tiene este driver es que es necesario configurar un DSN (Data Source Name) utilizado por ODBC, en el equipo donde se va a ejecutar la aplicación.

El driver puente JDBC-ODBC se incluye con el conjunto de clases del Java SE, concretamente se trata de la clase **sun.jdbc.odbc.JdbcOdbcDriver**.

### 7.2.2.2 DRIVER NATIVO

El driver nativo convierte las llamadas JDBC en llamadas al API nativo del gestor de base de datos (figura 91).

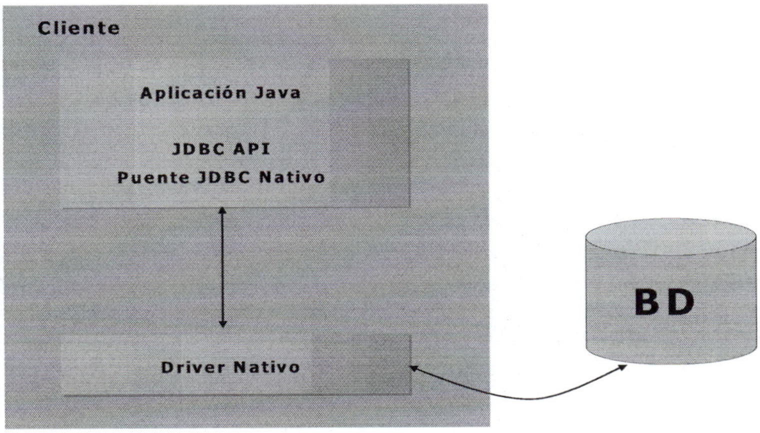


*Fig. 91 - Driver nativo*

Su principal inconveniente es la necesidad de instalar el API nativo de la base de datos en el equipo donde reside la aplicación.

### 7.2.2.3 DRIVER INTERMEDIO

Este tipo de driver convierte las llamadas JDBC en un protocolo específico del *middleware*, a su vez, el servidor del *middleware* se encarga de transformar estas llamadas en el API nativo de la base de datos, proporcionando conectividad para diferentes tipos de bases de datos (figura 92).

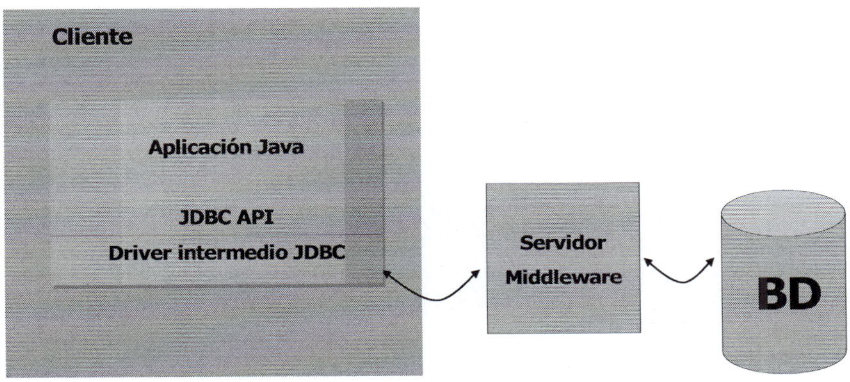


*Fig. 92 - Driver que utiliza un servidor intermedio*

La principal característica de este driver es que no requiere ningún tipo de instalación en el equipo donde se ejecuta la aplicación.

### 7.2.2.4 DRIVER PURO-JAVA

Convierte las llamadas JDBC en el protocolo de red utilizado directamente por el servidor de base de datos (figura 93), permitiendo llamadas directas desde la máquina cliente (aplicación) al servidor de base de datos.

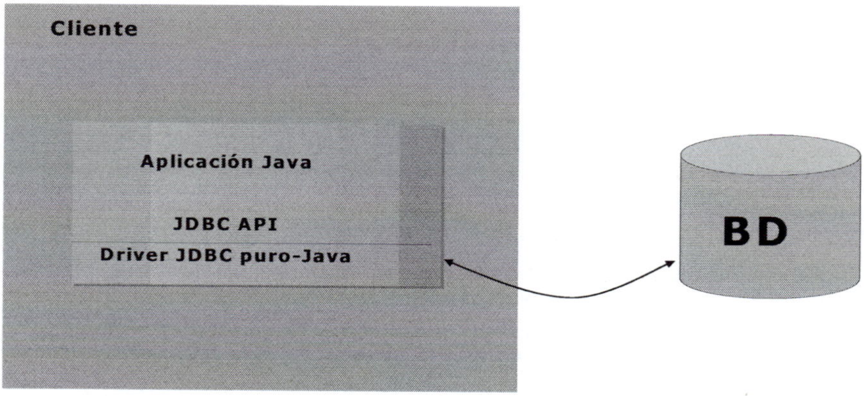


*Fig. 93 - Driver puro-Java con acceso directo a la BD*

Este driver no requiere ningún tipo de configuración especial en la máquina cliente.

## 7.3 EL LENGUAJE SQL

El lenguaje SQL surge ante la necesidad de disponer de un mecanismo para operar con la información almacenada en bases de datos relacionales de diferentes fabricantes.

Este lenguaje es soportado por la mayoría de gestores de bases de datos relacionales existentes en el mercado.

Sus instrucciones, de estructura muy simple, permiten operar sobre un conjunto de datos en vez de tener que hacerlo individualmente.

### 7.3.1 Consultas

Una consulta es cualquier expresión en SQL que defina una operación a realizar sobre la base de datos. Una consulta está compuesta por los siguientes elementos:

- Una acción o verbo, que determina la operación a realizar. Por ejemplo, SELECT.
- Un objeto, combinación de campos de las tablas de la base de datos.
- Una cláusula que determina sobre qué objetos actúa el verbo. Ejemplo FROM tabla.

Las consultas SQL se expresan mediante sentencias de texto (sentencias SQL), éstas pueden ser incluidas dentro de un programa Java como parámetro de alguno de los métodos de las clases/interfaces del API JDBC, tal y como veremos en el siguiente apartado.

### 7.3.2 Tipos de sentencias SQL

El juego de sentencias SQL se divide en tres grupos:

- **Sentencias DDL**: en este grupo se incluyen aquellas sentencias que se encargan de la creación, definición y destrucción de objetos. Entre ellas destacan CREATE y DROP.
- **Sentencias DCL**: permiten controlar aspectos varios como la confidencialidad de los datos. Entre éstas destacan GRANT y REVOKE.
- **Sentencias DML**: están incluidas en este grupo las sentencias utilizadas para manipulación de datos, como son extracción (SELECT), modificación (UPDATE), inserción (INSERT) y borrado (DELETE).

### 7.3.3 Sentencias para manipulación de datos (DML)

Éstas son las sentencias que se utilizan en las aplicaciones que acceden a bases de datos, por tanto, vamos a comentar más detenidamente el funcionamiento de cada una de ellas.

#### 7.3.3.1 SENTENCIA SELECT

La sentencia **SELECT** es la más importante y la más compleja de todas las sentencias que forman SQL. Se utiliza para extraer datos de una o varias tablas de la base de datos, su forma general operando sobre una única tabla es:

*SELECT campo1, campo2, ...*

*FROM tabla*

*[WHERE criterios]*

*[ORDER BY campo]*

Esta instrucción, devuelve el conjunto de registros de la tabla indicada en FROM, que cumplen las condiciones establecidas en WHERE y que están formados por los campos indicados en SELECT. Para tomar todos los campos de la tabla se escribirá *, en lugar de los nombres de los campos. Los registros se devolverán ordenados según el campo o campos indicados en ORDER BY.

Las cláusulas WHERE y ORDER BY son opcionales, por lo que en caso de que no se utilicen se devolverán todos los registros de la tabla en el orden definido en el interior de la misma.

La siguiente instrucción de ejemplo devolvería el campo "nombre" y "ciudad" de aquellos registros de la tabla "usuarios", cuya ciudad sea "Madrid". Además, las filas se devolverán ordenadas por el "nombre" del usuario.

```
SELECT nombre, ciudad
FROM  usuarios
WHERE ciudad = 'Madrid'
ORDER BY nombre
```

Tanto en este ejemplo como en los demás que irán apareciendo, cada cláusula se escribe en una línea diferente a efectos de una mayor claridad. Además, SQL no es case sensitive por lo que las cláusulas pueden escribirse indiferentemente en mayúsculas o minúsculas.

### Condiciones de selección

Las condiciones de selección de registros, llamadas también predicados, se establecen en la cláusula **WHERE** mediante un *criterio*, que es una expresión cuyo resultado se evalúa como verdadero o falso. La forma general es:

*Campo operador valor*

A la hora de escribir la condición hay que tener en cuenta que:

- Si *valor* no es numérico, deberá escribirse entre comillas simples, aunque algunos gestores de BD, como Access, obligan a que los valores tipo fecha se escriban delimitados por #.

- *Valor* puede ser el resultado de otra instrucción SELECT.

- La cláusula WHERE puede incluir varias expresiones de este tipo vinculadas con los operadores AND y OR.

### Ordenación de registros

La cláusula **ORDER BY** determina cómo se van a ordenar los registros según la forma:

*Campo1 ASC|DESC, campo2 ASC|DESC, ...*

Donde hay que tener en cuenta que:

- Si dos o más registros poseen el mismo valor de campo1, se ordenarán según campo2.

- El modo de ordenación puede ser ascendente (ASC) o descendente (DESC).

- El modo de ordenación predeterminado es ascendente.

Veamos otro ejemplo de instrucción SQL:

```
SELECT *
FROM pedidos
WHERE fecha < #1/1/04# and pendiente = false
ORDER BY coste DESC
```

En este caso se están solicitando todos los campos de aquellos registros de la tabla "pedidos" cuya fecha sea inferior al 1/1/04. El campo pendiente será *false*. Los registros se devolverán ordenados por coste descendente.

## Consultas SELECT sobre varias tablas

Para obtener datos incluidos en distintas tablas basta con indicar los nombres de éstas en la cláusula FROM, separadas por comas. Si alguno de los campos seleccionados se encuentra en más de una tabla, hay que preceder a su nombre el de la tabla en la que se encuentra, separado por un punto.

Cuando se realiza una consulta sobre varias tablas, se debe añadir una condición en la cláusula WHERE que ligue los datos de ambas tablas, de lo contrario la consulta devolverá el producto cartesiano de las filas de ambas tablas. Para poder ligar dos tablas éstas deben tener un campo común, la unión entre ellas se lleva a cabo añadiendo la siguiente expresión en la cláusula WHERE:

*WHERE tabla1.campo = tabla2.campo*

La siguiente instrucción obtiene el nombre de todos los alumnos apuntados al curso de "SQL Server", estando el campo "nombre", cuyo valor se quiere recuperar, y el campo "curso", que contiene la condición, en tablas diferentes. Ambas tablas se encuentran relacionadas por un campo común "id":

```
SELECT nombre FROM alumnos, cursos
WHERE alumnos.id = cursos.id and
                   curso = "SQL Server"
```

## Instrucciones SELECT subordinadas

Dentro de la cláusula WHERE de una sentencia SELECT se pueden especificar otras instrucciones SELECT, a las que se considera subordinadas de la primera. La instrucción anterior también se puede escribir utilizando un SELECT subordinado de la siguiente manera:

```
SELECT nombre
FROM alumnos
WHERE id =
      (SELECT id FROM cursos
      WHERE curso = "SQL Server")
```

## Operadores

Además de los operadores simples (<, >, =, ...) una cláusula **WHERE** puede incluir otros tipos de operadores:

- **LIKE**. Se utiliza para buscar campos que contengan combinaciones de caracteres que cumplan ciertas condiciones:

  *Campo LIKE constante_alfanum*

  La constante alfanumérica puede contener caracteres cualquiera, puede incluir comodines con significado especial:

  | | |
  |---|---|
  | % | cadena de longitud aleatoria |
  | _ | caracter no nulo |
  | [x-y] | caracter dentro del rango x - y |

- **BETWEEN**. Comprueba si un valor está comprendido entre dos dados:

  *Exp1 [NOT] BETWEEN exp2 AND exp3*

  El resultado es verdadero si exp1 esta comprendido entre exp2 y exp3:

  ```
  SELECT *
  FROM pedidos
  WHERE coste BETWEEN 100.000 and 200.000
  ```

- **IN.** Comprueba si un valor está incluido en una lista de valores:

  *Exp IN (cte1, cte2, cte3, ...)*

  En lugar de una lista de constantes podría especificarse una sentencia SELECT subordinada, que no puede incluir la cláusula ORDER BY y debe dar lugar a una tabla con una sola columna:

  ```
  SELECT *
  FROM usuarios
  WHERE id IN
        (SELECT id_us FROM pedidos
         WHERE unidades < 5)
  ```

#### 7.3.3.2 SENTENCIA INSERT

Permite añadir una o más filas a una tabla. Puede utilizarse tanto para añadir una única fila como para copiar en una tabla un subconjunto de registros proveniente de otra.

En el caso de añadir filas individuales se utiliza el formato:

*INSERT INTO tabla (campo1, campo2, ...)*

*VALUES (valor1, valor2, ..)*

Esta instrucción inserta en "tabla" un registro cuyos valores se especifican en VALUES, cada valor será asignado a un campo según el orden especificado en la lista de nombres de campos.

Si no se especifica la lista de campos, se asume que se suministrarán valores en la lista de valores para todos los campos de la tabla.

La siguiente instrucción añade un nuevo registro a la tabla "clientes".

```
INSERT INTO clientes (nombre, apellidos, dni)
VALUES ('Pedro', 'López', 56000)
```

Si la tabla clientes sólo tuviera los tres campos indicados, la anterior instrucción se podría escribir también así:

```
INSERT INTO clientes
VALUES ('Pedro', 'López', 56000)
```

El formato para insertar varias filas en una tabla es:

*INSERT INTO tabla subselect*

La siguiente instrucción añade a la tabla "alumnos" todos los registros de la tabla "alumnos2":

```
INSERT INTO alumnos
SELECT * FROM alumnos2
```

#### 7.3.3.3 SENTENCIA DELETE

Permite borrar una o varias filas de una tabla. Su formato es:

*DELETE FROM tabla*

*WHERE condiciones*

La siguiente instrucción elimina de la tabla "alumnos" a aquéllos que hayan cursado Access:

```
DELETE FROM alumnos
WHERE id_curso =
      (SELECT id_curso FROM cursos
      WHERE nomcurso="Access")
```

#### 7.3.3.4 SENTENCIA UPDATE

Su función es modificar los valores de ciertos campos en aquellos registros que cumplan una determinada condición. El formato de esta instrucción es el siguiente:

*UPDATE tabla*

*SET campo1 = expr1, campo2 = expr2, ...*

*WHERE condiciones*

Mediante la cláusula SET se indican los valores que se van a asignar a los campos.

La siguiente consulta aplica un 5% de descuento a los cursos de "access":

```
UPDATE cursos
SET precio = precio *0.95
WHERE nomcurso="access"
```

## 7.4 EL API JDBC

Las clases e interfaces que forman parte de este API se encuentran en el paquete java.sql. La tabla de la figura 94 contiene los elementos más importantes de este paquete.

| *Clase/Interfaz* | *Función* |
|---|---|
| **DriverManager** | Establece conexiones con la base de datos a través del Driver |
| **Connection** | Representa una conexión con la base de datos |
| **Statement** | Ejecución de consultas SQL |
| **PreparedStatement** | Ejecución de consultas preparadas y procedimientos almacenados |
| **ResultSet** | Manipulación de registros en consultas de tipo Select |
| **ResultSetMetadata** | Proporciona información sobre la estructura de los datos |

***Fig. 94** - El API JDBC*

En los próximos apartados estudiaremos con detenimiento este API.

## 7.5 UTILIZACIÓN DE JDBC PARA ACCEDER A DATOS

En toda aplicación que utilice JDBC para acceder a una base de datos, se distinguen cuatro fases o pasos a realizar:

1. Conexión con la base de datos
2. Ejecución de consultas
3. Manipulación de registros
4. Cierre de la conexión

A continuación, describiremos cada uno de ellos, analizando las clases e interfaces implicadas en cada paso.

### 7.5.1 Conexión con la base de datos

Para realizar cualquier operación con la base de datos es necesario, primeramente, establecer una conexión con la misma.

Esta acción requiere la realización de dos operaciones:

- Carga del driver
- Creación de la conexión

### 7.5.1.1 CARGA DEL DRIVER

Mediante esta acción, se prepara el driver JDBC para que pueda ser utilizado. Esto se realiza mediante el método estático *forName()* de la clase **java.lang.Class**, cuyo formato es:

*Class forName(String clase_driver)*

Este método localiza, lee y enlaza dinámicamente el driver, devolviendo un objeto Class asociado a la clase indicada. Se debe tener en cuenta que la llamada a *forName()* puede provocar una excepción de tipo **ClassNotFoundException**, por lo que deberá ser capturada por la aplicación.

La siguiente instrucción realizaría la carga del driver puente JDBC-ODBC proporcionado por Sun:

```
Class.forName("sun.jdbc.odbc.JdbcOdbcDriver");
```

En la nueva versión del API JDBC incorporada en Java 6 (JDBC 4.0) se elimina la necesidad de realizar este paso, ya que, si el driver se encuentra empaquetado como un servicio, la clase DriverManager buscará la implementación correspondiente de la clase java.sql.Driver en el CLASSPATH y realizará la llamada al método *forName()* de forma implícita. Precisamente, el driver puente JDBC-ODBC, incluido en el paquete de clases de Java SE 6, está empaquetado como servicio por lo que no tendremos que realizar la carga del mismo de forma explícita.

### 7.5.1.2 CREACIÓN DE LA CONEXIÓN

Una vez cargado el driver se debe proceder a la conexión con la base de datos, operación que se lleva a cabo con el método estático *getConnection()* de la clase **DriverManager** del API JDBC. El formato de este método es:

*Connection getConnection(String url)*

La cadena *url* representa la dirección de la base de datos y su formato es:

*jdbc:subprotocolo:base_datos*

Donde *subprotocolo* depende del tipo de driver utilizado y *base_datos* es el nombre de la base de datos.

Por otro lado, el método *getConnection()* devuelve un objeto que implementa la interfaz **Connection**, la cual proporciona varios métodos para manejar la conexión.

La siguiente instrucción utiliza el driver JDBC-ODBC para establecer una conexión con una base de datos, cuyo nombre de fuente de datos es "empresa":

```
Connection cn;
cn=DriverManager.getConnection("jdbc:odbc:empresa");
```

El método *getConnection()* está sobrecargado, existiendo una versión que además de la url permite suministrar el usuario y password para acceder a la base de datos. El siguiente ejemplo permitiría establecer una conexión con una base de datos de Oracle llamada "info", utilizando un driver nativo de Oracle:

```
Class.forName("oracle.jdbc.driver.OracleDriver");
Connection cn = DriverManager.getConnection(
        "jdbc:oracle:thin:@miservidor:1521:info",
        "scott", "tiger");
```

Debe tenerse en cuenta que, al igual que sucede con la mayoría de los métodos de API JDBC, *getConnection()* puede provocar una excepción de tipo **SQLException** que habrá que capturar.

## 7.5.2 Ejecución de consultas

Una vez establecida la conexión con la base de datos, se empleará ésta para enviar consultas SQL a la base de datos.

### 7.5.2.1 CREACIÓN DEL OBJETO STATEMENT

Las consultas SQL se manejan a través de un objeto que implementa la interfaz **Statement**, cuya creación se realiza mediante el método *createStatement()* de la interfaz Connection:

```
Statement st;
st=cn.createStatement();
```

Esta operación también puede provocar una **SQLException**.

### 7.5.2.2 EJECUCIÓN DE LA CONSULTA SQL

La interfaz Statement proporciona diversos métodos para enviar una consulta SQL a través de la conexión. Los más importantes son:

- boolean **execute(String sql)**. Envía a la base de datos la consulta SQL proporcionada como parámetro. Si se trata de una consulta de acción (Insert, Update o Delete), el método devolverá *false* indicando que no se generan resultados. Cuando es una consulta de selección (Select), el método devolverá *true*.

- int **executeUpdate(String sql)**. Envía una consulta de acción a la base de datos, devolviendo el número de registros afectados por la acción.

- ResultSet **executeQuery(String sql)**. Envía una consulta de selección de registros a la base de datos, devolviendo un objeto ResultSet para su manipulación.

En caso de producirse algún tipo de error en la ejecución de la consulta, los tres métodos generan una excepción SQLException.

Para enviar una consulta de actualización a la tabla "empleados" de la base de datos "empresa", utilizaríamos:

```
st.execute("Update empleados set salario="+
                              "salario*1.1");
```

## 7.5.3 Cierre de la conexión

Las consultas de acción no devuelven datos a la aplicación para su tratamiento, por lo que una vez ejecutada la consulta o consultas, se debe proceder al cierre de la conexión. Esto permite liberar recursos de memoria y CPU en la máquina.

El cierre de una conexión se realiza mediante el método *close()* de la interfaz Connection:

```
cn.close();
```

La llamada a este método también puede provocar una SQLException.

La interfaz Statement también dispone de un método *close()* para liberar el objeto Statement, esto debe realizarse antes de cerrar la conexión. Cuando se cierra una conexión, todos los objetos Statement que queden abiertos serán cerrados automáticamente.

A fin de aclarar todo lo visto hasta ahora, el siguiente listado representa el método *main()* de una clase en el que se reflejan todos los pasos para realizar la inserción de un registro en una base de datos. La información es solicitada al usuario a través del teclado:

```
import java.sql.*;
import java.io.*;
public class InsercionDatos{
public static void main(String[] args)
                        throws IOException{
    BufferedReader bf;
    bf=new BufferedReader(
                 new InputStreamReader(System.in));
    //Lectura de los datos a insertar
    String pwd=bf.readLine();
    String user=bf.readLine();
    String dir=bf.readLine();
    String tel=bf.readLine();
    try{
      Connection cn;
      Statement st;
      Class.forName("sun.jdbc.odbc.JdbcOdbcDriver");
      cn=DriverManager.getConnection(
                        "jdbc:odbc:tienda");
      st=cn.createStatement();
      String tsql;
      //La tabla clientes dispone de
      //los campos password, usuario, direccion
      //y telefono, todos ellos de tipo texto
      //por eso deben escribirse entre comillas
      tsql="Insert into clientes values('";
      tsql+=pwd+"','"+user+"','"+dir+"','"+tel+"')";
      st.execute(tsql);
      cn.close();
    }
    catch(ClassNotFoundException e){
      e.printStackTrace();
    }
    catch(SQLException e){
```

```
        System.out.println("estado: "+e.getSQLState());
        System.out.println("código de error: "+
                                  e.getErrorCode());
        e.printStackTrace();
      }
    }
  }
```

### 7.5.4 Manipulación de registros

El envío de una consulta de selección de registros a la base de datos devuelve como resultado un objeto que, además de disponer de un cursor para desplazarse por el conjunto de registros seleccionados, permite acceder a los valores de los campos. Este objeto implementa la interfaz **ResultSet**.

La interfaz ResultSet del API SQL, proporciona métodos para desplazarse por el conjunto de registros afectados por la consulta y manipular sus contenidos.

#### 7.5.4.1 OBTENER OBJETO RESULTSET

Un objeto ResultSet se crea al invocar al método *executeQuery()* del objeto Statement:

```
ResultSet rs=st.executeQuery(
              "select * from empleados");
```

De forma predeterminada, este objeto posee la característica de ser de **sólo avance y sólo lectura**. Esto implica que el recorrido se deberá hacer siempre desde el primer registro hacia adelante y los contenidos de los campos no podrán ser modificados.

Desde el punto de vista de la velocidad y el consumo de recursos, ésta es la forma más óptima en la que se puede presentar un ResultSet, resultando además esta funcionalidad suficiente en la mayoría de los casos. No obstante, en apartados posteriores veremos cómo crear ResultSets desplazables de lectura/escritura.

#### 7.5.4.2 DESPLAZAMIENTO POR EL CONJUNTO DE REGISTROS

Una vez obtenido el ResultSet, su cursor se encuentra situado en la posición que está antes del primer registro (figura 95).

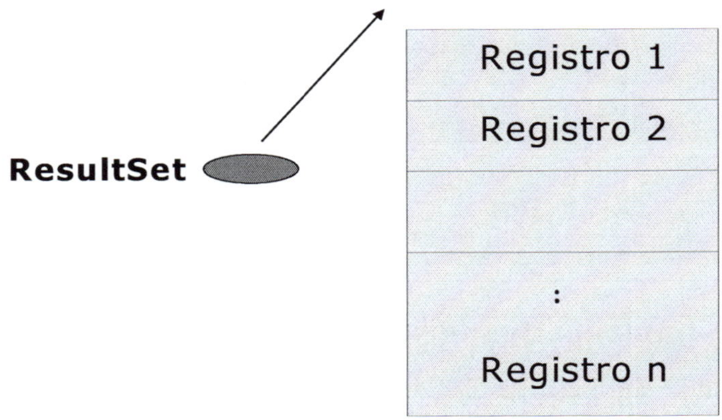


*Fig. 95 - Situación del ResultSet una vez creado*

Para realizar el desplazamiento por los registros, la interfaz ResultSet proporciona el método *next()*. La llamada a este método desplaza el cursor al siguiente registro del conjunto, devolviendo como resultado un boolean que indica si la nueva posición apuntada se corresponde con un registro (*true*), o si el cursor se ha salido del conjunto (*false*).

Utilizando este método y una instrucción *while*, es posible recorrer todos los registros desde el primero hasta el último:

```
while(rs.next())
{
        //instrucciones
}
```

### 7.5.4.3 ACCESO A LOS CAMPOS

La interfaz ResultSet proporciona dos grupos de métodos para acceder a los campos del registro actual, el que está siendo apuntado por el cursor (registro actual). Estos métodos se ajustan a los formatos:

- xxx **getXxx(int posicion)**
- xxx **getXxx(String nombre_campo)**

Donde xxx puede ser el nombre de cualquiera de los tipos básicos Java más Date, String y Object, debiéndose utilizar aquel método que se corresponda con el tipo almacenado en el campo.

El primer grupo de métodos permite obtener el valor de un campo a partir de su posición dentro del registro, siendo **1 la posición del primer campo**. Por su parte, el segundo grupo de métodos obtiene el valor del campo a partir del nombre del mismo.

El siguiente trozo de código, muestra en pantalla la edad de todos los empleados:

```
ResultSet rs=st.executeQuery(
                "select * from empleados");
while(rs.next()){
      System.out.println(rs.getInt("edad"));
}
```

El siguiente programa representa otro ejemplo de utilización de JDBC para extraer información de una base de datos. En este caso, se solicita a un usuario que introduzca su usuario y password por teclado, utilizando esa información para comprobar si el usuario está o no registrado en la tabla de "clientes" de una base de datos:

```
import java.sql.*;
import java.io.*;
public class BuscaDatos{
public static void main(String[] args)
                    throws IOException{
    BufferedReader bf;
    bf=new BufferedReader(
                new InputStreamReader(System.in));
    System.out.println("Introduzca el usuario: ");
    String user=bf.readLine();
    System.out.println("Introduzca la password: ");
    String pw=bf.readLine();
    try{
      Connection cn;
      Statement st;
      ResultSet rs;
      Class.forName("sun.jdbc.odbc.JdbcOdbcDriver");
      cn=DriverManager.getConnection(
                  "jdbc:odbc:tienda");
      st=cn.createStatement();
      String tsql;
```

```
            //Los campos password y usuario de la
            //tabla clientes son de tipo texto, por eso deben
            //escribirse entre comillas simples
            tsql="select usuario, password from clientes ";
            tsql+="where usuario='"+user;
            tsql+="' and password='"+pw+"')";
            rs=st.executeQuery(tsql);
            //realiza un único desplazamiento
            //para comprobar si hay un registro o ninguno
            if(rs.next())
                  System.out.println("Usuario válido");
            else
                  System.out.println("Usuario no válido");
            cn.close();
          }
          catch(ClassNotFoundException e){
            e.printStackTrace();
          }
          catch(SQLException e){
            System.out.println("estado: "+e.getSQLState());
            System.out.println("codigo de error:"+
                                 e.getErrorCode());
            e.printStackTrace();
          }
        }
      }
```

### 7.5.4.4 OTROS MÉTODOS DE LA INTERFAZ RESULTSET

Además de los anteriores, la interfaz ResultSet proporciona a los siguientes métodos un cursor de sólo avance y sólo lectura:

- boolean **isFirst()**. Devuelve *true* si el cursor apunta al primer registro.

- boolean **isBeforeFirst()**. Devuelve *true* si el cursor está situado antes del primer registro.

- boolean **isLast()**. Devuelve *true* si el cursor está apuntando al último registro.

- boolean **isAfterLast()**. Devuelve *true* si el cursor se encuentra después del último registro.

- int **getRow()**. Devuelve la posición del registro actual, siendo "1" la posición del primer registro.

Todos los métodos de la interfaz ResultSet pueden lanzar una **SQLException**.

#### 7.5.4.5 CIERRE DE UN RESULTSET

El método *close()* de la interfaz ResultSet permite cerrar el objeto y liberar los recursos utilizados por éste, algo que resulta bastante adecuado para reducir el consumo de recursos y mejorar así el rendimiento de las aplicaciones.

Si un mismo objeto Statement se utiliza para crear un segundo ResultSet, el primer ResultSet será cerrado automáticamente de forma implícita. Esto significa que si se desea tener dos ResultSet abiertos al mismo tiempo, habrá que crearlos con **dos Statement diferentes**.

De hecho, cualquier operación que se realice con el objeto Statement después de haber creado un ResultSet, provocará implícitamente el cierre inmediato de éste.

*PRÁCTICA 7.1.*

Tenemos una base de datos a la que se le ha asociado un dsn llamado biblios, en la que se incluye la tabla "Libros" con los siguientes campos:

*Libros*

*ISBN (texto)*

*Titulo (texto)*

*Autor (texto)*

*Precio (numerico)*

Desarrollar un programa de búsqueda de libros en el que se solicite al usuario el ISBN del libro que se quiere buscar, en caso de encontrarlo se mostrarán en pantalla todos los datos del libro. Si no se encuentra, aparecerá un mensaje en pantalla en el que se le indique al usuario que el libro buscado no existe.

En cualquiera de los dos casos, después se le enviará al usuario la siguiente pregunta:

¿Desea realizar una nueva búsqueda (s/n)?

En caso afirmativo (s), se volverá a solicitar un nuevo ISBN y se repetirán los pasos anteriores. Si la respuesta es negativa (n), el programa finalizará.

Desde el punto de vista del desarrollo del programa, el acceso a los datos se aislará en una clase diferente a la clase principal que se encarga de la entrada/salida, así mismo, se utilizará una clase de encapsulación donde recoger los datos de cada libro.

## 7.5.5 Información sobre los datos

Además de los datos en sí, el API SQL proporciona una interfaz, **ResultSetMetaData**, que permite obtener información sobre las características de los datos referenciados por un ResultSet.

### 7.5.5.1 OBTENER OBJETO RESULTSETMETADATA

Primeramente, necesitamos obtener un objeto ResultSetMetaData, para lo cual utilizaremos el método *getMetaData()* de la interfaz ResultSet:

```
ResultSetMetaData rm=rs.getMetaData();
```

### 7.5.5.2 ACCESO A LA INFORMACIÓN

La interfaz ResultSetMetaData proporciona los siguientes métodos para obtener información sobre los datos:

- int **getColumnCount()**. Devuelve el número de campos o columnas del conjunto de registros referidos por el ResultSet.

- String **getColumnName(int posicion)**. Permite obtener el nombre de un campo a partir de su posición.

- int **getColumnType(int posicion)**. Devuelve una constante entera que representa el tipo de dato SQL soportado por el campo. Las constantes de los tipos SQL se encuentran definidas en la clase **java.sql.Types** (figura 96).

| *Constantes java.sql.Types* | *Tipo equivalente Java* |
|---|---|
| SMALLINT | short |
| INTEGER | int |
| BIGINT | long |
| FLOAT | float |
| DOUBLE | double |
| BOOLEAN | boolean |
| VARCHAR | String |

***Fig. 96*** *- Equivalencia entre tipos SQL y tipos Java*

- String **getColumnTypeName(int posicion)**. Devuelve el nombre del tipo de dato soportado por el campo, según está definido en el gestor de base de datos.

## 7.5.6 Consultas preparadas

Las consultas preparadas se basan en la utilización de consultas SQL precompiladas.

La idea es precompilar una instrucción SQL, utilizando parámetros en vez de valores fijos, y sustituir éstos por valores concretos en el momento en que se desee ejecutar la instrucción. Esto aumenta la eficiencia de la aplicación en aquellos casos en que vaya a utilizarse repetidas veces una determinada instrucción.

Las consultas preparadas se gestionan mediante la interfaz **PreparedStatement**.

### 7.5.6.1 CREACIÓN DE UN OBJETO PREPAREDSTATEMENT

Para la creación de una consulta preparada utilizamos el método *prepareStatement()* de la interfaz Connection. Este método, recibe como parámetro la consulta SQL para su precompilación:

```
PreparedStatement ps;
String tsql;
tsql= "Update empleados set salario=? where dni=?";
ps=cn.prepareStatement(tsql);
```

Como se puede apreciar, los valores de los campos se indican mediante "?" en la instrucción para su posterior sustitución. Nótese que la "?" hace referencia a un valor, independientemente de su tipo, por ello, no es necesario encerrar este símbolo entre comillas simples cuando se trate de valores de texto.

#### 7.5.6.2 ASIGNACIÓN DE PARÁMETROS

Una vez creada, la consulta está, como su nombre indica, preparada para ser ejecutada tantas veces como se requiera. Pero antes, es necesario asignar valores a los parámetros definidos en la instrucción.

Esta operación se realiza con el siguiente grupo de métodos existentes en la interfaz PreparedStatement:

*void setXxx(int indice_paramentro, xxx valor);*

Pudiendo ser *xxx* el nombre de cualquiera de los tipos básicos Java más Date, Object y String. Por otro lado, *indice_parametro* es la posición que ocupa el parámetro dentro de la instrucción, siendo "1" la posición del primero.

Para el ejemplo de la consulta anterior, podríamos hacer la siguiente asignación de parámetros:

```
ps.setInt(1, 4000);
ps.setString(2, "50069368R");
```

#### 7.5.6.3 EJECUCIÓN DE LA CONSULTA

Para proceder a la ejecución de la consulta utilizaremos los métodos *execute()* o *executeQuery()*, dependiendo de si es una consulta de acción o de selección de registros.

En el ejemplo que estamos analizando:

```
ps.execute();
```

### 7.5.7 ResultSet desplazable

Como ya hemos visto, los ResultSet que hemos creado hasta el momento únicamente permiten realizar desplazamientos hacia adelante y el acceso a los datos es de sólo lectura.

Para disponer de un ResultSet con mayores prestaciones, tendríamos que modificar la forma en que creamos los objetos Statement o PreparedStatement, utilizando las siguientes versiones de métodos de creación de consultas de la interfaz Connection:

- Statement **createStatement (int resultSetType, int resultSetConcurrency)**
- PreparedStatement **prepareStatement (String sql, int resultSetType, int resultSetConcurrency)**

El parámetro entero *resultSetType* representa el tipo de ResultSet que puede ser creado con el objeto. Los posibles valores que puede tomar este parámetro están recogidos en las siguientes constantes definidas en la interfaz ResultSet:

- **ResultSet.TYPE_FORWARD_ONLY**. Los ResultSets creados son de tipo "sólo avance", es el valor predeterminado.

- **ResultSet.TYPE_SCROLL_INSENSITIVE**. Permite crear ResultSets que se desplacen en ambas direcciones, aunque no muestra los cambios que puedan realizar otros usuarios en la base de datos mientras el ResultSet esté abierto.

- **ResultSet.TYPE_SCROLL_SENSITIVE**. Permite crear ResultSets desplazables en ambas direcciones y, además, sensibles a los cambios que otros usuarios realicen sobre la base de datos.

En cuanto a *resultSetConcurrency*, indica si los datos son de sólo lectura o de lectura/escritura. Los posibles valores que puede tomar son:

- **ResultSet.CONCUR_READ_ONLY**. Los campos son de sólo lectura, es el valor predeterminado.

- **ResultSet.CONCUR_UPDATABLE**. Los campos son de lectura/escritura, pudiéndose utilizar el objeto ResultSet para realizar modificaciones sobre los mismos.

Los ResultSet desplazables pueden utilizar, además de los estudiados, los siguientes métodos de la interfaz ResultSet:

- boolean **first()**. Desplaza el cursor hasta el primer registro, devolviendo un valor *boolean* que nos indicará si estamos (*true*) o no (*false*) ante una fila válida.

- void **beforeFirst()**. Desplaza el cursor a la posición situada antes del primer registro.

- boolean **last()**. Desplaza el cursor hasta el último registro, devolviendo un valor *boolean* que nos indicará si estamos o no ante una fila válida.

- void **afterLast()**. Desplaza el cursor hasta la posición que está después del último registro.

- boolean **absolute(int pos)**. Desplaza el cursor hasta la posición indicada en el parámetro *pos*, devolviendo un valor *boolean* que nos indicará si estamos o no ante una fila válida.

# 7.6 CUESTIONES DE AUTOEVALUACIÓN

1. El driver JDBC:

   A. Es el paquete de Java SE que contiene las clases necesarias para acceder a bases de datos relacionales.

   B. Hace de intermediario entre la aplicación y la base de datos.

   C. Es un gestor de base de datos universal.

   D. Es un dialecto SQL que permite acceder a cualquier tipo de base de datos.

2. El siguiente método pretende servir para obtener una conexión con una base de datos cuyo *dsn* es "tienda". Sin embargo, el código está incompleto, indica qué instrucción falta y dónde debería estar situada.

```
public Connection getConexion(){
      Connection cn=null;
      try{
            cn=DriverManager.getConnection(
                        "jdbc:odbc:tienda");
      }
      catch(Exception e){
            e.printStackTrace();
      }
      return cn;
}
```

3. ¿Qué resultado se obtiene con la siguiente sentencia SQL?

```
SELECT * FROM Empleados
WHERE Sueldo > 100000 AND Sueldo < 200000;
```

   A. Los registros cuyo sueldo esté comprendido en el rango de 100000 a 200000, incluidos estos valores.

   B. Los registros cuyo sueldo esté comprendido en el rango de 100000 a 200000, excluidos estos valores.

   C. Los registros cuyo sueldo sea 100000 o 200000.

   D. Ningún registro puede cumplir las dos expresiones relacionales.

4. ¿Cuál de las siguientes acciones forma parte del conjunto de operaciones que hay que realizar para manipular un conjunto de registros de una base de datos?

   A. Invocar al método *executeQuery()* del objeto ResultSet.

   B. Utilizar una instrucción SELECT como argumento del método *createStatement()* de Connection.

   C. Reunir los datos en un ResultSet.

5. El objeto *ResultSetMetaData*:

   A. Permite obtener información sobre el tipo de los campos de una tabla.

   B. Permite obtener *ResultSets* que puedan modificar los contenidos de los campos a los que hacen referencia.

   C. Solamente puede obtenerse a partir de un *ResultSet* desplazable.

   D. Solamente puede obtenerse a partir de un *ResultSet* de lectura/escritura.

6. La siguiente clase no compilará, indica el motivo:

```
import java.sql.*;
```

```
import java.io.*;
public class Actualizacion{
   public static void main(String[] args)
                  throws IOException{
      BufferedReader bf;
      bf=new BufferedReader(
            new InputStreamReader(System.in));
      System.out.println(
            "Introduzca nuevo usuario: ");
      String user=bf.readLine();
      System.out.println("Introduzca la "+
            "password: ");
      String pw=bf.readLine();
      try{
            Connection cn;
            Statement st;
            ResultSet rs;
            Class.forName(
                "sun.jdbc.odbc.JdbcOdbcDriver");
            cn=DriverManager.getConnection(
                  "jdbc:odbc:tienda");
            st=cn.createStatement();
            String tsql;
            //Actualiza el usuario del registro
            //cuyo password se ha introducido
            tsql="update clientes set ";
            tsql+=usuario='"+ user+"'";
            tsql+=" where password='"+pw+"')";
            st.execute (tsql);
            cn.close();
      }
      catch(SQLException e){
            e.printStackTrace();
      }
   }
}
```

7. Tenemos una base de datos con dos tablas, "Departamentos" y "Empleados", con los siguientes campos:

| Departamentos | Empleados |
|---|---|
| NombreDep (texto) | CodigoDep (numérico) |
| CodigoDep (numérico) | DNI (texto) |
| | Nombre (texto) |
| | Salario (numérico) |

Escribir una instrucción SQL que elimine de la tabla "Empleados" a todos aquellos registros que pertenezcan al departamento de "Marketing" (nombre de departamento).

8. Escribe una nueva versión de la clase InsercionDatos (Clase de ejemplo presentada en este capítulo y que realizaba la inserción de un registro en la tabla "clientes"), utilizando consultas preparadas.

# 7.7 LISTADO DE LAS PRÁCTICAS

## 7.7.1 PRÁCTICA 7.1.

***************clase AccesoDatos*************************

```
import java.sql.*;
//clase que recoge las operaciones sobre
//la base de datos
public class AccesoDatos{
  String dsn;
  public AccesoDatos(String dsn){
    //asocia el dsn al objeto creado
    this.dsn=dsn;
  }
  public Connection getConexion(){
    Connection cn=null;
    try{
      Class.forName("sun.jdbc.odbc.JdbcOdbcDriver");
      cn = DriverManager.getConnection("jdbc:odbc:" +
                 dsn);
    }
```

```
    catch(SQLException e){
      System.out.println("estado: "+
            e.getSQLState());
      System.out.println("codigo de error:"+
            e.getErrorCode());
      e.printStackTrace();
    }
    finally{
      return cn;
    }
  }
  //método que nos indica si existe o no el
  //libro cuyo isbn se especifica
  public boolean existe(String isbn){
    Connection cn=getConexion();
    Statement st=null;
    ResultSet rs=null;
    boolean estado=false;
    try{
      st=cn.createStatement();
      //instrucción sql para localizar el libro
      //con el isbn proporcionado
      String sql="select isbn from libros where ";
      sql+="isbn='"+isbn+"'";
      rs=st.executeQuery(sql);
      if(rs.next()){
        estado=true;
      }
      cn.close();
    }
    catch(SQLException e){
      System.out.println("estado: "+
            e.getSQLState());
      System.out.println("codigo de error:"+
            e.getErrorCode());
      e.printStackTrace();
    }
    finally{
      return estado;
```

```
      }
    }
    //método que devuelve un objeto con los datos
    //del libro asociado al isbn proporcionado
    public Libro getLibro(String isbn){
      Connection cn=getConexion();
      Statement st=null;
      ResultSet rs=null;
      Libro lib=null;
      try{
        st=cn.createStatement();
        String sql="select * from libros where ";
        sql+="isbn='"+isbn+"'";
        rs=st.executeQuery(sql);
        //si existe el libro, crea un objeto
        //que encapsula los datos del mismo
        if(rs.next()){
          lib=new Libro();
          lib.setIsbn(rs.getString("ISBN"));
          lib.setAutor(rs.getString("Autor"));
          lib.setTitulo(rs.getString("Titulo"));
          lib.setPrecio(rs.getFloat("Precio"));
        }
        cn.close();
      }
      catch(SQLException e){
        System.out.println("estado: "+
              e.getSQLState());
        System.out.println("codigo de error:"+
              e.getErrorCode());
        e.printStackTrace();
      }
      finally{
        return lib;
      }
    }
  }
```

***************clase Libro*************************

```
/clase de encapsulación que recoge en un objeto
//todos los datos de un determinado libro
public class Libro {
  private String isbn;
  private String titulo;
  private String autor;
  private float precio;
  public String getIsbn() {
    return isbn;
  }
  public void setIsbn(String isbn) {
    this.isbn = isbn;
  }
  public String getTitulo() {
    return titulo;
  }
  public void setTitulo(String titulo) {
    this.titulo = titulo;
  }
  public String getAutor() {
    return autor;
  }
  public void setAutor(String autor) {
    this.autor = autor;
  }
  public float getPrecio() {
    return precio;
  }
  public void setPrecio(float precio) {
    this.precio = precio;
  }
}
```

**************clase BusquedaLibros**************

```
//clase principal encargada de las operaciones
//de entrada-salida
import java.io.*;
public class BusquedaLibros{
 public static void main(String[] args)
                        throws IOException{
    String op;
    AccesoDatos ad=null;
    float cant;
    InputStreamReader is=
                new InputStreamReader(System.in);
    BufferedReader bf=new BufferedReader(is);
    //solicita isbn y muestra los datos
    //del libro asociado mientras el usuario
    //elija la opción s
    do{
      Libro lib=null;
      System.out.println("Introduzca ISBN");
      op=bf.readLine();
      //crea un objeto de acceso a datos con el dsn
      //indicado
      ad=new AccesoDatos("biblios");
      if(ad.existe(op)){
       lib=ad.getLibro(op);
      }
      muestradatos(lib);
      System.out.println("¿Desea realizar una nueva "+
                              " búsqueda?(s/n)");
      op=bf.readLine();
    }
    while(!op.equals("n"));
 }

 public static void muestradatos(Libro lib){
    if(lib!=null){
      //muestra la información del libro
      System.out.println("ISBN: "+lib.getIsbn());
```

```
          System.out.println("Titulo: "+lib.getTitulo());
          System.out.println("Autor: "+lib.getAutor());
          System.out.println("Precio: "+lib.getPrecio());
        }
        else{
          System.out.println("Lo siento, el libro no se "+
                                        "ha encontrado");
        }
    }
  }
```

Capítulo 8

# APLICACIONES BASADAS EN ENTORNO GRÁFICO

Todos los ejemplos que se han presentado hasta el momento utilizaban el teclado y la consola como interfaces de entrada y salida.

Aunque esto puede resultar útil desde un punto de vista didáctico, en la práctica ninguna aplicación utiliza estos interfaces para interaccionar con el usuario. Todas las aplicaciones modernas, ya sean de escritorio o basadas en Web, utilizan un entorno gráfico basado en ventanas, botones, listas desplegables, etc., para presentar y solicitar datos al usuario.

En el caso de las aplicaciones Web, estos entornos o interfaces gráficas se implementan a través de HTML/JavaScript. Para las aplicaciones de escritorio, Java incluye como parte del Java SE dos conjuntos de librerías que proporcionan una amplia variedad de componentes gráficos, así como todo el soporte necesario para gestionar la interacción con el usuario. Estos conjuntos de librerías son:

- **AWT**
- **swing**

Como se verá más adelante, swing es una extensión de AWT, sus clases heredan alguna de las clases de éste, proporcionando mayores capacidades de presentación y la posibilidad de adaptarse a diferentes sistemas operativos. Por lo demás, la creación de aplicaciones swing sigue exactamente las mismas pautas que las AWT, compartiendo incluso el mismo modelo para la gestión de eventos.

En este capítulo abordaremos los fundamentos de la creación de aplicaciones gráficas, tanto en AWT como en swing. Nuestro análisis se va a centrar en la mecánica a seguir para el diseño de una interfaz gráfica y en la comprensión del modelo de eventos de Java para la gestión de la interacción con el usuario. Aunque no será el objetivo de este libro realizar un estudio exhaustivo de todos los componentes gráficos incluidos en estas librerías, debido a su potencia e importancia en las aplicaciones gráficas, analizaremos en el apartado dedicado a swing la utilización de listas y tablas. Como complemento, se incluye en el apéndice B una descripción de algunas de las clases de controles AWT y swing más utilizadas.

Para finalizar, presentaremos un tipo de aplicación Java que permite mejorar las capacidades de interacción con el cliente en una página Web: las applets.

## 8.1 AWT

AWT son las siglas de Abstract Windows Toolkit: conjunto de herramientas para la construcción de interfaces gráficas multiplataforma.

A pesar de que los elementos proporcionados por AWT permiten crear aplicaciones que se ejecuten en diferentes plataformas, éstos están implementados utilizando herramientas nativas de ésta, lo que proporciona una apariencia semejante a todas las aplicaciones que se creen para esa plataforma pero también tiene la desventaja de que una interfaz gráfica diseñada para una plataforma puede no visualizarse correctamente en otra diferente.

### 8.1.1 Principales clases del AWT

Las clases para la creación de aplicaciones gráficas con AWT se encuentran en el paquete **java.awt**. La figura 97 muestra algunas de las clases que conforman este paquete.

Por un lado tenemos un grupo de clases organizadas jerárquicamente, cuya superclase es **Component**, que representan el conjunto de componentes gráficos para el desarrollo de una interfaz. Por otro lado existe una serie de clases de apoyo que, aunque forman parte del paquete java.awt, no pertenecen a la jerarquía de subclases de Component pero sirven de soporte a éstas.

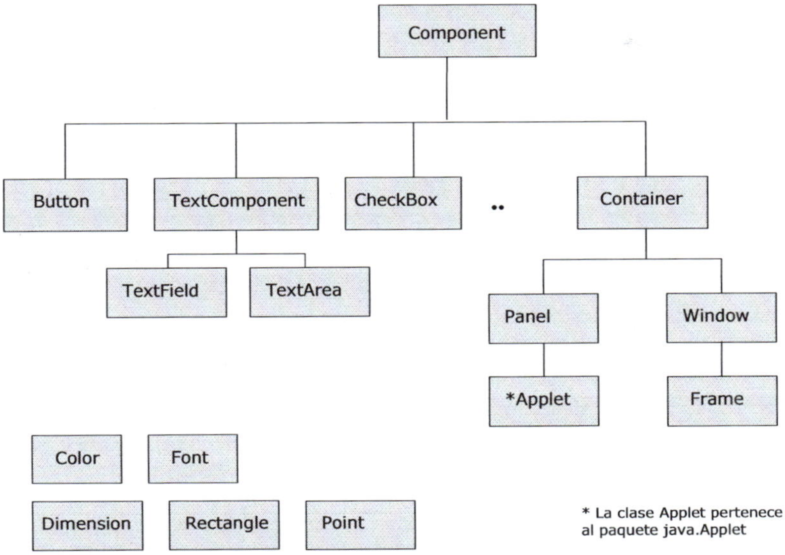


*Fig. 97 - Principales clases del AWT*

## 8.1.2 Contenedores

En toda aplicación basada en entorno gráfico, el conjunto de objetos visuales (controles) con los que interactúa el usuario se encuentran incluidos dentro de un objeto superior, conocido como contenedor, cuya principal función es la de organizar la vista de la aplicación.

AWT proporciona dos tipos principales de contenedores:

- **Ventanas**. Su aspecto es el de la clásica ventana Windows con barra de título y cuadro de control para maximizar, minimizar y cerrar. Normalmente, el usuario puede modificar manualmente el tamaño y posición de las ventanas.

- **Paneles**. Los paneles son contenedores que no disponen de barra de título ni cuadro de control, además, su tamaño y posición son fijos. Por lo general, un panel está a su vez contenido en otro contenedor, que puede ser una ventana o una página Web.

## 8.1.3 Creación de una ventana

Lo primero que hay que hacer cuando se va a desarrollar una aplicación gráfica es crear el contenedor que va a representar la vista de la aplicación. La clase

**Window** del paquete AWT proporciona el soporte básico para la creación de ventanas, sin embargo, son las subclases de ésta, **Frame** y **Dialog**, las que disponen de todas las características necesarias para crear una ventana funcional completa.

Frame representa una ventana estándar, mientras que Dialog implementa las características de un cuadro de diálogo.

Independientemente del tipo elegido, los pasos que hay que seguir para crear una ventana son los siguientes:

A. **Creación del objeto**. Lo primero será crear el objeto de la clase de ventana elegida (Frame o Dialog). En el caso de Frame, utilizaremos alguno de los siguientes constructores:

   - **Frame()**. Crea una ventana sin título.
   - **Frame(String s)**. Crea una ventana con el título indicado en el argumento.

B. **Definir tamaño y posición de la ventana**. Al crear una ventana, ésta adquiere un tamaño mínimo y una posición predeterminada. Para personalizar estos parámetros, podemos utilizar los siguientes métodos heredados de la clase Component:

   - void **setSize(int ancho, int alto)**. Establece el tamaño del componente, el cual quedará definido por el ancho y alto indicado en los argumentos. Los valores se miden en píxeles.
   - void **setLocation(int x, int y)**. Posiciona el componente en las coordenadas indicadas, los valores se toman respecto a la esquina superior izquierda de la pantalla. Los valores se miden en píxeles.
   - void **setBounds(int x, int y, int ancho, int alto)**. Define, simultáneamente, la posición y tamaño del componente.

C. **Visualizar la ventana**. De forma predeterminada, una ventana es invisible. Para que ésta se visualice en la ventana se deberá utilizar el método *setVisible()* heredado de Component:

   - void **setVisible(boolean estado)**. Permite visualizar (*true*) u ocultar (*false*) un componente.

El siguiente programa de ejemplo ilustra la creación de una ventana siguiendo los pasos anteriores:

```
import java.awt.Frame;
public class CreaVentana {
      public static void main(String[] args) {
            Frame f=new Frame("Primera ventana");
            f.setBounds(100,100,400,250);
            f.setVisible(true);
      }
}
```

La figura 98 muestra la ventana generada por el programa anterior.

***Fig. 98*** *- Aspecto de una ventana AWT*

Un detalle a mencionar sobre las ventanas AWT es que el botón de cierre de la ventana se encuentra inhabilitado, más adelante veremos cómo se puede programar el cierre de la ventana utilizando la captura y gestión de eventos.

## 8.1.4 Personalización de ventanas

Cuando se trabaja con ventanas en una aplicación, lo normal es no crear directamente objetos de la clase Frame o Dialog. Resulta más interesante definir subclases de éstas que encapsulen en su interior todo el proceso de construcción de la ventana e inclusión de controles, "liberando" de esta tarea al método *main()*.

El siguiente programa para la creación de una ventana ilustra esta nueva filosofía:

```
import java.awt.Frame;
public class CreaVentana {
  public static void main(String[] args) {
```

```
        Ventana v=
                new Ventana("Nueva ventana",30,80,400,250);
    }
}
class Ventana extends Frame{
    public Ventana(String titulo, int x, int y,
                    int ancho, int alto){
        super(titulo); //Invoca al constructor de Frame
        this.setBounds(x,y,ancho,alto);
        //visualiza la ventana
        this.setVisible(true);
    }
}
```

Como se puede apreciar en este caso, el método *main()* solamente incluye la instrucción para la construcción del objeto ventana.

### 8.1.5 Agregar controles a un contenedor

El paquete java.awt incluye un variado número de clases para la creación de los elementos gráficos más comunes que pueden aparecer en una aplicación. Todas estas clases son subclases de Component. Independientemente de su tipo, para incorporar un control AWT a un contenedor hay que seguir los siguientes pasos:

A. **Creación del objeto**. Lo primero será crear una instancia de la clase de control que se quiere utilizar. Por ejemplo, si queremos crear un botón de pulsación deberíamos instanciar la clase **Button**, utilizando alguno de los constructores que se muestran a continuación:

   - **Button()**. Crea un botón sin etiquetar.

   - **Button(String s)**. Crea un botón que muestra en su interior el texto especificado en el argumento.

B. **Definir tamaño y posición del control**. Después de crear el control, es necesario establecer el tamaño que va a tener el mismo y su posición dentro del contenedor. Estos parámetros se pueden definir de manera absoluta, utilizando los mismos métodos de la clase Component que empleamos para la colocación de una ventana, o de forma relativa a través de los llamados **Gestores de Organización** (*Layouts*). Todo contenedor tiene un *Layout* asociado para la disposición relativa de controles en su interior, dicho *Layout* tendrá que ser anulado si se opta por disponer los controles de forma manual. Para modificar o anular el gestor de organización asociado a un contenedor, será necesario utilizar el siguiente método heredado de la clase Container:

- void **setLayout(LayoutManager lm)**. Establece el gestor de organización indicado, siendo **LayoutManager** la interfaz que implementa todo gestor de organización. Para eliminar el gestor de organización existente se invocará a este método con el valor *null* como argumento.

C. **Añadir el objeto al contenedor**. Para que el control se visualice en el interior del contenedor, con el tamaño y posición especificados, es necesario agregarlo explícitamente al mismo. Esta operación se lleva a cabo mediante el método *add()* heredado de la clase **Container**:

- void **add(Component obj)**. Añade al contenedor el componente especificado en el argumento.

Normalmente, las instrucciones para creación de controles dentro de un contenedor son incluidas en el constructor del propio contenedor. El siguiente ejemplo muestra cómo crear un botón dentro de una ventana:

```
import java.awt.*;
public class CreaVentana {
  public static void main(String[] args) {
    Ventana v=
      new Ventana("Ventana con botón",30,80,400,250);
  }
}

class Ventana extends Frame{
  Button bt;
  public Ventana(String titulo, int x, int y,
      int ancho, int alto){
    super(titulo);
    this.setBounds(x,y,ancho,alto);
```

```
        //elimina el gestor de organización
        this.setLayout(null);
        bt=new Button("Pulsar aquí");
        //asigna tamaño y posición al botón respecto a
        //la esquina superior izquierda de la ventana
        bt.setBounds(50,50,100,30);
        //añade el botón a la ventana
        this.add(bt);
        //visualiza el contenedor
        this.setVisible(true);
    }
}
```

Al ejecutar este programa se mostrará una ventana cuyo aspecto se muestra en la figura 99.

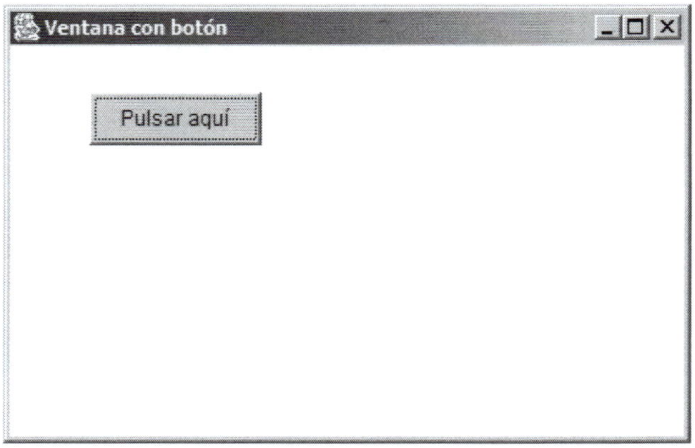


***Fig. 99** - Ventana con controles AWT*

## 8.2 EL MODELO DE GESTIÓN DE EVENTOS EN JAVA

Las aplicaciones gráficas se dice que son conducidas por eventos. Los eventos son sucesos que pueden tener lugar sobre la interfaz gráfica de una aplicación, la mayor parte de los cuales son provocados por alguna acción llevada a cabo por el usuario, tal como la pulsación de un botón, la selección de un elemento de una lista o la activación del botón de cierre de la ventana.

Normalmente, se espera que cuando se produzca uno de estos sucesos en la aplicación el programa reaccione de alguna manera. Para ello, el programador debe escribir algún tipo de rutina vinculada al evento, de modo que ésta se ejecute cada vez que el evento tiene lugar.

A esta forma de programar se la conoce como programación **basada en eventos** y es la metodología utilizada en el desarrollo de las aplicaciones que utilicen un entorno gráfico para interaccionar con el usuario.

## 8.2.1 Interfaces de escucha y escuchadores

La idea base de la gestión de eventos consiste pues en implementar una serie de métodos que se ejecuten de manera automática en el momento en que estos eventos se producen dentro de la aplicación, métodos que tendrán que ajustarse a un determinado formato preestablecido.

En Java, los métodos de respuesta a los diferentes eventos que pueden tener lugar en una aplicación gráfica se encuentran definidos en unas interfaces, conocidas como **interfaces de escucha**.

Las interfaces de escucha para la gestión de eventos en aplicaciones AWT se encuentran en el paquete **java.awt.event**. La figura 100 muestra algunas de las principales interfaces de escucha AWT y su organización jerárquica.

Cada interfaz de escucha contiene los métodos para gestionar un determinado grupo de eventos, por ejemplo, WindowListener define el formato de los métodos para la gestión de los eventos relacionados con la ventana, como son la activación del botón de cierre de la ventana, la minimización de la ventana, la activación de la ventana, etc.

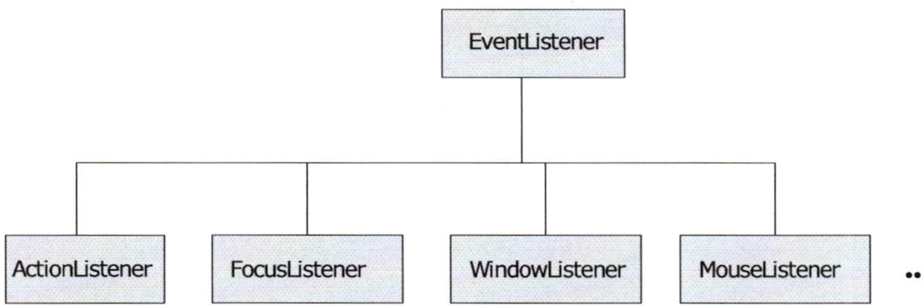


***Fig. 100** - Interfaces de escucha de java.awt.event*

La figura 101 muestra el formato de los diferentes métodos contenidos en la interfaz WindowListener, indicando en qué momento serán invocados.

```
//Invocado cuando la ventana pasa a ser la ventana activa
public void windowActivated(WindowEvent e);
//Invocado cuando la ventana deja de ser la ventana activa
public void windowDeactivated(WindowEvent e);
//Invocado cuando se pulsa el boton de cierre
public void windowClosing(WindowEvent e);
//Invocado cuando la ventana se ha cerrado
public void windowClosed(WindowEvent e);
//Invocado cuando la ventana se minimiza
public void windowIconified(WindowEvent e);
//Invocado cuando la ventana pasa de minimizada a normal
public void windowDeiconified(WindowEvent e);
//Invocado la primera vez que la ventana se hace visible
public void windowOpened(WindowEvent e);
```

***Fig. 101*** *- Métodos de la interfaz WindowListener*

Otras interfaces de escucha, como FocusListener, contiene los métodos para la gestión de los eventos del foco (llegada de foco y pérdida de foco), mientras que ActionListener contiene el método para la gestión del evento de acción, el cual es provocado por un suceso diferente en cada tipo de control (clic en Button, pulsación de "Enter" en un TextComponent, etc.).

Para responder a un evento dentro de una aplicación, el programador deberá definir una clase que implemente la interfaz de escucha correspondiente al tipo de evento que quiere gestionar. A los objetos de esta clase se les conoce como **escuchadores**.

## 8.2.2 El proceso de gestión de eventos

### 8.2.2.1 ORIGEN Y DESTINO DEL EVENTO

De lo comentado hasta el momento, se deduce que el proceso de captura y gestión de un evento en Java implica a dos actores u objetos principales de la aplicación:

- **Origen del evento**. Representa el objeto gráfico en el que se produce el evento que se quiere capturar (botón, ventana, etc.).

- **Escuchador**. Es el objeto de la clase que implementa la interfaz de escucha y que contiene el método de respuesta al evento.

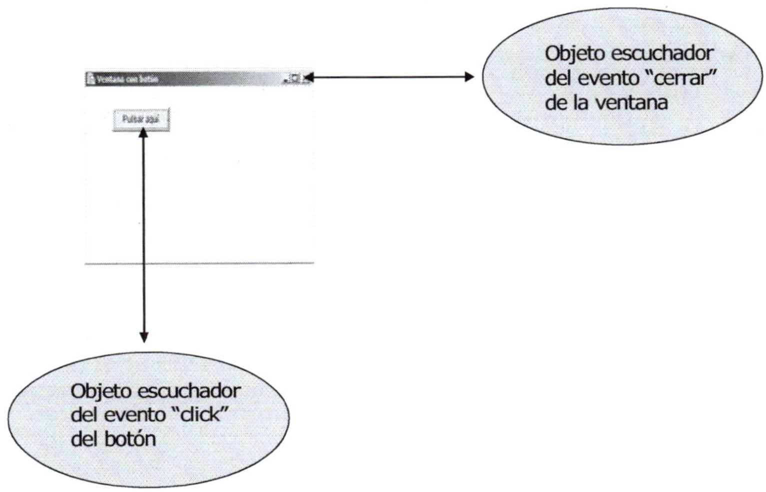


***Fig. 102** - Objeto origen y objeto escuchador*

### 8.2.2.2 ASOCIACIÓN OBJETO ORIGEN-ESCUCHADOR

En una aplicación grafica típica, lo normal es que se quiera capturar más de un evento. Habitualmente, esto implica la creación de varias clases de escucha y objetos escuchadores para los diferentes eventos a controlar, por lo que debe existir alguna forma de asociar a cada objeto origen del evento el objeto escuchador que gestiona el evento (figura 102).

Este vínculo se establece gracias a los métodos *addXxxListener()* proporcionados por las clases de componentes gráficos del AWT, cuyo formato es:

*void addXxxListener(XxxListener l)*

Donde, *XxxListener* representa el nombre de la interfaz de escucha que contiene el método para la gestión del evento. Este método se invocaría sobre el objeto origen, siendo el argumento del método el objeto escuchador.

Por ejemplo, si queremos capturar el evento "*cierre de la ventana*", dado que el método para responder a este evento se encuentra en la interfaz **WindowListener**, el método del objeto ventana (heredado de Window) que nos permite asociar éste con su escuchador es:

*void addWindowListener(WindowListener l)*

#### 8.2.2.3 RESUMEN DE PASOS A SEGUIR

Con el fin de definir claramente el proceso de gestión de eventos en Java, a continuación se resumen los pasos que debería seguir un programador para desarrollar una aplicación gráfica basada en eventos:

- **Implementar clases de escucha.** Una vez identificados los eventos que se quieren controlar, se definen las clases que implementarán las interfaces de escucha correspondientes. Aunque no hay una norma al respecto, por regla general cada objeto origen del evento tendrá su propia clase para la gestión de sus eventos, así, en caso de que haya que controlar el mismo evento en dos objetos diferentes, por ejemplo el "clic" en dos botones, se definirán dos clases de escucha diferentes, cada una tendrá su propia implementación del método *actionPerformed()*. Si el código a ejecutar en ambos sucesos es el mismo, entonces puede optarse por definir una única clase.

- **Crear los objetos de escucha.** Para cada objeto origen, se creará un objeto de su clase de escucha. Esta operación, se realiza normalmente en el constructor de la clase contenedor del control.

- **Asociar el objeto origen del evento con su escuchador.** Como hemos comentado anteriormente, esto se realiza invocando al método *addXxxListener()* del objeto origen, operación que es llevada a cabo habitualmente en el constructor del contenedor.

#### 8.2.2.4 EJEMPLO DE GESTIÓN DE EVENTOS

Para ilustrar el proceso, vamos a desarrollar un ejemplo que consistirá simplemente en responder a la pulsación del botón de cierre de una ventana. Al producirse este suceso, el programa responderá finalizando la aplicación.

Lo primero, será codificar la clase de escucha, ésta deberá implementar la interfaz **WindowListener**. De los siete métodos que tiene esta interfaz, *windowClosing()* es el que responde a la pulsación del botón de cierre de la ventana. El código de esta clase se muestra a continuación:

```
import java.awt.event.*;
public class GestionVentana implements WindowListener{
  public void windowClosing(WindowEvent e){
    System.exit(0);//Finalización de la aplicación
  }
```

```
    public void windowActivated(WindowEvent e){}
    public void windowDeactivated(WindowEvent e){}
    public void windowClosed(WindowEvent e){}
    public void windowIconified(WindowEvent e){}
    public void windowDeiconified(WindowEvent e){}
    public void windowOpened(WindowEvent e){}
}
```

Como se puede apreciar, aunque sólo estamos interesados en un método, por obligación debemos implementar todos los que tenga la interfaz.

Seguidamente, hemos de crear un objeto de esta clase de escucha y vincularlo con el objeto origen. Esta operación la realizaremos en el constructor de la clase ventana:

```
import java.awt.Frame;
public class Ventana extends Frame{
  public Ventana(String titulo, int x,
            int y, int ancho, int alto){
    super(titulo);
    this.setBounds(x,y,ancho,alto);
    //crea el escuchador
    GestionVentana g=new GestionVentana();
    //asocia el objeto ventana con el escuchador
    this.addWindowListener(g);
    this.setVisible(true);
  }
}
```

## 8.2.3 Clases de evento

Todos los métodos de respuesta a eventos existentes en las diferentes interfaces de escucha del Java SE, reciben como parámetro un objeto que nos permite acceder en tiempo de ejecución a información relacionada con el evento producido. Estos objetos son creados y enviados como parámetros a los métodos escuchadores en el momento en que se produce el evento dentro de la aplicación.

Estos *objetos de evento* pertenecen a alguna de las llamadas *clases de evento,* incluidas en los paquetes **java.awt.event** y **javax.swing.event**.

Cada interfaz de escucha tiene asociada una clase de evento, estas clases proporcionan una serie de métodos relacionados con el grupo o tipo de evento que puede ser gestionado con la interfaz. Por ejemplo, la interfaz WindowListener tiene asociada la clase **WindowEvent**, que proporciona, entre otros, métodos para obtener información sobre el estado de la ventana antes y después del evento. O la clase **MouseEvent**, cuyos métodos permiten a los escuchadores que implementan MouseListener conocer la posición del ratón en el momento en el que se produjo un evento.

Las clases de evento se encuentran organizadas jerárquicamente, siendo la clase **java.util.EventObject** la superclase de todas ellas. En la figura 103 se muestra algunas de las clases más significativas de la jerarquía de clases de evento del AWT.

Seguidamente, vamos a presentar una nueva versión de la clase GestionVentana. En este caso, el método *windowClosing()* lleva a cabo el cierre de la ventana, para lo cual invoca al método *dispose()* del objeto ventana, heredado de la clase **Window**.

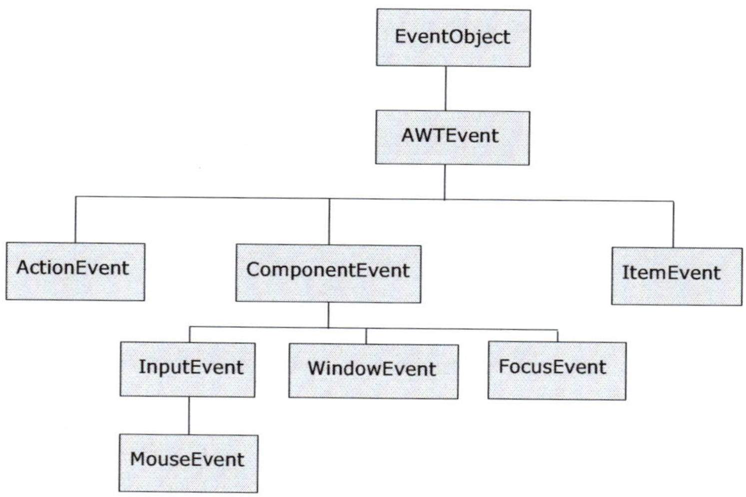


***Fig. 103** - Clases de evento del AWT*

El problema que se presenta en esta situación es cómo poder obtener una referencia al objeto ventana desde la clase de escucha. La solución la proporciona el objeto de la clase de evento, el cual proporciona el método *getSource(),* heredado de **ActionEvent**, que devuelve una referencia al objeto fuente del evento, en este caso, la ventana:

```
import java.awt.event.*;
public class GestionVentana implements WindowListener{
  public void windowClosing(WindowEvent e){
    //obtiene el objeto donde se originó el evento
    Ventana v=(Ventana)e.getSource();
    v.dispose();
  }
  public void windowActivated(WindowEvent e){}
  public void windowDeactivated(WindowEvent e){}
  public void windowClosed(WindowEvent e){}
  public void windowIconified(WindowEvent e){}
  public void windowDeiconified(WindowEvent e){}
  public void windowOpened(WindowEvent e){}
}
```

### 8.2.4 Adaptadores

La clase de escucha para la gestión del evento "cerrando ventana" desarrollada en el ejemplo anterior, presentaba el inconveniente de tener que implementar los siete métodos de la interfaz cuando tan sólo estábamos interesados en uno de ellos. En este caso puede resultar más cómodo heredar el **adaptador** correspondiente a la interfaz, en vez de implementar ésta directamente.

Un adaptador es una clase que implementa una interfaz de escucha, dejando vacíos (sin instrucciones) cada uno de los métodos de la interfaz. Cada interfaz de escucha tiene su clase adaptador asociada, siendo el nombre de ésta igual al de la interfaz, sustituyendo la palabra "Listener" por "Adapter". Por ejemplo, el adaptador de la interfaz WindowListener será **WindowAdapter**, mientras que el de FocusListener será **FocusAdapter**. Las clases adaptadoras del AWT se encuentran también en el paquete **java.awt.event**.

Heredando el adaptador en vez de implementar la interfaz, la clase de escucha no está obligada a implementar todos los métodos de la interfaz (ya lo hace el adaptador), sobrescribiendo únicamente aquellos métodos del adaptador para los que se quiera proporcionar una respuesta.

Utilizando adaptadores, la clase GestionVentana anterior quedaría ahora:

```
import java.awt.event.*;
public class GestionVentana extends WindowAdapter{
```

```
        //Sólo se sobrescribe el método que interesa
        public void windowClosing(WindowEvent e){
          Ventana v=(Ventana)e.getSource();
          v.dispose();
        }
      }
```

## 8.2.5 Referencia a los objetos de la interfaz desde la clase de escucha

Uno de los problemas más habituales con los que nos vamos a encontrar a la hora de desarrollar una aplicación AWT o swing, será acceder a los objetos de la interfaz gráfica definidos en la clase contenedor, desde el interior de los métodos de la clase de escucha.

Por ejemplo, imaginemos que queremos hacer un programa que recopile los datos introducidos en una caja de texto y los añada a un control del tipo lista en el momento en el que se presiona un botón de pulsación. Durante la codificación del método de respuesta al evento, nos encontramos en la necesidad de tener que acceder a los objetos "caja de texto" y "lista" definidos en la clase Ventana, pero, ¿cómo se accede desde una clase a un objeto que está definido en otra clase?

Existen deferentes formas para resolver este problema, en el ejemplo anterior, utilizamos el método *getSource()* de ActionEvent para acceder al objeto origen del evento, si bien ésta es una solución parcial pues sólo nos resuelve el problema si el objeto al que necesitamos acceder es aquél en el que se produjo el evento. Otras soluciones pueden ser crear variables públicas estáticas para almacenar los controles, o utilizar clases internas para implementar las interfaces de escucha.

Pero la que quizás resulte la solución más elegante de todas consiste en pasar el **objeto contenedor como parámetro del constructor de la clase de escucha**, de modo que si la clase contenedor utiliza variables de ámbito por defecto para referenciar a los controles de la interfaz, cualquiera de los métodos de la clase de escucha podrá acceder a los controles utilizando la expresión:

*referencia_contenedor.variable_control*

Para aclarar esta técnica vamos a presentar un ejemplo a continuación, consistente en una aplicación que tome un dato introducido en una caja de texto (objeto **TextField**), y lo muestre en un control **Label** al efectuar la pulsación de un botón. La figura 104 muestra el aspecto de la interfaz gráfica de esta aplicación.

***Fig. 104*** *- Aspecto de la interfaz gráfica del ejemplo*

El código de la clase Ventana es el siguiente:

```
import java.awt.*;
public class Ventana extends Frame{
  Button bt;
  TextField tf;
  Label lbl;
  public Ventana(String titulo, int x,
           int y, int ancho, int alto){
    super(titulo);
    this.setBounds(x,y,ancho,alto);
    this.setLayout(null);
    bt=new Button("Mostrar texto");
    bt.setBounds(150,200,100,30);
    tf=new TextField();
    tf.setBounds(150,70,100,30);
    lbl=new Label("....................");
    lbl.setBounds(150,130,100,30);
    //se pasa el objeto ventana al constructor
    //de la clase que gestionará el evento ActionEvent
    GestionBoton gb=new GestionBoton(this);
    bt.addActionListener(gb);
    this.add(bt);
    this.add(tf);
    this.add(lbl);
```

```
        this.setVisible(true);
    }
}
```

La clase **GestionBoton** será la encargada de gestionar la pulsación del botón, de modo que para que desde ella se pueda acceder a los controles de la interfaz gráfica, definidos con ámbito por defecto en la clase Ventana, se debe pasar el propio objeto Ventana como parámetro del constructor de la clase.

El código de la clase GestionBoton quedará de la siguiente forma:

```
import java.awt.event.*;
public class GestionBoton implements ActionListener{
  Ventana vent;
  public GestionBoton(Ventana v)
  {
    vent=v;
  }
  public void actionPerformed(ActionEvent e)
  {
    //recupera el contenido del TextField
    String s=vent.tf.getText();
    //asigna su valor al control Label
    vent.lbl.setText(s);
  }
}
```

La clase que contiene el método *main()* para crear la ventana no es diferente a la de los ejemplos anteriores:

```
public class CreaVentana {
  public static void main(String[] args) {
    Ventana v=new Ventana(
            "Ventana con botón",30,80,400,250);
  }
}
```

Cuando se pulse el botón "Mostrar texto" la frase introducida en la caja de texto se mostrará en la etiqueta, tal y como se refleja en la figura 105.

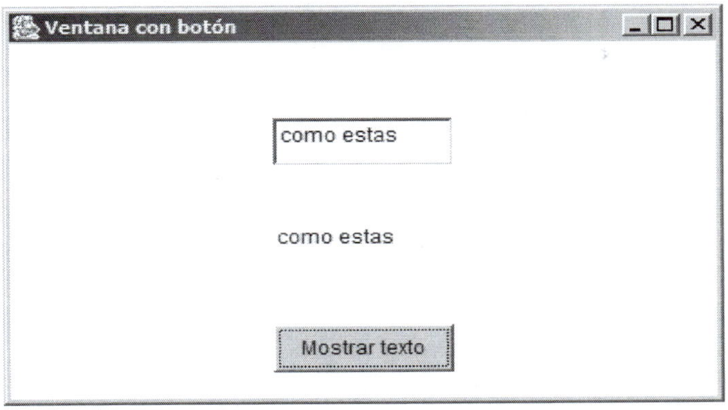


*Fig. 105 - Resultado de la pulsación del botón*

## 8.2.6 Gestores de organización AWT

Los gestores de organización o *layouts* son objetos que proporcionan una colocación y tamaño automáticos de los controles dentro de un contenedor, siguiendo los criterios definidos por la clase a la que pertenece el *layout*.

En todos los casos, los *layouts* establecen una disposición relativa de los controles dentro del contenedor, así, si se modifica el tamaño de éste se reconfigurarán las dimensiones de los controles para preservar la misma organización. Esto se ve claramente en el ejemplo presentado en la figura 106, donde se puede observar cómo los cuatro botones mantienen la misma distribución dentro de la ventana, independientemente del tamaño de ésta.

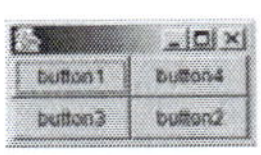


100x80

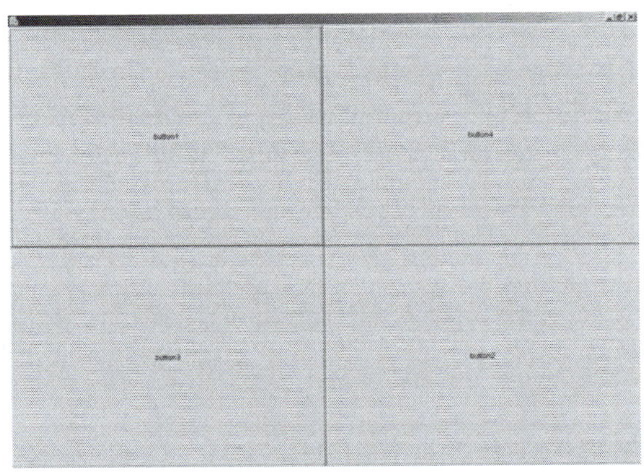

maximizada

*Fig. 106 - Mantenimiento de la disposición de controles al cambiar el tamaño del contenedor*

Los gestores de organización de AWT pertenecen a alguna de las clases que implementan la interfaz **LayoutManager**. La figura 107 muestra algunas de las más significativas, todas ellas se incluyen en el paquete java.awt.

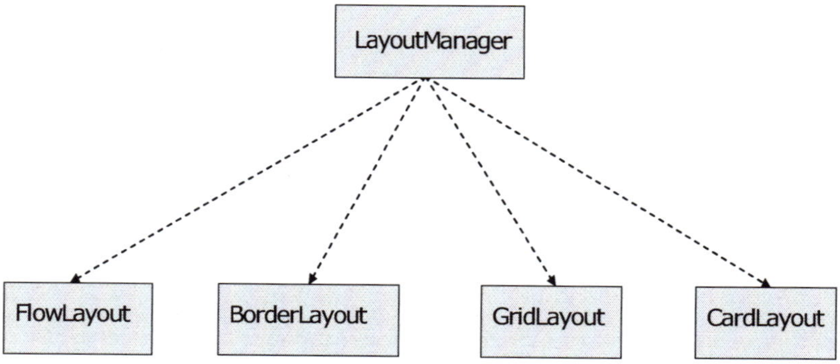


***Fig. 107*** *- Gestores de organización*

## 8.2.6.1 ESTABLECIMIENTO DE UN GESTOR DE ORGANIZACIÓN

Todos los contenedores disponen de un gestor de organización predeterminado. En caso de querer establecer otro diferente, la operación habrá que realizarla antes de añadir controles al mismo, para ello, se hará uso del método *setLayout()* de la clase Container siguiendo la expresión:

*objeto_contenedor.**setLayout**(objeto_layout);*

Una vez realizada esta operación, los controles que se agreguen al contenedor se dispondrán según las reglas definidas por el tipo de gestor establecido. El método utilizado para agregar los controles será el ya conocido método *add()* de la clase Container, aunque es posible que, dependiendo del gestor utilizado, haya que utilizar la versión sobrecargada del método:

*add(Component comp, Object constraints)*

Donde el argumento *constraints* representa algún tipo de información adicional requerida por el gestor de organización para proceder a la colocación del control.

## 8.2.6.2 PRINCIPALES GESTORES DE ORGANIZACIÓN AWT

En la figura 107 se presentaron las clases de los gestores de organización más utilizados en AWT, a continuación vamos a analizar sus características.

### FlowLayout

El gestor de organización FlowLayout coloca los controles siguiendo un orden de izquierda a derecha y de arriba hacia abajo. Por defecto, cada línea de controles se encuentra centrada en el contenedor (figura 108), pudiendo definir una alineación diferente en la creación del gestor.

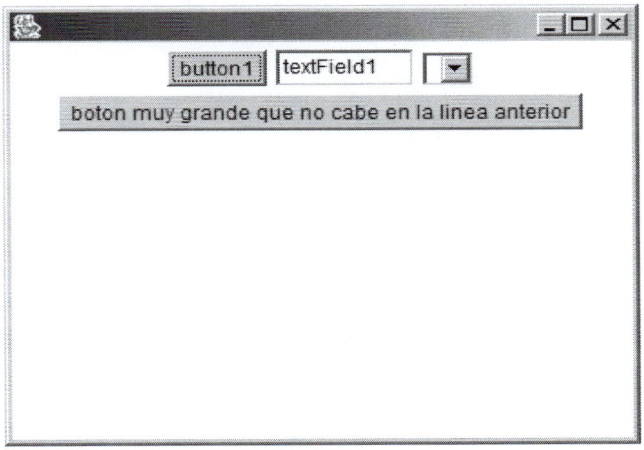


***Fig. 108*** *- Gestor de organización FlowLayout*

La clase FlowLayout proporciona los siguientes constructores para la creación de este gestor:

- **FlowLayout**(). Crea un FlowLayout con alineación centrada.
- **FlowLayout**(int align). Crea un FlowLayout con la alineación especificada en el argumento. Los posibles valores que puede tomar este parámetro están definidos en las siguientes constantes públicas de la clase FlowLayout:
  - CENTER. Alineación centrada
  - LEFT. Alineación izquierda
  - RIGHT. Alineación derecha
- **FlowLayout**(int align, int hgap, int vgap). Al igual que el anterior, permite especificar el tipo de alineación, añadiendo además la posibilidad de definir una separación vertical y horizontal entre los componentes.

Para añadir controles a un contenedor que disponga de este gestor de organización se utiliza la versión estándar del método *add()* de la clase Container.

Como ejemplo, a continuación se muestra el código de la clase correspondiente a la ventana presentada en la figura 108:

```
public class Ventana extends Frame {
  public Ventana (){
    //tamaño de la ventana
    this.setBounds(10,40,350,280);
    //define el gestor de organización
    FlowLayout fl = new FlowLayout();
    //añade el gestor de organización al contenedor
    this.setLayout(fl);
    //crea los controles
    Button button1 = new Button("button1");
    TextField textField1 = new TextField("textField1");
    Choice choice1 = new Choice();
    Button button2 = new Button(
            "boton muy grande que no cabe en
                              la linea anterior");
    //añade los controles al contenedor
    this.add(button1);
    this.add(textField1);
    this.add(choice1);
    this.add(button2);
    this.setVisible(true);
  }
}
```

### BorderLayout

El gestor de organización BorderLayout divide el contenedor en cinco regiones: norte, sur, este, oeste y centro (figura 109). Cada región será ocupada por un control.

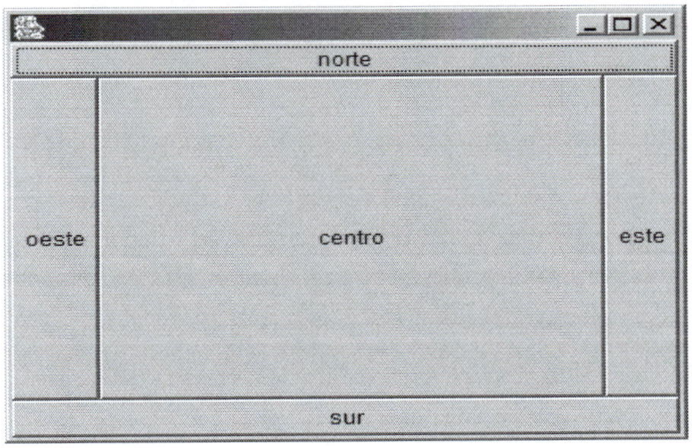


***Fig. 109** - Organización del contenedor con el gestor BorderLayout*

Los constructores proporcionados por la clase BorderLayout son:

- **BorderLayout**(). Crea un BorderLayout sin separación entre los componentes.
- **BorderLayout**(int hgap, int vgap). Crea un BorderLayout con la separación horizontal y vertical entre componentes especificada en los argumentos.

A la hora de añadir controles a un contenedor de este tipo, es necesario indicar en qué región se desea situar el componente. Para ello, es necesario utilizar la versión sobrecargada de *add()*:

*add(Component cmp, Object constraints)*

Donde los posibles valores que puede tomar el argumento *constraints* están definidos en las siguientes constantes de tipo String, incluidas en la clase BorderLayout:

- NORTH. Colocación del control en la zona norte.
- SOUTH. Colocación del control en la zona sur.
- EAST. Colocación del control en la zona este.
- WEST. Colocación del control en la zona oeste.
- CENTER. Colocación del control en la zona centro.

El siguiente código corresponde a la clase Ventana de la figura 109:

```
public class Ventana extends Frame {
  private void Ventana() {
    //tamaño de la ventana
    this.setBounds(10,40,350,280);
    //creación y establecimiento del gestor de
    //organización
    BorderLayout bd = new BorderLayout();
    this.setLayout(bd);
    //creación de los controles
    Button button1 = new Button("norte");
    Button button2 = new Button("sur");
    Button button3 = new Button("oeste");
    Button button4 = new Button("este");
    Button button5 = new Button("centro");
    //asignación de controles a
    //las áreas correspondientes
    this.add(button1, BorderLayout.NORTH);
    this.add(button2, BorderLayout.SOUTH);
    this.add(button3, BorderLayout.WEST);
    this.add(button4, BorderLayout.EAST);
    this.add(button5, BorderLayout.CENTER);
    this.setVisible(true);
  }
}
```

### GridLayout

Este gestor de organización divide el contenedor en filas y columnas, formando una especie de rejilla de celdas rectangulares con idéntico tamaño. Cada rejilla es ocupada por un componente (figura 110).

Los constructores utilizados para la creación de este tipo de gestor son:

- **GridLayout**(int rows, int cols). Crea una rejilla con las filas y columnas especificadas, sin separación entre las celdas.
- **GridLayout**(int rows, int cols, int hgap, int vgap). Crea una rejilla con la distribución y separación entre celdas especificadas.

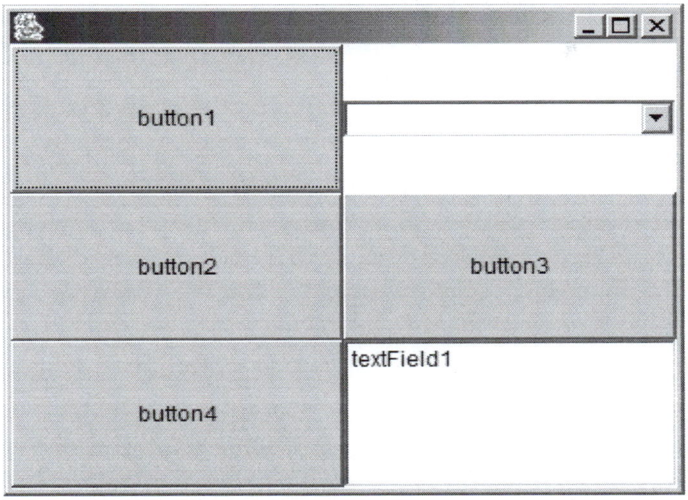


***Fig. 110*** *- Organización con GridLayout*

Para añadir los componentes a un contenedor de estas características se utiliza la versión estándar del método *add()*.

El siguiente listado corresponde a la clase Ventana de la figura 110:

```
public class Ventana extends Frame {
  private void Ventana() {
    //tamaño de la ventana
    this.setBounds(10,40,350,280);
    //estable el gestor de organización
    GridLayout gridLayout1 = new GridLayout(3,2);
    this.setLayout(gridLayout1);
    //crea y añade los controles al contenedor
    Button button1 = new Button("button1");
    Button button2 = new Button("button2");
    TextField textField1 = new TextField("textField1");
    Button button3 = new Button("button3");
    Choice choice1 = new Choice();
    Button button4 = new Button("button4");
    this.add(button1);
    this.add(choice1);
    this.add(button2);
    this.add(button3);
```

```
        this.add(button4);
        this.add(textField1);
        this.setVisible(true);
    }
}
```

## CardLayout

Cada componente es apilado encima del anterior ocupando completamente el área del contenedor, de modo que solamente es visible un componente en cada momento. Éste es el gestor de organización que por defecto tiene establecido la clase Frame (figura 111).

***Fig. 111** - Colocación de controles con CardLayout*

La mayoría de las aplicaciones gráficas que se diseñan no se ajustan exactamente a las características definidas por un único gestor de organización, esto nos lleva muchas veces a tener que combinar diferentes gestores de organización mediante la utilización de paneles.

Un panel es un contenedor sin borde y sin barra de título. Cada panel puede tener su propio gestor de organización con su grupo de controles dispuestos en su interior, a su vez, estos paneles podrán situarse en las diferentes zonas en que se divide el contenedor principal. De esta forma podemos conseguir realizar la disposición de controles que más se ajuste a nuestras necesidades.

# 8.3 SWING

Swing se presenta como una mejora del AWT, entre estas mejoras cabe destacar:

- **Apariencia independiente de la plataforma**. Uno de los principales problemas de AWT es que los componentes gráficos son generados por el sistema operativo, lo que hace que la apariencia de las aplicaciones sea bastante dependiente de éste. Los componentes swing son en este sentido "autónomos", adaptándose dinámicamente al sistema operativo y plataforma en que esté corriendo.

- **Mayor número de componentes gráficos**. El juego de controles gráficos proporcionados por swing es mucho mayor que el de AWT, lo que permite crear aplicaciones mucho más potentes desde el punto de vista de la presentación.

- **Mejora de los componentes clásicos**. Además de proporcionar un mayor número de controles, swing también introduce sustanciales mejoras en los controles típicos (botones, cajas de texto, listas, etc.), dotándolos de un mayor número de métodos y posibilidades de presentación.

Por lo demás, no hay que olvidar que swing es una extensión de AWT, por lo que los principios de funcionamiento son los mismos. La mecánica para la construcción de la interfaz gráfica y el modelo de gestión de eventos, son idénticos a los empleados con AWT.

## 8.3.1 Principales clases de swing

Las clases swing se encuentran en el paquete **javax.swing**. El cuadro de la figura 112 muestra algunas de las clases más destacadas de este paquete.

La mayoría de las clases swing heredan **JComponent**, la cual, como se puede apreciar en el gráfico, hereda la clase Container de AWT. Otras, como por ejemplo **JFrame**, derivan directamente de alguna de las clases funcionales de AWT.

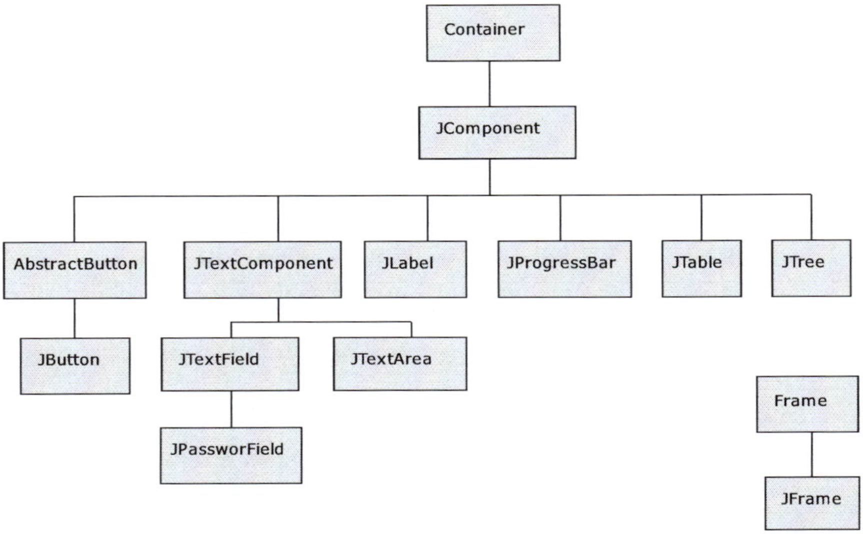


***Fig. 112*** *- El paquete javax.swing*

## 8.3.2 Creación de una interfaz gráfica swing

Los pasos que tenemos que seguir para crear una interfaz gráfica con swing son exactamente los mismos que se han seguido con AWT, incluido el proceso de gestión de eventos.

Tan sólo tenemos que tener en cuenta un par de matices a la hora de trabajar con la clase JFrame:

- Los objetos JFrame tienen habilitado el botón de cierre de la ventana. Esto significa que no es necesario programar el suceso "cerrando la ventana" en las ventanas swing. El comportamiento por defecto de este botón es provocar el cierre de la ventana.

- Los controles swing no se añaden directamente al objeto JFrame. Un objeto JFrame incluye un contenedor interno, conocido como "panel de contenido", donde se deben situar los componentes visuales de la interfaz. Es en este objeto donde habrá que agregar los controles y sobre el que habrá que definir el gestor de organización a utilizar. Para obtener el "panel de contenido" de una ventana swing, utilizaremos el método *getContentPane()* de JFrame:

  *Container getContentPane()*

Como ejemplo ilustrativo de la utilización de swing, vamos a desarrollar la versión swing del último ejercicio creado con AWT y cuya interfaz gráfica se presentaba en la figura 105.

La figura 113 muestra el aspecto de la interfaz swing equivalente.

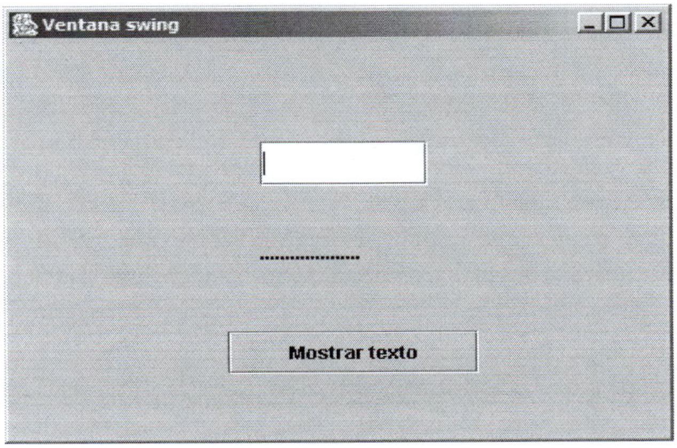


***Fig. 113** - Interfaz swing*

El código de la clase contenedor, que para seguir la nomenclatura swing se ha llamado **JVentana**, es el siguiente:

```
import javax.swing.*;
public class JVentana extends JFrame{
  JButton jbt;
  JTextField jtf;
  JLabel jlbl;
  public JVentana(String titulo,int x,
                 int y, int ancho, int alto){
    super(titulo);
    this.setBounds(x, y, ancho, alto);
    //se elimina el gestor de organización y el
    //panel de contenido
    this.getContentPane().setLayout(null);
    jbt = new JButton("Mostrar texto");
    jbt.setBounds(130, 200, 150, 30);
    jtf = new JTextField();
    jtf.setBounds(150, 70, 100, 30);
    jlbl = new JLabel("....................");
```

```
        jlbl.setBounds(150, 130, 100, 30);
        GestionBoton gb = new GestionBoton(this);
        jbt.addActionListener(gb);
        //los controles se agregan al panel de contenido
        this.getContentPane().add(jbt);
        this.getContentPane().add(jtf);
        this.getContentPane().add(jlbl);
        this.setVisible(true);
    }
}
```

El código de la clase GestionBoton para el tratamiento del evento ActionEvent en el botón swing es prácticamente idéntico al de la versión AWT pues, al ser el mismo evento el que se quiere controlar, la interfaz de escucha utilizada es la misma:

```
import java.awt.event.*;
public class GestionBoton implements ActionListener{
  JVentana vent;
  public GestionBoton(JVentana v){
    vent=v;
  }
  public void actionPerformed(ActionEvent e)
  {
    //recupera el contenido del TextField
    String s=vent.jtf.getText();
    //asigna su valor al control Label
    vent.jlbl.setText(s);
  }
}
```

La clase para la creación del objeto JVentana será:

```
public class Principal {
  public static void main(String[] args) {
    JVentana v=new JVentana(
            "Ventana swing",30,80,400,300);
  }
}
```

*PRÁCTICA 8.1.*

Desarrollar una nueva versión de la práctica 7.1. en la que se utilizará una ventana swing para la solicitud del ISBN. Al pulsar el botón se abrirá una nueva ventana en donde se indicarán los datos del libro buscado (figura 114), si éste no se encuentra, la nueva ventana no llegará a abrirse, mostrándose el mensaje "libro no encontrado" en algún control de tipo Label situado en la ventana inicial.

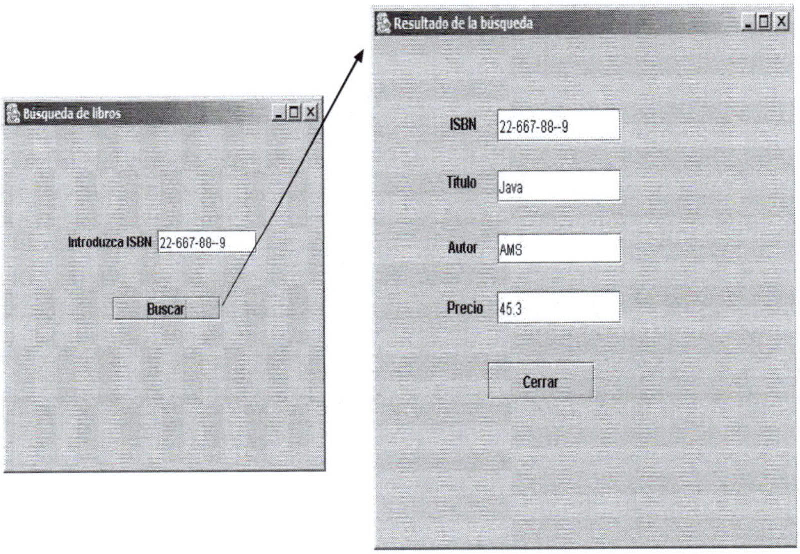


***Fig. 114*** *- Ventanas de la aplicación*

# 8.4 LISTAS Y TABLAS SWING

Una lista es un componente gráfico que se utiliza para la presentación de un conjunto de elementos seleccionables dentro de una aplicación, de manera que la selección por parte del usuario de uno de estos elementos pueda realizarse con un simple *click* sobre el mismo. El paquete javax.swing proporciona dos clases para la creación de listas: JList y JComboBox.

Uno de los elementos gráficos más importantes que incluye swing para presentación de datos es el control JTable, el cual permite presentar información de forma bidimensional, distribuida en filas y columnas.

## 8.4.1 El control JList

Representa un tipo de lista en la que los elementos están siempre visibles, permitiendo tanto la selección simple de los mismos (un único elemento) como la múltiple (más de un elemento), tal y como se indica en la figura 115.

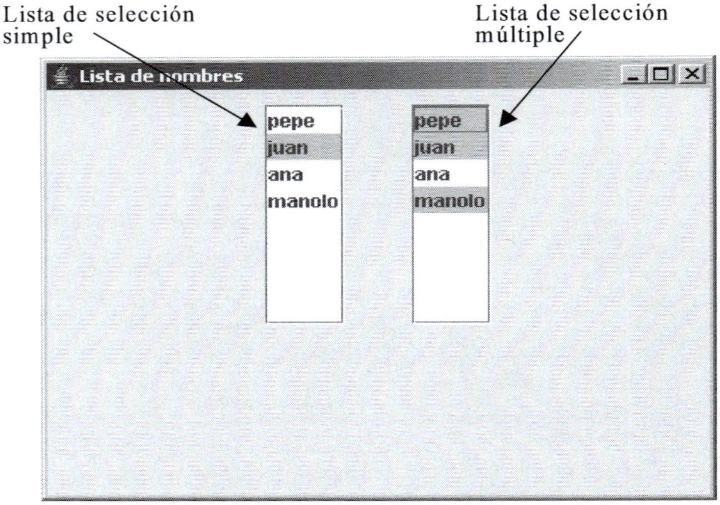


*Fig. 115 - Control JList*

### 8.4.1.1 CREACIÓN DE UN JLIST

En el momento de la creación del objeto JList se puede establecer el contenido de la lista, para lo cual se utilizará alguno de los siguientes constructores:

- **JList(Object[] elementos)**. La lista se cargará con los objetos indicados en el array que se suministra como parámetro. Cada elemento que se muestra en la lista representa el valor devuelto por la llamada al método *toString()* del objeto.

- **JList(Vector elementos)**. En este caso la lista se cargará con los objetos almacenados en el Vector que se suministra como parámetro. Un Vector es un tipo de colección muy similar a ArrayList aunque, a diferencia de ésta, sus métodos son de tipo sincronizado (en el siguiente capítulo analizaremos en qué consiste esta característica), proporcionando un peor rendimiento que ArrayList en aplicaciones monotarea.

- **JList(ListModel modelo)**. En general, podemos indicar los elementos a visualizar en un JList a través de un objeto ListModel.

- **JList()**. Con este constructor crearíamos una lista vacía. Para rellenarla posteriormente desde algún punto de la aplicación deberíamos recurrir al método *setModel(ListModel datos)* del objeto JList. En este caso, no podríamos utilizar un Vector para la carga de la lista, sino que tendríamos que hacerlo a través de un objeto cuya clase implementase la interfaz ListModel.

### 8.4.1.2 LA INTERFAZ LISTMODEL

La interfaz ListModel define una serie de métodos que permiten indicar a una lista la forma de recuperar los datos que se van a mostrar en su interior. Esto implica que un objeto ListModel no tiene por qué ser necesariamente una colección, tan sólo tendrá que especificar a través de los métodos implementados, el mecanismo de obtención de los datos de la lista.

El paquete javax.swing contiene dos implementaciones de esta interfaz que pueden ser utilizadas por el programador para definir el modelo de datos:

- **AbstractListModel**. Representa una implementación por defecto de ListModel. Si pretendemos crear nuestra propia implementación de ListModel, puede resultar más conveniente heredar esta clase que implementar la propia interfaz, ya que los únicos métodos de ListModel que a un programador le puede interesar sobrescribir son:

  - int **getSize()**. Debe devolver el número de elementos de la lista.

  - Object **getElementAt(int index)**. Devolverá el elemento que ocupe la posición indicada en *index*.

- **DefaultListModel**. Representa una clase de colección específica para controles JList, proporcionando todos los métodos necesarios para manipular la colección. El funcionamiento de esta clase es similar a Vector, de hecho, su funcionalidad está implementada internamente mediante un Vector.

En el siguiente bloque de instrucciones de ejemplo se crea un objeto JList en el que se visualizarán los días de la semana almacenados en una colección DefaultListModel:

```
DefaultListModel dl = new DefaultListModel();
dl.addElement("lunes"); dl.addElement("martes");
```

```
dl.addElement("miércoles"); dl.addElement("jueves");
dl.addElement("viernes"); dl.addElement("sábado");
dl.addElement("domingo");
JList dias = new JList(dl) ;
```

### 8.4.1.3 AGREGAR UN JLIST A LA VENTANA

Para agregar un JList a un contenedor se procede exactamente igual que con el resto de los controles.

No obstante, en el caso de una lista puede ocurrir que, debido a su tamaño, no sea capaz de mostrar al mismo tiempo todos los elementos almacenados, por lo que suele ser conveniente dotar a la lista de barras de desplazamiento para poder acceder a todo su contenido. Esto se consigue añadiendo la lista a un panel de scroll (JScrollPane) en vez de colocarlo directamente en el panel de contenido de la ventana, posteriormente, será el objeto JScrollPane el que se añada a dicho panel de contenido:

```
JScrollPane jp = new JScrollPane(dias);
//jventana mantiene una referencia al objeto JFrame
jventana.getContentPane().add(jp);
```

### 8.4.1.4 MANIPULACIÓN DEL CONTENIDO DE UN JLIST

La clase JList proporciona métodos que nos permiten obtener información de la lista en tiempo de ejecución, como son:

- int **getSelectedIndex()**. Devuelve el índice del elemento seleccionado. Si no hay ningún elemento seleccionado devolverá el valor –1.

- Object **getSelectedValue()**. Devuelve el objeto seleccionado. Si no hay ningún elemento seleccionado devolverá *null*.

- int[] **getSelectedIndices()**. En caso de que se permita la selección múltiple en una lista este método devuelve un array con los índices de los elementos seleccionados.

- Object[] **getSelectedValues()**. Devuelve un array con los objetos seleccionados en los casos de selección múltiple.

Sin embargo, la clase JList no dispone de métodos para alterar su contenido. Si queremos añadir nuevos elementos a la lista, modificar o eliminar los ya existentes, debemos hacerlo a través del objeto ListModel que define el modelo de contenido de la lista. En el caso de utilizar un objeto de tipo DefaultListModel los métodos que nos permitirán realizar estas operaciones son:

- void **addElement(Object elem)**. Añade a la lista el objeto indicado.
- void **add(int index, Object elem)**. Inserta el elemento en la posición especificada.
- Object **get(int index)**. Devuelve el elemento que ocupa la posición especificada
- int **getSize()**. Devuelve el número total de elementos de la colección.
- void **remove(int index)**. Elimina el elemento que ocupa la posición indicada.

Por ejemplo, si en el JList *dias* del ejemplo anterior queremos colocar el sábado después del lunes, deberíamos realizar lo siguiente:

```
//dl contiene la referencia al objeto DefaultListModel
String dia = (String)dl.get(5);
dl.add(1,dia);
dl.remove(5);
```

Cualquier **cambio que se realice a través del objeto ListModel se reflejará inmediatamente en el control JList**. Sin embargo, **no sucede lo mismo cuando la fuente de datos es un Vector o un array de objetos**; en este caso, será necesario refrescar la pantalla para que los cambios realizados en el Vector o array se reflejen en la lista.

#### 8.4.1.5 SELECCIÓN EN UNA LISTA: EVENTO LISTSELECTIONEVENT

Cuando se produce la selección de un elemento en una lista de tipo JList, esto provoca un evento de tipo ListSelectionEvent, cuyo método de respuesta se encuentra definido en la interfaz ListSelectionListener. Ambos están incluidos en el paquete javax.swing.event.

El proceso para gestionar este evento es exactamente el mismo que se ha seguido en el resto de los casos, tanto en AWT como en swing.

La siguiente clase correspondería a un manejador del evento ListSelectionEvent, cuya misión sería mostrar en un JLabel el elemento seleccionado en la lista:

```
import javax.swing.*;
import java.awt.event.*;
public class Manejador implements LisSelectionListener{
    //JVentana es la subclase JFrame donde se encuentra
    //el objeto JList
    JVentana vent;
    public Manejador(JVentana vent) {
        this.vent=vent;
    }
    public void valueChanged(ListSelectionEvent e){
            String texto;
            //jl es la referencia al objeto JList
            //definido como dato miembro en JVentana
            texto=
               vent.jl.getSelectedValue().toString();
            //jlbl es la referencia al objeto JLabel
            //definido como dato miembro en JVentana
            vent.jlbl.setText(texto);
    }
}
```

La selección de un elemento de la lista implica un cambio de índice en el elemento seleccionado, utilizando los métodos *getFirstIndex()* y *getLastIndex()* de ListSelectionEvent podemos conocer los índices del anterior y el nuevo elemento seleccionado, respectivamente.

## 8.4.2 El control JComboBox

Un JComboBox representa una lista desplegable donde los elementos de la misma están ocultos, visualizándose al activar el botón de despliegue de la lista.

#### 8.4.2.1 CREACIÓN DE UN JCOMBOBOX

Al igual que en JList, la clase JComboBox dispone de cuatro constructores, uno sin parámetros que se utiliza para crear una lista vacía y otros tres que permiten cargar un contenido inicial en la misma:

- **JComboBox()**. Con este constructor crearíamos una lista vacía. Para rellenarla posteriormente desde algún punto de la aplicación deberíamos recurrir al método *setModel(ComboBoxModel datos)*.

- **JComboBox(Object[] elementos)**. Cargará la lista con los datos del array.

- **JComboBox(Vector elementos)**. Cargará la lista con los datos del Vector.

- **JComboBox(ComboBoxModel modelo)**. A través de la interfaz ComboBoxModel se indicará a la lista la forma de obtener los elementos.

#### 8.4.2.2 LA INTERFAZ COMBOBOXMODEL

Se trata de una subinterfaz de ListModel, añadiendo los siguientes métodos para el tratamiento de los elementos seleccionados:

- Object **getSelectedItem()**. Devuelve el elemento seleccionado.

- void **setSelectedItem(Object item)**. Selecciona el elemento especificado.

Como sucede con JList, si nuestra intención es utilizar un objeto ComboBoxModel para suministrar los datos al JComboBox, es preferible utilizar la clase javax.swing.DefaultComboBoxModel que ya implementa la interfaz, en vez de implementar directamente ComboBoxModel.

DeafultComboBoxModel es similar a DefaultListModel, representa una clase de colección específica para listas desplegables, proporcionando métodos para añadir, modificar y eliminar elementos en una lista.

#### 8.4.2.3 AÑADIR UN JCOMBOBOX AL CONTENEDOR

A diferencia de un JList, un JComboBox no requiere la utilización de un control JScrollPane, ya que las barras de desplazamiento aparecen automáticamente al desplegar la lista cuando no es posible visualizar al mismo tiempo todo su contenido.

El siguiente bloque de instrucciones crea un JComboBox con los días de la semana y lo añade a un JFrame:

```
DefaultComboBoxModel dc=new DefaultComboBoxModel();
dc.addElement("enero");dc.addElement("febrero");
dc.addElement("marzo");dc.addElement("abril");
dc.addElement("mayo");dc.addElement("junio");
dc.addElement("julio");dc.addElement("agosto");
dc.addElement("septiembre");dc.addElement("octubre");
JComboBox jc=new JComboBox(dc);
jventana.getContentPane().add(jc);
```

#### 8.4.2.4 MANIPULACIÓN DEL CONTENIDO DE UN JCOMBOBOX

Como sucede con JList, la clase JComboBox dispone de métodos que nos permiten obtener información sobre la lista en tiempo de ejecución. Entre ellos cabe destacar:

- int **getSelectedIndex()**. Devuelve el índice del elemento seleccionado.
- Object **getSelectedItem()**. Devuelve el elemento seleccionado.
- Object **getItemAt(int index)**. Devuelve el elemento que ocupa la posición indicada.
- int **getItemCount()**. Devuelve el número de elementos almacenados en la lista.

Para realizar cualquier operación con el contenido de la lista, como es añadir nuevos elementos, modificar o eliminar los ya existentes, debemos recurrir a los métodos del objeto con el que se cargó el JComboBox. Si utilizamos un objeto de tipo DefaultComboBoxModel los métodos de esta clase que deberíamos utilizar para realizar estas operaciones serían:

- void **addElement(Object elem)**. Añade un nuevo elemento a la lista.
- void **insertElementAt(Object elem, int index)**. Inserta un elemento en la lista en la posición especificada.
- void **removeElementAt(int index)**. Elimina el elemento que ocupa la posición especificada.

Al igual que en JList, la llamada a cualquiera de estos métodos sobre el objeto de datos de tipo **ComboBoxModel provocará que el contenido del JComboBox se actualice automáticamente. No ocurre lo mismo si el objeto utilizado para cargar los datos es un Vector o un array de objetos.**

#### 8.4.2.5 SELECCIÓN EN UN JCOMBOBOX: EVENTO ITEMEVENT

La selección de un elemento en una lista desplegable provoca un evento ItemEvent, siendo ItemListener la interfaz de escucha que define el método de repuesta a dicho evento. Se trata de un evento AWT por lo que tanto la clase ItemEvent como la interfaz ItemListener se encuentran definidos en el paquete java.awt.event.

### 8.4.3 El control JTable

JTable es uno de los controles más interesantes de swing. Se utiliza para mostrar conjuntos de datos en una cuadrícula bidimensional (figura 116).

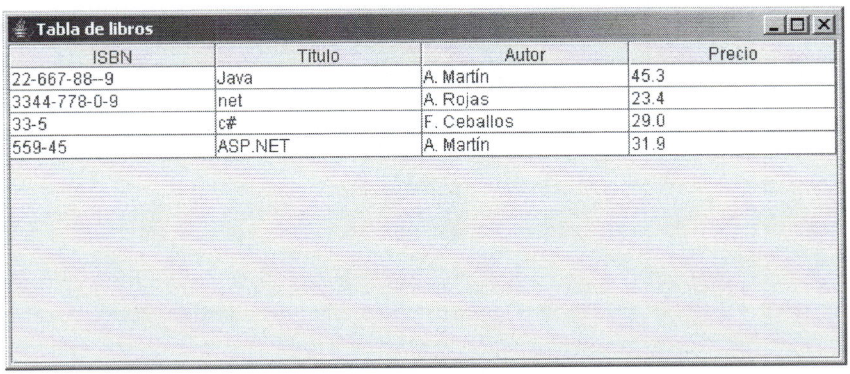


***Fig. 116** - Control JTable con datos*

Un JTable puede obtener los datos a visualizar de una colección o array de objetos, pero también de cualquier otra fuente de datos cuyos criterios de obtención de información estén definidos en una clase que implemente la interfaz TableModel. Ambas situaciones serán estudiadas en los siguientes subapartados.

#### 8.4.3.1 CREACIÓN DE UN JTABLE CON DATOS DE UN VECTOR

Para crear un JTable que muestre inicialmente los datos almacenados en una colección de tipo Vector debemos utilizar el siguiente constructor de la clase:

- *JTable (Vector filasdatos, Vector nombres)*

Como vemos, se necesitan dos objetos Vector para rellenar la tabla. El primero de ellos, *filasdatos*, es un Vector que contiene las filas de datos, cada una de estas filas es a su vez otro Vector con los datos de cada celda a mostrar. En cuanto al Vector *nombres*, deberá contener los nombres de todas las columnas de la tabla.

Una vez creado el objeto, deberá agregarse a un panel de desplazamiento (JScrollPane), no sólo para dotar de barras de desplazamiento a la tabla, sino también para que ésta pueda mostrar los nombres de las columnas.

El siguiente programa mostraría en un JTable el contenido de la tabla de libros. El aspecto de la aplicación será similar al presentado en la figura 116.

```
import java.util.*;
import java.sql.*;
import javax.swing.*;
class Modelo {
    private Connection getConexion() {
        String driver="sun.jdbc.odbc.JdbcOdbcDriver";
        String con="jdbc:odbc:biblios";
        Connection cn=null;
        try{
            Class.forName(driver);
            cn=DriverManager.getConnection(con);
        }
        catch (Exception e){e.printStackTrace();}
        return cn;
    }
    public Vector getDataVector(){
        Vector libros=null;
        Connection cn=null;
        try{
            libros=new Vector();
            cn=this.getConexion();
            Statement stm=cn.createStatement();
            ResultSet rs=stm.executeQuery(
                        "Select * from libros ");
            while(rs.next()){
                Vector aux=new Vector();
                aux.addElement(rs.getString("ISBN"));
```

```
                aux.addElement(rs.getString("Titulo"));
                aux.addElement(rs.getString("Autor"));
                aux.addElement(rs.getString("Precio"));
                libros.add(aux);
            }
            cn.close();
        }
        catch(Exception e){
            e.printStackTrace();
        }
        return libros;
    }
    public Vector getNamesVector(){
        Vector nombres=new Vector();
        nombres.add("ISBN");
        nombres.add("Titulo");
        nombres.add("Autor");
        nombres.add("Precio");
        return nombres;
    }
}
class Principal{
      public static void main(String[] args) {
            JFrame jventana=
                  new JFrame("Tabla de libros");
            jventana.setBounds(100,100,300,200);
            jventana. setDefaultCloseOperation(
                          JFrame.EXIT_ON_CLOSE);
            Modelo m=new Modelo();
            JTable jlibros=new JTable(
                  m.getDataVector(),
                  m.getNamesVector());
            JScrollPane js=new JScrollPane(jlibros);
            jventana.getContentPane().add(js);
            jventana.setVisible(true);
      }
}
```

Además de un Vector, un JList puede obtener la información a visualizar de un array de objetos utilizando el siguiente constructor:

- **JList(Object[][] datosfilas, Object[] nombres)**

#### 8.4.3.2 LA INTERFAZ TABLEMODEL

Al igual que sucede con las listas, swing proporciona una interfaz en la que se incluyen los métodos que una clase ha de implementar para proporcionar a un JTable el mecanismo para la obtención de la información que ha de visualizar. Esta interfaz se llama TableModel y está incluida en el paquete javax.swing.table.

Cuando se trabaja con aplicaciones gráficas que atacan a bases de datos, es bastante habitual encontrar situaciones en que un control JTable tiene que mostrar en su interior una gran cantidad de datos. La definición de clases personalizadas que implementen la interfaz TableModel resulta de gran interés en estos casos, pues evita la utilización de vectores u otros tipos de colecciones intermedias que provocan una fuerte sobrecarga de la memoria y podrían causar el colapso de la aplicación.

Para crear un JTable a partir de un objeto TableModel se debería utilizar el siguiente constructor:

- **JTable(TableModel modelo)**

Para facilitar la labor del programador, el paquete javax.swing.table incluye también una implementación por defecto de TableModel, se trata de la clase AbstractTableModel. Heredando esta clase, el programador sólo tendrá que preocuparse de sobrescribir los métodos más importantes para la obtención de los datos, estos métodos son:

- int **getColumnCount()**. Debe devolver el número de columnas que tendrá la tabla.

- int **getRowCount()**. Debe devolver el número de filas que tendrá la tabla.

- String **getColumnName(int columna)**. Debe devolver el nombre de la columna cuyo índice se especifica.

- Object **getValueAt(int indicefila, int indicecolumna)**. Debe devolver el valor que corresponde a la celda cuyo índice de fila y de columna se especifica.

- Class<?> **getColumnClass(int columna)**. Deberá devolver la superclase más específica a la que pertenecen los elementos asociados a la columna indicada. Este método no resulta imprescindible sobrescribirlo, en caso de no hacerlo se considerará que el tipo de todas las columnas es String.

#### 8.4.3.3 IMPLEMENTACIÓN DE TABLEMODEL CON BASES DE DATOS

Cuando se trabaja con una base de datos, la información a visualizar se extrae de ésta en tiempo real a petición de la tabla. Para ello, la forma más apropiada de implementar la funcionalidad del TableModel consistirá en disponer de una conexión abierta con la base de datos y un ResultSet desplazable que permita acceder a cualquiera de los valores definidos por la consulta SQL.

A continuación vamos a analizar como tendrían que ser implementados los métodos de la interfaz TableModel comentados en el apartado anterior, en el caso de que quisiéramos definir un modelo de datos para un control JTable que recupere la información de una base de datos.

**Recuperación de valores**

Como hemos comentado anteriormente, el método *getValueAt()* debe ser capaz de devolver a la tabla el valor correspondiente a la celda indicada. Si la clase dispone de un ResultSet desplazable referenciado por la variable rs, dicha funcionalidad podría ser implementada de la siguiente forma:

```
public Object getValueAt(int ri, int ci){
    Object ob=null;
    try{
        rs.absolute(ri+1);
        ob= rs.getObject(ci+1);
    }
    catch(Exception e){
        e.printStackTrace();
    }
    return ob;
}
```

En el ejemplo anterior vemos que resulta bastante sencillo acceder al dato solicitado, tan sólo deberá desplazarse el ResultSet a la fila indicada mediante el método *absolute()* y recuperar contenido del campo correspondiente a través del método *getObject()*.

## Obtención del número de filas

El número de filas que deberá tener un JTable debe coincidir con el número de registros a los que hace referencia la consulta SQL del ResultSet. La interfaz ResultSet no dispone de ningún método que devuelva esta información, por lo que la forma de obtenerla será mediante el desplazamiento del ResultSet hasta la última fila y devolviendo a continuación el índice asociado a ésta:

```
public int getRowCount(){
    int total=0;
    try{
        rs.last();
        total=rs.getRow();
    }
    catch(SQLException e){
        e.printStackTrace();
    }
    return total;
}
```

## Obtención del número de columnas

El número de columnas del JTable debe ser igual al número de campos del ResultSet, información esta que puede obtenerse a partir del objeto ResultSetMetaData:

```
public int getColumnCount(){
    int total=0;
    try{
        ResultSetMetaData rsmd=rs.getMetaData();
        total=rsmd.getColumnCount();
    }
    catch(SQLException e){
        e.printStackTrace();
    }
    return total;
}
```

### Obtención de los nombres de las columnas

Como vimos en el capítulo anterior, el nombre de un campo de la base de datos puede obtenerse también a partir de un ResultSetMetaData:

```
public String getColumnName(int ci){
     String name=null;
     try{
         ResultSetMetaData rsmd=rs.getMetaData();
         name=rsmd.getColumnName(ci+1);
     }
     catch(Exception e){
         e.printStackTrace();
     }
     return name;
}
```

### Tipos de datos de las columnas

En cuanto a los tipos de datos de las columnas, esta información también es recuperable a través de la interfaz ResultSetMetaData:

```
public Class<?> getColumnClass(int ci){
    Class<?> c=null;
    try{
        ResultSetMetaData rsmd=rs.getMetaData();
        String name=rsmd.getColumnClassName(ci+1);
        c=Class.forName(name);
    }
    catch(Exception e){
         e.printStackTrace();
    }
    return c;
}
```

*PRÁCTICA 8.2.*

En esta práctica se trata de crear una aplicación que nos permita visualizar los datos de todos los libros asociados a un determinado tema.

Para ello, utilizaremos una ventana en cuya parte superior aparecerá una lista desplegable con todos los temas existentes, de modo que al seleccionar uno de ellos se muestren los datos de los libros asociados al tema elegido en una tabla que ocupará el resto de la ventana (figura 117).

La base de datos a utilizar será la misma de las prácticas 7.1. y 8.1., en ella, añadiremos una nueva tabla llamada "Temas" donde estarán registrados los distintos temas en los que se organizarán los libros almacenados. Por su parte, la tabla "Libros" deberá contar con un nuevo campo que permita relacionar cada uno de los libros con el tema correspondiente. De esta forma la base de datos quedará de la siguiente manera:

| *Temas* | *Libros* |
|---|---|
| *IdTema (numérico)* | *ISBN (texto)* |
| *Tema (texto)* | *IdTema (numérico)* |
| | *Titulo (texto)* |
| | *Autor (texto)* |
| | *Precio (numérico)* |

Para la realización de este desarrollo se deberá crear una clase personalizada que implemente TableModel (o que herede AbstractTableModel) en la que se definan los criterios personalizados de obtención de los datos, evitando la utilización de colecciones. Además, todas las operaciones de acceso a los datos serán codificadas en una clase independiente.

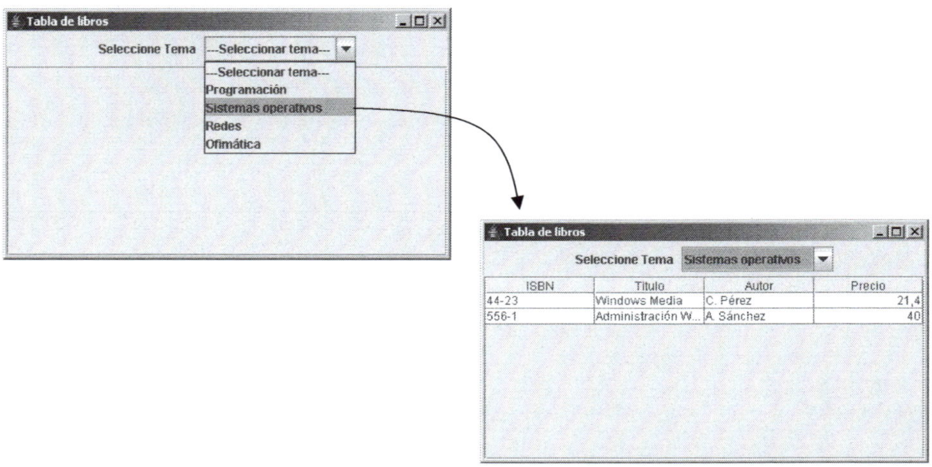


***Fig. 117*** *- Ventana de la aplicación*

# 8.5 APPLETS

Uno de los ejemplos más interesantes de aplicaciones Java basadas en interfaz gráfica son las **applets**.

Un applet es una aplicación Java que, una vez compilada, es referenciada dentro de una página Web para que sea descargada y ejecutada por un navegador cuando éste acceda a la página (figura 118).

Es importante destacar que, a diferencia de otros procedimientos para añadir programas a una página Web, como por ejemplo los *scripts*, el código del applet no aparece en el archivo .html. Lo que éste incluye es una referencia al archivo Java del applet compilado (.class).

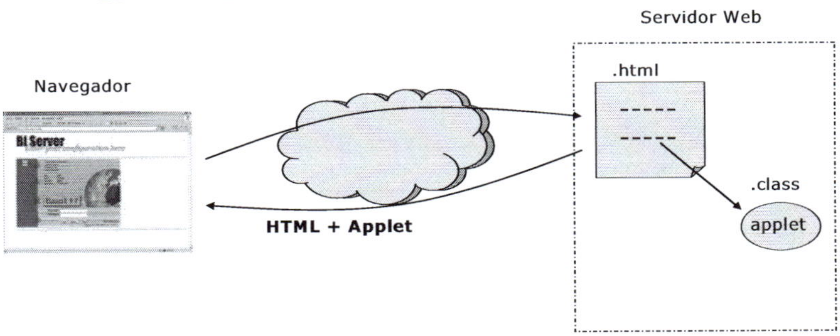


***Fig. 118*** *- Acceso a un applet desde un navegador*

Dada la potencia y amplia variedad de componentes gráficos disponibles para la creación de applets, con su inclusión en páginas Web se consigue potenciar las posibilidades de presentación de éstas, aumentando además su capacidad para interaccionar con el usuario.

## 8.5.1 La clase Applet

La base para la creación de applets la proporcionan las clases **java.applet.Applet**, para la creación de applets basadas en AWT, y su subclase **java.swing.JApplet** para swing. Estas clases, que son a su vez subclases de **Panel**, representan el contenedor sobre el que se agregarán los diferentes componentes gráficos que conforman la aplicación.

Así pues, la creación de un applet no difiere demasiado de la creación de una aplicación basada en ventanas: en una subclase de Applet o JApplet se crearán los componentes gráficos de la aplicación y se asociarán a los objetos de escucha encargados de la gestión de eventos, cuyas clases deberán implementar las interfaces de escucha correspondientes.

## 8.5.2 Métodos del ciclo de vida de un applet

Debido a que un applet es cargado y ejecutado por un navegador, su ciclo de vida es algo más complejo que el de una ventana estándar. Durante la vida de un applet, se producen una serie de sucesos que le son notificados por el navegador en forma de llamadas a métodos expuestos por el applet, estos métodos son conocidos como **métodos del ciclo de vida** y se encuentran en la clase Applet:

- void **init()**. Método de inicialización. Es invocado cuando se produce la carga del applet en el navegador, inmediatamente después de crear el objeto. Dado que este método es invocado una sola vez durante la vida del applet, suele ser utilizado para añadir en él las instrucciones de creación y configuración de la interfaz gráfica. En este punto, es necesario destacar el hecho de que **algunos navegadores invocan a este método más de una vez después de haber cargado el applet.**

- void **start()**. Es invocado cada vez que la página que contiene el applet es visualizada en el navegador, lo cual sucede después de cargar el applet y cuando el navegador retorna a la página después de haberla abandonado. Es el lugar indicado para iniciar procesos en segundo plano encargados de realizar algún tipo de animación en el applet.

- void **stop()**. Este método es invocado por el navegador cuando va a abandonar la página que contiene el applet. Puede utilizarse para detener animaciones u otros procesos que se ejecutan en segundo plano.

- void **destroy()**. Se produce una llamada a este método justo antes de que el applet vaya a ser destruido.

## 8.5.3 Creación de un applet

Como ya sabemos, la creación de una aplicación basada en applets sigue los patrones definidos para cualquier aplicación gráfica. El siguiente código corresponde a un applet que realiza la misma función que la aplicación swing de la figura 113:

```
import javax.swing.*;
public class MiApplet extends JApplet{
  JButton jbt;
  JTextField jtf;
```

```
    JLabel jlbl;
    public void init(){
      //se elimina el gestor de organización e el
      //panel de contenido
      this.getContentPane().setLayout(null);
      jbt = new JButton("Mostrar texto");
      jbt.setBounds(130, 200, 150, 30);
      jtf = new JTextField();
      jtf.setBounds(150, 70, 100, 30);
      jlbl = new JLabel("..................");
      jlbl.setBounds(150, 130, 100, 30);
      GestionBoton gb = new GestionBoton(this);
      jbt.addActionListener(gb);
      //los controles se agregan al panel de contenido
      this.getContentPane().add(jbt);
      this.getContentPane().add(jtf);

      this.getContentPane().add(jlbl);
    }
  }
```

Del código anterior se desprende la existencia de dos diferencias destacables entre la creación de un applet y una ventana:

- La creación de la interfaz gráfica del applet se realiza en el método *init()*, no en el constructor. Al ser un objeto gestionado por un contenedor externo (el navegador), y no desde el código de la aplicación, las instrucciones que definen el comportamiento del applet se incluyen en los métodos del ciclo de vida del mismo.

- El tamaño y posición del applet se definen fuera del applet. Un applet está incluido dentro de una página Web, por lo que es en ésta donde se establecerán estos parámetros. Por otro lado, un applet siempre es visible dentro de la página Web, por lo que no es necesario invocar explícitamente al método *setVisible()* de la misma.

La gestión de los eventos en el applet se lleva a cabo exactamente de la misma manera que en las aplicaciones basadas en ventanas, esto significa que el código para gestionar el evento ActionEvent en el botón del applet del ejemplo será el mismo que el del ejercicio anterior:

```
import java.awt.event.*;
public class GestionBoton implements ActionListener{
  MiApplet ap;
  public GestionBoton(MiApplet v)
  {
    ap=v;
  }
  public void actionPerformed(ActionEvent e)
  {
    //recupera el contenido del TextField
    String s=ap.jtf.getText();
    //asigna su valor al control Label del applet
    ap.jlbl.setText(s);
  }
}
```

### 8.5.4 Inclusión de un applet en un documento HTML

Para que un navegador pueda descargar y ejecutar un applet, es necesario que la página donde éste se va a visualizar incluya una referencia al archivo .class que posibilite su localización.

El lenguaje HTML dispone de la etiqueta <APPLET> para incluir referencias a applets en páginas Web, el formato de esta etiqueta es:

```
<APPLET
        code="archivo_class"
        codebase="direccion_base"
        width="ancho"
        height="alto"
        name="nombre">
        :
</APPLET>
```

El significado de los atributos de <APPLET> es el siguiente:

- **code**. Indica la dirección relativa del archivo .class que incluye el código del applet. Su utilización es imprescindible para la localización del applet.

- **codebase**. Representa la dirección base, respecto de la cual se toma la dirección indicada en *code*. Si no se especifica, por defecto, se tomará como dirección base la de la página HTML, lo cual es equivalente a *codebase="."*.

- **width**. Indica el ancho en píxeles del applet.

- **height**. Indica el alto en píxeles del applet.

- **name**. Nombre del applet, utilizado para referirse a él desde otro applet.

El siguiente código HTML corresponde a una página Web en la que se incluye una referencia al applet anterior:

```
<html>
<head>
<title>
      Página con applet
</title>
</head>
<body>
<h2>Applet para lectura y presentación de datos</h2>
<applet
            codebase = "."
            code     = "MiApplet.class"
            name     = "prueba"
            width    = "600"
            height   = "400">

</applet>
</body>
</html>
```

En la figura 119 se muestra el aspecto final de la página al cargarse en el navegador.

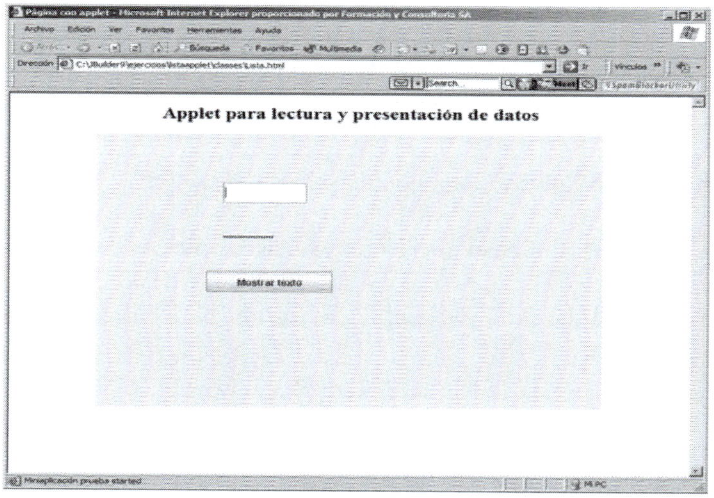


*Fig. 119 - Aspecto de la página con el applet al cargarse en el navegador*

## 8.5.5 Paso de parámetros a un applet

Con el fin de poder personalizar determinados datos manejados por un applet es posible suministrarle información en tiempo de ejecución, lo cual se lleva a cabo mediante el paso de parámetros al applet desde la página HTML que la contiene.

Para pasar parámetros a un applet se utiliza la etiqueta <PARAM> en el interior de <APPLET>, por cada parámetro que se quiera pasar se utilizará una etiqueta <PARAM> de la siguiente forma:

```
<APPLET ....>
        <PARAM name="nombre_parametro"
                value="valor_parametro"/>
        <PARAM name="nombre_parametro"
                value="valor_parametro"/>
        :
</APPLET>
```

Donde los atributos de <PARAM> son:

- **name.** Nombre del parámetro.
- **value.** Valor del parámetro.

Por otro lado, para obtener el valor de un determinado parámetro desde el interior de un applet debemos recurrir al método *getParameter()* de la clase Applet, método que permite obtener el valor de un parámetro a partir de su nombre. Su formato es el siguiente:

*public String getParameter(String name)*

El siguiente código corresponde a un applet cuyo color del fondo se establece a partir de las tres tonalidades de colores primarios suministrados desde el archivo .html:

```
import java.awt.Color;
import javax.swing.JApplet;
//applet
public class Colores extends JApplet {
  //se define en el método init() para que se ejecute
  //cada vez que se cargue el applet
  public void init(){
    //utilizando el método getParameter() de la clase
    //JApplet se obtienen los valores de las
    //tonalidades de color
    int r=Integer.parseInt(
                  this.getParameter("red"));
    int g=Integer.parseInt(
                  this.getParameter("green"));
    int b=Integer.parseInt(
                  this.getParameter("blue"));
    //el color está representado por la clase Color,
    //por lo que se crea un objeto de ésta a partir de
    //los tres colores primarios suministrados desde
    //la página HTML
    this.getContentPane().setBackground(
                        new Color(r,g,b));
  }
}
```

La página HTML donde se incluye la referencia al applet tendrá el siguiente aspecto:

```
<html>
      <head>
            <!--titulo de la ventana-->
            <title>
                  Página del applet
            </title>
      </head>

      <body>
            <h2>
                  Applet de color
            </h2>
            <!--inclusión del applet-->
            <applet
               codebase = "."
               code     = "appletcolores.Colores.class"
               name     = "prueba"
               width    = "400"
               height   = "300"
            >

            <!--paso de parámetros-->
                  <param
                        name="red" value="250"/>
                  <param
                        name="green" value="0"/>
                  <param
                        name="blue" value="10"/>
            </applet>
      </body>
</html>
```

## 8.6 CUESTIONES DE AUTOEVALUACIÓN

1. ¿Cuáles de las siguientes clases no son contenedores de controles AWT?

   Rectangle, Panel, Frame, TextArea, Applet

2. El siguiente código corresponde a un applet con un botón de pulsación en su interior. Sin embargo, cuando se carga el applet en el navegador el botón no aparece, ¿por qué motivo?

```
class app extends Applet{
      public void init(){
            Button b=new Button();
            setLayout(null);
            add(b);
      }
}
```

3. En el constructor de una clase Ventana se ha creado un botón de pulsación que está siendo referenciado por una variable "p". ¿Qué instrucción tendríamos que incluir en este constructor para poder gestionar el evento "clic" del botón en un objeto de la clase "Pulsacion"?

4. Un adaptador es:

   A. Una clase que implementa todos los métodos de una interfaz de escucha.

   B. Una interfaz que define los métodos de respuesta a los eventos.

   C. Un método de respuesta a un evento que el programado tiene que sobrescribir.

   D. Una clase donde se gestionan los eventos de un determinado control gráfico.

5. Para gestionar la pulsación de un botón *swing*, la clase escuchadora deberá implementar la interfaz de escucha:

   A. ActionListener

   B. ButtonListener

   C. SwingListener

   D. JButtonListener

6. Escribe la etiqueta <applet> completa que habría que codificar en una página Web para incluir un applet con las siguientes características:

   - El archivo compilado del applet es *AppletHome.class* y se encontrará en el mismo directorio que el *archivo .html*

   - El área ocupada por el applet debe tener un ancho de 600px y una altura de 400px.

   - Se deberá proporcionar al applet un parámetro llamado "codigo", cuyo valor debe ser 5.

# 8.7 LISTADO DE LAS PRÁCTICAS

## 8.7.1 PRÁCTICA 8.1.

***********clase AccesoDatos******************

```
import java.sql.*;
// clase que contiene las operaciones sobre
//la base de datos
public class AccesoDatos{
  String dsn;
  public AccesoDatos(String dsn){
    this.dsn=dsn;
  }
  public Connection getConexion(){
    Connection cn=null;

    try{
      Class.forName("sun.jdbc.odbc.JdbcOdbcDriver");
      cn = DriverManager.getConnection("jdbc:odbc:" +
                                       dsn);
    }
    catch(SQLException e){
      System.out.println("estado: "+
            e.getSQLState());
```

```
        System.out.println("codigo de error:"+
              e.getErrorCode());
        e.printStackTrace();
      }
      finally{
        return cn;
      }
    }
    public boolean existe(String isbn){
      Connection cn=getConexion();
      Statement st=null;
      ResultSet rs=null;
      boolean estado=false;
      try{
        st=cn.createStatement();
        String sql="select isbn from libros where ";
        sql+="isbn='"+isbn+"'";
        rs=st.executeQuery(sql);
        if(rs.next()){
          estado=true;
        }
        cn.close();
      }
      catch(SQLException e){
        System.out.println("estado: "+
              e.getSQLState());
        System.out.println("codigo de error:"+
              e.getErrorCode());
        e.printStackTrace();
      }

      finally{
        return estado;
      }
    }
    public Libro getLibro(String isbn){
      Connection cn=getConexion();
      Statement st=null;
      ResultSet rs=null;
```

```
        Libro lib=null;
        try{
          st=cn.createStatement();
          String sql="select * from libros where ";
          sql+="isbn='"+isbn+"'";
          rs=st.executeQuery(sql);
          if(rs.next()){
            lib=new Libro();
            lib.setIsbn(rs.getString("ISBN"));
            lib.setAutor(rs.getString("Autor"));
            lib.setTitulo(rs.getString("Titulo"));
            lib.setPrecio(rs.getFloat("Precio"));
          }
          cn.close();
        }
        catch(SQLException e){
          System.out.println("estado: "+
                e.getSQLState());
          System.out.println("codigo de error:"+
                e.getErrorCode());
          e.printStackTrace();
        }
        finally{
          return lib;
        }
      }
    }
```

*************clase Libro******************

```
/clase de encapsulación que agrupa en un objeto
//todos los datos de un determinado libro
public class Libro {
  private String isbn;
  private String titulo;
  private String autor;
  private float precio;
```

```
  public String getIsbn() {
    return isbn;
  }
  public void setIsbn(String isbn) {
    this.isbn = isbn;
  }
  public String getTitulo() {
    return titulo;
  }
  public void setTitulo(String titulo) {
    this.titulo = titulo;
  }
  public String getAutor() {
    return autor;
  }
  public void setAutor(String autor) {
    this.autor = autor;
  }
  public float getPrecio() {
    return precio;
  }
  public void setPrecio(float precio) {
    this.precio = precio;
  }
}
```

***************clase VentanaInicial************

```
import java.awt.*;
import javax.swing.*;
//clase que genera la ventana inicial para la
//solicitud de isbn
public class VentanaInicial extends JFrame {
  JTextField jtfisbn;
  JButton jbtbusqueda;
  JLabel jlblno;
  public VentanaInicial(){
    super("Búsqueda de libros");
    this.getContentPane().setLayout(null);
```

```
        this.setBounds(100,100,350,300);
        JLabel jLabel1 = new JLabel("Introduzca ISBN");
        jLabel1.setBounds(69, 79, 90, 26);
        //etiqueta donde se visualizará el mensaje
        //de libro no encontrado
        jlblno= new JLabel("");
        jlblno.setBounds(150,200,150,30);
        //caja de texto donde se solicita el isbn
        jtfisbn= new JTextField("");
        jtfisbn.setBounds(165, 83, 108, 20);
        jbtbusqueda= new JButton("Buscar");
        jbtbusqueda.setBounds(116, 137, 117, 19);
        //asocia el botón a la clase de escucha
        //donde se gestiona la búsqueda
        jbtbusqueda.addActionListener(
                     new GestionBusqueda(this));
        this.getContentPane().add(jbtbusqueda);
        this.getContentPane().add(jLabel1);
        this.getContentPane().add(jtfisbn);
        this.getContentPane().add(jlblno);
        this.setVisible(true);
    }
}
```

**************clase VentanaDatos*******************

```
import javax.swing.*;
//clase que muestra los datos del libro
//localizado

public class VentanaDatos extends JFrame {
    Libro libro;
    public VentanaDatos(Libro lb) {
        super("Resultado de la búsqueda");
        libro=lb;
        this.getContentPane().setLayout(null);
        this.setBounds(200,150,550,400);
        JLabel jLabel1 = new JLabel("ISBN");
        JLabel jLabel2 = new JLabel("Titulo");
```

```
        JLabel jLabel3 = new JLabel("Autor");
        JLabel jLabel4 = new JLabel("Precio");
        //carga las cajas de texto con los datos
        //del libro localizado
        JTextField jtfisbn =
                     new JTextField(libro.getIsbn());
        JTextField jtftitulo =
                     new JTextField(libro.getTitulo());
        JTextField jtfautor =
                     new JTextField(libro.getAutor());
        String precio= String.valueOf(libro.getPrecio());
        JTextField jtfprecio = new JTextField(precio);
        JButton jbcerrar = new JButton("Cerrar");
        jLabel1.setBounds(79, 50, 77, 27);
        jLabel2.setBounds(75, 92, 77, 27);
        jLabel3.setBounds(76, 141, 77, 27);
        jLabel4.setBounds(75, 186, 77, 27);
        jtfisbn.setBounds(127, 53, 129, 24);
        jtftitulo.setBounds(127, 97, 129, 24);
        jtfautor.setBounds(127, 144, 129, 24);
        jtfprecio.setBounds(126, 188, 129, 24);
        jbcerrar.setBounds(116, 240, 111, 28);
        jbcerrar.addActionListener(
                     new GestionCerrar(this));
        this.getContentPane().add(jLabel1);
        this.getContentPane().add(jLabel2);
        this.getContentPane().add(jLabel4);
        this.getContentPane().add(jtfisbn);
        this.getContentPane().add(jtftitulo);
        this.getContentPane().add(jtfprecio);
        this.getContentPane().add(jLabel3);
        this.getContentPane().add(jtfautor);
        this.getContentPane().add(jbcerrar);
        this.setVisible(true);
    }
}
```

***************clase GestionBusqueda***********

```
import java.awt.event.*;
//clase de escucha para la gestión del botón
//de búsqueda de la ventana inicial
public class GestionBusqueda implements ActionListener{
  //variable donde se almacenará una referencia a la
  //ventana de solicitud del ISBN
  VentanaInicial vi;
  public GestionBusqueda(VentanaInicial v){
    vi=v;
  }
  public void actionPerformed(ActionEvent e){
    AccesoDatos ac=new AccesoDatos("biblios");
    //obtiene el libro cuyo isbn se ha introducido
    //en la caja de texto de la ventana inicial
    Libro lb=ac.getLibro(vi.jtfisbn.getText());
    //si existe libro, crea una ventana en donde
    //se visualizarán los datos del libro.
    //si el libro no existe se muestra un mensaje
    //de aviso en una etiqueta de la ventana inicial
    if(lb!=null){
      vi.jlblno.setText("");
      VentanaDatos vd=new VentanaDatos(lb);
      vd.setVisible(true);
    }
    else{
      vi.jlblno.setText("Libro no encontrado");
    }
  }
}
```

**********clase GestionCerrar******************

```
import java.awt.event.*;

//clase de escucha para la gestión del botón
//de cierre de la ventana de datos
public class GestionCerrar implements ActionListener{
```

```
  VentanaDatos vd;
  public GestionCerrar(VentanaDatos v){
    vd=v;
  }
  public void actionPerformed(ActionEvent e){
    //cierra la ventana de datos
    vd.dispose();
  }
}
```

******************clase Principal*************

```
//clase Principal que crea la ventana
//inicial de la aplicación
public class Principal {
  public static void main(String[] args) {
    //crea la ventana y la hace visible
    VentanaInicial v=new VentanaInicial();
    v.setVisible(true);
  }
}
```

## 8.7.2 PRÁCTICA 8.2.

************clase Modelo****************

```
import java.util.*;
import java.sql.*;
//clase que contiene la lógica de acceso a los datos
public class Modelo {
    private Connection getConexion() {
        String driver="sun.jdbc.odbc.JdbcOdbcDriver";
        String con="jdbc:odbc:biblios";
        Connection cn=null;
        try{
            Class.forName(driver);
            cn=DriverManager.getConnection(con);
        }
        catch (Exception e){e.printStackTrace();}
```

```
        return cn;
    }
    public ResultSet getResultSetScrollable(
                                  int idTema){
        ResultSet rs=null;
        Connection cn=null;
        try{
            cn=this.getConexion();
            Statement smt;
            smt=cn.createStatement(
                    ResultSet.TYPE_SCROLL_INSENSITIVE,
                    ResultSet.CONCUR_READ_ONLY);
            String sql="select ISBN, Titulo, Autor, ";
            sql+="Precio from libros where ";
            sql+="IdTema="+idTema;
            rs=smt.executeQuery(sql);
        }
        catch(Exception e){
            e.printStackTrace();
        }
        return rs;
    }
    public Vector getTemas(){
        Vector temas=null;
        Connection cn=null;
        try{
           temas=new Vector();
           temas.add(new Tema(-1,
                        "---Seleccionar tema---"));
           cn=this.getConexion();
           Statement stm=cn.createStatement();
           ResultSet rs=stm.executeQuery(
                        "Select * from temas ");
           while(rs.next()){
               temas.add(new Tema(rs.getInt("IdTema"),
                       rs.getString("Tema")));
           }
           cn.close();
        }
```

```
            catch(Exception e){
                e.printStackTrace();
            }
            return temas;
        }
    }
```

************clase PersonalTableModel***************

```
import javax.swing.table.*;
import java.sql.*;
//esta clase define los criterios personalizados
//para la obtención de los datos
public class PersonalTableModel
                        extends AbstractTableModel{
    ResultSet rs;
    public PersonalTableModel() {
    }
    public PersonalTableModel(ResultSet rs){
        this.rs=rs;
    }
    public Object getValueAt(int ri, int ci){
        Object ob=null;
        try{
            rs.absolute(ri+1);
            ob= rs.getObject(ci+1);
        }
        catch(Exception e){
            e.printStackTrace();
        }
        return ob;
    }
    public int getColumnCount(){
        int total=0;
        try{
            ResultSetMetaData rsmd=rs.getMetaData();
            total=rsmd.getColumnCount();
        }
        catch(SQLException e){
```

```
            e.printStackTrace();
        }
        return total;
    }
    public int getRowCount(){
        int total=0;
        try{
            rs.last();
            total=rs.getRow();
        }
        catch(SQLException e){
            e.printStackTrace();
        }
        return total;
    }
    public Class<?> getColumnClass(int ci){
        Class<?> c=null;
        try{
            ResultSetMetaData rsmd=rs.getMetaData();
            String name=rsmd.getColumnClassName(ci+1);
            c=Class.forName(name);
        }
        catch(Exception e){
            e.printStackTrace();
        }
        return c;
    }
    public String getColumnName(int ci){
        String name=null;
        try{
            ResultSetMetaData rsmd=rs.getMetaData();
            name=rsmd.getColumnName(ci+1);
        }
        catch(Exception e){
            e.printStackTrace();
        }
        return name;
    }
}
```

************clase Tema***************

```
//clase de tipo JavaBean que encapsula
//los datos de un tema
public class Tema {
    private int idTema;
    private String tema;

    public Tema() {
    }
    public Tema(int idTema, String tema){
        this.idTema=idTema;
        this.tema=tema;
    }
    public int getIdTema() {
        return idTema;
    }
    public void setIdTema(int idTema) {
        this.idTema = idTema;
    }
    public String getTema() {
        return tema;
    }
    public void setTema(String tema) {
        this.tema = tema;
    }
    //se sobrescribe para que al ser mostrado
    //el objeto en la lista se visualice el tema
    public String toString(){
        return tema;
    }
}
```

************clase GestionLista***************

```
import java.awt.event.*;
//gestiona el evento de selección en la lista
public class GestionLista implements ItemListener{
    JVentana jv;
```

```
      public GestionLista(JVentana jv) {
          this.jv=jv;
      }
      public void itemStateChanged(ItemEvent e){
          PersonalTableModel pt;
          Modelo m=new Modelo();
          //obtiene el tema elegido en la lista
          Tema t=(Tema)jv.jctemas.getSelectedItem();
          //obtiene el ResultSet desplazable a partir del
          //código de tema y crea el objeto TableModel
          //personalizado para acceder al conjunto
          //de libros
          pt=new PersonalTableModel(
              m.getResultSetScrollable(t.getIdTema()));
          this.jv.jtlibros.setModel(pt);
      }
  }
```

************clase JVentana***************

```
  import java.awt.*;
  //implementa la ventana
  public class JVentana extends JFrame{
      JTable jtlibros;
      JComboBox jctemas;
      public JVentana() {
         super("Tabla de libros");
         this.setDefaultCloseOperation(
                         JFrame.EXIT_ON_CLOSE);
         this.setLayout(new BorderLayout());
         this.setBounds(100,100,450,250);
         //crea la tabla vacía y la añade a un panel
         //desplazable
         jtlibros=new JTable();
         JScrollPane scrollpane =
                          new JScrollPane(jtlibros);
         //crea la lista y la carga con todos los temas
         Modelo m=new Modelo();
         jctemas=new JComboBox(m.getTemas());
```

```
        //asocia la lista al manejador del evento
        //de selección de elemento
        GestionLista gl=new GestionLista(this);
        jctemas.addItemListener(gl);
        //la lista y el texto asociado se añaden a
        //un panel
        JPanel jp=new JPanel();
        jp.setLayout(new FlowLayout());
        jp.add(new JLabel("Seleccione Tema "));
        jp.add(jctemas);
        this.getContentPane().add(
             scrollpane,BorderLayout.CENTER);
        this.getContentPane().add(
             jp,BorderLayout.NORTH);
        this.setVisible(true);
    }
}
```

************clase Principal***************

```
//crea la ventana
public class Principal {
    public static void main(String[] args) {
        new JVentana();
    }
}
```

Capítulo 9

# MULTITAREA

Se conoce como tarea o *thread* a un proceso individual que se ejecuta dentro del sistema. En principio, podríamos considerar que cada bloque de código incluido en un método es un *thread*. El método *main()* representa, de hecho, el conocido como *thread principal*.

Normalmente, los programas son de flujo único, esto significa que las tareas se ejecutan de una en una y la siguiente tarea no comienza hasta que la anterior haya terminado.

Este modo de funcionamiento puede ser adecuado en gran parte de las aplicaciones que se desarrollan, sin embargo, en algunos casos resulta útil, e incluso necesario, que dos o más tareas se ejecuten "en paralelo". Por ejemplo, supongamos que estamos desarrollando una aplicación gráfica en la que tenemos que programar una serie de métodos de respuesta a eventos, al mismo tiempo queremos que en alguna parte de la interfaz haya un reloj que nos muestre la hora en tiempo real. Siguiendo el esquema de ejecución de flujo único o "monotarea" sucedería que, mientras se está ejecutando el método de respuesta a un evento, la rutina encargada de obtener la hora del sistema no se ejecutaría, lo cual provocaría una especie de "saltos" en la presentación de este dato.

Cuando hablamos de ejecución "en paralelo" esto no significa que las tareas se estén ejecutando simultáneamente, pues para ello sería necesario disponer de más de un procesador. En equipos monoprocesador la ejecución en paralelo, más conocida como ejecución en modo multitarea, significa que no es necesario que una tarea termine para que otra se pueda ejecutar, pudiendo la JVM repartir el tiempo de uso de la CPU entre las tareas que tiene que ejecutar (figura 120), siguiendo algún criterio definido por la propia implementación de la JVM.

Hay que tener en cuenta que **no se puede hacer suposición alguna sobre el tiempo que la CPU dedicará a cada tarea**, así como el orden de ejecución de éstas, pues todas estas variables dependen de la implementación de la máquina virtual.

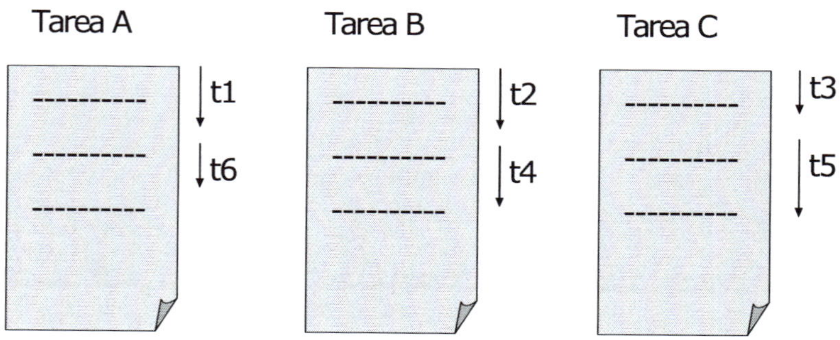


***Fig. 120** - Ejecución en modo multitarea. El tiempo de CPU se distribuye entre las tareas*

A lo largo de este capítulo estudiaremos cómo crear aplicaciones Java para que se ejecuten en modo multitarea.

## 9.1 APLICACIONES MULTITAREA EN JAVA

El paquete java.lang incluye dos elementos para la creación de aplicaciones multitarea en Java: la clase **Thread** y la interfaz **Runnable**. Mediante éstos, disponemos de dos caminos alternativos a la hora de implementar una aplicación multitarea:

- Heredar la clase Thread
- Implementar la interfaz Runnable

La flexibilidad que ofrece la segunda de las opciones, dando libertad a la clase que implementa la interfaz para que pueda heredar otra clase, hace que ésta sea preferible sobre la primera. Además, la herencia es algo que debería quedar reservado para la especialización de clases.

A pesar de esto, vamos a comenzar estudiando la creación de aplicaciones multitarea basándonos en la extensión de la clase Thread, dado que el entendimiento de esta clase resulta fundamental para la correcta utilización de la interfaz Runnable.

## 9.2 EXTENSIÓN DE LA CLASE THREAD

La creación y ejecución de tareas en modo multitarea utilizando este sistema requiere la realización de los siguientes pasos:

A. Sobrescritura del método *run()* de la clase Thread

B. Creación y ejecución de las tareas

### 9.2.1 Sobrescritura del método *run()*

El método *run()* de la clase Thread proporciona la base para la definición de las tareas, de modo que el código asociado a cada una de ellas tendrá que estar definido en el interior de este método.

Si las tareas que vamos a implementar van a realizar funciones diferentes, deberemos crear tantas subclases de Thread como tareas, codificando en el método *run()* de cada una las instrucciones a ejecutar por cada tarea.

Si todas las tareas van a realizar el mismo proceso, como, por ejemplo, atender las solicitudes que realizan los usuarios de Internet a un sitio Web, bastará con definir una única clase con un método *run()* común.

Como ejemplo ilustrativo de esta técnica, vamos a desarrollar un programa que realice dos tareas de forma concurrente, por un lado, una de las tareas se encargará de imprimir en pantalla los números naturales del 1 al 100, mientras que la otra realizará lo propio con los números enteros negativos del -1 al -100. El resultado final deberá ser algo parecido a esto:

```
1
2
3
:
18
-1
-2
-3
19
20
-4
-5
:
```

```
100
-90
-91
:
-100
```

Este resultado puede variar de una máquina a otra, incluso dentro de una misma máquina, de una ejecución a otra.

El código de las dos subclases de Thread donde se definen las tareas es el siguiente:

```
public class Tarea1 extends Thread{
  public void run()
  {
    for(int i=1;i<=100;i++)
      System.out.println("El número es el "+i);
  }
}
public class Tarea2 extends Thread{
  public void run()
  {
    for(int i=-1;i>=-100;i--)
      System.out.println("El número es "+i);
  }
}
```

### 9.2.2 Creación y ejecución de las tareas

Cada tarea en ejecución está representada por un objeto Thread, por tanto, una vez se haya definido la clase o clases **Thread**, se deberán crear tantas instancias de estas clases como tareas se desee tener en ejecución concurrente y hacer que se ejecuten.

Cuando se crea un objeto Thread éste pasa al estado de "nuevo", pero aún no se produce la ejecución de la tarea asociada. Para que esto suceda, habrá que invocar explícitamente al método *start()* de cada objeto Thread.

El método *start()* se encuentra definido en la clase Thread, la llamada a este método *start()* provoca que el *thread* pase al estado de "preparado". En esta situación el *gestor de tareas* de la JVM (*thread scheduler*) podrá, en cualquier momento, elegir la tarea para su ejecución invocando al método *run()* del objeto.

Todas las tareas que estén en el estado "preparado", estarán listas para su ejecución, siendo responsabilidad del *gestor de tareas* el reparto del tiempo de la CPU entre cada una de ellas y el orden de ejecución de las mismas.

El siguiente código, incluido en el método *main()*, se encarga de crear los objetos Thread del ejemplo anterior y de ponerlos en ejecución:

```
public class Principal {
  public static void main(String[] args) {
    Tarea1 t1=new Tarea1();
    Tarea2 t2=new Tarea2();
    t1.start();
    t2.start();
  }
}
```

Aunque la clase Principal no hereda Thread, el código contenido en el método *main()* también es considerado como una tarea más por la JVM. Esto significa que si hubiera otras instrucciones después de las llamadas a *start()* de los *threads*, éstas serían ejecutadas concurrentemente con el resto de las tareas.

## 9.2.3 Métodos para control de threads

Antes de estudiar cómo crear aplicaciones multitarea mediante la interfaz Runnable, vamos a analizar algunos métodos interesantes proporcionados por la clase Thread para el control de tareas.

Además de los ya conocidos *run()* y *start()*, la clase Thread incluye otros métodos de interés que vamos a analizar en los siguientes subapartados.

### *9.2.3.1* EL MÉTODO *SLEEP()*

Su formato es el siguiente:

- public static void **sleep(long tiempo)**.

Se trata de un método estático que, al ser invocado, pone a "dormir" el *thread* en ejecución durante los milisegundos especificados en el argumento. Mientras el *thread* está dormido no podrá ser puesto en ejecución por el gestor de tareas, hasta que, una vez transcurrido el período de descanso, vuelva al estado "preparado".

Poner a "dormir" un *thread* es un mecanismo de ralentización de procesos que se utiliza, por ejemplo, cuando las operaciones realizadas por el *thread* implican el acceso a dispositivos lentos, de modo que para ajustar la velocidad de procesamiento de la tarea a la del dispositivo, se manda el *thread* a dormir durante un tiempo.

Hay que tener en cuenta que la llamada al método *sleep()* sobre un *thread* puede provocar una excepción de tipo **IterruptedException**, que habrá que capturar. El siguiente código muestra el mismo ejemplo de antes, utilizando el método *sleep()* para dormir las tareas durante 100 milisegundos después de imprimir el número por pantalla:

```
public class Tarea1 extends Thread{
  public void run()
  {
    for(int i=1;i<=100;i++){
      System.out.println(i);
      try{
        Thread.sleep(100);
      }
      catch(InterruptedException e){
        e.printStackTrace();
      }
    }
  }
}

public class Tarea2 extends Thread{
  public void run()
  {
    for(int i=-1;i>=-100;i--){
      System.out.println(i);
      try {
        Thread.sleep(100);
      }
      catch (InterruptedException e) {
        e.printStackTrace();
```

```
            }
        }
    }
}
```

La creación y ejecución de las tareas sería como en el caso anterior:

```
public class Principal {
  public static void main(String[] args) {
    Tarea1 t1=new Tarea1();
    Tarea2 t2=new Tarea2();
    t1.start();
    t2.start();
  }
}
```

En este ejemplo, el hecho de poner a dormir un tiempo las tareas provoca que los mensajes generados por ellas estén más sincronizados. Tras su ejecución, el aspecto de la pantalla será más o menos éste:

```
1
-1
2
-2
:
100
-100
```

### 9.2.3.2 NOMBRE DE UN THREAD

La clase Thread dispone de métodos para establecer y obtener el nombre de un *thread*:

- public void **setName(String nombre)**
- public String **getName()**

También se puede establecer el nombre de un *thread* cuando se crea utilizando el siguiente constructor:

- public **Thread(String nombre)**

#### 9.2.3.3 OBTENER THREAD EN EJECUCIÓN

La clase Thread dispone del método estático *currentThread()* que permite obtener una referencia al *thread* actual en ejecución, su formato es:

- public static Thread **currentThread()**

El programa que se presenta a continuación consiste en la creación de tres tareas encargadas de mostrar su nombre en pantalla, 100 veces cada una, ejecutándose en modo multitarea. En este caso, dado que las tres tareas realizan la misma operación, tan sólo será necesario tener una única implementación del método *run()*:

```
public class Tarea extends Thread{
  public Tarea(String n)
  {
    //utiliza el constructor de Thread para establecer
    //el nombre de la tarea
    super(n);
  }
  public void run()
  {
    for(int i=1;i<=100;i++){
      //muestra el nombre del thread en ejecución
      System.out.println("nombre: "+
            Thread.currentThread().getName());
      try{
        Thread.sleep(100);
      }
      catch(InterruptedException e){
        e.printStackTrace();
      }
    }
  }
}
public class Principal {
  public static void main(String[] args) {
    Tarea t1=new Tarea("pepe");
    Tarea t2=new Tarea("ana");
    Tarea t3=new Tarea("juan");
```

```
        t1.start();
        t2.start();
        t3.start();
    }
}
```

La ejecución de este programa produciría una salida similar a ésta:

```
nombre pepe
nombre ana
nombre juan
nombre pepe
nombre ana
nombre juan
:
```

### 9.2.3.4 PRIORIDAD DE UN THREAD

La prioridad de un *thread* es un factor importante a tener en cuenta por el gestor de tareas a la hora de repartir la CPU entre las mismas. De forma predeterminada, todo *thread* tiene asignada una prioridad en el momento de su creación, la cual es la misma que la del *thread* que lo crea. En el ejemplo anterior, los tres *thread* tendrán la misma prioridad y ésta coincidirá con la del método *main()*.

Es posible establecer explícitamente una prioridad a una tarea mediante el método *setPriority()* de la clase Thread, su formato es el siguiente:

- public void **setPriority(int p)**

Donde el argumento del método representa la prioridad establecida y cuyo valor puede ser cualquier número entero comprendido entre 1 y 10 (1 prioridad mínima y 10 prioridad máxima).

A modo de recomendación, es necesario destacar el hecho de que no es conveniente desarrollar una aplicación multitarea haciendo depender su funcionamiento de las prioridades de los *thread*, puesto que el comportamiento del gestor de tareas con las prioridades es impredecible, siendo totalmente dependiente de la implementación de la JVM. Las prioridades tan sólo deben ser utilizadas como una forma de mejorar la eficiencia de los programas.

#### 9.2.3.5 EL MÉTODO *YIELD()*

Lo que hace este método es devolver el *thread* en ejecución al estado de "preparado", poniendo en ejecución otro *thread* de su misma prioridad.

Su formato es:

- public static void **yield()**

La intención de este método es promover la rotación de la CPU entre *threads* de igual prioridad, sin embargo, no hay ninguna garantía de que el nuevo *thread* elegido para la ejecución no sea el mismo que se acaba de sacar de ejecución.

#### *9.2.3.6* EL MÉTODO *JOIN()*

Se utiliza para unir un *thread* con el final de otro *thread*, de modo que el *thread* primero quedará bloqueado en el estado "preparado" hasta que finalice la ejecución del *thread* con el que se ha enlazado.

El formato de *join()* es:

- public void **join()**

Si "A" es un objeto *thread*, el *thread* que ejecute la instrucción:

*A.join();*

pasará al estado "preparado" hasta que finalice la tarea "A". Al igual que sucede con *sleep()*, la llamada a *join()* puede provocar una excepción **InterruptedException** que habrá que capturar.

### 9.2.4 Estados de un *thread*

Un *thread* puede encontrarse en uno de los siguientes estados:

- **Nuevo**. El *thread* entra en este estado al crear la instancia de la clase Thread asociada, permaneciendo en él hasta que se produzca la llamada a *start()*. Un *thread* en el estado “nuevo” aún no se considera vivo.

- **Preparado**. Un *thread* entra en este estado al invocar al método *start()*, aunque también puede regresar a él después de haber estado en ejecución, dormido o bloqueado. Un *thread* en estado "preparado" ya se considera vivo.

- **Ejecución**. El *thread* entra en este estado cuando el *scheduler* lo selecciona para su ejecución.

- **Esperando/bloqueado/dormido**. Son tres estados combinados en uno y se caracterizan porque el *thread* aún está vivo pero no preparado, pudiendo estar dormido, bloqueado a la espera de algún recurso o en espera.

- **Finalizado**. Un *thread* se considera que ha finalizado cuando termina la ejecución de su método *run()*. **Una vez que el *thread* finaliza no puede volver de nuevo al estado de preparado**, por ello, si se invoca al método *start()* por segunda vez sobre un *thread* **se producirá una excepción** de tipo IllegalThreadStateException.

# 9.3 IMPLEMENTACIÓN DE LA INTERFAZ RUNNABLE

La técnica más adecuada para la creación de aplicaciones multitarea en Java se basa en la implementación de la interfaz **Runnable**, en vez de la extensión de la clase Thread.

Si optamos por esta vía, las acciones que tenemos que llevar a cabo serán las siguientes:

A. Implementar método *run()* de la interfaz Runnable

B. Creación y ejecución de tareas

## 9.3.1 Implementación del método *run()*

La interfaz Runnable incluye un único método, *run()*, que como sucede con la clase Thread, será el que deba incluir las acciones a realizar por las tareas.

Como ya se comentó al principio, codificar este método mediante la implementación de la interfaz Runnable permite a la clase heredar al mismo tiempo la funcionalidad de alguna otra clase existente.

A continuación, se presenta el código de la clase para la impresión de los nombres de los *thread* implementando la interfaz Runnable:

```
public class TareaRb implements Runnable{
  public void run()
  {
    for(int i=1;i<=100;i++){
      System.out.println("nombre"+
            Thread.currentThread().getName());
      try{
        //Pone la tarea a dormir
        Thread.sleep(100);
      }
      catch(InterruptedException e){
        e.printStackTrace();
      }
    }
  }
}
```

Como podemos observar, el método *run()* no difiere en absoluto del de la clase anterior. Sin embargo, hay que destacar una diferencia entre esta clase **TareaRb** y la anterior **Tarea**, y es que TareaRb, al no heredar Thread, no dispone de un constructor al que pasarle el nombre de la tarea, así que la pregunta es: ¿cómo puede la llamada al método *getName()* devolver el nombre de la tarea en ejecución? La respuesta a esta pregunta es que la llamada a *currentThread()* no devuelve un objeto TareaRb, sino un objeto de la clase Thread que representa la tarea en ejecución.

## 9.3.2 Creación y ejecución de tareas

Como ya se ha mencionado en varias ocasiones, toda tarea en ejecución multitarea es un *thread*. Esto significa que habrá que crear **tantos objetos de la clase Thread como tareas queramos poner en ejecución**, el tema es que el código asociado a esas tareas debe ser el que está definido en el método *run()* de la clase que implementa Runnable.

Para crear objetos Thread con estas características, debemos utilizar alguno de los siguientes constructores de la clase Thread:

- **Thread**(Runnable obj)
- **Thread**(Runnable obj, String nombre)

En ambos casos, la creación del objeto Thread requiere un objeto Runnable que disponga de la implementación del método *run()*. Si utilizamos el segundo constructor, podemos además asignar un nombre a cada tarea.

Así pues, la creación y ejecución de las tareas en el ejemplo de la impresión de nombres quedaría como sigue:

```
public class Principal {
  public static void main(String[] args) {
    //Se crea un único objeto tarearb, el cual
    //es compartido por todos los thread
    TareaRb t=new TareaRb();
    //Las tres tareas son instancias de la
    //clase Thread
    Thread t1=new Thread(t,"pepe");
    Thread t2=new Thread(t,"ana");
    Thread t3=new Thread(t,"juan");
    //Los Thread se ponen en ejecución
    t1.start();
    t2.start();
    t3.start();
  }
}
```

# 9.4 SINCRONIZACIÓN DE THREADS

## 9.4.1 Acceso concurrente a objetos

Cuando se trabaja con aplicaciones multitarea, pueden darse situaciones en las cuales la utilización de un objeto en modo concurrente dé lugar a una situación de incoherencia de datos.

Por ejemplo, supongamos que tenemos una clase llamada **Accesos** que utilizamos para llevar la cuenta del número de veces que se ha pasado por un determinado bloque de código. Dicha clase, cuenta con dos métodos: *getValor()*, que devuelve un número almacenado en el objeto en donde se lleva la cuenta de los accesos realizados, y *setValor()*, utilizado para actualizar el contador de accesos:

```
class Accesos{
      private int cont;
```

```
        public int getValor(){
              return cont;
        }
        public void setValor(int v){
              cont=v;
        }
  }
```

Partiendo de la existencia de la clase anterior, prestemos atención al código de la siguiente clase:

```
class Tarea implements Runnable{
  Accesos ac;
  public Tarea(){
      ac=new Accesos();
  }
  public void run(){
      int actual =ac.getValor();
      actual++;
      try{
            Thread.sleep(100);
      }
      catch(InterruptedException e){}
      ac.setValor(actual);
      System.out.println("Total accesos: "+
      ac.getValor());
  }
}
```

Utilizando un objeto de la clase Accesos, el método *run()* del programa anterior pretende llevar la cuenta del número de veces que las tareas han ejecutado ese código.

Ahora, supongamos que desde otra clase se crean tres objetos Thread asociados a la clase Tarea:

```
class Ejecucion{
      public static void main(String [] args){
            Tarea tr=new Tarea();
            Thread t1=new Thread(tr);
            Thread t2=new Thread(tr);
```

```
                Thread t3=new Thread(tr);
                t1.start();
                t2.start();
                t3.start();
        }
}
```

A partir de este momento, los *threads* comienzan su ejecución concurrente. Como ya sabemos, no es posible saber con detalle qué es lo que va a pasar a partir del momento en que los *threads* se ponen en ejecución, pero podría darse la siguiente situación:

El *thread* t1 comienza su ejecución y llega a completarla, en ese momento, el total de accesos es 1. Después, el *thread* t2 comienza su ejecución y justo antes de hacer la llamada al método *setValor()*, el gestor de tareas lo saca de ejecución para poner en funcionamiento a t3. Y es aquí donde viene el problema: como t2 no llegó a actualizar el valor del contador, **cuando t3 invoque a *getValor()* obtendrá el valor 2, en vez de 3**. Esta situación puede repetirse varias veces, por lo que nos encontramos con que el objeto Accesos no refleja realmente el número de accesos que se han realizado al bloque de código.

Para paliar este problema, la solución pasa por hacer algo que impida a un *thread* utilizar el objeto Accesos mientras el último *thread* que lo ha utilizado no haya completado la llamada al método *setValor()*. Esto se consigue mediante la **sincronización**.

### 9.4.2 Sincronización y monitores

La sincronización de un bloque de código consiste en impedir la entrada de un *thread* al bloque hasta que el último *thread* en entrar en dicho bloque finalice la ejecución del mismo, de esta forma se garantiza que todas las instrucciones del bloque son ejecutadas completamente por un *thread* antes de que otro entre en el mismo.

La sincronización de bloques de código se basa en el uso de monitores o "cerrojos". Todo objeto lleva asociado un monitor, el cual puede ser adquirido por un único *thread*. Cuando se sincroniza un bloque de código, es necesario indicar el objeto cuyo monitor será utilizado para controlar el proceso de sincronización, siguiendo la sintaxis indicada a continuación:

```
:
synchronized(ref_objeto)
{
        //bloque de instrucciones a sincronizar
}
:
```

En el momento en que un *thread* entra en el bloque sincronizado, adquiere el monitor del objeto especificado, bloqueando la entrada de otros *threads* al bloque hasta que el monitor del objeto sea liberado, hecho que sucede automáticamente cuando el *thread* finaliza la ejecución del bloque sincronizado. A partir de ese instante, el monitor del objeto queda libre y cualquier *thread* que esté a la espera de entrar en el bloque sincronizado puede adquirirlo.

Utilizando la sincronización de código, podemos solucionar el problema planteado en el ejemplo anterior, implementando la clase Tarea de la siguiente forma:

```
class Tarea implements Runnable{
  Accesos ac;
  public Tarea(){
      ac=new Accesos();
  }
  public void run(){
      synchronized(ac){
            int actual =ac.getValor();
            actual++;
            try{
                  Thread.sleep(100);
            }
            catch(InterruptedException e){}
            ac.setValor(actual);
            System.out.println("Total accesos: "+
            ac.getValor());
      }
  }
}
```

Hay que tener en cuenta que cuando un *thread* se va a dormir, **se lleva el monitor del objeto consigo**.

## 9.5 COMUNICACIÓN ENTRE THREADS

Como hemos visto en el apartado anterior, cuando varios *threads* están haciendo uso de un mismo objeto es necesario utilizar mecanismos de sincronización que eviten incoherencias de datos.

Muchas veces no es suficiente con el empleo de bloques de código sincronizados para evitar este tipo de problemas con los accesos concurrentes a objetos, requiriéndose algún mecanismo de comunicación entre procesos que les permita coordinarse durante el manejo de un determinado recurso.

### 9.5.1 Métodos de comunicación

Existen tres métodos en la clase **Object** que permiten enviar señales de unos *threads* a otros, cuando éstos están ejecutando bloques de código *synchronized*, condicionando la ejecución de uno de estos bloques a la del otro.

Estos métodos son **invocados en el interior de un bloque *synchronized*** sobre el objeto del que se adquiere el monitor, siendo el significado de cada uno de ellos el siguiente:

- **wait()**. Cuando un *thread* invoca a este método sobre un objeto, libera el monitor del mismo y pasa al estado de "esperando", estado en el que permanecerá hasta que reciba una señal por parte del *thread* que en ese momento tenga el monitor del objeto para poder continuar su ejecución. Existe una versión sobrecargada del método *wait()* en la que se puede establecer un tiempo de espera máximo:

  **wait(**int miliseconds**)**

  Si transcurrido ese tiempo el *thread* no ha recibido una señal para salir del estado de espera, automáticamente pasa a "preparado".

  La llamada a cualquiera de las versiones del método *wait()* puede provocar una excepción InterruptedException.

- **notify()**. Al invocarlo se envía una señal al *thread* que hizo la llamada a *wait()* sobre el objeto. A partir de ese momento, el *thread* podrá continuar su ejecución, pasando al estado de "preparado".

- **notifyAll()**. Si hay varios *threads* que han invocado al método wait() sobre el objeto, la llamada a *notify()* afectará solamente a uno de ellos. Para notificar a todos los *threads* que están a la espera se utiliza *notifyAll()*.

El siguiente código de ejemplo pretende aclarar el funcionamiento de estos métodos. En él se presenta una subclase de Thread, llamada Proceso, con un método *run()* encargado de calcular la suma de los 100 primeros números naturales. Por otro lado, tenemos una clase con su método *main()*, cuya misión es instanciar un *thread* a partir de la clase anterior y mostrar el resultado de la suma calculada por éste. Para que el resultado mostrado por el método *main()* sea correcto, necesita esperar a que el *thread* de Proceso le notifique que ha terminado de realizar la operación:

```
class Principal{
      public static void main(String [] args){
            //crea un objeto de la clase que realiza
            //el cálculo y lo pone en ejecución
            //concurrente con main()
            Proceso p=new Proceso();
            p.start();

            //aqui el método main() podría realizar
            //cualquier tarea
            synchronized(p){
              try{
                  p.wait(); //Espera a que finalice
                       //el cálculo
              }
              catch(InterruptedException e){}
            }
            System.out.println ("La suma es "+
                                    p.getTotal());
      }
}

//la clase que realiza el cálculo se implementa como
//un thread
```

```
class Proceso extends Thread
{
      private int valor;
      public int getTotal()
      {
            //devuelve el cálculo realizado
            return valor;
      }
      public void run()
      {
            //bloque de código sincronizado donde
            //se obtiene el monitor del propio objeto
            //Proceso para que ningún otro thread pueda
            //utilizarlo mientras completa el cálculo
            synchronized(this)
            {
                  for(int i=1;i<=100;i++)
                  {
                        valor+=i;
                  }
                  this.notify(); //avisa de que ha
                  //finalizado el cálculo al
                  //thread que invocó a wait()
                  //sobre el objeto, a fin de que
                  //pueda continuar la ejecución
            }
      }
}
```

## 9.5.2 Aplicaciones productor-consumidor

Un escenario típico de comunicación entre procesos son las llamadas aplicaciones del tipo productor-consumidor, donde un proceso, conocido como productor, se encarga de generar (producir) una serie de datos que son utilizados (consumidos) por otro proceso conocido como consumidor.

Ambos procesos se ejecutan de modo concurrente, por lo que necesitan comunicarse entre sí para evitar los problemas de colapso o pérdida de datos que puedan derivarse de sus distintas velocidades de ejecución.

Un caso que se ajusta a este escenario podría ser aquél en el que un proceso encargado de extraer una serie de cadenas de caracteres de un fichero de texto u otra fuente de datos (proceso productor), envía la información a otro proceso que se encarga de imprimir las cadenas en una impresora (proceso consumidor). Ambos objetos podrían utilizar un objeto buffer intermedio donde el productor colocaría las cadenas leídas y desde el que éstas serían extraidas por el consumidor.

Dado que la impresión de cadenas es un proceso más lento que la lectura de las mismas, se necesitaría una comunicación entre ambos procesos que les permitiera coordinarse. Por ejemplo, el proceso que realiza la lectura y envío de cadenas al buffer debería quedar bloqueado en el momento en que éste estuviera lleno, siendo desbloqueado por el proceso de impresión en el momento en que se hubiera liberado espacio en el buffer.

En la siguiente práctica se desarrolla un ejercicio de estas características, utilizando como fuente y destino de datos sendos controles swing de tipo lista.

*PRÁCTICA 9.1.*

Se pretende desarrollar una aplicación que simule un escenario de tipo productor-consumidor.

El productor será un proceso que realizará la lectura de una serie de cadenas de caracteres almacenadas en un control JList, estas cadenas serán enviadas por el proceso a un buffer que podrá almacenar un número máximo determinado de cadenas, máximo que podrá ser suministrado desde código a través del constructor de la clase que implementa el buffer.

De este buffer extraerá los datos un proceso consumidor, cuya función será presentar en otro control JList las cadenas recuperadas.

A fin de completar más claramente el funcionamiento del sistema, el contenido que tenga el buffer en cada momento deberá ser visualizado en una tercera lista intermedia.

La figura 121 ilustra el aspecto de la aplicación.

Los procesos serán puestos en funcionamiento en modo concurrente al pulsar el botón "Comenzar".

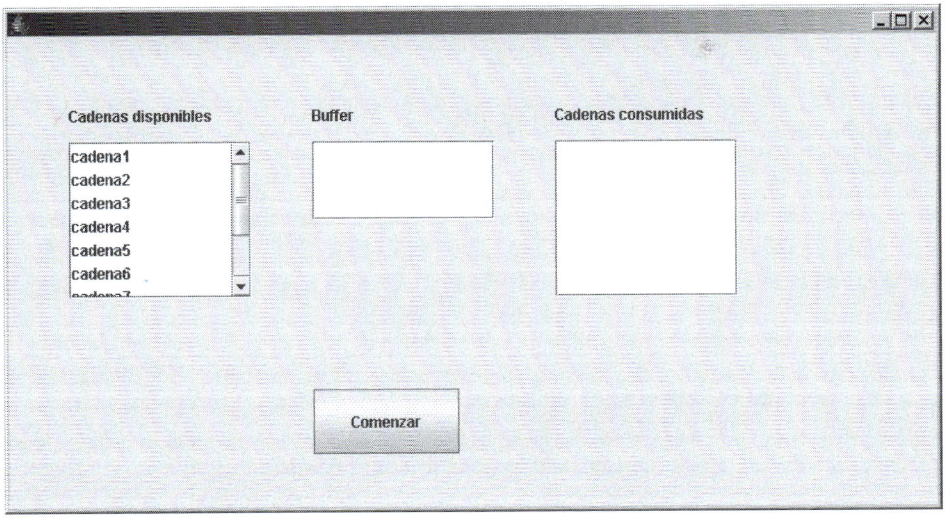


***Fig. 121*** *- Ventana de la aplicación*

# 9.6 CUESTIONES DE AUTOEVALUACIÓN

1. Indica cuál de las siguientes afirmaciones sobre la ejecución de aplicaciones multitarea en Java es falsa.

   A. El tiempo dedicado a la ejecución de cada tarea depende de la JVM.

   B. En las aplicaciones multitarea, las tareas no pueden compartir recursos.

   C. En las aplicaciones multitarea, solamente hay una tarea en ejecución en un instante dado.

   D. Las aplicaciones multitarea Java pueden ser ejecutadas en equipos que cuenten con un único procesador.

2. ¿Qué sucede si se invoca por segunda vez al método *start()* de un objeto Thread, una vez que el método *run()* ha finalizado su ejecución?

3. Suponiendo que Tarea1 y Tarea2 son dos subclases de Thread, la siguiente clase:

```
public class Principal {
  public static void main(String[] args) {
    Tarea1 t1=new Tarea1();
    Tarea2 t2=new Tarea2();
    t1.run();
    t2.run();
  }
}
```

A. Provoca un error al intentar compilarla.

B. Compila perfectamente.

C. Provoca una excepción al ejecutar *main()*.

4. Indica cuáles de las siguientes afirmaciones sobre el método *sleep()* son falsas:

   A. Puede lanzar una excepción InterruptedException.

   B. El número indicado en el parámetro indica el tiempo máximo que la tarea estará detenida.

   C. Puede ser invocado desde el interior de cualquier método.

   D. Se utiliza para poner a dormir una tarea desde otra.

5. Al compilar la siguiente clase se produce un error. ¿Cuál es el motivo?

```
public class Impresion implements Runnable{
public Impresion(String name){
      super(name);
}
public void run()
  {
    for(int i=1;i<=100;i++){
      System.out.println("mi nombre es: "+
            Thread.currentThread().getName());
      try{
        Thread.sleep(100);
      }
```

```
            catch(InterruptedException e){
              e.printStackTrace();
            }
          }
        }
      }
```

6. La siguiente clase pretende crear tres objetos Thread y ponerlos en ejecución, de modo que la tarea t2 sea la tarea más prioritaria y t3 la menos. Escribe las instrucciones que faltan:

```
public class Ejecucion {
  public static void main(String[] args) {
    Thread t1=new Thread ();
    Thread t2=new Thread ();
    Thread t3=new Thread ();
      //completar
  }
}
```

7. Indica cuál de las siguientes afirmaciones es falsa:

   A. El método *wait()* sólo puede ser invocado desde el interior de un bloque *synchronized*.

   B. La llamada a *wait()* provoca que el *thread* detenga su ejecución.

   C. La llamada a *wait()* puede hacerse solamente sobre objetos que hereden Thread o implementen Runnable.

8. Tenemos tres tareas de igual prioridad (t1, t2 y t3) en ejecución multitarea. Cuando se está ejecutando t1 se invoca al método *yield()*, ¿qué tarea pasará a ejecutarse a partir de ese instante?

# 9.7 LISTADO DE LAS PRÁCTICAS

## 9.7.1 PRÁCTICA 9.1.

**********clase Productor**********

```
//productor
public class Productor extends Thread{
    Buffer bf;
    JVentana jv;
    public Productor(Buffer bf,JVentana jv) {
        this.bf=bf;
        this.jv=jv;
    }
    public void run(){
        for(int i=0;i<JVentana.TOTAL_CADENAS;i++){
            synchronized(bf){
                 //pasa al estado de espera si
                //el buffer está lleno
                if(bf.isFull()){
                    try{
                        bf.wait();
                    }catch(InterruptedException e){}
                }
                //transfiere al buffer el último
                //elemento de la lista
                int seleccionado=
                  jv.dmexistentes.getSize()-1;
                bf.agregar(
                 jv.dmexistentes.remove(seleccionado));
            }
            try{
                Thread.sleep(300);
            }
            catch(InterruptedException e){}
        }
    }
}
```

**********clase Consumidor**********

```
//consumidor
public class Consumidor extends Thread{
    Buffer bf;
    JVentana jv;
    public Consumidor(Buffer bf,JVentana jv) {
        this.bf=bf;
        this.jv=jv;
    }
    public void run(){
        //recupera cadenas mientras no se
        //hayan obtenido todas
        while(jv.dmconsumidas.size()
                 <=JVentana.TOTAL_CADENAS){

            synchronized(bf){
                //extrae cadenas del buffer
                //si no está vacío
                if(!bf.isEmpty())
                    jv.dmconsumidas.addElement(
                             bf.extraer());
                //notifica al proceso en espera
                //que ya puede utilizar el buffer
                bf.notify();
            }
            try{
                //se pone a dormir más tiempo
                //que el productor para simular
                //una velocidad de procesamiento
                //inferior a éste
                Thread.sleep(800);
            }
            catch(InterruptedException e){}
        }
    }
}
```

**********clase Buffer**********

```
import javax.swing.*;
//el buffer se implementa como un
//ListModel
public class Buffer extends DefaultListModel{
    private int limite;
    public Buffer(int l) {
        limite=l;
    }
    public void agregar(Object o){
        if(!isFull())
            this.addElement(o);
    }
    public Object extraer(){
        return this.remove(0);
    }
    public boolean isFull(){
        if(this.getSize()>=limite)
            return true;
        else
            return false;
    }
}
```

**********clase JVentana**********

```
import javax.swing.*;
import java.awt.*;
public class JVentana extends JFrame{
    //declaración de listas y colecciones con
    //modelos de contenido
    JList jlistaexistentes;
    JList jlistabuffer;
    JList jlistaconsumidas;
    DefaultListModel dmexistentes;
    DefaultListModel dmconsumidas;
    //constante pública que indica el
    //número de cadenas a leer
```

```
public static final int TOTAL_CADENAS=10;
public JVentana() {
    this.setDefaultCloseOperation(
              JFrame.EXIT_ON_CLOSE);
    this.getContentPane().setLayout(null);
    this.setBounds(100,50,700,400);
    dmexistentes=new DefaultListModel();
    dmconsumidas=new DefaultListModel();
    //genera las cadenas y las almacena en
    //la lista fuente
    for(int i=1;i<=JVentana.TOTAL_CADENAS;i++){
        dmexistentes.addElement("cadena"+i);
    }
    //controles
    jlistaexistentes=new JList(dmexistentes);
    jlistabuffer=new JList();
    jlistaconsumidas=new JList(dmconsumidas);
    JButton jbotoncomenzar=new JButton("Comenzar");
    jbotoncomenzar.addActionListener(
                          new Gestion(this));
    JScrollPane j1=
              new JScrollPane(jlistaexistentes);
    JScrollPane j2=new JScrollPane(jlistabuffer);
    JScrollPane j3=
              new JScrollPane(jlistaconsumidas);
    JLabel jl1=new JLabel("Cadenas disponibles");
    JLabel jl2=new JLabel("Buffer");
    JLabel jl3=new JLabel("Cadenas consumidas");
    jl1.setBounds(50,50,150,20);
    jl2.setBounds(250,50,150,20);
    jl3.setBounds(450,50,150,20);
    j1.setBounds(50,80,150,120);
    j2.setBounds(250,80,150,60);
    j3.setBounds(450,80,150,120);
    jbotoncomenzar.setBounds(250,270,120,50);
    this.getContentPane().add(jl1);
    this.getContentPane().add(jl2);
    this.getContentPane().add(jl3);
    this.getContentPane().add(j1);
```

```
            this.getContentPane().add(j2);
            this.getContentPane().add(j3);
            this.getContentPane().add(jbotoncomenzar);
            this.setVisible(true);
        }
    }
```

**********clase Gestion**********

```
    //clase para gestión del evento
    //click sobre el botón "comenzar"
    import java.awt.event.*;
    public class Gestion implements ActionListener{
       JVentana jv;
        public Gestion(JVentana jv) {
            this.jv=jv;
        }
        public void actionPerformed(ActionEvent e){
            //crea el buffer y le asigna
            //tamaño máximo, por ejemplo 4
            Buffer bf=new Buffer(4);
            //asocia el buffer al JList
            jv.jlistabuffer.setModel(bf);
            Thread t1=new Consumidor(bf,jv);
            Thread t2=new Productor(bf,jv);
            t1.start();
            t2.start();
        }
    }
```

**********clase Principal**********

```
    //inicio de la aplicación
    public class Principal {
        public static void main(String[] args) {
            //creación de la ventana
            new JVentana();
        }
    }
```

Capítulo 10

# CLASES ANIDADAS

Las clases anidadas no representan un mecanismo demasiado útil y práctico para el desarrollo de las aplicaciones habituales. Más al contrario, suponen un elemento que introduce un alto grado de confusión debido a su poca modularidad y falta de estructuración.

Tampoco son un objetivo específico de examen, sin embargo, gran parte de los códigos que aparecen en las cuestiones de examen utilizan clases anidadas. Por ello, su comprensión resulta fundamental para entender y responder correctamente a muchas de estas cuestiones.

## 10.1 TIPOS DE CLASES ANIDADAS

Por clases anidadas entendemos una clase que contiene en su interior la definición de otra clase, pudiéndose dar diferentes situaciones y casos particulares. En función de cómo y dónde esté definida la clase interna, distinguimos cuatro tipos o situaciones que se pueden presentar:

- Clases internas estándares.
- Clases internas locales a método.
- Clases anónimas.
- Clases internas estáticas.

# 10.2 CLASES INTERNAS ESTÁNDARES

Esta situación se da cuando tenemos una clase no estática definida en el interior de otra clase, como un miembro de la misma:

```
class Externa{
      class Interna{
      }
      :
}
```

## 10.2.1 Instanciación de la clase interna

Cuando se presenta un caso como éste, la instanciación de la clase externa se realiza de la forma estándar. Sin embargo, para crear una instancia de la clase interna, dado que ésta es un miembro no estático de la externa, **será necesario disponer previamente de una instancia de la clase externa**.

Suponiendo que *ex* es una variable que contiene una referencia a la clase externa, la creación de una instancia de la clase interna seguirá la siguiente sintaxis:

*Externa.Interna in = ex.new Interna();*

Obsérvese la utilización del operador *new*, precedido del punto y la referencia a la instancia de la clase externa.

Veamos un ejemplo, supongamos que tenemos las siguientes clases anidadas:

```
class Externa{
      String s="Mio";
      //Definición de la clase interna
      class Interna{
            public void muestra(){

                  System.out.println("objeto interno "+
                                          s);
            }
      }
}
```

La siguiente clase crea un objeto de la clase Interna e invoca al método *muestra()* de dicha clase:

```
class Principal{
      public static void main(String [] args){
            Externa ex = new Externa();
            Externa.Interna in = ex.new Interna();
            in.muestra();
      }
}
```

Tras la ejecución del programa anterior se mostrará en pantalla la frase:

*objeto interno Mio*

Como se desprende del ejemplo anterior, **una clase interna tiene acceso al resto de los miembros de la clase externa**.

En el caso de crear el objeto interno desde algún método de la propia clase externa, se puede utilizar la forma normal de crear objetos Java:

```
class Externa{
      void imprime(){
            //Dado que la ejecución de este método sólo
            //será posible si se dispone de una
            //instancia de Externa, se puede utilizar:
            Interna min = new Interna();
            min.muestra();
      }
      class Interna{
            public void muestra(){
                  System.out.println("objeto interno");
            }
      }
}
```

## 10.2.2 Utilización de *this*

Dentro de la clase interna, la palabra *this* hace referencia a la instancia en ejecución de la clase interna.

Si desde el interior de la clase interna quiere hacerse referencia a la instancia de la clase externa deberá utilizarse la expresión:

*Clase_externa.this*

Dado el siguiente código:

```
class Externa{
      public void muestraext(){
            System.out.println("objeto externo");
      }
      class Interna{
            public void muestrain(){
                  System.out.println("objeto interno");
            }
            public void imprime(){
                  this.muestrain();
                  Externa.this.muestraext();
            }
      }
}
```

Al ejecutar el método *main()* de la siguiente clase:

```
class Principal{
      public static void main(String [] args){
            Externa ex = new Externa();
            Externa.Interna in = ex.new Interna();
            in.imprime();
      }
}
```

Producirá la siguiente salida por pantalla:

*objeto interno*

*objeto externo*

### 10.2.3 Modificadores para una clase interna

Una clase interna es un miembro más de la clase, por tanto, en su definición se pueden utilizar los siguientes modificadores:

*final, abstract, strictfp, static, private, protected y public.*

## 10.3 CLASES INTERNAS LOCALES A MÉTODO

Esta situación se corresponde al caso de dos clases anidadas en donde la clase interna está definida en el interior de un método de la clase externa:

```
class Externa{
      void metodo(){
            class Interna{
            }
      }
}
```

### 10.3.1 Instanciación de la clase interna

Una clase interna definida en el interior de un método de otra clase **solamente podrá ser instanciada en el interior de dicho método**, después de la declaración de la clase interna:

```
class Externa{
      void proceso(){
            class Interna{
             void muestra(){
                  System.out.println("local a método");
             }
            }
            //sólo podrá instanciarse en el interior
            // de proceso() a partir de aquí
            Interna in = new Interna();
            in.muestra();
      }
}
```

Al ejecutarse el *main*() de la clase Principal:

```
class Principal{
      public static void main(String [] args){
            Externa ex = new Externa();
            ex.proceso()
      }
}
```

Se mostrará en pantalla:

*local a método*

Existe otra restricción importante en el uso de este tipo de clases. Se trata del hecho de que **una clase local a método no puede acceder a las variables locales definidas en dicho método**, salvo que éstas estén definidas como *final* (constantes). Según esto, el siguiente código no compilará:

```
class Externa{
      String s ="Mio";
      void proceso(){
            int p=6;
            class Interna{
             void muestra(){
               //la siguiente instrucción es
               // correcta
               System.out.println("local a método "+s);
               //la siguiente instrucción no compilará
               p++; //¡error de compilación!
             }
            }
            Interna in = new Interna();
            in.muestra();
      }
}
```

## 10.3.2 Modificadores

Dado que una clase definida dentro de método es un elemento local a éste, únicamente podrán utilizarse en su definición los modificadores *abstract* y *final*.

# 10.4 CLASES ANÓNIMAS

Las clases anónimas representan el caso de clases internas más extraño que se puede presentar.

Una clase anónima es una clase sin nombre, definida en la misma línea de código donde se crea el objeto de la clase. Esta operación se lleva a cabo en el interior de un método de otra clase, por ello la clase anónima es considerada como una clase interna anidada.

### 10.4.1 Definición de una clase anónima

Una clase anónima siempre **debe ser una subclase de otra clase existente o bien debe implementar alguna interfaz**. La sintaxis para la definición de una clase de este tipo será:

```
Superclase var = new Superclase(){

      //Definición de la clase anónima

};
```

Donde *var* será la variable que almacene la instancia de la clase anónima, que será una subclase de Superclase.

Como se puede observar, la definición de la clase anónima y la creación de una instancia de la misma representan acciones inseparables que se realizan en la misma línea de código.

Veamos un ejemplo. Supongamos que tenemos una clase llamada Operaciones con un método llamado *Imprimir()*:

```
class Operaciones{
      public void imprimir(){

            System.out.println("Imprimir original");
      }
}
```

Si queremos crear una subclase de Operaciones, utilizando una clase anónima dentro de otra clase, sería:

```
class Externa{
      Operaciones op = new Operaciones(){
            //definición de la clase anónima
            public void imprimir(){
                  System.out.println("Imprimir "+
                        "anónimo");
            }
      }; //la línea de definición de la clase
```

```
                //y creación del objeto termina con ;
        void proceso(){
                //llamada al método imprimir del objeto
                //de la clase anónima
                op.imprimir();
        }
}
```

Al ejecutar el método *main()* de la siguiente clase:

```
class Principal{
        public static void main(String [] args){
                //instanciación normal de la
                //clase Externa
                Externa ex = new Externa();
                ex.proceso()
        }
}
```

Se mostrará en pantalla el mensaje:

*Imprimir anónimo*

De este ejemplo se deducen dos cosas importantes: en primer lugar, la variable *op* contiene una instancia del objeto de la clase anónima, no de la clase Operaciones. En segundo lugar, dado que la definición de la clase anónima se lleva a cabo en una línea de código, ésta debe terminar con ;. En este sentido, hay que fijarse bien en el código de las preguntas de examen, pues podemos encontrarnos con definiciones de clases anónimas donde falte el ";", lo que supone directamente un error de compilación.

Como ya se ha indicado antes, también se puede definir una clase anónima a partir de una interfaz:

```
class Externa{
        Runnable rn = new Runnable(){
                public void run(){
                        System.out.println("run anónimo");
                }
        };
}
```

La variable *rn* contendrá el objeto de la clase anónima.

Como se estudió en el capítulo dedicado a la programación orientada a objetos, una instancia de la clase anónima solamente podrá ser utilizada para acceder a aquellos métodos de la clase que se hayan heredado, sobrescrito o implementado.

Por ejemplo, si la clase anónima anterior tuviera algún método propio, éste no podría ser invocado con la variable *rn*:

```
class Externa{
      Runnable rn = new Runnable(){
            public void run(){
                  System.out.println("run anónimo");
            }
            public void propio(){}
      };
      void proceso(){
            rn.run(); //correcto
            //la siguiente instrucción provoca
            //un error de compilación
            rn.propio();
      }
}
```

## 10.4.2 Clase anónima como argumento de método

Aún se puede producir una situación más extraña, se trata de la posibilidad de definir la clase anónima como argumento de la llamada a un método:

```
class Externa{
      void proceso(){
            OtraClase o =new OtraClase();
            o.metodo(new Operaciones(){
                  public void imprime(){
                        System.out.println("anónimo");
                  }
            });
      }
}
```

# 10.5 CLASES INTERNAS ESTÁTICAS

Un último caso especial de clases anidadas es aquél en el que la clase interna resulta ser un dato miembro estático:

```
class Externa{

      static class Interna{

      //código clase interna

      }

      :

}
```

Como sucede con los métodos, **las clases internas definidas como estáticas no pueden acceder a las variables y métodos no estáticos de la clase externa**.

## 10.5.1 Instanciación de la clase interna

Para crear una instancia de una clase estática interna desde el exterior de la clase externa se utiliza la expresión:

*Externa.Interna variable = new Externa.Interna();*

Veamos un ejemplo. Dadas las siguientes clases:

```
public class Externa {
 static class Interna{
    public void muestra(){
      System.out.print("Texto estático");
    }
  }
}
```

Para crear un objeto de la clase Interna y llamar a su método *muestra()* se procedería:

```
class Prueba{
      public static void main(String args[]){
            //instanciación de la clase estática
```

```
                Externa.Interna ej = new Externa.interna();
                ej.muestra(); //llamada al método de
                              //la clase estática
        }
}
```

Al ejecutar la clase Prueba se mostraría por pantalla el mensaje:

*Texto estático*

Como se puede comprobar en el ejemplo que se acaba de presentar, una clase estática interna puede tener métodos no estáticos.

Capítulo 11

# OBJETIVOS DEL EXAMEN JAVA SUN CERTIFIED PROGRAMMER 310-065

Este capítulo se centra en el estudio de los siete objetivos que cubre el examen de Programador Certificado Java para la versión 1.6 del lenguaje.

A continuación vamos a analizar dichos objetivos, revisando algunos de los conceptos más destacados de los estudiados hasta el momento y haciendo hincapié en todos aquellos aspectos a tener en cuenta de cara a responder con éxito a las cuestiones del examen.

Primeramente, comentaremos los detalles técnicos sobre este examen:

- Lugar de realización: Centros Prometric
- Prerrequisitos: Ninguno
- Tipo de examen: Preguntas de respuesta múltiple y "arrastrar y soltar"
- Número de preguntas: 60
- Puntuación requerida: 58,33% (35 de 60)
- Tiempo límite: 180 minutos

Para obtener más información sobre los exámenes de certificación Java Sun puede consultar la dirección:

http://www.sun.com/training/certification/java/index.html

# 11.1 OBJETIVO 1: DECLARACIÓN, INICIALIZACIÓN Y ÁMBITO

## 11.1.1 Declaraciones de elementos

En esta sección se tratan todos los aspectos relativos a la declaración de los componentes de una aplicación, es decir, clases, interfaces, enumeraciones.

### 11.1.1.1 DECLARACIÓN DE UNA CLASE

A continuación vamos a revisar las reglas para la declaración de clases Java, así como los distintos modificadores que pueden ser utilizados con las mismas además de las sentencias para la creación y utilización de paquetes.

#### Declaración de clases

Cuando se declara una clase hay que recordar las siguientes reglas:

- Solamente puede haber una clase pública por archivo de código fuente .java.
- El nombre de un archivo .java debe coincidir con el de la clase pública. Si no hay clases declaradas como *public* en el archivo, éste se puede llamar de cualquier forma.

#### Modificadores

En cuanto a los modificadores que pueden utilizarse a la hora de definir una clase, tenemos:

- De acceso: *public* y acceso por defecto. Como sabemos, este último tiene lugar cuando no se emplea ningún modificador explícitamente.
- Estático: *static*. Este modificador **solamente puede ser utilizado si se trata de una clase interna**.

- Otros: *final*, *abstract* y *strictfp*. Se pueden combinar entre sí con la excepción de *final* y *abstract* que no pueden aplicarse a una misma clase.

## Sentencias *import* y *package*

Sobre el uso de estas sentencias, hay que recordar que:

- Si las clases del archivo .java pertenecen a un paquete, la sentencia *package* debe ser la primera línea del archivo.

- La sentencia *import* puede utilizarse para importar una clase:

  *import paquete.clase;*

  o todas las clases de un paquete:

  *import paquete.*;*

- La importación de los elementos estáticos de una clase utiliza la sintaxis:

  *import static paquete.clase.*;*

Con respecto a este punto, hay que prestar atención a los bloques de código que aparecen en el examen, pues podemos encontrar situaciones como ésta:

```
import java.util.Vector.*;
class Ejemplo{
  Vector v; //error de compilación
}
```

El problema que se evidencia en el código anterior, es que el símbolo "*" se debe utilizar para hacer referencia a todas las clases de un determinado paquete, por lo que debe estar precedido por un nombre de paquete y no una clase. En este ejemplo se producirá un error de compilación en la declaración de la variable *v*, ya que el compilador intentará localizar la clase Vector en el paquete **java.util.Vector**, y no en java.util que es donde realmente está.

Así pues, si lo que se desea es importar el paquete *util* completo debería haberse utilizado:

```
import java.util.*;
```

Si sólo se desea importar la clase Vector, basta con:

```
import java.util.Vector;
```

Debemos prestar atención también a los códigos donde aparezca la sentencia *package*, en este sentido, cuidado con instrucciones como las siguientes:

```
import java.util.*;
package mipaquete;
class Miclase{
  :
}
```

El código anterior no compilará, pues la sentencia *package* no puede aparecer después de *import*.

#### 11.1.1.2 DECLARACIÓN DE UNA INTERFAZ

De cara a las interfaces que puedan aparecer definidas en las mismas preguntas del examen, hay que recordar las siguientes reglas sobre su declaración:

- Todos los métodos definidos en la interfaz son implícitamente *public* y *abstract*, aunque no lleven esos modificadores.
- Los métodos de una interfaz **no pueden ser estáticos**.
- Una interfaz no puede incluir variables de instancia, por lo que toda variable declarada en una interfaz deberá tener asignado un valor (constante). De hecho, toda variable definida en una interfaz es implícitamente *public*, *static* y *final*, aunque no se indiquen explícitamente estos modificadores.
- Una interfaz puede heredar una o varias interfaces, pero no puede implementar nada. La siguiente declaración de interfaz es incorrecta:

  ```
  //Error de compilación
  public interface InterfazA
                implements InterfazB{}
  ```

  Lo correcto sería:

  ```
  public interface InterfazA extends InterfazB {}
  ```

- El uso del modificador *abstract* en la declaración de una interfaz es redundante, pero no incorrecto. La siguiente declaración es válida:

```
public abstract interface InterfazA {}
```

#### 11.1.1.3 DECLARACIÓN DE UNA ENUMERACIÓN

Como ya sabemos, las enumeraciones son una de las nuevas características incluidas en la versión 1.5. Como complemento a lo estudiado en el capítulo 2, vamos a destacar alguno de los aspectos más relevantes que debemos tener en cuenta de cara al examen.

**Declaración**

Respecto a la declaración de una enumeración debemos tener en cuenta lo siguiente:

- Las enumeraciones se declaran:

```
enum Nombre_enumeracion{
        VALOR1, VALOR2,...}
```

- Pueden estar declaradas como dato miembro de la clase o como un elemento independiente, **nunca pueden declararse en el interior de un método**.

**Modificadores**

Sobre los modificadores válidos para la declaración de una enumeración, se pueden utilizar los siguientes:

- De acceso. Siguiendo las mismas reglas que en la declaración de una clase, pueden utilizarse los modificadores de acceso *public* y *default*.

- Otros. Toda enumeración es implícitamente estática, aunque explícitamente sólo se admite el modificador static cuando la enumeración está declarada como dato miembro de la clase.

### 11.1.2 Herencia de una clase abstracta

En el capítulo 4 ya estudiamos en profundidad las clases abstractas. Únicamente insistir en:

- Una clase se declara abstracta si tiene algún método abstracto.
- No es posible crear objetos de una clase abstracta.
- Una clase abstracta no puede ser a la vez final. La siguiente declaración de clase provocaría un error de compilación:

```
abstract final class Miclase{ } //error
```

- Si una clase hereda a una clase abstracta, estará obligada a sobrescribir todos los métodos de la misma, de lo contrario deberá ser declarada también como abstracta.

### 11.1.3 Implementación y herencia de una interfaz

Sobre la implementación de una interfaz por parte de una clase, debemos recordar lo siguiente:

- Las clases deben proporcionar una implementación para todos los métodos de la interfaz que implementa. Si esta interfaz hereda otra/otras interfaces, sus métodos también deberán ser implementados por la clase.
- Los métodos implementados deben seguir las reglas definidas para la sobrescritura de métodos. La siguiente clase no compilaría, dado que el método *run()* que se incluye en esta clase no se corresponde con el formato definido para el método *run()* de la interfaz Runnable:

```
public class Proceso implements Runnable{
      public void run(String s){}
}
```

  El problema de la clase anterior no es la existencia de ese método *run()*, sino **la falta del método *run()* sin parámetros definido en la interfaz**.

- Una clase puede implementar más de una interfaz.

También sabemos que una interfaz puede heredar, ¡no implementar!, otras interfaces. En este sentido, no cabe hablar de herencia real, lo único que implica la herencia de una interfaz por parte de otra es la obligatoriedad de las clases que implementan la subinterfaz a implementar los métodos declarados en ésta y en la superinterfaz:

```
interface Uno{
      public void metodoA(String s);
}
interface Dos extends Uno{
            public void metodoB(int k);
}
class Ejemplo implements Dos{
            //Ha de implementar metodoA() y metodoB()
}
```

### 11.1.4 Palabras reservadas e identificadores

Las palabras reservadas de Java que hemos utilizado a lo largo del libro (nombres de tipos de datos, instrucciones de control, nombres de modificadores, etc.), no pueden ser utilizadas como identificadores, esto es, como nombres de variables, clases o métodos.

Aunque no forman parte de la sintaxis de Java, las expresiones ***goto*** y ***const*** se consideran palabras reservadas por lo que no podrán utilizarse como identificadores.

Hay que prestar atención porque en algunas cuestiones de examen aparecen palabras reservadas de otros lenguajes como identificadores de variables o nombres de métodos, obviamente, esto es perfectamente legal.

En el siguiente listado se muestran ejemplos de identificadores válidos y no válidos:

- int **var**=5; //identificador válido

- String **default**; //identificador no válido

- long **virtual**; //identificador válido

- void **break**(){} //identificador no válido

- boolean const; //identificador no válido

## 11.1.5 Variables y tipos de datos

Este tema se trató en profundidad durante el capítulo 2. Vamos a comentar algunos aspectos que podrían crear dudas o confusión en las preguntas de examen.

### 11.1.5.1 TIPOS DE DATOS

En las cuestiones del examen podemos encontrar números representados en base decimal, octal o hexadecimal. Para representar un literal numérico en base octal se añade un "0" delante del número, mientras que para expresarlo en hexadecimal se añadirá "0x":

```
int k=197; //decimal
int p=045;//octal
int n=0xca5e; //hexadecimal, las letras pueden estar
      //tanto en mayúsculas como minúsculas
```

Además de los tipos básicos, en las aplicaciones Java podemos tratar con datos de tipo objeto. Estos datos son realmente referencias a los objetos que se almacenan en variables de la clase correspondiente. Mediante estas referencias se accede en tiempo de ejecución a los métodos del objeto.

```
String s="cadena";// referencia a un objeto String
```

En Java no está permitido realizar operaciones con referencia, salvo las definidas explícitamente por la clase correspondiente:

```
String p = s + "hola"; //Correcto. Operación de
                       // concatenación
s--; //Incorrecto, no se puede aplicar una operación
           //aritmética sobre un objeto
```

### 11.1.5.2 VARIABLES

En función de dónde estén declaradas, en Java se distinguen dos tipos de variables, locales y datos miembro.

#### Variables de tipo dato miembro

En la declaración de un campo o dato miembro de una clase pueden utilizarse los siguientes modificadores:

- De acceso: *public*, *protected*, (default), *private*.
- Otros: *final*, *static*, *transient*, *volatile*.

Los valores de las variables declaradas como finales (constantes), pueden ser establecidos en el momento de la declaración de ésta o en el constructor de la clase:

```
public class Ejemplo{
      final double pi =3.14; //Asignación válida
      final int k;
      public Ejemplo()
      {
            k=25; //Asignación válida
      }
      :
}
```

Lo importante es que, **una vez ejecutado el constructor, todas las constantes deben haber sido inicializadas**.

El siguiente código no compilará, dado que la constante p se intenta utilizar sin haber sido inicializada:

```
public class Ejemplo{
      final int p;
      public Ejemplo()
      {
      }
      public void calcula(){
            int n=p*2; //error de compilación,
                  //la constante p no tiene valor
      }
}
```

Por otro lado, debemos recordar que una variable dato miembro se inicializa implícitamente cuando se declara:

```
public class Ejemplo{
            Object ob;
            void imprime(){
                  System.out.println(ob);
            }
}
```

La clase anterior compilará sin problemas y al crear un objeto de la misma e invocar al método *imprime()* se visualizará en pantalla el valor *null*.

### Variables locales

Están declaradas en el interior de algún método o bloque de instrucciones. Es muy importante recordar que una variable local no se inicializa explícitamente, por lo que el compilador no dejará utilizarla si no se ha inicializado previamente:

```
void metodo(){
            int s;
            s++; //error de compilación
}
```

Las variables locales únicamente pueden llevar el modificador *final* (constante), además, una constante local debe ser inicializada, obligatoriamente, en el momento de su declaración.

## 11.1.6 Declaración, construcción e inicialización de arrays

Muchas de las preguntas de examen giran en torno a la correcta utilización de arrays, por ello, conviene repasar las distintas formas en que se puede declarar, construir e inicializar un array.

### 11.1.6.1 DECLARACIÓN

Los siguientes son ejemplos de declaraciones válidas de un array:

```
int [] nums; //declaración de un array de enteros
String [] cads; //declaración de un array de cadenas
String txt[]; //declaración de un array de cadenas
```

En el caso de arrays de varias dimensiones:

```
int [][] nums ; //declara un array bidimensional
                //de enteros
int [] cods[]; //igual que la anterior
int ps [][]; //otra declaración válida de un
             //array bidimensional
```

Cuidado con las siguientes declaraciones de array, no son válidas:

```
int z[8]; //no es correcto indicar el
          //tamaño de esta manera
int [2] z[]; //mismo problema anterior
```

### 11.1.6.2 CONSTRUCCIÓN

La creación de un array se realiza con el operador *new*, es en este momento cuando hay que asignar un tamaño al mismo.

Los siguientes son ejemplos de creación de arrays:

```
int k[];
k = new int[10]; //crea un array de 10 enteros
int [][] p = new int[2][6]; //declara y crea un array
                            //bidimensional de 2 x 6
```

Cuando se crea un array de varias dimensiones puede dejarse alguna de ellas (siempre la última/as) sin asignar tamaño, realizándose esta asignación durante la fase de inicialización:

```
int [][] v = new int[10][]; //la segunda dimensión
            //no tiene tamaño. Sería un array de arrays

int [][] m = new int[][5]; //no permitido
```

### 11.1.6.3 INICIALIZACIÓN

Inicializar un array consiste en asignar datos a sus elementos.

A partir de los arrays creados anteriormente, las siguientes instrucciones realizarían una inicialización válida de los mismos:

```
int x=20;
k[0]=10;
k[1]=x; //se puede asignar a un elemento de array
      //el contenido de una variable
p[0][0]=25;
v[0]=new int[3]; //cada posición correspondiente a la
      //primera dimensión del array multidimensional,
      //puede apuntar a un array de tamaño diferente.
v[1]=new int[5];
```

Se puede declarar e inicializar un array en la misma línea:

```
int [] p={2, 3, 9}; //declara, crea e inicializa
            //el array
```

Uno de los datos de inicialización puede ser una variable:

```
int x=5;
int [] k={3, x, 1, 23};
```

Para inicializar un array de dos dimensiones:

```
int [][] s={{2,4,6}, {6,7}, {1,5,90,20}}; //array de
            //dos dimensiones, cada dimensión
            //tiene un número de elementos diferente
```

### 11.1.6.4 ARRAY ANÓNIMO

Un array anónimo es aquél que se crea e inicializa en la misma instrucción, sin necesidad de utilizar una variable que lo referencie:

```
new int [] {7, 5, 9};
```

Un array anónimo suele utilizarse como argumento de llamada a algún método:

```
public class EjemploAnonimo{
      public static void main(String [] args){
            //invoca al método con un array anónimo
            muestra(new int[]{7, 5, 9});
      }

      static void muestra(int [] nums){
            for(int i=0;i<nums.length;i++){
                  System.out.println(nums[i]);
            }
      }
}
```

### 11.1.6.5 ASIGNACIONES DE REFERENCIAS A ARRAY

Cuando estamos tratando con arrays de **tipos básicos** hay que tener en cuenta que **sólo se puede asignar un array a otro si ambos son del mismo tipo**:

```
int [] p;
char [] c={'s', 34, 'g'};
p=c; //error de compilación
```

En cambio, si se trata de array de referencias a objetos **se puede asignar un array de objetos de una clase a un array de tipos de su superclase**:

```
Figura [] fs;
Triangulo [] ts=new Triangulo[7];
fs=ts; //es correcto
```

Cuando estamos utilizando arrays multidimensionales en una asignación entre variables tipo array, **el array asignado tiene que tener la misma dimensión que el array donde se hace la asignación**:

```
int [] unos=new int[10];
int [][] dos=new int[2][];
dos[0]=unos; //Correcto
```

### 11.1.6.6 UTILIZACIÓN DE VARIABLES DE ARRAY NO INICIALIZADAS

Es importante recordar que cuando un array se crea todos sus miembros son inicializados al valor por defecto, **independientemente de dónde se haya realizado la declaración**:

```
void metodo(){
      int k [] = new int[2];
      System.out.println(k[1]); //Mostraría el valor 0
}
```

El siguiente ejemplo declara un array de dos dimensiones y asigna tamaño únicamente a la primera dimensión. Cada una de las posiciones de la primera dimensión representa un array de enteros, por lo que serán inicializados implícitamente a *null*:

```
void metodo2(){
      int k[][] = new int[10][];
      System.out.println(k[0]); //Muestra el valor null
}
```

Si se intenta acceder a los arrays internos sin haberlos creado, **se producirá una excepción (no un error de compilación)** de tipo NullPointerException:

```
void metodo2(){
      int k[][] = new int[10][];
```

```
        System.out.println(k[0]); //Muestra el valor null
        System.out.println(k[0][1]); //Lanzará una
                    //excepción NullPointerException
}
```

## 11.1.7 Declaración y utilización de métodos

Revisemos algunos puntos importantes a tener en cuenta sobre la definición y uso de métodos.

### 11.1.7.1 DECLARACIÓN DE UN MÉTODO

Un método se declara en el interior de una clase. Pueden utilizarse los siguientes modificadores:

- De acceso: *public*, *protected*, (default), *private*.
- Otros: *final*, *static*, *synchronized*, *strictfp*, *native* y *abstract*. Aunque este último no se puede combinar con los otros.

### 11.1.7.2 MÉTODOS ESTÁTICOS

Cuando un método se declara con el modificador *static* se convierte en estático, esto implica:

- En el cuerpo de este método no se puede hacer uso de otros miembros de la clase, salvo que también sean *static*. Prestar atención a situaciones como ésta:

```
public class EjemploAnonimo{
      int k=5;
      public static void main(String [] args){
            k++; //Error de compilación
            System.out.println(k);
      }
}
```

  El programa anterior contiene un error de compilación, ya que se está intentando hacer uso de un dato miembro no estático desde un método estático.

- En el interior de un método estático no se puede hacer uso de las palabras reservadas *this* y *super*, éstas solamente tienen sentido cuando hablamos de métodos asociados a una instancia.

- Para invocar a un método estático desde el exterior de la clase no es necesario disponer de una instancia de la clase, se puede utilizar la expresión:

*Nombre_clase.metodo();*

### 11.1.7.3 MÉTODOS EN CLASES JAVABEANS

En el capítulo 4 se estudiaron las clases de tipo JavaBean. Según se comentó entonces, los nombres de los métodos que proporcionan acceso a los datos miembros encapsulados por el objeto siguen una nomenclatura especial. Según ésta, el método para leer el valor de la variable es del tipo *getXxx()* mientras que el utilizado para asignar un valor a la variable tiene la forma *setXxx*(), siendo Xxx el nombre de la variable a la que da acceso el método con la primera letra en mayúscula:

```
public class Persona{
      String nombre;
      int edad;
      public void setNombre(String s){
            nombre=s;
      }
      public String getNombre(){
            return nombre;
      }
      :
}
```

Ante una cuestión de examen que gire en torno a la adherencia de una clase a la nomenclatura de JavaBean, hemos de fijarnos bien en los nombres de los métodos y en el modificador de acceso (debe ser *public*).

### 11.1.7.4 MÉTODOS CON NÚMERO VARIABLE DE ARGUMENTOS

Cuando aparezca un método de estas características en alguna de las cuestiones de examen, debemos prestar atención a la posición del parámetro que recopila la lista variable de argumentos:

```
void metodoA(int x, int... p){} //correcto
void metodoB(String... s, long k){} //error de
                                    //compilación
```

También debemos prestar atención a posibles situaciones como ésta:

```
public class Argumentos{
      public static void main(String[] args){
            imprime(4,6);
            imprime(3);
      }
      public static void imprime(int p, int n){
            System.out.println(p);
            System.out.println(n);
      }
      public static void imprime(int... nums){
            int suma=5;
            for(int i:nums){
                  suma+=i;
            }
            System.out.println(suma);
      }
}
```

Al ejecutar este programa visualizaremos en pantalla:

*4*

*6*

*8*

Como podemos ver en el programa anterior, un método con número variable de argumentos puede estar sobrecargado. En el caso de que una llamada al método tenga unos argumentos que coincidan con el método de número de argumentos variables y con otro de argumentos fijos, tendrá preferencia este último.

## 11.1.8 Sobrescritura y sobrecarga de métodos

En este objetivo se trata de identificar cuándo un método está correctamente sobrescrito y sobrecargado, además de diferenciar claramente ambas situaciones. Por ello, como complemento a lo expuesto en el capítulo 4, vamos a resumir las reglas que se deben seguir a la hora de sobrecargar y sobrescribir un método.

Cuando se sobrecarga un método debemos tener presente que:

- Los métodos sobrecargados han de tener diferente lista de argumentos.
- Los métodos sobrecargados pueden tener diferente tipo de devolución, diferentes modificadores de acceso y pueden declarar diferentes excepciones.
- Las distintas versiones de un método sobrecargado pueden estar en una misma clase o encontrarse repartidas entre ésta y su superclase.

Los siguientes son ejemplos válidos de sobrecarga:

```
public void dibujar(String s){..}
private int dibujar(){..}
public void dibujar(String s, int p)
                        throws IOException{..}
```

Respecto a la sobrescritura de un método, se debe considerar lo siguiente:

- La lista de argumentos de la nueva versión del método debe ser exactamente igual a la del método sobrescrito.
- El tipo de devolución de la nueva versión del método debe ser el mismo que el del método sobrescrito. En el caso de que se trate de un tipo objeto, se admiten *los tipos de retorno covariantes*, es decir, que el método de la subclase devuelva un subtipo del tipo declarado en el método original. El siguiente ejemplo contiene dos casos de utilización de tipos de retorno covariantes, uno correcto y otro incorrecto:

```
class Primera{
      public Object metodo1(){}
}
class Segunda extends Primera{
      public Integer metodo1(){} //sobrescritura
```

```
                              //correcta
          public Integer metodo2(){}
      }
      class Tercera extends Segunda{
          public Long metodo2(){} //sobrescritura
                  //incorrecta. Long no es subclase de
                  //Integer, ¡error de compilación!
      }
```

- El nivel de acceso del nuevo método debe ser igual o menos restrictivo que el del método sobrescrito.

- La nueva versión del método no puede declarar excepciones que no estén declaradas en el método original. Sí puede declarar una excepción que sea una superclase de la declarada en el original.

- Un método declarado como *final* no se puede sobrescribir.

- Si un método no se hereda (*private*), no se puede sobrescribir.

En el siguiente ejemplo, la clase Segunda sobrescribe correctamente los dos métodos heredados de Primera:

```
class Primera{
  protected void metodo1(){..}
  public int metodo2(String s) throws IOException{..}
}
class Segunda extends Primera{
      public void metodo1(){..}
      public int metodo2(String s) throws Exception{..}
}
```

Algunas preguntas del examen se centran en reconocer bien la diferencia entre ambos conceptos, en este sentido, pueden aparecer métodos que incumplan las reglas de la sobrescritura pero representen casos válidos de sobrecarga. Por ejemplo, en el siguiente código la clase Segunda no sobrescribe el método *mimetodo()* de la superclase, sino que lo **sobrecarga**:

```
class Primera{
      protected void mimetodo(int p){
            System.out.println(p);
      }
```

```
}
class Segunda extends Primera{
      //sobrecarga, no sobrescribe
      public void mimetodo(){
            System.our.println("nada");
      }
}
```

En cambio, en el siguiente ejemplo, el método *mimetodo()* de la clase Segunda incumple tanto las reglas de la sobrecarga como de la sobrescritura, lo que provocará un error en la compilación de la clase:

```
class Primera{
      protected void mimetodo(int p){
            System.out.println(p);
      }
}


class Segunda extends Primera{
      public int  mimetodo(int p){
            return p; //¡error de compilación!
      }
}
```

## 11.1.9 Definición y utilización de constructores

En este objetivo se trata de conocer cómo tiene que ser definido un constructor y cuál será su comportamiento, además de saber determinar en qué situaciones será creado un constructor por defecto.

Para ello, resaltaremos las siguientes reglas para la creación y utilización de constructores:

- **Toda clase debe tener al menos un constructor**. Si éste no se define explícitamente, el compilador añadirá uno sin parámetros (constructor por defecto), con el mismo modificador de acceso que la clase y con una sola línea de código que será:

  *super();*

- Un constructor **puede tener cualquier modificador de acceso**, incluso *private*.

- La primera línea de un constructor debe ser una llamada al constructor de la superclase (super(...);) o a otro constructor de la propia clase (this(...);). Si no incluimos esta instrucción explícitamente, el compilador añadirá una llamada al constructor sin parámetros de la superclase (super();). Un mismo constructor no puede incluir ambas llamadas (*this()* y *super()*).

```
class Primera{
      Primera(){
            System.out.println("default");
      }
}
class Segunda extends Primera{
      Segunda(){
            //llamada al otro constructor
            this("saludos");
      }
      Segunda(String s){
            //implícitamente incluye super();
            //como primera instrucción
            System.out.println(s);
      }
}
class Principal{
      public static void main(String []args){
            new Segunda();
      }
}
```

Al ejecutar el programa anterior se visualizará en pantalla:

*default*
*saludos*

Hay que tener cuidado con situaciones como ésta:

```
class Primera{
      Primera(int p){
```

```
            System.out.println(p);
        }
}
class Segunda extends Primera{
        public Segunda(int k){ //¡error de
                        //compilación!
            System.out.prinln(k);
        }
}
```

La definición de la clase Segunda contiene un error de compilación, puesto que su constructor incluirá implícitamente la instrucción *super()*;, y como se puede comprobar **la clase Primera no cuenta con constructor sin parámetros**.

- Sólo las variables y métodos estáticos pueden ser invocados como parte de la llamada a *super()* o *this()*:

```
class Triangulo extends Figura{
        static String micolor="verde";
        Triangulo(){
            super(micolor);
        }
}
```

La siguiente clase en cambio no compilaría, pues se intenta pasar una variable de instancia en la llamada a *this*:

```
public class Primera {
    int p=5;
    public Primera() {
        this(p); //error de compilación
    }
    public Primera(int c){
        int a=c;
    }
}
```

- La única forma en que un constructor de una clase puede ser invocado desde el interior de su propia clase es a través de otro constructor. Según esto, clases como ésta no compilarían:

```
class Ejemplo{
        Ejemplo(){}
        void metodo(){
                Ejemplo(); //error de compilación
        }
}
```

# 11.2 OBJETIVO 2: CONTROL DE FLUJO

## 11.2.1 Utilización de las instrucciones *if* y *switch*

Como ya sabemos, las instrucciones *if* y *switch* se emplean para tomar decisiones en un programa. Vamos a resaltar algunos aspectos a tener en cuenta sobre estas instrucciones de cara al examen.

### 11.2.1.1 INSTRUCCIÓN *IF..ELSE*

La expresión de **condición** de *if*, únicamente **puede dar como resultado un boolean**, en cualquier otro caso se producirá un error de compilación.

En este sentido, debemos tener cuidado con la comparación de igualdad en un *if*, sin olvidar nunca que el operador de igualdad es "==" y no "=". La siguiente expresión provocaría un error de compilación:

```
int a;
if(a=5) //¡Es una asignación, no una comparación!
```

El problema anterior se produce no por utilizar el signo "=", sino, porque al realizar la asignación a=5, la condición del *if* pasa a ser de tipo int en vez de boolean y esto es lo que provoca el error de compilación.

Según lo anterior, la siguiente expresión sería totalmente correcta:

```
boolean b;
if(b=true) //El resultado de la asignación es boolean
```

Otro punto que hay que vigilar bastante es el tema de las llaves ({}). Si después de un *if* o un *else* no se utilizan llaves, solamente la siguiente instrucción formará parte del bloque:

```
int a=1;
if(false)
      a=5; //no se ejecuta
      a++; //sí se ejecuta, pues esta instrucción
          //está fuera del bloque if
System.out.println(" a vale "+a); //muestra: a vale 2
```

### *11.2.1.2 SWITCH*

**El único tipo válido de la expresión evaluada por *switch* es *int*.** También se admite cualquier expresión cuyo resultado pueda ser promocionado implícitamente a *int* (*byte*, *short* y *char*):

```
char c='j';
float g=23.4f;
int k=5;
long l=25;

switch(c) //correcto
{
:
}
switch (g) //Error de compilación
{
:
}
switch(k*k) //Correcto
{
:
}
switch(l) //Error de compilación
{
:
}
```

En cuanto al valor evaluado por los *case*, éste debe cumplir las siguientes condiciones:

- Debe ser del mismo tipo que el de la expresión del *switch*.
- Debe ser una constante que se pueda resolver en tiempo de compilación.

Ejemplo:

```
final int b;
b=5;
int x=3;
switch(x){
      case b: //No compila, dado que b no se puede
               //resolver en compilación
}
```

Otro ejemplo:

```
byte g=2;
switch(g){
      case 5: //OK

      case 200: //No compila, el valor no coincide
            //con el tipo evaluado por switch
}
```

Unas últimas consideraciones generales sobre la utilización de esta instrucción:

- En el interior de un *switch* no puede haber dos *case* con el mismo valor.
- El bloque *default* puede aparecer en cualquier parte del *switch*.
- Si un *case/default* no incluye la sentencia *break* al final del bloque de instrucciones, tras ejecutar este bloque de instrucciones el programa entrará también en el siguiente *case/default*.

Los siguientes ejemplos aclaran los puntos anteriores:

```
int x=3;
switch(x){
      case 1:
```

```
        default:
                System.out.println("default");
        case 5:
                System.out.println("Es 5");
}
```

Mostraría:

*default*

*Es 5*

En este otro caso:

```
int x=5;
switch(x){
        default:
                System.out.println("default");
        case 5:
                System.out.println("Es 5");
}
```

se visualizaría únicamente:

*Es 5*

## 11.2.2 Utilización de bucles

Este objetivo se centra en la correcta utilización de todos los tipos de bucles y en el análisis de los valores que toman las variables de control durante la ejecución de los mismos.

### *11.2.2.1 WHILE*

Lo más destacable sobre la instrucción *while* es que, como sucede con *if*, la **condición evaluada sólo puede dar como resultado un boolean**.

### *11.2.2.2 FOR*

Sobre esta sentencia cabe destacar los siguientes aspectos:

- Las tres expresiones de control de *for* (*inicialización*, *comparación* e *incremento*) son opcionales. El siguiente representa un ejemplo válido de construcción de un *for*:

```
int p,t=3;
for(int k=2, c=6;;t++,p=3){} //No hay instrucción
                              //de comparación
```

- Las expresión de *inicialización* puede incluir la declaración e inicialización de varias variables, siempre y cuando sean del mismo tipo.

- La expresión de *incremento* puede incluir más de una instrucción, separándose unas de otras por una ",".

- La utilización de *break*, *return* o *System.exit(0)* en el interior de un *for* provoca una salida inmediata del mismo **sin que llegue a evaluarse la expresión de** *incremento*. Sobre este aspecto, analicemos el siguiente programa:

```
class Bucles{
      int k=0, i=0;
      static void recorre(){
            for(;i<10;i++){
                  System.out.printn(i);
                  Return;
            }
      }
      static void descansa(){
            for(;k<=10;k++){}
      }
      public static void main(String[] args){
            recorre();
            descansa();
            System.out.println(i + "-" + k);
      }
}
```

Tras la ejecución del mismo, se visualizará en pantalla:

*0*

*0 - 11*

#### *11.2.2.3 FOR-EACH*

El bucle *for-each* se utiliza para recorrer arrays y colecciones sin necesidad de utilizar índices. Un bucle *for-each* puede utilizarse para recorrer arrays de cualquier tipo, tanto objetos como tipos básicos.

En aquellas preguntas de examen en las que aparezca esta instrucción, debemos prestar atención al uso correcto de la sintaxis de *for-each*. Los siguientes casos representan usos correctos e incorrectos de *for-each*:

```
String[] lst = {"27", "35", "1", "16"};
//correcto
for(String s:lst){
      System.out.println(s);
}
//incorrecto
for(s: String[]lst){}
//incorrecto
for(int k:lst){}

//incorrecto
for(String s:lst){
      System.out.println(lst[s]);
}
```

#### 11.2.2.4 USO DE *BREAK* Y *CONTINUE*

La sentencia *break* provoca la salida forzada de una instrucción de control. Puede utilizarse tanto en bucles *for* y *while* como en una sentencia *switch*.

En cuanto a *continue*, provoca la salida de la iteración actual, por lo que sólo puede ser utilizado en bucles *for* y *while*. Cuando se utiliza *continue* en un *for*, la operación de **incremento también se ejecuta antes de volver a evaluar la condición**. Cuidado con posibles bucles como el siguiente:

```
int [] m={4,7,12,5};
for(int a:m){
    continue;
    System.out.println(a);
}
```

El código anterior no compilará, debido a que la instrucción que aparece después de *continue* **nunca se ejecutará** y eso no lo permite el compilador. El mismo problema tendríamos si utilizásemos *break*.

### 11.2.2.5 ETIQUETADO DE BUCLES

En casos de sentencias repetitivas anidadas puede resultar útil etiquetar alguno de los bucles. Estas etiquetas permiten especificar en *break* y *continue* el bucle sobre el que se quiere aplicar dicha instrucción.

El siguiente es un ejemplo de utilización de bucles etiquetados:

```
externo:
      for(int i=0;i<10;i++){
            while(true){
                  System.out.println("Hola");
                  break externo; //provoca una salida
                  //del bucle externo
            }


            //La siguiente instrucción no se ejecutará
            System.out.println("Fin externo");
      }
      System.out.println("Adios");
```

La ejecución de este programa generará la siguiente salida:

*Hola*

*Adios*

A la hora de utilizar etiquetas para marcar bucles hay que tener en cuenta lo siguiente:

- Los nombres de etiquetas deben seguir las mismas convenciones que los nombres de variables.

Las instrucciones *break* y *continue* que hacen referencia a una etiqueta deben estar situadas en el interior del bucle que tiene esa etiqueta.

## 11.2.3 Excepciones y errores en un programa

En este objetivo se trata de conocer los mecanismos para la generación, propagación y captura de excepciones en una aplicación Java, así como de distinguir los distintos tipos de excepciones que pueden producirse y la diferencia entre una excepción y un error.

La exposición realizada sobre este tema en el capítulo 5 abarca todos los aspectos que debemos conocer para responder correctamente a aquellas preguntas de examen donde se trate este objetivo. En este sentido, recomendamos especialmente repasar las reglas de utilización de un bloque *catch* expuestas en el apartado referente a la captura de excepciones.

No obstante, existen algunas excepciones y errores cuyos detalles relativos a las situaciones que los provocan es necesario conocer. A continuación comentaremos cada uno de ellos:

- **ArrayIndexOutOfBoundsException**. Se trata de una excepción no marcada, subclase de RuntimeException, que se produce cuando se intenta acceder a una posición que está fuera de los límites de un array o colección. Por ejemplo, el siguiente código provocaría una excepción de este tipo, debido a que el bucle *for* intenta acceder a la posición del array que está después de la última:

```
int[] nums={4, 9, 2, 11};
for(int i=0;i<=nums.length;i++){
  System.out.println(nums[i]); //Se producirá una
           //excepción en esta línea cuando i=4
}
```

- **ClassCastException.** Esta excepción es también una subclase de RuntimeException. Se produce cuando se intenta realizar una conversión explícita no permitida entre objetos. En el siguiente ejemplo se produciría una excepción de este tipo al intentar convertir un objeto String en un Integer:

```
ArrayList lst=new ArrayList();
lst.add("25");
Integer num = (Integer)lst.get(0); //Excepción de
      //tipo ClassCastException
```

- **IllegalArgumentException.** Es una sublcase de RuntimeException que se produce cuando un método recibe un argumento no permitido en la llamada. Una situación en la que se puede lanzar una excepción de este tipo es al invocar al método *setPriorty()* de un *thread* con un valor entero menor que 1 o mayor que 10 (la prioridad de un *thread* puede ser cualquier valor entero entre 1 a 10). Cualquier método que implementemos en una clase podría lanzar programáticamente esta excepción cuando detecte que el valor de un argumento está fuera del conjunto de valores permitidos.

- **IllegalStateException.** Esta excepción también es una subclase de RuntimeException y es lanzada por un método cuando se le invoca en un momento inadecuado. También se puede lanzar desde código cuando se considere que la llamada al método que la lanza no debe ser realizada.

- **NullPointerException.** Esta excepción, subtipo de RuntimeException, se produce cuando se intenta invocar a un método de un objeto utilizando una referencia nula (*null*). Por ejemplo, si se utiliza una variable de algún tipo de objeto para llamar a un método de éste y resulta que la variable no contiene la referencia al objeto sino el valor *null*, se producirá una excepción NullPointerException:

```
public class Ejemplo{
      static String cadena;
      public static void main(String[] args){
            for(int i=0;i<args.length;i++){
                  cadena+=args[i];
            }
            //Si no se suministra ninguna cadena
            //como argumento de llamada a main(),
            //se producirá un
            //NullPointerException en la
            //siguiente instrucción
            System.out.println("Longitud total "+
                  cadena.length());
      }
}
```

- **NumberFormatException.** Se trata también de una subclase de RuntimeException. Se produce esta excepción cuando se intenta convertir a número una cadena de caracteres que no tiene un formato numérico:

```
String cadena= "53g";
//Cuando se intente ejecutar la siguiente
//instrucción se producirá un excepción
//NumberFormatException al intentar convertir
//un texto a número
int k = Integer.parseInt(cadena);
```

- **AssertionError.** En este caso estamos ante un error subclase de Error. Se produce cuando una condición de aserción resulta falsa.

- **ExceptionInInitializerError.** Es también una subclase de Error y por tanto nunca debe ser capturada. Se produce cuando falla la inicialización de un elemento estático, por ejemplo una variable estática.

- **StackOverFlowError.** El motivo de este error es un desbordamiento de la pila de llamadas. Un StackOverFlowError se produce por ejemplo cuando se realizan llamadas recursivas ilimitadas a un método:

```
public static void main(String[] args) {
        metodo();
}
static void metodo(){
        System.out.println("metodo");
         //Al cabo de un determinado número de
         //llamadas se producirá un
         // StackOverFlowError
        metodo();
 }
```

- **NoClassDefFoundError.** Es también un error subtipo de Error. Se produce este error cuando la JVM intenta localizar la definición de una clase y no la encuentra. En el capítulo 1 vimos un ejemplo de este error, cuando se invocaba al comando java.exe sobre una clase cuyo método *main()* no estaba bien definido.

### 11.2.4 Aserciones

Al igual que el tema de las excepciones, las aserciones fueron tratadas en detalle durante el capítulo 5. Los puntos cubiertos por este objetivo, que son los mecanismos para la utilización de aserciones y distinguir las situaciones que dan lugar a un uso apropiado e inapropiado de las mismas, están totalmente detallados en ese capítulo.

## 11.3 OBJETIVO 3: EL API JAVA SE

El tercero de los objetivos del examen 310-065 trata sobre el conocimiento y utilización de algunas de las clases del API Java SE más significativas.

En los siguientes subapartados, vamos a comentar los puntos más importantes a tener en cuenta de cara al examen.

### 11.3.1 Clases de Envoltorio

Como complemento a lo ya estudiado sobre su utilidad y funcionamiento, resaltaremos algunos aspectos destacables sobre las clases de envoltorio.

#### 11.3.1.1 CARACTERÍSTICAS GENERALES

Cabe destacar las siguientes:

- Las ocho clases de envoltorio existentes son finales.
- Los objetos de envoltorio son inmutables.

#### 11.3.1.2 UTILIZACIÓN DE CONSTRUCTORES

Todas las clases de envoltorio, a excepción de *Character*, disponen de dos constructores: uno toma un tipo primitivo y otro la representación *String* del tipo. *Character* sólo cuenta con el primer constructor.

La clase *Float* dispone además de un tercer constructor que permite crear el objeto a partir de un tipo *double*.

#### 11.3.1.3 MÉTODOS

Los métodos más importantes proporcionados por estas clases son:

- static objeto_tipo **valueOf**(String valor). Es un método estático disponible en todas las clases, a excepción de *Character*, que a partir de la representación *String* del tipo devuelve el objeto de envoltorio.

- tipo **xxxValue**(). Devuelve el valor envuelto por el objeto en el tipo especificado, siendo *xxx* el nombre del tipo en que se quiere obtener el dato. En el caso de las clases numéricas, cada una de ellas dispone de los seis métodos *xxxValue()* para obtener el valor envuelto por el objeto en cada uno de los tipos numéricos existentes.

- static tipo **parseXxx**(String valor). Es un método estático disponible solamente en las clases numéricas. Permite convertir la representación en forma de texto del número en el valor numérico correspondiente, siendo *xxx* el tipo al que se va a convertir el valor según la clase que se trate.

- String **toString**(). Está disponible en todas las clases de envoltorio. Devuelve la representación *String* del tipo envuelto.

- static String **toString**(tipo_numerico valor). Las seis clases numéricas disponen de una versión estática del método *toString()* en la que se suministra como parámetro el dato en su tipo básico. Integer y Long disponen también de una tercera versión en la que además del dato, se le indica la base en la que está éste.

- static String **toHexString**(tipo_entero valor). Se trata de un método estático proporcionado por las clases Integer y Long que devuelve la representación *String* del número en base hexadecimal:

  ```
  String s=Integer.toHexString(255); //s vale FF
  ```

  Además de *toHexString()*, Integer y Long proporcionan *toOctalString()* y *toBinaryString()*.

#### 11.3.1.4 AUTOBOXING/AUTOUNBOXING

Es seguro que encontraremos algunas preguntas de examen en donde, directa o indirectamente, se utilice esta característica de las clases de envoltorio.

Recordemos que mediante la técnica del autoboxing es posible asignar directamente a una variable de una clase de envoltorio el dato primitivo correspondiente, realizándose de forma implícita la encapsulación del dato en el objeto:

```
Integer i;
i = 5; //autoboxing
```

Por su parte, el autounboxing permite realizar el proceso inverso, es decir, dado el objeto de envoltorio se puede recuperar el dato primitivo correspondiente sin necesidad de invocar al método *xxxValue()*:

```
int p = i; //autounboxing
```

Por ejemplo, en alguna pregunta de examen podemos encontrar una situación como ésta:

```
Object[] nums = {3, 5, 6}; //ok
int p = nums[0]; //error de compilación
```

La primera línea es correcta pues, mediante el autoboxing, los números enteros son convertidos a objetos Integer para después ser almacenados en un array de Object.

En cambio, la segunda instrucción provocará un error de compilación del tipo "Tipos incompatibles...", pues al estar declarado el array como Object se debe realizar una conversión explícita a Integer del elemento para que pueda aplicarse el autounboxing. Por tanto, para que la instrucción compilase correctamente tendríamos que haberla escrito de la siguiente manera:

```
int p = (Integer) nums[0]; //ok
```

## 11.3.2 Las clases String, StringBuffer y StringBuilder

Las tres clases se utilizan para manipular cadenas de caracteres en aplicaciones. Además de poder encontrar preguntas de examen en las que se haga uso de las características de estas clases, también puede aparecer alguna pregunta relativa a la correcta identificación de las diferencias entre ellas.

### 11.3.2.1 LA CLASE STRING

A lo largo del capítulo 3 estudiamos el tratamiento de cadenas de caracteres en Java mediante la clase **String**, analizando las características y métodos más importantes de esta clase.

Como complemento a este estudio vamos a comentar una característica que, siendo uno de los aspectos más desconocidos sobre las cadenas, a buen seguro puede aparecer en las cuestiones de examen. Se trata del **pool de constantes String**.

Para hacer más eficiente la gestión de memoria en Java, la JVM dispone de un área especial de memoria conocida como "pool de constantes String".

Cada vez que el compilador encuentra un literal String, comprueba si éste existe en el pool antes de crear un objeto nuevo. Si existe, se devuelve una referencia al objeto existente, si no, se crea el objeto, se devuelve una referencia al mismo y se deposita en el pool por si se va a usar más adelante.

En el siguiente ejemplo, **las variables a y b estarían apuntando al mismo objeto String**, por lo que al ejecutarse el código se mostrará en pantalla el mensaje "son iguales":

```
String a="hola";
String b="hola";
if(a==b){
System.out.println("son iguales");   //Se ejecutará dado
      //que ambas variables apuntan al mismo objeto
}
```

En cambio, en el siguiente ejemplo, aún siendo las cadenas iguales, tendríamos **dos objetos diferentes** ya que se están creando explícitamente a través del operador *new*, por lo que el mensaje no se imprimirá:

```
String a=new String("hola");
String b=new String("hola");
if(a==b){
      System.out.println("son iguales"); //Esto no
            //se ejecutará
}
```

### 11.3.2.2 LA CLASE STRINGBUFFER

La clase **StringBuffer** aparece en algunas cuestiones de cara a resaltar **la inmutabilidad de los objetos String** frente a la posibilidad de modificación de los objetos StringBuffer.

Un objeto StringBuffer representa una cadena de texto modificable. Para crear un objeto de esta clase hay que hacerlo explícitamente a través del operador *new*, **no admitiendo la asignación directa como en el caso de String**:

```
StringBuffer bf=new StringBuffer("Cadena mutable");
```

Tampoco admite el operador + para concatenación:

```
StringBuffer bf=new StringBuffer("Cadena mutable");
//La siguiente instrucción no compilará
StringBuffer bf2 = bf + "otra cadena";
```

La clase StringBuffer se utiliza habitualmente en operaciones de lectura de grandes cantidades de datos desde algún dispositivo externo, dado que resulta más eficiente ir anexando los datos leídos en un único objeto que crear objetos de texto parciales en cada lectura, tal y como sucede con String.

Los métodos más importantes de esta clase son:

- StringBuffer **append**(String cad). Añade al objeto StringBuffer la cadena suministrada como parámetro. Hay otras versiones en las que el argumento es *boolean*, *char*, *int*, *float*. Devuelve una referencia al propio objeto StringBuffer.

- StringBuffer **insert**(int pos, String cad). Inserta dentro del objeto original, en la posición especificada por *pos*, la cadena *cad*.

- StringBuffer **reverse**(). Invierte la cadena StringBuffer, devolviendo una nueva referencia al objeto.

Un apunte último sobre esta clase es que StringBuffer **no sobrescribe *equals()***, por tanto, si se aplica este método para comparar dos referencias a objetos StringBuffer, **el resultado será *true* solamente si ambas referencias apuntan al mismo objeto**. Según esto, al ejecutar el siguiente código se mostrará el mensaje "distintos":

```
StringBuffer b1=new StringBuffer("Nueva cadena");
StringBuffer b2=new StringBuffer("Nueva cadena");
if(b1.equals(b2)){
      System.out.println("iguales");//¡no se ejecutará!
}
else{
      System.out.println("distintos");
}
```

Para finalizar, debemos recomendar precaución ante posibles cuestiones de examen en las que aparecen los métodos de la clase StringBuffer comentados anteriormente (*append()*, *insert()* y *reverse()*), aplicados sobre objetos String. Esto genera un error de compilación, pues la **clase String no dispone de estos métodos**.

#### 11.3.2.3 LA CLASE STRINGBUILDER

La clase StringBuilder dispone de los mismos métodos que StringBuffer y, por tanto, tiene la misma utilidad.

La principal diferencia entre ambas está en el hecho de que mientras que los métodos de StringBuffer son de tipo *sychronized* para poder ser utilizados en aplicaciones multihilo, los de StringBuilder no lo son, mejorando el rendimiento en aplicaciones de un único hilo.

### 11.3.3 Lectura y escritura en ficheros

La correcta utilización de las clases BufferedReader, File, FileReader, FileWriter, PrintWriter, FileInputStream, FileOutputStream, DataInputStream y DataOutputStream para la lectura y escritura de cadenas de caracteres y datos de tipos primitivos en ficheros, así como el empleo de Console para la interacción con el usuario a través de la consola, son otros de los puntos a conocer de cara al examen.

Todo lo que necesitamos saber sobre el uso de estas clases se explicó en el capítulo 6. No obstante, debemos prestar atención a aquellas instrucciones de creación de objetos de las clases anteriores que puedan aparecer en las preguntas de examen, puesto que algunas de éstas se centran en el uso adecuado de los distintos constructores proporcionados por dichas clases.

A continuación se muestran algunos ejemplos relativos a este aspecto:

```
File f = new File("datos.txt");
File k = new File("/imagenes");
FileOutputStream fo = new FileOutputStream(f);
FileInputStream fi = new FileInputStream("info.txt");
FileWriter fw = new FileWriter(f);
PrintWriter pw = new PrintWriter(fw);
PrintWriter pw2 = new PrintWriter(fo);
DataInputStream dis = new DataInputStream(fi);
```

Las anteriores instrucciones son todas ellas correctas, en cambio, dados los objetos que se acaban de crear, las siguientes instrucciones no compilarían:

```
FileWriter fw2 = new FileWriter(fo); //Sólo se puede
      //crear un FileWriter a partir del path o del
      //objeto File
```

```
DataOutputStream do = new DataOutputStream(fw); //El
        //DataOutputStream sólo se puede crear a partir
        //de un OutputStream
```

En cuanto a Console, recordar que la forma de obtener un objeto de esta clase es a través del método estático *console()* de System. Podemos encontrar alguna pregunta de examen referente al uso del método *readPassword()* de esta clase que, como sabemos, devuelve los caracteres introducidos como un array de char y no como un String.

## 11.3.4 Serialización de objetos

Como parte del objetivo que trata sobre las API para acceso a disco, este punto se centra en la serialización y deserialización de objetos para su almacenamiento y recuperación del disco, utilizando las clases ObjectInputStream y ObjectOutputStream así como la interfaz **Serializable**.

Aunque estos aspectos también se abordaron en el capítulo 6, debemos hacer hincapié en una característica que a buen seguro puede ser objeto de alguna pregunta de examen. Nos referimos a la ejecución de constructores durante la deserialización de objetos.

Observemos el siguiente programa:

```
import java.io.*;
class C1{
    C1(){
        System.out.println("Ejecución de C1");
    }
}
class C2  extends C1 implements Serializable{
    public C2(int n){
        System.out.println("Ejecución de C2 "+n);
    }
}
public class Prueba3 {
    public static void main(String[] args) throws
 IOException,ClassNotFoundException{
        FileOutputStream fis=
                  new FileOutputStream("datos.obj");
```

```
            ObjectOutputStream ois=
                      new ObjectOutputStream(fis);
            ois.writeObject(new C2(6));
            ois.close();
            FileInputStream fs=
                      new FileInputStream("datos.obj");
            ObjectInputStream os=new ObjectInputStream(fs);
            C2 p=(C2)os.readObject();
            os.close();
        }
    }
```

Ante una cuestión de examen en la que se nos pregunte sobre cuál puede ser la salida por pantalla tras ejecutar el programa anterior, la respuesta sería:

*Ejecución de C1*

*Ejecución de C2 6*

*Ejecución de C1*

Obsérvese cómo la impresión de la tercera línea de texto implica la ejecución por segunda vez del constructor de la superclase. Esto sucede debido a que, al no ser C1 serializable, durante la deserialización del objeto C2 se invoca al constructor por defecto de C1.

Así pues, si la clase C1 se hubiese declarado:

```
class C1 implements Serializable{
    C1(){
        System.out.println("Ejecución de C1");
    }
}
```

Entonces la salida por pantalla habría sido:

*Ejecución de C1*

*Ejecución de C2 6*

## 11.3.5 Formateo de fechas y números

Las clases **java.text.DateFormat** y **java.text.NumberFormat**, diseñadas para dar formato a fechas y números, respectivamente, así como la clase **java.util.Locale**, utilizada para la definición de regiones geográficas, pueden ser objeto de alguna que otra cuestión de examen.

Veamos a continuación el funcionamiento y características más interesantes de estas clases.

### 11.3.5.1 LA CLASE DATEFORMAT

La clase **DateFormat** proporciona métodos para analizar y formatear fechas en cualquier tipo de localización geográfica.

Se trata de una clase abstracta, cuyo método estático *getDateInstance()* permite crear instancias de subclases DateFormat asociadas a una determinada zona geográfica y con un formato específico.

Las preguntas de examen relativas al formateo de fechas suelen combinar la utilización de DateFormat con las clases Date y Calendar, por lo que habrá que tener en cuenta también las características y métodos de estas clases estudiados en el capítulo 3.

#### Formateo y análisis de fechas para la localización por defecto

En el caso de utilizar la localización o zona geográfica predeterminada, se empleará la siguiente versión de *getDateInstance()* en la creación de un objeto DateFormat:

*DateFormat* ***getDateInstance****(int style)*

Donde el parámetro *style* representa el formato de fecha utilizado. Los posibles valores que pueden pasarse como argumentos de llamada a este método corresponden a las siguientes constantes definidas en la propia clase DateFormat:

SHORT

MEDIUM

LONG

FULL

DEFAULT (equivale a MEDIUM)

La siguiente instrucción crearía un objeto DateFormat para la localización predeterminada, con formato de fecha larga:

```
DateFormat df;
df = DateFormat.getDateInstance(DateFormat.LONG);
```

Una vez creado el objeto, se puede hacer uso del método *format()* para aplicar sobre una determinada fecha el formato definido por el objeto. La sintaxis de *format()* es la siguiente:

*String* ***format****(Date fecha)*

El parámetro de tipo Date representa la fecha a formatear, devolviendo la llamada al método la cadena de caracteres resultante de la operación:

```
Date d = new Date();
System.out.println("Hoy es :"+ df.format(d));
```

Lo anterior imprimiría en pantalla la fecha del día en formato largo:

*Hoy es :15 de diciembre de 2006*

Si lo que queremos es analizar una fecha, utilizaremos el método *parse()* de DateFormat:

*Date* ***parse****(String fecha)*

Este método recibe como parámetro una cadena de caracteres que representa la fecha que se quiere analizar, devolviendo el objeto Date correspondiente a dicha fecha. Si la cadena de caracteres no tiene un formato válido de fecha, la llamada a *parse()* lanzará una excepción de tipo **ParseException**.

Sobre el uso de *parse()* hay que tener en cuenta un hecho muy importante, y es que **la cadena de caracteres pasada como argumento al método debe tener el formato especificado para el objeto DateFormat**. Por ejemplo, partiendo del objeto *df* creado anteriormente, el siguiente código generaría una excepción **ParseException**:

```
try{
     System.out.println("La fecha de entrega es "+
           df.format(df.parse("17/2/07")));
}
```

```
catch(ParseException e){
     System.out.println("La fecha de entrega no es"+
                        " correcta");
}
```

Mostrándose en pantalla el mensaje:

*La fecha de entrega no es correcta*

El motivo de la excepción es que el objeto DateFormat se ha definido para un formato largo, mientras que la fecha que se le pasa al método *parse()* tiene un formato corto.

## Formateo y análisis de fechas para una localización específica

Para obtener un objeto DateFormat partiendo de una determinada localización geográfica, deberemos emplear la siguiente versión sobrecargada del método *getDateInstance()*:

DateFormat **getDateInstance**(int style, Locale area)

El parámetro *style* tiene el mismo significado que en el caso anterior, mientras que *area* representa un objeto de la clase java.util.Locale asociado a una determinada cultura, zona o localización geográfica.

Existen varios objetos Locale predefinidos correspondientes a determinadas localizaciones geográficas. Éstos se incluyen como constantes en la propia clase Locale:

US: Cultura USA

UK: Cultura de Reino Unido

GERMANY: Cultura de Alemania

No obstante, se puede crear un objeto Locale asociado a una cultura específica, utilizando alguno de los siguientes constructores:

- **Locale** (String language)

- **Locale** (String language, String country)

Donde *language* es una cadena de texto asociada a una determinada lengua y *country* es el código del país. Los posibles valores que pueden tomar estos argumentos están definidos por normas ISO. En las direcciones:

http://www.loc.gov/standards/iso639-2/englangn.html

y

http://www.iso.ch/iso/en/prods-services/iso3166ma/02iso-3166-code-lists/list-en1.html

podemos encontrar los códigos de lengua y país, respectivamente.

La siguiente instrucción crea un objeto DateFormat asociado a la cultura española, utilizando el lenguaje español como argumento:

```
DateFormat df;
Locale ls = new Locale("es");
df = DateFormat.getDateInstance(DateFormat.SHORT, ls);
```

Suponiendo que la fecha actual es 5 de febrero de 2007, al ejecutar el siguiente código se mostrará en pantalla la frase "Hoy es 5/2/07":

```
Date d = new Date();
System.out.println("Hoy es "+df.format(d));
```

La clase DateFormat no dispone de métodos para modificar la localización asignada al objeto, por ello, si se desea aplicar un formato para otra localización diferente habrá que crear una nueva instancia de DateFormat asociándole el objeto Locale correspondiente.

### 11.3.5.2 LA CLASE NUMBERFORMAT

**NumberFormat** proporciona métodos para formatear y analizar cantidades numéricas. Como sucede con DateFormat, estamos ante una clase abstracta que proporciona un método estático para crear instancias de sus subclases:

- NumberFormat **getInstance()**. Obtiene un objeto NumberFormat para la localización por defecto.

- NumberFormat **getInstance(Locale area)**. Obtiene un objeto NumberFormat para la localización especificada.

En vez de estos métodos, es posible encontrar alguna cuestión de examen en la que la creación del objeto NumberFormat se realiza mediante los métodos *getNumberInstance()* o *getNumberInstance(Locale)*, métodos que son totalmente equivalentes a los anteriores.

### Formateo y análisis de números

A través del método:

*String* ***format****(Number num)*

Se aplica al número enviado como argumento el formato de la localización asociada al objeto NumberFormat.

Por ejemplo, al ejecutar el siguiente bloque de instrucciones:

```
double n = 2340.75;
NumberFormat nf;
nf = NumberFormat.getInstance(Locale.US);
System.out.println(nf.format(n));
```

Se visualizará en pantalla:

*2,340.75*

Para analizar un número a partir de su representación como cadena de caracteres recurriremos al método:

*Number* ***parse****(String num)*

La llamada a *parse()* devuelve el objeto Number correspondiente al número. Como sucedía en DateFormat, si la cadena de texto no tiene un formato válido de número se producirá una excepción de tipo **ParseException**.

### Formato de tipo moneda

Si lo que queremos es aplicar un formato moneda a una cantidad numérica, deberíamos crear un objeto NumberFormat a partir del método *getCurrencyInstance()*, en vez de *getInstance()*:

```
double n = 3452.5;
NumberFormat nf;
nf = NumberFormat.getCurrencyInstance(Locale.GERMANY);
System.out.println(nf.format(n));
```

La ejecución del código anterior mostrará en pantalla:

*3.452,50 €*

## 11.3.6 Utilización de expresiones regulares

La manipulación de expresiones regulares mediante las clases **Pattern** y **Matcher** puede ser objeto de más de una pregunta de examen. También es muy posible encontrar alguna cuestión en la que se combine la utilización de expresiones regulares con el método *split()* de la clase String.

Por ejemplo, el siguiente programa utiliza una expresión regular como delimitador de los elementos del array en el que será transformada una cadena de caracteres:

```
class Transformacion{
      public static void main(String[] args){
            String s = "cuando7viene2una3cadena";
            String[] cads = s.split("\\d");
            for(String c:cads){
                  System.out.println(c);
            }
      }
}
```

Tras la ejecución del programa anterior se visualizará:

*cuando*

*viene*

*una*

*cadena*

De cara a este tipo de cuestiones en las que se emplean expresiones regulares, hemos de tener en cuenta que los caracteres que pueden aparecer en la construcción de éstas son:

- **De frecuencia**: . , *, + y ?
- **Especiales**: \d, \s y \w
- **Agrupación**: [] y ()

El significado de estos caracteres, así como la utilización de las clases Pattern y Matcher, fueron estudiados durante el capítulo 3.

### 11.3.7 Lectura de datos con la clase Scanner

En el capítulo 3 estudiamos el funcionamiento de la clase Scanner y el uso de sus métodos más importantes.

Como complemento a lo ya visto, hay que indicar que además del constructor *Scanner(InputStream is),* utilizado para la lectura de datos de un Stream, podemos encontrarnos con alguna cuestión de examen donde se haga uso de la versión sobrecargada *Scanner(String cad)* para la lectura de datos de una cadena de caracteres, empleando como delimitador de *token* una expresión regular.

Por ejemplo, el siguiente programa mostraría los nombres de todos los productos que aparecen en una cadena, utilizando como separador de *token* la expresión que indica el número de planta donde se encuentra el producto:

```
import java.util.*;

public class PurebaScanner {
     public static void main(String[] args) {
        String cad="planta1 libros planta2 discos ";
        cad+="planta3 ordenadores planta4 películas ";
        cad+="planta5 entradas de cine";
        Scanner sc=new Scanner(cad);
        sc.useDelimiter("planta\\d\\s");
        while(sc.hasNext()){
            System.out.println(sc.next());
        }
     }
}
```

Trás la ejecución del programa anterior se visualizará en pantalla:

*libros*

*discos*

*ordenadores*

*películas*

*entradas de cine*

## 11.3.8 Salida de datos con formato

La clase **java.util.Formatter** proporciona soporte para aplicar formato sobre información que va a ser presentada en pantalla.

En el capítulo dedicado al estudio de las clases de entrada/salida vimos cómo el método *printf()* de las clases PrintWriter y Console ofrecían la posibilidad de aplicar un formato sobre un número variable de argumentos de salida. Este método utiliza implícitamente un objeto Formatter para realizar esta función.

De cara al examen, debemos tener en cuenta dos cosas. En primer lugar, podemos encontrar instrucciones que hagan uso de cualquiera de las dos versiones existentes de *printf()*:

- *printf(String format, Object... args)*

- *printf(Locale l, String format, Object... args)*

Como sabemos, el objeto Locale representa la localización geográfica o cultura utilizada para el formato de los datos.

En segundo lugar, los símbolos utilizados en la construcción de las cadenas de formato que podemos encontrar en las preguntas de examen, están limitados a los siguientes: %b, %c, %d, %f y %s.

Además de *printf()*, tanto PrintStream como Console proporcionan otro método para la salida de datos con formato, llamado *format()*, que puede ser también objeto de alguna pregunta de examen. Este método funciona exactamente igual que *printf()*, pudiendo aparecer cualquiera de las dos versiones existentes del mismo:

- *format(String format, Object... args)*

- *format(Locale l, String format, Object... args)*

Al igual que *printf()*, *format()* utiliza implícitamente un objeto Formatter para aplicar el formato a la cadena. Por último, indicar que podríamos encontrar también alguna pregunta de examen que gire en torno a la correcta correspondencia entre las cadenas de formato y los argumentos a formatear. Por ejemplo, la siguiente instrucción provocaría una excepción de tipo IllegalFormatConversionException al ser ejecutada, dado que se intenta aplicar un formato de tipo boolean sobre una cadena de caracteres:

```
System.out.format("%d","true");
```

# 11.4 OBJETIVO 4: CONCURRENCIA

## 11.4.1 Definición, instanciación y ejecución de tareas

En el capítulo 9 se explicaron detenidamente los pasos que hay que seguir para la creación de aplicaciones multitarea, tanto utilizando la clase **Thread** como la interfaz **Runnable**.

Vamos a complementar este apartado con algunos aspectos importantes a tener en cuenta sobre la utilización de *threads*.

### 11.4.1.1 EL THREAD SCHEDULER

Es la parte de la JVM que se encarga de decidir en cada momento qué *thread* debe entrar en ejecución. Cualquier *thread* que esté en el estado de "preparado" puede ser elegido para la ejecución, si bien hay que tener en cuenta que **no está garantizado el orden en el que estos *thread* se ejecutarán**, dependiendo este hecho de la implementación de la JVM.

### 11.4.1.2 MÉTODOS DE CONTROL DE UN *THREAD*

Los siguientes métodos de la clase Thread pueden utilizarse para controlar el funcionamiento de un *thread*:

- *public Thread currentThread()*
- *public void setName(String name)*
- *public static void sleep(int ms)*
- *public static void yield()*
- *public final void join()*
- *public final void setPriority(int pt)*

Además de éstos, la clase Object proporciona los siguientes métodos para ser utilizados en aplicaciones multitarea:

- *public final void wait()*
- *public final void notify()*
- *public final void notifyAll()*

Es muy posible encontrar alguna pregunta de examen en la que se deba elegir entre una lista de métodos, aquéllos que estén definidos explícitamente en la clase Thread.

## 11.4.2 Situaciones que podrían provocar que un *thread* abandonase la ejecución

Es prácticamente seguro encontrar alguna pregunta de examen relativa a los métodos que pueden hacer que un *thread* abandone su ejecución. Para responder correctamente a estas cuestiones, es necesario tener en cuenta una serie de aspectos sobre los siguientes métodos:

- *sleep()*. Como sabemos, la llamada a *sleep()* provoca que el *thread* abandone la ejecución, por lo menos, durante el período de tiempo especificado. Es necesario incidir en un hecho importante, y es que **una vez el *thread* despierte volverá al estado "preparado", no a ejecución**, por tanto, el tiempo especificado en la llamada a *sleep()* será el **mínimo** tiempo que el *thread* esté fuera de ejecución.

- *yield()*. Normalmente, devuelve el *thread* al estado de "preparado", de modo que otro *thread* con su misma prioridad tenga la oportunidad de ejecutarse, no obstante, no está garantizado que esto suceda por lo que **no puede asegurarse que un *thread* abandone la ejecución cuando invoque a este método**.

- *join()*. Aunque podría darse el caso de que el *thread* al que se intenta unir ya haya finalizado su ejecución y, por tanto, no necesita esperar a que esto suceda, **cuando un *thread* invoca al método join() sobre otro abandona automáticamente el estado de ejecución**.

- *wait()*. En el siguiente objetivo analizaremos los puntos a tener en cuenta sobre el uso de este método, no obstante, podemos asegurar que **cuando un *thread* invoca al método *wait()* sobre un objeto abandona automáticamente el estado de ejecución**.

Evidentemente, cuando un *thread* finaliza la ejecución del método *run()* también abandonará el estado de ejecución.

### 11.4.3 Sincronización y acceso concurrente

Sobre el tema de sincronización y monitores debemos tener en cuenta los siguientes puntos importantes:

- Se puede sincronizar tanto un bloque de código como un método entero:

```
synchronized void metodo1(){
        //método sincronizado
}
void metodo2(){
        :
        synchronized(objeto){
                //bloque sincronizado
        }
}
```

- Las variables no se pueden sincronizar. Cuidado con las cuestiones de examen en las que aparece *synchronized* como modificador de una variable, esto no está permitido.

- Si hay más de un método *synchronized* en una clase, solamente un *thread* puede acceder a uno de los métodos *synchronized.* Ningún otro *thread* podrá acceder a los otros métodos *synchronized* mientras el primer *thread* tenga el monitor del objeto, aunque sí podrán hacerlo a los métodos no sincronizados.

- Un *thread* puede adquirir más de un monitor. Si un *thread* entra en un bloque *synchronized* adquiere el monitor del objeto, pero si desde este método se hace una llamada a otro método *synchronized* de otro objeto, también adquirirá su monitor.

- Un método estático puede ser *synchronized.* En este caso, se adquiere un monitor para la clase completa.

### 11.4.4 Métodos *wait()*, *notify()* y *notifyAll()*

Como se explicó en el capítulo 9, estos métodos permiten comunicar *threads* entre sí.

De cara a las cuestiones de examen en las que directa o indirectamente estén involucrados estos métodos, hay que tener en cuenta los siguientes puntos clave:

- La llamada a estos métodos sólo puede realizarse en el interior de un bloque o método *synchronized.*
- Un *thread* solamente puede invocar al método *wait()* o *notify()* de un objeto si dispone del monitor de éste. Si un *thread* invoca al método *wait()* de un objeto sin disponer de su monitor, se producirá una excepción de tipo **IllegalMonitorStateException**.
- Cuando se invoca al método *notify()* de un objeto, su monitor no se libera inmediatamente. Esto no se produce hasta que se completa la ejecución del código sincronizado.

## 11.5 OBJETIVO 5: CONCEPTOS DE ORIENTACIÓN A OBJETOS

Este objetivo agrupa todos los aspectos relativos a la orientación a objetos de Java que fueron tratados en el capítulo 4. Debido a la enorme importancia de este tema, no debe extrañarnos encontrar un elevado número de cuestiones que giren alrededor del mismo, algunas de forma directa y otras que, centradas en principio en otros objetivos, también incluyen algún aspecto de la orientación a objetos que será necesario conocer para responder correctamente a la pregunta.

A continuación, y tal y como venimos haciendo con el resto de los objetivos, vamos a comentar algunos aspectos clave de cara al examen sobre los distintos puntos que conforman este objetivo.

### 11.5.1 Beneficios de la encapsulación

Relativo a este aspecto es importante saber diferenciar cuándo una clase utiliza correctamente la encapsulación y cuándo no. Sobre esto, recordar que la encapsulación se basa en declarar los **datos miembro de la clase como privados**, disponiendo de métodos públicos de tipo *set/get* que proporcionen un "acceso controlado" a los mismos.

La siguiente clase es un ejemplo de mal uso de la encapsulación:

```
public class Persona{
      private int edad;
```

```
        public String nombre; //viola el principio de
                              // privacidad
        Persona(int e, String n){
              edad=e;
              nombre=n;
        }
        public void setEdad(int e){
              edad=e;
        }
        public int getEdad(){
              return edad;
        }
  }
```

Otro de los puntos que debe quedar claro sobre la encapsulación se refiere a los beneficios que ésta aporta: **protección de datos y mantenibilidad de la clase**. Cualquier otro posible beneficio del que se nos quiera preguntar en alguna cuestión de examen, como por ejemplo la reutilización de código, no corresponde a la encapsulación.

## 11.5.2 Polimorfismo

La aparición del polimorfismo en alguno de los programas utilizados en las cuestiones de examen es seguro. Además de tener claro este concepto expuesto en el capítulo 4, este punto del objetivo 5 se centra en saber determinar cuándo será necesario realizar una conversión explícita en una asignación de referencias estando presente el polimorfismo, así como en distinguir entre errores de compilación y excepciones al realizar conversiones.

Por ejemplo, el siguiente código no compilaría:

```
interface Interfaz1{}
class ClaseA implements Interfaz1{}
class Ejemplo{
    Interfaz1 metodo1(){
        return new ClaseA();
    }
}
public class Pruebas {
    public static void main(String[] args) {
```

```
            Ejemplo e=new Ejemplo();
            ClaseA ca1=e.metodo1(); //error de compilación
                                    //en esta línea
        }
    }
```

El motivo es que aunque metodo1() devuelve un objeto ClaseA, el tipo de devolución está declarado como Interfaz1, por lo que se necesita realizar una conversión explícita al tipo destino. Así, la instrucción correcta sería:

```
ClaseA ca1=(ClaseA)e.metodo1();
```

Por otro lado, supongamos que definimos una nueva clase, llamada ClaseB, de la siguiente manera:

```
class ClaseB implements Interfaz1{}
```

Ahora incluimos la siguiente línea de código al final del método *main()* de la clase pruebas:

```
ClaseB cb=(ClaseB)e.metodo1();
```

La instrucción anterior **compilará sin problemas**, aunque se producirá una **excepción de tipo ClassCastException** al intentar ejecutarla pues, aunque las dos clases implementen la misma interfaz, no es posible realizar una conversión entre ambas.

### 11.5.3 Invocación a métodos sobrescritos y sobrecargados

Aunque las reglas para la sobrescritura y sobrecarga de métodos forman parte del objetivo 1, uno de los puntos del objetivo 5 se refiere a la correcta realización de llamadas a métodos sobrecargados y sobrescritos desde una aplicación.

En este sentido hay que prestar especial atención a aquellas cuestiones de examen donde se combinan las llamadas a este tipo de métodos con el uso del polimorfismo.

Por ejemplo, prestemos atención a las siguientes clases:

```
class Primera{
    void save()throws InterruptedException{
        Thread.sleep(100);
```

```
            System.out.println("versión primera");
        }
    }
    class Segunda extends Primera{
        void save(){
            try{
                Thread.sleep(100);
            }
            catch(InterruptedException e){}
            System.out.println("versión segunda");
        }
    }
```

Según las reglas expuestas durante el estudio del objetivo 1, las clases anteriores representan un ejemplo correcto de sobrescritura de métodos.

Pero ahora veamos el siguiente ejemplo de invocación a los métodos de las clases anteriores:

```
public class Invocacion {
    public static void main(String[] args) {
        Primera p=new Segunda();
        p.save(); //error de compilación
    }
}
```

La clase anterior no compilará. El motivo es que cuando se utiliza una variable de una superclase para invocar a un método de un objeto de una subclase, habiéndose sobrescrito dicho método en esta clase, aunque en tiempo de ejecución se invoca a la versión sobrescrita del método **el compilador asume que se está llamando a la versión definida en la superclase**. En este caso, el compilador interpreta que queremos invocar al método *save()* que lanza la excepción InterruptedException y como no está capturada genera un error de compilación de excepción no capturada.

Si capturásemos dicha excepción en el método *main()* al ejecutar el programa se mostraría en pantalla:

*versión segunda*

Es decir, en tiempo de ejecución se invocará a la versión sobrescrita del método *save()*.

Por otro lado, prestemos atención al siguiente programa:

```
class Primera{}
class Segunda extends Primera{}
class Proceso{
    void imprime(Primera p){
        System.out.println("Imprime primera");
    }
    void imprime(Segunda s){
     System.out.println("Imprime segunda");
    }
}
public class Sobrecarga {
    public static void main(String[] args) {
        Proceso proc=new Proceso();
        Primera pr=new Segunda();
        proc.imprime(pr);
    }
}
```

Al ejecutar el método *main()* de la clase Sobrecarga se mostrará en pantalla:

*Imprime segunda*

pues, aunque la variable *pr* contiene un objeto Segunda, **se utiliza el tipo de la variable** para determinar a qué versión del método *imprime()* hay que ejecutar.

## 11.5.4 Relación "Es un" y "Tiene un"

La correcta distinción entre las relaciones de objetos "Es un" y "Tiene un" es parte también de este objetivo. A fin de tener suficientemente clara la diferencia entre ambas relaciones, debemos tener presente las siguientes reglas:

- **Una relación "Es un" está basada en la herencia**. Representa la relación que se establece entre una clase y su superclase, de modo que se puede decir que un objeto de una clase "es un" tipo de objeto de su superclase. Por ejemplo, un Coche "es un" Vehículo, un Triángulo "es una" Figura, un Mamífero "es un" Animal, etc.

- **Una relación "Tiene un" está basada en el uso**. Esta relación tiene lugar entre dos clases en las que una de ellas "Tiene un" objeto de la otra como atributo. Por ejemplo, dada la siguiente clase:

```
class Pila{
      Vector v;
      :
}
```

Se puede decir que entre las clases *Pila* y *Vector* existe una relación "Tiene un", pues una Pila "tiene un" Vector.

Vamos a presentar algunos ejemplos más sobre este tipo de relaciones, para ello partimos del siguiente código:

```
class Clase1{
}
class Clase2 extends Clase1{
}
class Clase3 extends Clase2{
}
class Clase4{
      Clase2 c=new Clase2();
}
class Clase5 extends Clase4{
}
```

Dado lo anterior, se puede decir que se cumplen las siguientes relaciones entre las instancias de las clases:

*Clase2 es un Clase1*

*Clase3 es un Clase2*

*Clase3 es un Clase1*

*Clase4 tiene un Clase2*

*Clase5 es un Clase4*

*Clase5 tiene un Clase2*

# 11.6 OBJETIVO 6: COLECCIONES Y GENÉRICOS

Un alto porcentaje de las preguntas del examen 310-065 están relacionadas de una u otra manera con el uso de las colecciones y de la característica más relevante incorporada a partir de la versión java 5: los genéricos.

Analizaremos a continuación los principales puntos incluidos en este objetivo.

## 11.6.1 Clases e interfaces de colección

Sobre este aspecto, se debe ser capaz de poder determinar, a partir de un escenario dado, cuál de las clases e interfaces de colección resulta más apropiada de utilizar.

Para ello, vamos a exponer las características de las distintas clases e interfaces que para el tratamiento de colecciones proporciona el paquete java.util.

### 11.6.1.1 TIPOS DE COLECCIONES

Según la forma en la que se almacenan los elementos en una colección, éstas pueden ser:

- **Ordenadas**. Una colección ordenada es aquélla que puede ser recorrida siguiendo un determinado orden. Este orden puede venir establecido por un índice que indique la posición del elemento o puede ser el propio orden de inserción.

- **Clasificadas**. Los elementos están clasificados siguiendo un "orden natural" definido por la clase a la que pertenecen los objetos. Por ejemplo, los objetos String almacenados en una colección de este tipo estarían clasificados alfabéticamente, al ser éste el "orden natural" de las cadenas de texto.

### 11.6.1.2 CLASES E INTERFACES DE COLECCIÓN

Las interfaces básicas de colección incluidas en el paquete java.util son:

- **List**. Representa listas de objetos en las que cada elemento tiene asociado un índice. Los elementos pueden estar duplicados.

- **Set**. Representa conjuntos de elementos. No se admiten duplicados.

- **Map**. Representa conjuntos de objetos con identificador(clave) única.

- **Queue**. Se trata de una interfaz para colecciones de tipo cola (LIFO) y pila (FIFO), definiendo los métodos necesarios que una colección de este tipo debe proporcionar.

Las interfaces List, Set y Queue heredan a su vez la interfaz **Collection**. Ésta proporciona la mayoría de los métodos básicos para operar sobre este tipo de colecciones.

Sobre la interfaz Queue comentar que la mayoría de las implementaciones de ésta no permiten la inserción de *null*, aunque, lo permitan o no, este valor no debería ser utilizado como elemento de colección, ya que algunos métodos como *poll()* y *peek()* utilizan *null* para indicar que la colección no contiene elementos.

Alguna de las preguntas de examen relacionadas con el uso de colecciones puede consistir en, dado un determinado escenario donde se deba hacer uso de colecciones, determinar la clase más apropiada a utilizar según las características del mismo. Para ayudarnos en esta labor, a continuación presentamos las clases de colección incluidas en el paquete java.util y las principales características de cada una de ellas.

- **ArrayList**. Implementa la interfaz List. Representa una lista ordenada pero no clasificada. La iteración sobre los elementos es muy rápida.

- **Vector**. Tiene las mismas características que ArrayList, con la diferencia de que sus métodos son de tipo *synchronized*, lo que puede mermar el rendimiento de las aplicaciones si no se necesita esta característica.

- **LinkedList**. Representa una lista ordenada y clasificada. La iteración es más lenta que en ArrayList, pero es adecuada en aquellos casos en que se requiera rapidez en la inserción y borrado de elementos. Además de List, esta clase implementa también la interfaz Queue.

- **HashSet**. Implementa Set. Representa un conjunto no ordenado y no clasificado de elementos. Se basa en la utilización del *HashCode* de los elementos para garantizar la no duplicidad de los mismos.

- **LinkedHashSet**. Versión ordenada (pero no clasificada) de la anterior.

- **TreeSet**. Es la versión ordenada y clasificada de HashSet. Permite suministrar a través del constructor las reglas de ordenación natural.

- **HashMap**. Implementa la interfaz Map. No es ni ordenada ni clasificada. Permite una clave *null* y múltiples valores *null*. Es la que ofrece mejor rendimiento de todos los Map.

- **Hashtable**. Al igual que HashMap, se trata de un mapa no ordenado y no clasificado aunque, a diferencia de éste, sus métodos son *synchronized* y no admite claves *null*.

- **LinkedHashMap**. Es un mapa ordenado por el orden de inserción.

- **TreeMap**. Representa un mapa ordenado y clasificado.

- **PriorityQueue**. En esta implementación de Queue los elementos son ordenados según su "orden natural". La prioridad en la obtención de los elementos está establecida por dicho orden natural, siendo éste el que determina el orden de salida de los elementos. Esta clase no admite la inserción de elementos *null*.

### 11.6.1.3 LAS INTERFACES NAVIGABLESET Y NAVIGABLEMAP

NavigableSet y NavigableMap son dos nuevas interfaces de colección que han sido incorporadas al paquete java.util en la versión Java 6. Estas interfaces nos proporcionan métodos que nos permiten desplazarnos por colección de tipo Set y Map.

NavigableSet es implementada por TreeSet, mientras que NavigableMap la implementa TreeMap.

Desde el punto de vista del examen, las preguntas relacionadas con estas interfaces se centran en la aplicación de determinados métodos de las mismas sobre las clases que las implementan. Seguidamente, comentaremos el funcionamiento de estos métodos.

#### 11.6.1.3.1 Métodos de NavigableSet

Los métodos más importantes de esta interfaz y que pueden ser objeto de alguna pregunta de examen son los siguientes:

- E **lower** (E obj). Devuelve el objeto de la colección inmediatamente más pequeño que el objeto proporcionado. Por ejemplo, el siguiente bloque de instrucciones mostraría el número 7:

```
TreeSet<Integer> bloque = new TreeSet<Integer>();
bloque.add(3);
bloque.add(21);
bloque.add(7);
bloque.add(5);
System.out.println(bloque.lower(10)); //muestra 7
```

- E **higer** (E obj). Devuelve el objeto de la colección inmediatamente mayor que el objeto proporcionado.

- E **floor** (E obj). Devuelve el objeto de la colección inmediatamente más pequeño o igual que el objeto proporcionado. Partiendo de la colección bloque del ejemplo anterior el siguiente código mostraría los valores 5 y 7:

```
System.out.println(bloque.lower(7)); //muestra 5
System.out.println(bloque.floor(7)); //muestra 7
```

- E **ceiling** (E obj). Devuelve el objeto de la colección inmediatamente mayor o igual que el objeto proporcionado. Partiendo de la colección bloque, el siguiente código mostraría los números 21 y 7:

```
System.out.println(bloque.higer(7)); //muestra 21
System.out.println(bloque.ceiling(7)); //muestra
                                       //un 7
```

- E **pollFirst**(). Devuelve y elimina el primer elemento de la colección.

- E **pollLast**(). Devuelve y elimina el último elemento de la colección.

- NavigableSet<E> **headSet**(E elemento, boolean incluido). Devuelve un subconjunto de la colección formado por los elementos menores que el indicado si *incluido* es *false*, o menores e igual si es *true*.

- NavigableSet<E> **tailSet**(E elemento, boolean incluido). Devuelve un subconjunto de la colección formado por los elementos mayores que el indicado si *incluido* es *false*, o mayores e igual si es *true*.

- NavigableSet<E> **subSet**(E elementouno, boolean incluidouno, E elementodos, boolean incluidodos). Devuelve un subconjunto de la colección formado por los elementos comprendidos entre elementouno y elementodos. Los parámetros incluidouno e incluidodos permiten indicar si los extremos serán (*true*) o no incluidos (*false*). Por ejemplo, la siguiente instrucción devolvería un NavigableSet formado por los elementos 5 y 7:

```
bloque.ceiling(5, true, 21, false);
```

### 11.6.1.3.2 Métodos de NavigableMap

Los métodos que proporciona NavigableMap realizan la misma funcionalidad que los de NavigableSet, sólo que actúan sobre las claves de la colección en vez de sobre los objetos. En este sentido destacamos los siguientes métodos:

- E **lowerKey** (E clave). Devuelve la clave que sea inmediatamente más pequeña que la clave dada.

- E **higerKey** (E clave). Devuelve la clave que sea inmediatamente mayor que la clave dada.

- E **floorKey** (E clave). Devuelve la clave que sea inmediatamente más pequeña o igual que la clave dada.

- E **ceilingKey** (E clave). Devuelve la clave que sea inmediatamente mayor o igual que la clave dada.

- Map.Entry<k,v> **pollFirstEntry**(). Devuelve y elimina la primera entrada (clave y valor) de la colección.

- Map.Entry<k,v> **pollLastEntry**(). Devuelve y elimina la última entrada (clave y valor) de la colección.

- NavigableMap<K, V> **headMap** (K clave, boolean incluido). Devuelve un subconjunto de la colección formado por todas las entradas cuyas claves sean menores que la indicada si *incluido* es *false*, o menores e igual si es *true*.

- NavigableMap<K, V> **tailMap** (K clave, boolean incluido). Devuelve un subconjunto de la colección formado por todas las entradas cuyas claves sean mayores que la indicada si *incluido* es *false*, o mayores e igual si es *true*.

- NavigableMap<K, V> **subMap** (K claveuno, boolean incluidouno, K clavedos, boolean incluidodos). Devuelve un subconjunto de la colección formado por todas las entradas cuyas claves estén comprendidas entre claveuno y clavedos. Los parámetros incluidouno e incluidodos permiten indicar si los extremos serán (*true*) o no incluidos (*false*).

#### 11.6.1.4 LA INTERFAZ COMPARABLE

No se trata de una interfaz de colección, sino más bien, de una interfaz de apoyo para las colecciones.

La interfaz Comparable se encuentra en el paquete java.lang y proporciona un método, llamado *compareTo()*, que permite a una clase especificar el criterio de comparación entre los objetos de la misma, de cara a la utilización de estos objetos en colecciones ordenadas. Más adelante comentaremos algo más sobre esta interfaz cuando hablemos de la ordenación de colecciones y arrays.

### 11.6.2 Implementación de los métodos *equals()* y *hashCode()*

Una parte importante también del objetivo consiste en conocer los requerimientos para una correcta implementación de los métodos *equals()* y *hashCode()* por parte de los objetos que van a ser almacenados en una colección.

#### 11.6.2.1 SOBRESCRITURA DE *EQUALS()*

Como ya se ha comentado, si no se sobrescribe este método, se heredará la versión definida en la clase Object, según la cual, la comparación de dos referencias devolverá *true* solamente si ambas apuntan al mismo objeto.

Dado que un mapa (Map) se basa en la utilización de claves únicas, **los objetos de clases que no sobrescriben el método *equals()* no podrán ser utilizados como claves**.

A la hora de sobrescribir *equals()* el programador decide qué se entiende por igual, sin embargo, es conveniente que se compruebe primero que el objeto pasado como parámetro es una instancia de la clase a la que pertenece el objeto con el que se compara:

```
public boolean equals(Object obj){
        if((obj instanceof Clase) && ...)
```

Por otro lado, independientemente de cuál sea el criterio de igualdad que se defina, la sobrescritura de este método debe cumplir las siguientes propiedades:

- **Reflexibidad**: *a.equals(a)* debe ser *true*.
- **Simetría**: *a.equals(b)* debe dar el mismo resultado que *b.equals(a)*.
- **Transitividad**: Si *a.equals(b)* es *true* y *b.equals(c)* es *true*, entonces *a.equals(c)* también debe ser *true*.
- Dada una referencia "*a*" no nula, **la expresión *a.equals(null)* debe devolver *false***. Si a es *null*, se producirá una excepción **NullPointerException**.

### 11.6.2.2 SOBRESCRITURA DEL MÉTODO *HASHCODE()*

El método *hashCode*() devuelve un valor numérico asociado al objeto. Si se sobrescribe *equals()* también se debe sobrescribir *hashCode()*, teniendo en cuenta que: **dos objetos considerados iguales utilizando el método *equals()*, deben tener idénticos valores de *hashcode***. Lo contrario no tiene por qué ser cierto.

El valor *hashcode* de un objeto es utilizado por algunas colecciones para saber en qué lugar interno debe colocar al objeto, concretamente, por las colecciones Hashtable, HashMap, HashSet, LinkedHashSet y LinkedHashMap.

Cuando se sobrescribe el método *hashCode()* en una clase hay que tener en cuenta que éste deberá cumplir las siguientes propiedades:

- El valor devuelto por *hashCode()* no tiene por qué ser el mismo de una ejecución a otra de la misma aplicación.
- Si dos objetos son iguales de acuerdo a *equals()*, la llamada a sus métodos *hashCode()* debe dar el mismo resultado.

No es obligatorio que dos objetos diferentes tengan diferentes hashcode, aunque es conveniente que así sea de cara a mejorar el rendimiento de las colecciones tipo *hash*.

### 11.6.3 Utilización de colecciones genéricas

Sobre este punto, el examen se centra en las versiones genéricas de las interfaces Set, List, Queue y Map, así como en las clases que las implementan.

En su modalidad genérica, estas interfaces están declaradas de la siguiente forma:

- **Set<E>**
- **List<E>**
- **Queue<E>**
- **Map<K,V>**

Recordemos que las letras especificadas entre los símbolos < y > representan lo que se conoce como el **tipo parametrizado**, es decir, el tipo de los elementos manipulados por la colección.

Al manejar instancias de estas colecciones, habrá que especificar como argumento el tipo de objeto Java con el que se va a trabajar. Recordemos que este tipo **no puede ser un tipo primitivo**:

```
List<Integer> lt; //lista de objetos Integer
lt = new ArrayList<Integer>();
```

Como ya comentamos en el capítulo 3, la utilización de los tipos parametrizados permite al compilador verificar que no se violarán las restricciones impuestas por el tipo en tiempo de ejecución. Observemos algunos casos que sobre este tema se pueden presentar en el examen.

Por ejemplo, dada la variable de colección:

```
List<Number> lnums;
```

La siguiente instrucción no compilará:

```
lnums = new ArrayList<Integer>(); //error de
                                   //compilación
```

pues, como ya sabemos, el hecho de que un tipo sea subtipo de otro no implica que lo sean sus colecciones.

En cambio, el siguiente código es correcto:

```
lnums = new ArrayList<Number>();
lnums.add(new Integer(10)); //ok
Number n = lnums.get(0); //ok
System.out.println(n.toString()); //mostraría 10
```

dado que una colección de un determinado tipo de objetos admite también objetos de sus subclases.

Independientemente de las reglas de utilización de los parámetros de tipo en una colección, fijémonos bien en aquellas cuestiones donde aparece una asignación de un objeto de colección a una variable de tipo interfaz. Por ejemplo, la siguiente asignación es correcta:

```
Queue<String> q = new LinkedList<String>();
```

Sin embargo, cuidado con el siguiente grupo de instrucciones:

```
Queue<String> q = new LinkedList<String>();
q.add("mi dato");
System.out.println(q.getFirst()); //no compila
```

Como se indica en el comentario, la llamada al método *getFirst()* no puede hacerse con la variable de tipo Queue ya que ese método, aunque existe en la clase LinkedList, no pertenece a la interfaz Queue.

## 11.6.4 Los parámetros de tipo

Algunas de las preguntas de examen relacionadas con el uso de genéricos giran en torno a la correcta utilización de los parámetros de tipo en la declaración de clases/interfaces, variables de instancia, argumentos de métodos y tipos de retorno.

El siguiente ejemplo corresponde a la definición de una clase llamada Pila que se va a implementar como un tipo genérico, utilizando parámetros de tipo en la declaración de la propia clase y en los tipos de los métodos:

```
public class Pila<E>
{
      private ArrayList<E> datos;
      public Pila(){
            datos = new ArrayList<E>();
      }
      public void agregar(E dato){
```

```
                datos.add(dato);
        }

        public E recuperar(int pos){
                return datos.get(pos);
        }
}
```

El siguiente bloque de código crea una instancia de la clase Pila y la utiliza para almacenar objetos String y después recuperar su contenido:

```
Pila<String> p = new Pila<String>();
p.agregar("cadena1");
System.out.println(p.recuperar(0));
```

Otra situación que podemos encontrar en alguna cuestión de examen es la declaración de alguna clase, interfaz o método de tipo genérico en donde el parámetro de tipo herede una determinada clase o implemente una interfaz:

```
public class Prueba
            <T extends Runnable&Serializable>{..}
```

Podemos observar cómo, en este caso, se debe utilizar la palabra clave *extends* tanto para indicar herencia de clases como implementación de interfaces. Además, cuando se implementa más de una interfaz los nombres de éstas deben especificarse separados por el símbolo "&".

Por supuesto, también podemos encontrar declaraciones de tipos genéricos que utilicen más de un parámetro de tipo:

```
public interface NuevoTipo<K, V extends Runnable>{..}
```

## 11.6.5 Comodines

Ya vimos en el capítulo 4 el uso de comodines para permitir la utilización de subtipos con los parámetros de tipo.

Recordemos en este punto algunos aspectos clave sobre el uso de los mismos:

- Los comodines se emplean en la declaración de variables de tipos genéricos para hacer referencia a "cualquier tipo":

```
List<?> nums = new ArrayList<Integer>();
List<?> cads = new ArrayList<String>();
```

La utilización del comodín en las instrucciones anteriores sirve para indicarle al compilador que las variables *nums* y *cads* admiten una colección List de objetos de cualquier tipo.

- Un comodín puede ser utilizado también para limitar los argumentos de tipo genérico a un determinado subtipo o supertipo:

  *void printer(List<? super Integer> objs)*: El método admite colecciones List que almacenen cualquier conjunto de objetos Integer o supertipos de esta clase.

  *void Proceso(Wrapper<? extends Figura> objs)*: El método admite objetos Wrapper que encapsulen componentes de tipo Figura o cualquier subtipo de esta clase.

- Las instancias de colecciones genéricas que utilizan el comodín como parámetro de tipo, no admiten operaciones de adición de objetos. Fijémonos en la siguiente clase que hace uso de la clase Pila utilizada anteriormente:

```
class GestionPila{
      void lectura(){
        Pila<Integer> p = new Pila<Integer>();
        p.agregar(7);
        volcado(p);
      }
      void volcado(Pila<? extends Number> pl){
        System.out.println(pl.recuperar(0)); //ok
        pl.agregar(40); //error de compilación
      }
}
```

  La llamada al método *recuperar()* del objeto Pila es totalmente correcta, no así la llamada a *agregar()*, pues al declararse Pila como de un subtipo desconocido de **Number** no se puede saber si admitirá números enteros.

  No obstante, existe una posibilidad que sí nos permitiría añadir determinados objetos a una colección que utitice el comodín como parámetro de tipo, se trata del caso en que el comodín representa un "supertipo de". Observemos el siguiente ejemplo:

```
class GestionPila{
      void lectura(){
        Pila<Integer> p = new Pila<Integer>();
        volcado(p);
      }
      void volcado(Pila<? super Integer> pl){
        pl.agregar(40); //¡correcto!
      }
}
```

El programa anterior se ejecuta sin problemas. Con la declaración Pila<? super Integer> p1, estamos indicando al compilador que el método *volcado()* aceptará cualquier Pila de objetos que sean Integer o cualquier supertipo de éste, **haciendo segura la inserción de objetos Integer en la colección**.

Cabe esperar en el examen alguna pregunta enfocada en torno a esta peculiaridad.

Es posible también encontrar alguna cuestión de examen en la que se muestre una serie de instrucciones de creación de objetos de colección utilizando el comodín, donde se pregunte sobre cuáles de dichas instrucciones compilan sin ningún tipo de error ni avisos.

Como muestra de ello, a continuación se presentan un grupo de instrucciones de ese tipo en las que se indica el resultado producido tras su compilación:

```
List<?> nums = new ArrayList<Integer>(); //ok
List<?> other = new ArrayList<?>(); //error de
            //compilación ya que no es poible utilizar
            //el comodín en la creación del objeto
List<? extends Number> nums2 =
                        new ArrayList<Integer>(); //ok
List<? super Number> nums3 =
            new ArrayList<Integer>(); //error de
                  //compilación, Integer no es
                  //superclase de Number
List<? extends Integer> nums4 =
            new ArrayList<Long>(); //error de
                  //compilación, Long no es subclase
                  //de Integer
```

```
List<? extends Comparable> nums5 =
           new ArrayList<Integer>();//ok, primero
           //porque, aunque Comparable sea una
           //interfaz, se emplea extends y no
           //implements. Segundo, Integer implementa
           //Comparable
```

## 11.6.6 Métodos genéricos

Además de clases genéricas es posible declarar métodos genéricos en el interior de clases, sin necesidad de que éstas tengan que ser declaradas como genéricas. Estos métodos se declaran especificando el parámetro de tipo delante del tipo de devolución del método.

Los siguientes son ejemplos de declaraciones de métodos genéricos:

*<T> void metodo1(List<T> lista)*

*<T, S extends T> void metodo2(Collection<T> col, S obj)*

Siendo T y S los parámetros de tipo. Como vemos, cuando se utiliza más de un parámetro de tipo y existe alguna relación entre éstos, dicha relación debe ser especificada en la declaración del método, éste es el caso del ejemplo anterior en que el parámetro S es un subtipo de T (*S extends T*).

Por ejemplo, el método *volcado()* de la clase **GestionPila** para la visualización del contenido de una pila, podría también definirse como método genérico en vez de hacer uso del comodín:

```
public class GestionPila{
    :
    <T extends Number> void volcado(Pila<T> pl){
      System.out.println(pl.recuperar(0));
    }

}
```

La llamada a un método genérico se realiza de la misma forma que a un método normal, así, para invocar al método genérico *volcado()* desde el método *lectura()* de GestionPila se haría exactamente igual que antes:

```
class GestionPila{
      void lectura(){
           Pila<Integer> p = new Pila<Integer>();
           p.agregar(7);
           volcado(p);
      }
      <T extends Number> void volcado(Pila<T> pl){
           System.out.println(pl.recuperar(0)); //7
      }
}
```

Es posible que alguna pregunta de examen gire en torno a la elección entre definir método como genérico o bien utilizar comodines. En general, se deberá definir un método como genérico cuando exista una dependencia entre los parámetros del método o bien entre alguno de los parámetros y el tipo de devolución. De no existir esta dependencia, deberán utilizarse comodines en vez de definirlo como genérico.

Por ejemplo, en el siguiente método existe dependencia entre el parámetro y el tipo de devolución, por lo que deberá ser declarado como genérico:

```
<T, S extends T> T MiMetodo(List<S> lista){..}
```

En cambio, en el método *volcado()* de la clase **GestionPila** el parámetro T se utiliza sólo una vez, no habiendo dependencia ni con otros parámetros ni con el tipo de devolución, por lo que será preferible utilizar comodines en su definición:

```
void volcado(Pila<? extends Number> pl){..}
```

También podemos encontrar casos en los que se defina el método como genérico y además se utilicen comodines para limitar los parámetros de tipo:

```
<T> T MiMetodo(List<? Extends T> lista){..}
```

## 11.6.7 Otras peculiaridades sobre genéricos

En esta última sección dedicada a los genéricos, vamos a comentar algunos aspectos sobre el uso de los mismos que también pueden ser objeto de alguna pregunta de examen.

### 11.6.7.1 USO DE INSTANCEOF CON GENÉRICOS

Como ya sabemos, el operador instanceof se utiliza para comprobar el tipo de un objeto. De cara a utilizar este operador con un tipo genérico, hay que tener en cuenta que **el único parámetro de tipo admitido es el comodín**. Por ejemplo, dada la siguiente instrucción:

```
List<Integer> ob = new ArrayList<Integer>();
```

Una posible pregunta de examen podría ser el determinar el resultado de las siguientes expresiones:

1. ob instanceof List<Integer>
2. ob instanceof List
3. ob instanceof List<?>
4. ob instanceof List<? extends Number>
5. ob instanceof Set<?>

Las expresiones 1 y 4 no compilarán, ya que, como se acaba de indicar, el único parámetro de tipo admitido es la interrogación "?". Las expresiones 2 y 3 producirán como resultado el valor *true*, mientras que la 5 resultará *false*.

### 11.6.7.2 GENÉRICOS Y ARRAYS

Se pueden crear arrays de objetos que utilicen tipos genéricos, aunque hay que tener en cuenta que **el único parámetro de tipo admitido es el comodín**.

Según esto, la siguiente instrucción no compilará:

```
List<Integer>[] n = new ArrayList<Integer>[10];
```

En cambio, ésta sí será correcta:

```
List<?>[] nums = new ArrayList<?>[10];
```

Partiendo de este objeto *nums*, observemos el siguiente bloque de instrucciones:

```
List<String> cads = new ArrayList<String>();
cads.add("mi cadena");
nums[0]=cads; //Ok
String s = nums[0].get(0); //error de compilación
```

La última instrucción no compilará porque necesita una conversión explícita a String, pues **la colección *nums[0]* está declarada de tipo comodín, no String**.

### 11.6.7.3 COLECCIONES GENÉRICAS Y NO GENÉRICAS

Es posible conbinar en una aplicación la utilización de colecciones genéricas y no genéricas.

Prestemos atención a la siguiente situación:

```
ArrayList lista = new ArrayList();
Lista.add("Mi cadena");
ArrayList<String> cads = lista; //warning
String s = cads.get(0); //ok
```

La tercera instrucción del bloque de código anterior asigna una colección no genérica a una variable de colección genérica, esto es perfectamente legal aunque se generará un *warning* o aviso durante la compilación.

Por otro lado, la última de las instrucciones recupera el contenido de la colección sin realizar una conversión explícita. Esto es también perfectamente válido, ya que la variable *cads* representa una colección genérica de tipo String.

Ahora examinemos este otro caso:

```
ArrayList<String> cads = new ArrayList<String>();
cads.add("mi cadena");
List lista = cads;
Lista.add(50); //warning
System.out.println(cads.get(1)); //Error en tiempo
                                  //de ejecución
```

En la tercera instrucción se asigna una colección genérica a una variable de colección no genérica, algo que es totalmente correcto y ni siquiera genera avisos por parte del compilador. En cambio, la siguiente instrucción a ésta añade un objeto Integer a la colección utilizando la variable no genérica que admite cualquier tipo de objeto, produciéndose un aviso por parte del compilador pero

**compilando perfectamente**. Este aviso se produciría incluso aunque el elemento añadido fuera de tipo String, pues el motivo del aviso no es por el tipo concreto de dato que se va a añadir, sino por el hecho de añadirlo mediante la variable no genérica.

En la última de las instrucciones se intenta recuperar el objeto Integer utilizando la variable de colección genérica de tipo String, produciéndose una excepción de tipo **ClassCastException** al ejecutar esta instrucción.

De cara a las posibles respuestas que pueden presentarse en las cuestiones de examen, recordar que **los *warning* o avisos que puedan aparecer durante la compilación no son errores**, considerándose en estos casos que la aplicación compila correctamente.

## 11.6.8 Ordenación de arrays y colecciones de objetos

Otro de los objetivos de examen relacionado con el uso de colecciones es el conocimiento de los métodos para ordenar conjuntos de objetos, así como la definición de los criterios de ordenación. En este contexto, juegan un papel muy importante las interfaces Comparable y Comparator.

### 11.6.8.1 LAS INTERFACES COMPARABLE Y COMPARATOR

Para que un array o colección de objetos pueda ser ordenado según el "orden natural" de los objetos, la clase a la que éstos pertenecen debe definir el criterio de comparación de los objetos, estableciendo así las reglas de ese "orden natural" que serán utilizadas por los métodos de ordenación.

#### Implementación de la interfaz Comparable

Como vimos en la sección anterior, la interfaz Comparable proporciona el método *compareTo()* para permitir a las clases que la implementan definir los criterios de comparación de sus objetos. La definición de esta interfaz es:

```
interface Comparable<T>{
      int compareTo(T obj);
}
```

siendo *obj* el objeto contra el que se realiza la comparación.

A fin de notificar el resultado de la comparación, el método *compareTo()* deberá devolver un número entero cuyo valor debe cumplir el siguiente criterio:

- <0: cuando el objeto con el que se compara es mayor, según el criterio especificado en el método.

- =0: si ambos objetos son iguales.

- >0: si el objeto con el que se compara es menor, según el criterio especificado en el método.

En el siguiente ejemplo se define una clase llamada Numeros que encapsula una cantidad numérica de tipo *int*, estableciéndose los criterios de comparación de Number en el método *compareTo()*:

```
public class Numeros implements Comparable{
    private int n;
    public Numeros(int i){
        n=i;
    }
    public int getNumber(){
        return n;
    }
    public int compareTo(Numeros n1){
        return this.n-n1.getNumber();
    }
}
```

De cara a alguna cuestión de examen relacionada con la ordenación de objetos, debemos saber que **tanto String como las clases de envoltorio implementan la interfaz Comparable**, sin embargo, ni **StringBuffer ni StringBuilder la implementan**.

### Implementación de la interfaz Comparator

Si necesitamos ordenar conjuntos de objetos cuyas clases no implementen la interfaz Comparable, podemos recurrir a otra técnica consistente en la definición de una clase adicional donde se establezcan los criterios de comparación. Esta nueva clase deberá implementar la interfaz **Comparator**.

La interfaz Comparator se encuentra en el paquete java.util. Proporciona un método llamado *compare()* en el que se define el criterio de comparación entre objetos de una determinada clase, su formato es:

*int compare(T ob1, T ob2)*

Donde *ob1* y *ob2* son los objetos que se van a comparar y T la clase a la que pertenecen. En cuanto al valor devuelto por el método, se debe cumplir el siguiente criterio:

- <0: cuando el *ob1* es menor que *ob2*, según el criterio especificado en el método.
- =0: si ambos objetos son iguales.
- >0: cuando *ob1* es mayor que *ob2*, según el criterio especificado en el método.

En el siguiente código se define de nuevo la clase **Numeros** anterior. En este caso se define una nueva clase, llamada **Comparacion,** donde se implementa la interfaz Comparator para establecer el criterio de comparación de objetos Numeros:

```
import java.util.*;
public class Numeros{
    private int n;
    public Numeros(int i){
        n=i;
    }
    public int getNumber(){
        return n;
    }
}
class Comparacion
                implements Comparator<Numeros>{
    public int compare(Numeros n1,Numeros n2){
        return n1.getNumber()-n2.getNumber();
    }



    public boolean equals(Object n){
        return true;
    }
}
```

Además de no ser necesario implementar la interfaz en la clase cuyos objetos se van a comparar, la utilización de Comparator presenta una ventaja adicional frente a Comparable y es la posibilidad de definir diversos criterios de comparación para los objetos de una clase. Esto se realiza creando varias clases que implementen Comparator, cada una con su criterio.

Es posible encontrar alguna pregunta de examen relacionada con la correcta implementación de las interfaces Comparable y Comparator, en este sentido hay que prestar especial atención para no confundir una interfaz con otra. Por ejemplo, la siguiente clase **no compilará pues el método que se ha de implementar es *compareTo()* y no *compare()***:

```
public class Numeros implements Comparable{
    private int n;
    public Numeros(int i){
        n=i;
    }
    public int getNumber(){
        return n;
    }
    //no es este el método que debe implementar,
    //sino: compareTo(Numeros n)
    public int compare (Numeros n1, Numeros n2){
        return n1.getNumber()-n1.getNumber();
    }
}
```

### 11.6.8.2 ORDENACIÓN DE UNA COLECCIÓN

La clase abstracta Collections proporciona un método estático que permite ordenar colecciones de tipo List, se trata del método *sort()*. Este método genérico está sobrecargado para permitir la ordenación de colecciones de objetos que implementen la interfaz Comparable, y también la de aquéllos que no la implementen pero se disponga de un objeto Comparator en donde se defina el criterio de comparación:

- *static <T extends Comparable<? super T>>void sort(List<T> lista)*

- *static <T> void sort(List<T> lista, Comparator<? super T> obj)*

Una posible pregunta de examen podría consistir en determinar la salida generada al ejecutar un bloque de código que, partiendo de una colección de objetos, invoque a uno de estos métodos de ordenación y después muestre el contenido de la misma en la pantalla. Como ejemplo, se presenta el siguiente programa que realiza una operación de estas características con objetos Numeros, basándose en la definición de los criterios de comparación en una clase externa (Comparacion):

```
import java.util.*;
public class Compara {
    public static void main(String[] args) {
        ArrayList<Numeros> lista=
                new ArrayList<Numeros>();
        lista.add(new Numeros(10));
        lista.add(new Numeros(5));
        lista.add(new Numeros(8));
        lista.add(new Numeros(3));
        System.out.println("Sin ordenar: ");
        for(Numeros n:lista){
            System.out.print(n.getNumber()+",");
        }
        //Ordena el ArrayList
        Collections.sort(lista,new Comparacion());
        System.out.println("\nOrdenados: ");
        for(Numeros n:lista){
            System.out.print(n.getNumber()+",");
        }
    }
}
```

La ejecución de este programa producirá la siguiente salida por pantalla:

*Sin ordenar:*

*10,5,8,3,*

*Ordenados:*

*3,5,8,10,*

Hay que prestar atención a aquellos casos en donde se intenta la ordenación de una colección de objetos cuyas clases no implementan Comparable:

```
ArrayList<StringBuffer> lista=
                    new ArrayList<StringBuffer>();
lista.add(new StringBuffer("uno"));
lista.add(new StringBuffer("tres"));
lista.add(new StringBuffer("dos"));
Collections.sort(lista); //error de compilacion
```

El bloque de instrucciones anteriores **generará un error de compilación**, pues la clase StringBuffer no implementa la interfaz Comparable.

### 11.6.8.3 ORDENACIÓN DE UN ARRAY DE OBJETOS

Dado un array de objetos, se puede realizar la ordenación del mismo utilizando los métodos *sort()* definidos en este caso en la clase java.util.Arrays:

- *static void sort(Object[] obs)*

- *static <T> void sort(T[] obs , Comparator<? super T> obj)*

Al igual que en el caso de Collections, la primera versión se utilizará para ordenar arrays de objetos cuyas clases implementen la interfaz Comparable, mientras que la segunda se empleará cuando los objetos no implementen dicha interfaz, proporcionando en este caso una clase Comparator en la que se especifique el criterio de comparación.

En el caso de intentar una ordenación de un array de objetos que no implementen la interfaz Comparable con la primera versión del método, **el código compilará correctamente, sin embargo se producirá una excepción de tipo ClassCastException al invocar a *sort()***:

```
StringBuffer[] lista=new StringBuffer[3];
lista[0]=new StringBuffer("uno");
lista[1]=new StringBuffer("tres");
lista[2]=new StringBuffer("dos");
Arrays.sort(lista); //Excepción ClassCastException
```

Un último punto a tener en cuenta sobre la ordenación de arrays/colecciones, es el hecho de que todos los objetos del conjunto deben ser *mutuamente comparables*. Esto significa, básicamente, que para que el array/coleccion pueda ser ordenado los objetos incluidos en él deberán ser del mismo tipo.

Por ejemplo, el siguiente programa, aunque compilará sin problemas, provocará una excepción de tipo ClassCastException al invocar al método *sort()*, dado que las referencias almacenadas en el array, a pesar de pertenecer a objetos que implementan la interfaz Comparable, son de distinto tipo:

```
import java.util.*;
public class OrdenacionObjetosDiferentes {
   public static void main(String[] args) {
     Object [] lista=new Object[2];
     lista[0]=new Integer(7);
     lista[1]="hola";
     Arrays.sort(lista); //excepcion ClassCastException
   }
}
```

## 11.6.9 Búsqueda de objetos en un array/colección

Otro de los puntos de este objetivo está relacionado con el uso de los métodos de búsqueda binaria de objetos en un array o colección.

Para la búsqueda de objetos en un array la clase Arrays dispone del método *binarySearch()*, cuyas versiones más utilizadas son:

- *static int binarySearch (Object[] array, Object key)*

- *static <T> int binarySearch (T[] array, T key, Comparator<? super T>)*

donde *array* representa el array de objetos en el que se realizará la búsqueda. En la segunda versión del método se debe proporcionar el objeto Comparator que define los criterios de comparación de los objetos del array.

En el caso de búsqueda en colecciones, la clase Collections proporciona dos métodos equivalentes a los anteriores:

- *static <T> int binarySearch(List<? extends Comparable<? super T>> lista, T key)*
- *static <T> int binarySearch(List<? Extends T> lista, T key, Comparator<? super T> comp)*

Siendo *lista* la colección de tipo List donde se realizará la búsqueda. En el primero de los métodos la colección deberá implementar Comparable, mientras que en el segundo se suministrará como tercer parámetro el objeto Comparator que define los criterios de comparación.

En todos los casos, la variable *key* representa el objeto que se va a buscar, mientras que el valor entero devuelto por los métodos será la posición ocupada por el objeto en el array o colección.

En el caso de que el objeto no se encuentre en la colección/array la llamada a *binarySearch()* devolverá el valor: (-(*posicion_insercion*) – 1), siendo *posicion_insercion* la posición en la cual el objeto *key* sería insertado en la colección/array. Esto garantiza que el valor de retorno sea mayor o igual que cero si se localiza el objeto y negativo si no se encuentra.

Finalmente, debemos comentar una característica muy importante del método *binarySearch()* y es que, **antes de llamar a este método, el array/colección debe estar ordenado**, de lo contrario, el resultado devuelto será **indeterminado**.

El siguiente programa solicita un número por teclado y nos indica si dicho número se encuentra o no en un ArrayList de objetos Numeros:

```
import java.util.*;
public class compara {
    public static void main(String[] args) {
        Scanner sc=new Scanner(System.in);
        ArrayList<Numeros> lista=
                        new ArrayList<Numeros>();
        lista.add(new Numeros(10));
        lista.add(new Numeros(5));
        lista.add(new Numeros(8));
        lista.add(new Numeros(3));
        //ordena la lista según los criterios
        //establecidos en la clase Comparacion
        //definida anteriormente
        Collections.sort(lista,new Comparacion());
        for(Numeros n:lista){
            System.out.println(n.getNumber());
        }
        //solicita un número y lo busca en la
        //colección ordenada
        System.out.println("Introduce número");
```

```
            if((Collections.binarySearch(lista,
                            new Numeros(sc.nextInt()),
                            new Comparacion()))>=0){
                System.out.println("El número está en la "+
                                        "lista");
            }
            else{
                //se muestra un mensaje si no está
                //en el ArrayList
                System.out.println("El número no se"+
                     " encuentra en la lista");
            }
        }
    }
```

### 11.6.10 Conversión de array a colección y de colección a array

En alguno de los bloques de código que aparecen en las preguntas de examen relacionadas con la utilización de colecciones y arrays, podemos encontrar instrucciones en las que se haga uso de los métodos de conversión entre ambos.

Éste es el caso del método estático *asList()* de la clase Arrays, que partiendo de un array de objetos crea una colección de tipo List formada por los elementos del array:

*static List asList(Object[] array)*

**Cualquier cambio que se produzca en la colección afectará al array y viceversa**, ya que ambos referencian al mismo conjunto de objetos. Por ejemplo, dado el siguiente programa:

```
import java.util.*;
public class Conversion {
    public static void main(String[] args) {
        String [] nombres = {"ana","marta","pedro"};
        List<String> lista=Arrays.asList(nombres);
        System.out.println("Sin modificar:");
        for(String s:nombres){
            System.out.print(s+",");
```

```
            }
            //se modifica el último elemento
            lista.set(2,"maría");
            System.out.println("\nModificado:");
            for(String s:nombres){
                System.out.print(s+",");
            }
        }
    }
```

La salida generada será:

*Sin modificar:*

*ana,marta,pedro,*

*Modificado:*

*ana,marta,maría,*

Por su parte, la interfaz Collection proporciona el método *toArray()* que genera un array de objetos a partir del contenido de la colección:

*Object[] toArray()*

En este caso, **el array contiene una copia de los objetos** almacenados en la colección, por lo que **la modificación posterior de un elemento de la colección no se verá reflejada en el array ni viceversa**. Por ejemplo, trás la ejecución del siguiente programa:

```
import java.util.*;
public class Conversion2 {
    public static void main(String[] args) {
        ArrayList<String> lista=
                        new ArrayList<String>();
        lista.add("ana");
        lista.add("marta");
        lista.add("pedro");
        Object [] nombres=lista.toArray();
        System.out.println("Antes de modificar:");
        for(String s:lista){
            System.out.print(s+",");
```

```
            }
            nombres[2]="maria";
            System.out.println("\nDespués de modifcar:");
            for(String s:lista){
                System.out.print(s+",");
            }
        }
    }
```

Se visualizará en pantalla lo siguiente:

*Antes de modificar:*

*ana,marta,pedro,*

*Después de modifcar:*

*ana,marta,pedro,*

Donde se puede apreciar que la modificación de uno de los elementos del array de copia no afecta a los elementos de la lista.

## 11.7 OBJETIVO 7: FUNDAMENTOS

Este último objetivo reúne todos aquellos aspectos fundamentales del lenguaje que un programador debe conocer, como el uso de operadores, modificadores de acceso, recolección de objetos, etc.

Al ser aspectos esenciales del lenguaje, todos ellos fueron tratados ampliamente durante los primeros capítulos del presente libro. A continuación resaltaremos algunos puntos clave sobre estos temas.

### 11.7.1 Uso de los modificadores de acceso

En el capítulo 4 estudiamos los cuatro modificadores de acceso existentes en Java, así como el efecto de aplicar cada uno de ellos en los diferentes miembros de una clase.

Podemos encontrar alguna pregunta de examen centrada en la correcta utilización de estos modificadores. En este sentido, las reglas sobre el uso de éstos presentadas en el capítulo 4 pueden resultar de gran utilidad para responder correctamente a estas cuestiones.

### 11.7.2 Argumentos de la línea de comandos

Otro de los puntos que forman este objetivo se refiere a los argumentos de llamada al método *main()* a través de la línea de comandos. Sobre este tema recordar:

- El nombre del parámetro declarado en la cabecera puede ser cualquiera.

- Los argumentos se pasan desde la línea de comandos separados por espacios (la coma o cualquier otro signo no es un separador, se tomaría como un caracter más de la cadena).

Algunas de las preguntas de examen se suelen centrar en la correcta identificación del número de argumentos pasados. Por ejemplo, dada la siguiente clase:

```
class Ejemplo{
      public static void main(String []args)
      {
            String s1=args[0];
            String s2=args[1];
            String s3=args[2];
      }
}
```

Si se introduce por la línea de comandos lo siguiente:

```
>java Ejemplo uno dos
```

se producirá un **error de ejecución de tipo ArrayIndexOutOfBoundsException en la tercera instrucción del método *main()***, dado que el array recibido está formado únicamente por dos cadenas.

### 11.7.3 Paso de referencias a objetos y tipos primitivos a métodos

Es muy importante conocer las diferencias entre pasar como argumento de llamada a un método una referencia a objeto y pasar un tipo primitivo.

En este sentido, debemos saber que el paso de parámetros a métodos en Java se hace siempre por valor, enviando una copia del argumento al método al hacer la llamada al mismo.

Ahora bien, como ya sabemos, pasar una copia de una variable de tipo primitivo (copia del dato), no produce el mismo efecto que pasar una copia de una variable de tipo objeto (copia de la referencia). Esto queda reflejado en el siguiente ejemplo:

```
class Ejemplo{
      public static void main(String [] args){
            Circulo cir=new Circulo(2);//construye un
                  //círculo de radio 2
            int p=10;
            manipula (p, cir);
            System.out.println("La variable vale "+p);
            System.out.println("El radio del círculo "+
                        "vale "+cir.getRadio());
      }
      static void manipula(int k, Circulo c){
            k+=1;
            c.setRadio(4);
      }
}
```

Tras la ejecución del programa anterior se visualizará en pantalla lo siguiente:

*La variable vale 10;*

*El radio del círculo vale 4;*

Esto demuestra que el contenido de la variable p permanece invariable después de llamar al método "*manipula*", ya que éste incrementa la copia del número entero recibido, no el original. En cambio, el objeto *Círculo* si que sufre una alteración, **pues la copia de la referencia al objeto**, recibida por el método "*manipula*" y utilizada por éste para cambiar el radio, **apunta al objeto original** y por tanto actúa sobre éste.

## 11.7.4 El recolector de basura

Como ya sabemos, el propósito del recolector de basura es localizar y eliminar de la memoria todos los objetos que han dejado de ser referenciados, más exactamente, aquéllos a los que no puede acceder desde ningún *thread* vivo.

Sobre este punto, es especialmente importante saber reconocer, dado un determinado bloque de instrucciones, cuándo un objeto será elegido para la recolección.

#### 11.7.4.1 COMPORTAMIENTO DEL RECOLECTOR DE BASURA

Primeramente, vamos a recordar algunas reglas importantes sobre el comportamiento de este proceso:

- No se puede predecir cuándo se va a ejecutar el recolector de basura. Es la JVM quien decide en qué momento tiene que ejecutarse, lo que suele ocurrir cuando se detecta que hay poca memoria disponible.
- Un objeto es elegido para ser recolectado cuando no existe ninguna referencia al mismo accesible desde algún *thread* vivo.
- La misión del recolector de basura es garantizar que un programa Java no se quede sin memoria, sin embargo, esta situación puede darse si se mantienen demasiados objetos en memoria referenciados.

#### 11.7.4.2 SITUACIONES QUE PROVOCAN LA RECOLECCIÓN DE UN OBJETO

Existen varias situaciones que hacen que un objeto sea marcado como basura y pueda ser, por tanto, elegido para su eliminación por el recolector. Vamos a comentar cuáles son estas situaciones.

##### Establecer referencias a *null*

Si se establece a *null* la variable que contiene la referencia al objeto, éste quedará expuesto a la recolección, siempre y cuando no exista otra referencia al mismo objeto en alguna otra parte:

```
String s=new String("hola");
String a=s;
s=null; //el objeto no se pierde aún
a=null; //a partir de aquí puede ser recolectado
```

##### Reasignación de la referencia

Si se asigna una nueva referencia a la variable que apunta al objeto, éste también se pierde:

```
String s=new String("hola");
s="adios"; //el objeto "hola" se pierde
```

### Destrucción de variables locales

Cuando se crea un objeto dentro de un método y se asigna a una variable local, éste será elegido para la recolección en el momento en que el método finalice su ejecución:

```
void mimetodo()
{
      String s=new String("hola");
}
//A partir de aquí el objeto "hola"
// puede ser recolectado
```

### Aislar una referencia

Si tenemos dos instancias, donde una contiene una referencia a la otra y estas instancias no son referenciadas desde ningún otro lugar, formarán una **isla de instancias** y por lo tanto serán elegidas para recolección (figura 122).

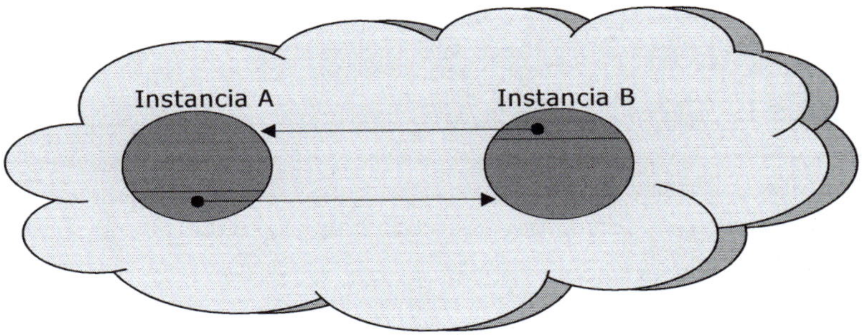


***Fig. 122*** *- Isla de instancias formada por las instancias A y B*

## 11.7.4.3 RECONOCER EN QUÉ PUNTO UN OBJETO ES ELEGIDO PARA RECOLECCIÓN

Además de las situaciones anteriores y de cara a poder determinar en qué momento un objeto será elegido para la recolección, es muy importante tener en cuenta que **mientras se mantenga una referencia "viva", el objeto no será marcado para la recolección**, aun cuando se haya asignado a *null* alguna de sus referencias o se hayan destruido alguna de las variables que lo referenciaban.

En el siguiente código, ante una posible pregunta de examen del tipo: ¿en que línea de código será elegido para la recolección el objeto creado en la línea 3? la respuesta sería: la línea 5.

```
1     class Referencias{
2           public static void main(String args[]){
3                 Object ob=new Object();
4                 processObject(ob); //se invoca al
                       //método pasándole una copia
                       //de la referencia al objeto
5                 ob=new Object(); //la referencia al
                    //objeto inicial se pierde en
                       //este momento
6           }
7           static void processObject(Object o){
8                 o=null;//en este momento se pierde
9                        //una copia de la referencia,
                       //pero aún queda ob
10          }
11    }
```

### 11.7.4.4 REQUERIR LA EJECUCIÓN DEL RECOLECTOR

No se puede forzar la ejecución del recolector de basura. Se puede requerir su ejecución a la JVM pero ésta puede hacernos caso o no (normalmente, suele hacerlo).

Para requerir la ejecución del recolector invocaríamos al método estático *gc()* de la clase System:

```
System.gc();
```

El mismo efecto se consigue a través del método *gc()* de la clase **Runtime**. Para poder usar este método es necesario previamente obtener un objeto Runtime:

```
Runtime r=Runtime.getRuntime();
r.gc();
```

Lo único que se garantiza con la llamada a estos métodos es que, si existe escasez de memoria, el recolector se ejecutará antes de que se produzca una *OutOfMemoryException*.

### 11.7.4.5 EL MÉTODO *FINALIZE()*

Dado que el método *finalize()* es invocado por la máquina virtual inmediatamente antes de que el objeto sea elegido para la recolección por el Garbage Collector, la sobrescritura de este método heredado de Object, tiene como objetivo poder realizar alguna tarea de limpieza de datos antes de que los objetos sean destruidos.

No obstante, no es seguro que se produzca la ejecución de este método, ya que puede ocurrir que el recolector de basura no se ejecute y por tanto el objeto no sea destruido.

De cara al examen, hay que tener en cuenta también que es posible incluir en *finalize()* alguna instrucción que almacene una referencia al objeto en alguna otra parte, de modo que éste no llegue a destruirse. En este sentido, cabe decir que **cuando el objeto vuelva a ser elegido de nuevo para la recolección, el método *finalize()* no volverá a ejecutarse**, por lo que esta vez sí será destruido:

```
class Datos{
      :
      public void finalize(){
            Uso.ds=this; //La primera vez que el objeto
                  //sea elegido para la recolección, no
                  //se destruirá.
      }
}
class Uso{
      public static Datos ds;
}
```

## 11.7.5 Organización y distribución de clases

La organización de clases en paquetes y su posterior utilización desde otra clase externa son aspectos que ya han sido analizados en los capítulos 3 y 4 del libro, siendo parte del objetivo 1 del examen la correcta utilización de las sentencias *import* y *package*.

Este punto del objetivo 7 no se centra pues en la utilización de estas sentencias, sino en la compresión de la estructura de directorios asociada a un determinado nombre cualificado de clase, así como en las distintas formas de utilizar el classpath para referenciar a clases y paquetes.

Relacionada con este objetivo, podemos encontrar alguna pregunta de examen donde las clases utilizadas se presenten en ficheros .jar, por lo que primeramente será conveniente conocer el significado y utilidad de este tipo de archivos.

### 11.7.5.1 FICHEROS JAR

Los ficheros JAR proporcionan un cómodo mecanismo para la distribución de aplicaciones Java, puesto que permiten transportar en un único archivo todo el conjunto de clases que forman la aplicación, dentro de sus correspondientes paquetes, en formato comprimido. Los ficheros JAR tienen extensión .jar y se generan con una utilidad del JDK llamada *jar.exe*.

En la figura 123 se muestra una estructura de directorios de ejemplo con sus correspondientes clases empaquetadas. En ella se indica además la existencia de un fichero, llamado *practicas.jar*, en el que se incluyen parte de estas clases y directorios.

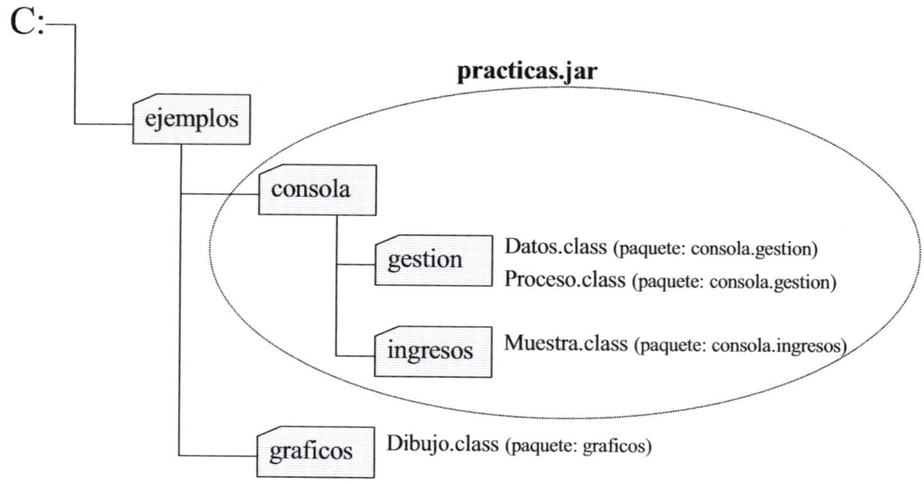


***Fig. 123** - Estructura de directorios y clases de ejemplo*

Como se puede ver, dentro de *practicas.jar* se encuentra comprimido el directorio "consola", correspondiente al paquete del mismo nombre, y dentro de éste los subpaquetes "gestion" e "ingresos" con sus respectivas clases.

### 11.7.5.2 UTILIZACIÓN DE CLASSPATH

Tal y como se explicó en el primer capítulo del libro, la variable de entorno classpath contiene las direcciones de los directorios en los que se encuentran los paquetes raíz de ciertas clases, a fin de que puedan ser localizadas durante la compilación y ejecución de aquellas otras clases que las vayan a utilizar.

Por ejemplo, para poder hacer uso de la clase Dibujo que aparece en la estructura de la figura 119, la variable classpath debería incluir la dirección: *c:\ejemplos*. De esta forma, cualquier clase que quisiera utilizar Dibujo podría referise a ella con el nombre cualificado de la misma:

```
graficos.Dibujo d;
```

o bien, podría importarla y referirse a ella utilizando nada más que el nombre de clase:

```
import graficos.Dibujo;
:
Dibujo d;
```

Es muy posible encontrar alguna cuestión de examen en la que, dado un determinado classpath, se trate de determinar el resultado de la compilación/ejecución de una determinada clase. El classpath puede venir dado como una variable de entorno o estar establecido como classpath en línea, pudiendo incluir además referencias a ficheros JAR.

## Classpath y ficheros JAR

La utilización de los ficheros JAR no sólo facilita la distribución de clases sino también su uso por parte de otras aplicaciones, ya que no es necesario descomprimir el fichero para que las clases contenidas en él puedan ser utilizadas desde otra clase, basta con indicar la dirección del archivo .jar en la variable classpath.

Por ejemplo, si queremos que las aplicaciones Java de un determinado equipo puedan hacer uso de las clases del archivo *practica.jar* presentado anteriormente, lo único que tenemos que hacer es copiar el archivo a cualquier carpeta del disco (por ejemplo, *c:\mis documentos*) e incluir en el classpath la dirección completa del mismo (*c:\mis documentos\practica.jar*). Una vez hecho esto, la forma de referirse a sus clases desde cualquier otra será, al igual que antes, a través del nombre cualificado de la clase o bien mediante la importación de la misma:

```
package pruebas;
import consola.gestion;
public class Prueba{
```

```
        Datos dt;
        consola.ingresos.Muestra mt;
        :
    }
```

## Classpath en línea

Al margen de la utilización de la variable de entorno, se puede establecer un classpath parcial, denominado comúnmente *classpath en línea*, en la instrucción de compilación y ejecución de una clase a través de la línea de comandos:

```
javac -classpath misclases;externas\varias Ejemplo.java
```

La instrucción anterior establece los classpath "misclases" y "externas\varias" (en unix la separación de los classpath se hace con ":" en vez de ";") para poder compilar la clase Ejemplo.java. Las direcciones de estos classpath son relativas respecto al directorio desde el que se hace la llamada a *javac*. Los classpath en línea anulan, para esa instrucción de compilación/ejecución a los definidos en la variable de entorno.

Por ejemplo, supongamos que en el directorio *c:\mis documentos*, donde tenemos el fichero *practica.jar*, creamos una nueva clase, llamada Aplicacion, que hace uso de la clase Muestra:

```
import consola.ingresos.Muestra;
public class Aplicacion{
      private Muestra mt;
      public static void main(String[] args){
            :
      }
      :
}
```

Para compilar esta clase desde el directorio *c:\mis documentos* y depositar el .class en ese mismo directorio, utilizaríamos la instrucción:

```
javac -classpath practica.jar Aplicacion.java
```

Por su parte la ejecución de la clase debería realizarse mediante la instrucción:

```
java -classpath .;practica.jar Aplicacion
```

donde el "." hace referencia al directorio actual, permitiendo así a la máquina virtual poder localizar la propia clase Aplicacion.

Si quisiéramos incuir la clase Aplicacion dentro de un paquete, llamado por ejemplo "ejer", además de incluir la sentencia: *package ejer;* al principio del fichero .java, la instrucción de compilación, ejecutada desde *c:\mis documentos*, debería ser:

```
javac -classpath practica.jar -d . Aplicacion.java
```

donde el atributo –d indica al compilador que debe crear en el directorio indicado (en este caso sería en el directorio actual) todos los directorios correspondientes a los paquetes y subpaquetes indicados en package (en este caso "ejer") y colocar ahí la clase compilada.

En este caso, la ejecución de la clase Aplicación debería realizarse (suponiendo una vez más que nos encontramos en el directorio *c:\mis documentos*):

```
java -classpath .;practica.jar ejer.Aplicacion
```

Como último ejemplo para aclarar el funcionamiento de los classpath en línea, supongamos que en el directorio *c:\ejemplos* de la figura 119 definimos una nueva clase, llamada Pruebas, que hace uso de la clase Dibujo del paquete graficos:

```
import graficos.Dibujo;
public class Pruebas{
      private Dibujo db;
      :
}
```

Para compilar la clase dejando el .class en el mismo directorio *c:\ejemplos* sería:

```
javac -classpath . Pruebas.java
```

Como vemos, el classpath indica el directorio donde se encuentra el paquete raíz de la clase Dibujo, en este caso, el directorio actual. Así pues, si la compilación se realizase desde el propio directorio "c:\", la instrucción a ejecutar debería ser:

```
javac -classpath ejemplos ejemplos\Pruebas.java
```

### 11.7.6 Utilización de operadores

El último punto de este objetivo se refiere a la correcta utilización de los operadores en los programas. En el capítulo 2 estudiamos el uso de los distintos operadores proporcionados por Java, analizando sus características y funcionalidad.

No todos los operadores Java son objetivo de examen, así pues, de cada uno de los tipos de operadores existentes vamos a concretar cuáles de ellos forman parte de los objetivos de examen, además de resaltar algunos detalles que puedan pasar desapercibidos en el uso cotidiano de éstos, pero que pueden ser relevantes de cara a resolver correctamente las cuestiones.

### 11.7.6.1 OPERADORES DE ASIGNACIÓN

La aparición de operadores de asignación en las preguntas de examen está limitada a los siguientes: =, += y -=.

Salvo el operador = que puede utilizarse para asignar cualquier tipo válido Java a una variable, **los operadores += y -= únicamente pueden emplearse con tipos primitivos**, salvo en el caso de String, donde está permitida la utilización de += para concatenar cadenas.

De cara a asignar valores numéricos a una variable, hay que tener en cuenta que **el resultado de una operación en la que esté envuelto un entero de tipo *int* o menor, da siempre como resultado un *int***:

```
byte a=5, b=10;
byte c=a+b; //error de compilación
```

La solución sería:

```
byte c=(byte)(a+b);
```

Otro caso:

```
byte k=4;
k=k+6; //error, pues el literal se toma como int
```

En cambio, la operación:

```
k+=6;
```

**compila perfectamente**, pues, al utilizar el operador += Java realiza una conversión al tipo de la variable antes de realizar la asignación. Así pues, la instrucción anterior equivale exactamente a:

```
k=(byte)(k+6);
```

En caso de encontrar instrucciones en las que se asigna directamente un literal numérico a una variable, debemos recordar que:

- Todo literal entero es *int*. A pesar de ello, una instrucción como la siguiente no provocaría error:

```
byte b=6; //Java convierte implícitamente el
      //literal al tipo de la variable
```

Si el número es demasiado grande para convertirlo implícitamente, entonces se requiere una conversión explícita:

```
byte b=(byte)400;
```

- Todo literal decimal es de tipo *double*:

```
float f1=3.4; //error de compilación al intentar
         //asignar un double a una variable float
float f2=4.78f; //ok, la letra f hace que se
             //le considere como float
float f3=(float)3.8; //ok, se convierte
                    //explícitamente.
```

### 11.7.6.2 OPERADORES ARITMÉTICOS

Este objetivo se centra en el uso de los operadores aritméticos: +, -, *, /, %, ++ y --.

Como complemento a lo estudiado en el capítulo 2, debemos añadir una serie de consideraciones a tener en cuenta de cara a la posible aparición en el examen de alguna instrucción en la que se produzca una división entre 0:

- Si el numerado es entero y el denominador es 0, la operación provocará una excepción de tipo **ArithmeticException**.
- Si el numerador es entero y el denominador es 0.0, el resultado será **infinito**.
- Si el numerador es decimal (*float* o *double*) y el denominador es 0 o 0.0, el resultado será **infinito**.

Las anteriores consideraciones también son aplicables al operador %.

### 11.7.6.3 OPERADORES RELACIONALES

En las preguntas de examen podemos encontrar los siguientes operadores relacionales: <, <=, >, >=, == y !=. Recuerde que, salvo "==" y "!=", **los operadores relacionales sólo se pueden utilizar con tipos numéricos y *char*.**

Los operadores "==" y "!=" también se pueden utilizar para comparar referencias, aunque éstas deben ser del mismo tipo o estar relacionadas mediante herencia (deben satisfacer la relación "Es un"). Por ejemplo, dadas las siguientes clases e interfaces:

```
class Primera{
}
class Segunda extends Primera{
}
interface Inter1{
}
class Tercera implements Inter1{
}
class Cuarta extends Tercera{
}
```

Y dadas las siguientes referencias:

```
Primera p=new Primera();
Segunda seg=new Segunda();
Tercera ter=new Tercera();
Cuarta ct=new Cuarta();
Inter1 inter=new Tercera();
```

Las siguientes instrucciones de comparación serán sintácticamente correctas:

```
if(seg==p){}
if (ter!=ct){}
```

Mientras que estas instrucciones no compilarán, dado que comparan referencias de distinto tipo:

```
if(ter==p){}
if(seg!=ct){}
```

No olvidemos que, aunque una comparación de igualdad sea sintacticamente correcta, **dos variables objeto serán iguales si y sólo si apuntan al mismo objeto**.

### 11.7.6.4 OPERADOR INSTANCEOF

Permite saber si un objeto es de una determinada clase o interfaz, en otras palabras, si se cumple la relación "Es un". Vamos a comentar las principales características de uso de este operador.

Respecto a la comparación de una referencia a objeto con una clase, indicar que la expresión de comparación dará como resultado *true* siempre que el objeto pertenezca a la clase indicada o a alguna de sus subclases. Por ejemplo, partiendo de las referencias creadas en el punto anterior, las siguientes expresiones darían como resultado *true*:

```
seg instanceof Primera
seg instanceof Segunda
```

Si se compara una referencia a un objeto de una clase con alguna de sus subclases el resultado será *false*, éste es el caso de las siguientes expresiones:

```
p instanceof Segunda
ter instanceof Cuarta
```

En este sentido hay que prestar atención a casos como el siguiente:

```
Primera pr=new Segunda();
```

Dada la instrucción anterior, la siguiente expresión daría como resultado el valor *true*:

```
pr instanceof Segunda
```

pues a pesar de estar declarada la variable *pr* como tipo Primera, **contiene una referencia a un objeto Segunda**.

Respecto a la utilización de *instanceof* en la comparación con una clase recalcar, finalmente, que **la referencia utilizada en el primer operando de la expresión debe pertenecer a la misma jerarquía que la clase indicada en el segundo operando**, de lo contrario se producirá un error de compilación. Por ejemplo, las siguientes expresiones no compilarían:

```
p intanceof Tercera
ct instanceof Segunda
```

Por otro lado, cuando se compara mediante *instanceof* una variable objeto con una interfaz, el resultado será *true* si el objeto pertenece a alguna clase que implemente la interfaz o bien ésta haya sido implementada por alguna de sus subclases, éste es el caso de las siguientes expresiones:

```
ter instanceof Inter1
ct instanceof Inter1
```

Para terminar con las características relativas al uso de este operador, indicar que **si la referencia utilizada con *instanceof* es *null*, el resultado de la operación será *false***, independientemente de la clase o interfaz indicada en el segundo operando.

### 11.7.6.5 OPERADORES LÓGICOS

Dentro de este grupo, objeto de alguna pregunta de examen pueden ser los operadores &, |, ^, !, && y ||.

En el capítulo 2 se trataron con detenimiento los operadores lógicos, analizando las diferencias entre los que trabajan en modo cortocircuito y los que operan a nivel de bits.

Hay que prestar atención a expresiones como éstas:

```
boolean b=true;
int k=4;
b=b && k; //No compila, dado que el operador &&
      // requiere que los dos operandos sean boolean
k=k & 5; //Compila bien, dado que los operandos
      //pueden ser numéricos enteros o boolean
k=k & b; //No compila, los dos operandos deben ser
      // del mismo tipo.
```

Es también habitual que aparezcan en algunas preguntas de examen expresiones condicionales que incluyan operadores lógicos en modo cortocircuito, lo que puede provocar que alguna de las condiciones no se evalúe:

```
int a=5, b=2;
if(a>0 || ++b>0)
      System.out.println("b vale "+ b);
```

Se visualizaría:

*b vale 2*

En este caso, al ser verdadera la comparación a>0 el resultado será directamente verdadero, por lo que **la operación ++b no llega a ejecutarse**.

### 11.7.6.6 IGUALDAD DE OBJETOS

Como ya hemos indicado, el operador "==" no debe utilizarse en la comprobación de la igualdad de objetos.

A fin de proporcionar a las clases un medio para comprobar la igualdad de objetos, se incluye el método *equals()* en la clase Object. Cada clase es responsable de sobrescribir el método *equals()* y definir así su propio criterio de igualdad.

El formato de *equals()* es:

*public boolean equals(Object obj)*

En la versión original del método proporcionada por Object, el criterio de igualdad se basa en la comparación de referencias, devolviendo *true* solamente cuando ambas referencias son iguales, es decir, apuntan al mismo objeto.

Según esto, la ejecución del siguiente código:

```
Object ob=new Object();
Object or=new Object();
//Comprueba la igualdad de los objetos
if(ob.equals(or)){
      System.out.println("Son iguales ");
}
else{
      System.out.println("No son iguales ");
}
```

Mostrará el mensaje:

*No son iguales*

Así pues, en una clase en la que no sobrescribe el método *equals()*, la utilización de éste para comprobar la igualdad de dos objetos de la clase tendrá el mismo efecto que si los comparamos mediante el signo "==". El siguiente bloque de instrucciones provocaría el mismo resultado que el código anterior:

```
Object ob=new Object();
Object or=new Object();


//Comprueba la igualdad de las referencias
if(ob==or)){
      System.out.println("Son iguales ");
}
else{
      System.out.println("No son iguales ");
}
```

Hay muchas clases de Java SE que sobrescriben el método *equals()*, como vimos en el capítulo 3, String y las clases de envoltorio son algunas de ellas. También hay otras, como StringBuffer, que mantienen la versión original de *equals()* heredada de Object.

Por otro lado, la comparación de objetos de diferentes clases mediante *equals()* **no provoca errores de compilación**, si bien, lógicamente, el resultado de la operación siempre será falso:

```
Integer i=new Integer(20);
String s="20";
//el resultado de la siguiente condición
//será falso
if(s.equals(i))
:
```

Apéndice A

# CLASES PARA LA CREACIÓN DE APLICACIONES GRÁFICAS

## AWT

## Component

Es la superclase de todos los contenedores y controles AWT. Se trata de una clase abstracta cuya finalidad es proporcionar métodos comunes a todos los elementos gráficos de una interfaz.

### MÉTODOS DESTACABLES

- Color **getBackground**(). Devuelve el color de fondo del componente.
- Rectangle **getBounds**(). Devuelve un objeto Rectangle que contiene las dimensiones y posición del componente.
- int **getHeight**(). Devuelve el alto del componente en píxeles.
- int **getWidth**(). Devuelve el ancho del componente.
- int **getX**(). Devuelve la coordenada X de la esquina superior izquierda del componente.

- int **getY**(). Devuelve la coordenada Y de la esquina superior izquierda del componente.

- boolean **isEnabled**(). Indica si el componente está o no habilitado.

- boolean **isVisible**(). Indica si el componente está o no visible.

- void **requestFocus**(). Reclama el foco para el componente.

- void **setBackground**(Color c). Asigna un color de fondo al componente.

- void **setBounds**(int x, int y, int w, int h). Asigna una posición y tamaño al componente.

- void **setEnabled**(boolean b). Permite habilitar/inhabilitar el componente.

- void **setLocation**(int x, int y). Establece la posición del componente, siendo *x* e *y* las coordenadas de la esquina superior izquierda del componente.

- void **setVisible**(boolean b). Permite visualizar/ocultar el componente.

- void **setSize**(int w, int h). Establece el tamaño del componente, siendo *w* y *h* el ancho y alto, respectivamente, del componente.

# Container

Hereda Componente. Es la superclase de todos los contenedores, proporciona métodos comunes para la gestión de un contenedor.

## MÉTODOS DESTACABLES

- void **add**(Component cp). Añade un componente al contenedor.

- void **add**(Component cp, int index). Añade el componente al contenedor en la posición especificada por *index*.

- void **setLayout**(LayoutManager lm). Establece un gestor de organización en el contenedor.

# Window

Hereda Container. Es la superclase de todos los tipos de Ventana.

## MÉTODOS DESTACABLES

- void **dispose**(). Libera todos los recursos de pantalla ocupados por la ventana y el resto de componentes gráficos que hay en su interior.

- Component **getFocusOwner**(). Devuelve el componente gráfico de la ventana que está en posesión del foco. Si no hay ninguno con el foco, devolverá *null*.

- void **hide**(). Oculta la ventana.

- boolean **isActive**(). Indica si se trata o no de la ventana activa.

- void **pack**(). Provoca que tanto la ventana como sus componentes ajusten su tamaño al preferido de éstos.

# Frame

Hereda Window. Representa una ventana estándar de Window.

## CONSTRUCTORES

- **Frame**(). Crea una ventana sin título.

- **Frame**(String titulo). Crea una ventana con el título especificado.

## MÉTODOS DESTACABLES

- String **getTitle**(). Devuelve el título de la ventana.

- boolean **isResizable**(). Indica si el tamaño de la ventana se puede o no modificar por parte del usuario.

- void **setTitle**(String s). Asigna un nuevo título a la ventana.

- void **setResizable**(boolean b). Permite establecer si la ventana podrá ser o no modificada por el usuario.

# Button

Hereda Component. Representa un botón de pulsación a cuya acción se puede asociar un objeto manejador de evento (ActionEvent).

## CONSTRUCTORES

- **Button**(). Crea un botón sin etiqueta.
- **Button**(String lb). Crea un botón con la etiqueta especificada.

## MÉTODOS DESTACABLES

- String **getLabel**(). Devuelve la etiqueta del botón.
- void **setLabel**(String lb). Permite asignar una nueva etiqueta al botón.

# Label

Hereda Component. Representa una etiqueta cuya utilidad es la de mostrar un texto estático (no puede ser modificado directamente por el usuario) en alguna parte del contenedor.

## CONSTRUCTORES

- **Label**(). Crea una etiqueta vacía.
- **Label**(String lb). Crea una etiqueta que mostrará el texto especificado.
- **Label**(String lb, int align). Crea una etiqueta con el texto especificado, alineado según el parámetro *align*. Los posibles valores de la alineación están definidos en constantes de la clase Label:
  - Label.CENTER. El texto queda centrado en la etiqueta.
  - Label.RIGHT. El texto queda alineado a la derecha.
  - Label.LEFT. El texto queda alineado a la izquierda. Es el valor predeterminado.

### MÉTODOS DESTACABLES

- int **getAlignment**(). Devuelve la alineación establecida en la etiqueta.
- String **getText**(). Devuelve el texto mostrado por la etiqueta.
- void **setAlignment**(int align). Establece una nueva alineación en la etiqueta utilizando las constantes indicadas anteriormente.
- void **setText**(String lb). Establece un nuevo texto en la etiqueta.

## TextComponent

Hereda Component. Proporciona el soporte básico para los dos tipos de controles caja de texto existentes, *TextField* y *TextArea.*

### MÉTODOS DESTACABLES

- String **getSelectedText**(). Devuelve el texto seleccionado en el interior del control.
- int **getSelectionEnd**(). Devuelve la posición siguiente al último caracter seleccionado.
- int **getSelectionStart**(). Devuelve la posición del primer caracter seleccionado.
- String **getText**(). Devuelve el texto existente en el control.
- boolean **isEditable**(). Indica si se puede o no escribir en el interior del control.
- void **select**(int start, int end). Provoca la selección de los caracteres que van desde la posición indicada en *start* hasta la posición *end-1.*
- void **selectAll**(). Provoca la selección de todo el texto contenido en el control.
- void **setEditable**(boolean b). Establece la posibilidad o no de que se pueda escribir en el control.
- void **setText**(String s). Asigna un texto al control.

## TextField

Hereda TextComponent. Representa una caja de texto de una sola línea.

### CONSTRUCTORES

- **TextField**(). Crea una caja de texto vacía.
- **TextField**(String s). Crea una caja de texto con el contenido inicial especificado.

### MÉTODOS DESTACABLES

- char **getEchoChar**(). Devuelve el caracter de eco utilizado. El caracter de eco se utiliza para ocultar a la vista el texto que se escribe en el control, lo que resulta bastante útil en caso de solicitar palabras clave. Si el valor devuelto por el método es 0, significa que no se está utilizando eco.
- void **setEchoChar**(char c). Establece el caracter de eco utilizado. Si es 0, se elimina el caracter de eco existente.
- void **setText**(String s). Estable el texto que aparecerá en el interior del control.

## TextArea

Hereda TextComponent. Representa una caja de texto multilínea.

### CONSTRUCTORES

- **TextArea**(). Crea una caja de texto multilínea vacía.
- **TextArea**(String s). Crea una caja de texto con el valor inicial indicado.
- **TextArea**(String s, int filas, int cols, int barras). Crea una caja de texto multilínea con un texto inicial y un tamaño que quedará definido por la altura equivalente al número de filas indicada en *filas*, y por el ancho equivalente al número de columnas indicado en *cols*. Por otro lado, el parámetro *barras* permite definir unas barras de desplazamiento para el control, sus posibles valores están definidos en unas constantes existentes en la propia clase TextArea:

- TextArea.SCROLLBARS_BOTH. Barras vertical y horizontal

- TextArea.SCROLLBARS_HORIZONTAL_ONLY. Sólo barra horizontal.

- TextArea.SCROLLBARS_NONE. Sin barras.

- TextArea.SCROLLBARS_VERTICAL_ONLY. Sólo barra vertical.

### MÉTODOS DESTACABLES

- void **append**(String s). Añade la cadena especificada al final del texto existente en el control.

- void **insert**(String s, int pos). Inserta el texto especificado, a partir de la posición indicada en *pos*.

- void **replaceRange**(String s, int start, int end). Reemplaza el trozo de texto existente entre las posiciones *start* y *end* por la cadena especificada.

## Ckeckbox

Hereda Component. Puede representar tanto una casilla de verificación como un botón de radio.

### CONSTRUCTORES

- **Checkbox**(). Crea un control Checkbox sin texto asociado. De forma predeterminada, el control tomará la forma de una casilla de verificación.

- **Checkbox**(String lb). Crea un control Checkbox etiquetado con la cadena de texto especificada. De forma predeterminada, el control tomará la forma de una casilla de verificación.

- **Checkbox**(String lb, boolean state). Crea un control Checkbox etiquetado con la cadena de texto especificada, apareciendo en el estado indicado en el segundo parámetro (*true* activado, *false* desactivado). De forma predeterminada, el control tomará la forma de una casilla de verificación.

- **Checkbox**(String lb, boolean state, CkeckboxGroup g). Crea un control Checkbox etiquetado con la cadena de texto especificada, apareciendo en el estado indicado en el segundo parámetro (*true* activado, *false* desactivado). Con este constructor se crea un objeto Checkbox que toma la forma de un botón de radio, para ello, es necesario indicar en el tercer parámetro el objeto CheckboxGroup correspondiente.

### MÉTODOS DESTACABLES

- String **getLabel**(). Devuelve el texto de la etiqueta asociada.

- boolean **getState**(). Devuelve el estado del control, siendo *true* activado y *false* desactivado.

- void **setCheckboxGroup**(CheckboxGroup grupo). Asigna el control al grupo especificado, lo que provoca que el Checkbox tome la forma de un botón de radio.

- void **setLabel**(String lb). Establece el texto de la etiqueta asociada.

- void **setState**(boolean state). Lleva al control al estado especificado.

## CheckboxGroup

Hereda Component. Un objeto CheckboxGroup representa un grupo de botones de radio. No tiene aspecto físico, sin embargo debe ser creado para poder tener botones de radio en la interfaz.

### CONSTRUCTOR

- **CheckboxGroup**(). Crea el objeto.

### MÉTODOS DESTACABLES

- CheckBox **getSelectedCheckbox**(). Devuelve el botón de radio seleccionado dentro del grupo.

- void **setSelectedCheckbox**(Checkbox boton). Fuerza la selección del objeto Checkbox especificado.

# List

Hereda Component. Representa una lista estándar de cadenas de texto.

## CONSTRUCTOR

- **List()**. Crea la lista vacía.

## MÉTODOS DESTACABLES

- void **add**(String item). Añade la cadena a la lista, situándola al final de la misma.
- void **add**(String item, int pos). Añade la cadena a la lista, situándola en la posición indicada por *pos* (0 sería la primera posición). Si *pos* es menor que 0 o mayor al total de cadenas existentes, la cadena será situada en la última posición de la lista.
- String **getItem**(int pos). Devuelve la cadena que está situada en la posición indicada.
- int **getItemCount**(). Devuelve el número total de cadenas de la lista.
- int **getSelectedIndex**(). Devuelve la posición de la cadena seleccionada en la lista.
- String **getSelectedItem**(). Devuelve la cadena seleccionada.
- void **remove**(int pos). Elimina de la lista la cadena que ocupa la posición indicada.
- void **removeAll**(). Elimina todas las cadenas de la lista.
- void **replaceItem**(String item, int pos). Sustituye la cadena situada en la posición indicada en *pos*, por la cadena especificada en *item*.

# Choice

Hereda Component. Representa una lista desplegable de cadenas de texto. Dispone de prácticamente los mismos métodos que List.

### CONSTRUCTOR

- **Choice**(). Crea una lista vacía.

### MÉTODOS DESTACABLES

- void **add**(String item). Añade la cadena a la lista, situándola al final de la misma.
- String **getItem**(int pos). Devuelve la cadena que está situada en la posición indicada.
- int **getItemCount**(). Devuelve el número total de cadenas de la lista.
- int **getSelectedIndex**(). Devuelve la posición de la cadena seleccionada en la lista.
- String **getSelectedItem**(). Devuelve la cadena seleccionada.
- void **remove**(int pos). Elimina de la lista la cadena que ocupa la posición indicada.
- void **removeAll**(). Elimina todas las cadenas de la lista.

## Panel

Hereda Container. Representa un contenedor de controles que puede ser incluido dentro de otro contenedor (ventana, applet, etc.), a fin de conseguir una colocación de controles más precisa dentro del contenedor principal. Tiene forma rectangular y adquiere el color de fondo del contenedor principal.

### CONSTRUCTOR

- **Panel**(). Crea un objeto Panel vacío.
- **Panel**(LayoutManager lm). Crea un objeto Panel con el gestor de organización especificado.

### MÉTODOS DESTACABLES

No añade ningún método especial frente a Container.

# SWING

## JComponent

Proporciona soporte a la mayoría de los componentes swing, a excepción de los contenedores JFrame, JDialog y JApplet. Esta clase hereda a su vez a java.awt.Container.

### MÉTODOS

Proporciona los métodos heredados de Container y Component

## AbstractButton

Hereda JComponent. Proporciona el soporte básico para la creación de diversos tipos de botones.

### MÉTODOS

Entre los métodos más destacables de la clase están:

- String **getText**(). Devuelve el texto del control.
- boolean **isSelected**(). Indica si el botón está o no seleccionado.
- void **setEnabled**(boolean s). Permite habilitar e inhabilitar el botón.
- void **setSelected**(boolean s). Permite seleccionar el botón programáticamente. La llamada a este método no genera un ActionEvent.
- Void **setText**(String t). Establece el texto del botón.

## JFrame

Hereda Container. Representa una ventana swing. En este tipo de objetos, la operación asociada por defecto al botón de cierre es la ocultación de la ventana.

### CONSTRUCTORES

- **JFrame**(). Crea una ventana sin título.
- **JFrame**(String t). Crea una ventana con el título especificado.

## MÉTODOS

- void **setContentPane**(Container c). Establece el "panel de contenido" donde serán añadidos los controles gráficos de la ventana.

- void **setDefaultCloseOperation**(int operation). Establece la operación asociada al botón de cierre. Los posibles valores que puede tomar el parámetro están definidos en unas constantes incluidas en la interfaz javax.swing.WindowConstants:

    - DO_NOTHING_ON_CLOSE. El botón no tiene asociada ninguna operación.

    - HIDE_ON_CLOSE. Oculta la ventana. Es la acción establecida de forma predeterminada.

    - DISPOSE_ON_CLOSE. Cierra la ventana.

    - EXIT_ON_CLOSE. Esta constante está definida en JFrame. Su acción asociada consiste en provocar el cierre de la ventana.

# JLabel

Hereda JComponent. Muestra un texto o imagen estáticos.

## CONSTRUCTORES

- **JLabel**(). Crea una etiqueta vacía.

- **JLabel**(String t). Crea una etiqueta con el texto especificado.

- **JLabel**(Icon im). Crea una etiqueta con la imagen especificada.

## MÉTODOS

- Icon **getIcon**(). Devuelve la imagen establecida en la etiqueta.

- String **getText**(). Devuelve el texto establecido en la etiqueta.

- void **setIcon**(Icon imagen). Establece la imagen que será visualizada en la etiqueta.

- void **setText**(String t). Establece el texto que será visualizado en la etiqueta.

# JTextField

Hereda la clase javax.swing.Text.JTextComponent que es la que da soporte a los controles de edición swing.

## CONSTRUCTORES

- **JTextField**(). Crea una caja de texto vacía.
- **JTextField**(String t). Crea una caja de texto, inicializada con el texto indicado.

## MÉTODOS

- String **getSelectedText**(). Devuelve el texto seleccionado en el interior del control.
- int **getSelectionEnd**(). Devuelve la posición siguiente al último caracter seleccionado.
- int **getSelectionStart**(). Devuelve la posición del primer caracter seleccionado.
- String **getText**(). Devuelve el texto introducido en la caja.
- boolean **isEditable**(). Indica si se puede o no escribir en el interior del control.
- void **select**(int start, int end). Provoca la selección de los caracteres que van desde la posición indicada en *start* hasta la posición *end*-1.
- void **selectAll**(). Provoca la selección de todo el texto contenido en el control.
- void **setEditable**(boolean b). Establece la posibilidad o no de que se pueda escribir en el control.
- void **setText**(String s). Establece el texto especificado en el interior del control.

## JButton

Hereda AbstractButton. Representa un botón de pulsación estándar.

### CONSTRUCTORES

- **JButton**(). Crea un botón sin texto ni imagen asociada.
- **JButton**(String s). Crea un botón con el texto especificado.
- **JButton**(Icon imagen). Crea un botón con una imagen.

### MÉTODOS

Los heredados de AbstractButton.

## JRadioButton

Hereda JToggleButton que a su vez hereda AbstractButton. Representa un botón de radio. Para formar un grupo de botones de radio excluyentes entre sí, éstos deben estar asociados al mismo ButtonGroup.

### CONSTRUCTORES

- **JRadioButton**(). Crea un botón de radio sin texto asociado.
- **JRadioButton**(String texto). Crea un botón de radio con el texto asociado que se indica en el parámetro.
- **JRadioButton**(String texto, boolean state). Crea un botón de radio con el texto asociado y con el estado inicial especificado en *state* (*true* activado, *false* desactivado).

### MÉTODOS

Los heredados de AbstractButton.

## ButtonGroup

Hereda Object. Representa un grupo de botones de radio swing.

### CONSTRUCTOR

- **ButtonGroup**(). Crea un grupo de botones de radio.

## MÉTODOS

- void **add**(AbstractButton). Añade un nuevo botón de radio al grupo, a fin de que puedan ser excluyentes entre sí. En realidad, permite agrupar cualquier tipo de botón que herede AbstractButton.

- int **getButtonCount**(). Devuelve el número de botones del grupo.

- ButtonModel **getSelection**(). Devuelve el botón seleccionado. ButtonModel es una subinterfaz de ItemSelectable, implementada por AbstractButton. La interfaz ButtonModel dispone del método *isSelected()*.

- boolean **isSelected**(ButtonModel boton). Nos indica si un determinado botón del grupo está o no seleccionado.

# JCheckBox

Hereda ToggleButton. Representa una casilla de verificación.

## CONSTRUCTORES

- **JCheckBox**(). Crea una casilla de verificación sin texto asociado.

- **JCheckBox**(String texto). Crea una casilla de verificación con el texto asociado que se indica en el parámetro.

- **JCheckBox**(String texto, boolean state). Crea una casilla de verificación con el texto asociado y con el estado inicial especificado en *state* (*true* activado, *false* desactivado).

## MÉTODOS

Los heredados de AbstractButton.

Apéndice B

# SOLUCIÓN A LAS CUESTIONES DE AUTOEVALUACIÓN

## CAPÍTULO 1

1. La edición de Java estándar (J2SE) proporciona soporte suficiente para crear este tipo de aplicaciones.

2. El problema está en la declaración del parámetro del método *main()*, dado que debe ser un array de cadenas. La definición correcta del método *main()* sería:

```
public static void main (String [] args)
```

3. La respuesta correcta es la B. Los métodos estáticos son métodos de clase, no dependen de una instancia particular.

4. La respuesta correcta es la A. No hay límite en cuanto al número de objetos que de una clase se pueden crear.

5. *Public void impresion(String cad)*.

# CAPÍTULO 2

1. Long y string.

2. Los literales decimales son de tipo double, por tanto la segunda línea no compilará. La instrucción correcta sería:

   float r=3.7f;

3. Los valores por defecto de las variables serán:

   k: '0000'

   f: 0.0

   ob: *null*

   b: al ser una variable local no tomará ningún valor por defecto, deberá ser inicializada explícitamente antes de ser utilizada.

4. La respuesta correcta es la C. El operador && solamente puede ser utilizado con operandos de tipo boolean.

5. La respuesta correcta es la A. La expresión condicional evaluada por un *if* debe dar como resultado un valor boolean, en cambio, la expresión que aparece en esta instrucción es una asignación que generará como resultado un valor int.

6. El contenido de estas variables será:

   v: 2 (al funcionar el operador || en modo cortocircuito, la operación ++v no llega a ejecutarse).

   k: 7

7. La respuesta correcta es la C.

8. El problema está en la condición de *while*. Debe ser de tipo *boolean* y no *int*.

9. El código del método será:

```
void muestraPares(int n1, int n2){
   int mayor,menor;
   //determina el mayor y el menor de los números
```

```
        if(n1>n2){
            mayor=n1;
            menor=n2;
        }
        else{
            mayor=n2;
            menor=n1;
        }
        for(int i=menor;i<=mayor;i++){
            if(i%2==0){ //si el número es par...
                    System.out.println(i);
            }
        }
    }
```

10. El objeto será elegido para la recolección a partir de la línea 4, que es cuando dejan de existir referencias al mismo.

# CAPÍTULO 3

1. La respuesta correcta es la B. Lo que se compara con "==" son referencias y como se trata de objetos diferentes las referencias también serán diferentes, a pesar de que el texto sea el mismo.

2. La respuesta correcta es la A. La asignación p=s provoca que las dos variables apunten al mismo objeto.

3. La respuesta correcta es la C. El operador > no se puede aplicar con referencias a objetos.

4. Float, Byte y Long.

5. La respuesta correcta es la A. La cadena devuelta por *readLine()* debe ser convertida a número entero a través del método estático *parseInt()* de la clase de envoltorio Integer.

6. Porque el método *add()* de la clase ArrayList requiere que se le pasen objetos, no tipos básicos.

7. La respuesta correcta es la B. En un Hashtable puede haber dos valores iguales, lo que no puede haber es dos claves iguales.

# CAPÍTULO 4

1. La respuesta correcta es la B. No se puede aplicar en clases, variables locales e interfaces.

2. La respuesta correcta es la A. Encapsular datos no implica reutilizar código.

3. El problema está en la llamada al constructor de la superclase(*super()*) desde el constructor Segunda, dado que Primera no cuenta con un constructor sin parámetros.

4. Los indicados en A y C, ya que, al tener idéntica lista de parámetros no constituyen un caso válido de sobrecarga.

5. La respuesta correcta es la A. Por el mismo motivo indicado en la pregunta anterior.

6. La respuesta correcta es la D. Las clases abstractas pueden tener los mismos tipos de constructores que el resto de las clases.

7. La respuesta correcta es la B.

8. La respuesta correcta es la A. Una clase no puede heredar más de una clase.

# CAPÍTULO 5

1. Será marcada. Cualquier clase de excepción, salvo que sea subclase de RuntimeException, es una excepción de obligada captura cuando se hace uso de un método que la puede lanzar.

2. El método limitador debe declarar en la cabecera la excepción que puede lanzar:

   *public void limitador(String s) throws IOException*

3. La respuesta correcta es la C. Se produce una excepción de tipo ArrayIndexOutOfBoundException al sobrepasar con el bucle *for* el límite del array, pasando el control de ejecución al segundo de los catch.

4. La respuesta correcta es la A. Antes de propagarse la excepción se ejecutará el bloque de instrucciones definidas en *finally*.

5. La única condición es que el catch de ClassCastException esté definido antes que el de RuntimeException, ya que ésta es la superclase de aquella. Un posible orden podría ser: SQLException, ClassCastException, RuntimeException.

6. La respuesta correcta es la D.

7. La respuesta correcta es la A. Se produce un error de tipo AssertionError.

8. Porque la evaluación de la condición alteraría el estado de una variable.

# CAPÍTULO 7

1. La respuesta correcta es la B.

2. Falta la carga del driver. Antes de la obtención del objeto Connection habría que incluir la instrucción:

   *Class.forName("sun.jdbc.odbc.JdbcOdbcDriver");*

3. La respuesta correcta es la B.

4. La respuesta correcta es la C.

5. La respuesta correcta es la A.

6. La carga del driver puede producir una excepción de tipo ClassNotFoundException que, ni se ha capturado ni se ha declarado en la cabecera del método para su propagación.

7. La instrucción SQL sería:

   *Delete From Empleados Where CodigoDep=*
   *(Select CodigoDep From Departamentos*
   *Where NombreDep = "Marketing")*

8. El código de la clase InsercionDatos quedaría:

```
import java.sql.*;
import java.io.*;
public class InsercionDatos{
public static void main(String[] args)
               throws IOException{
 BufferedReader bf;
 bf=new BufferedReader(
          new InputStreamReader(System.in));
 //Lectura de los datos a insertar
 String pwd=bf.readLine();
 String user=bf.readLine();
 String dir=bf.readLine();
 String tel=bf.readLine();
 try{
   Connection cn;
   PreparedStatement pt;
   Class.forName("sun.jdbc.odbc.JdbcOdbcDriver");
   cn=DriverManager.getConnection(
               "jdbc:odbc:tienda");
   String tsql;
   tsql="Insert into clientes values(?,?,?,?)";
   pt=cn.prepareStatement(tsql);
   ps.setString(1,pwd);
   ps.setString(2,user);
   ps.setString(3,dir);
   ps.setString(4,tel);
   st.execute(tsql);
   cn.close();
 }
 catch(ClassNotFoundException e){
   e.printStackTrace();
 }
 catch(SQLException e){
  System.out.println("estado: "+e.getSQLState());
  System.out.println("error: "+e.getErrorCode());
  e.printStackTrace();
 }
}
}
```

# CAPÍTULO 8

1. Rectangle y TextArea.

2. Falta asignar tamaño y posición al control. Por ejemplo, antes de añadir el botón al contenedor podríamos incluir la siguiente instrucción:

   *b.setBounds(100,200,100,50);*

3. La instrucción que habría que incluir es:

   *p.addActionListener(new Pulsacion());*

4. La respuesta correcta es la A.

5. La respuesta correcta es la A.

6. La etiqueta <Applet> quedaría:

```
<Applet code="AppletHome.class"
        codebase="."
        width="600"
        height="400">
      <Param name="codigo" value="5">
</Applet>
```

# CAPÍTULO 9

1. La respuesta correcta es la B. Si pueden compartir recursos. En caso de que alguno de esos recursos deba ser utilizado en cada momento por una única tarea, podrán utilizarse bloques sincronizados.

2. Se produce una excepción, ya que un *thread* que ha finalizado no puede volver a ejecutarse.

3. La respuesta correcta es la B. Compila perfectamente, lo que ocurre es que al llamar directamente a *run()* en vez de a *start()*, las tareas se ejecutarán secuencialmente, no concurrentemente.

4. Las respuestas correctas son B y D. B es falsa porque el valor especificado en *sleep()* no es el tiempo máximo que la tarea estará

detenida, sino el mínimo. Por otro lado, D es falsa porque no es posible invocar al método *sleep()* de una tarea desde otra.

5. El problema está en la instrucción *super(name)* incluida en el constructor. Dado que esta clase no hereda a ninguna otra (salvo implícitamente a Object), no hay ningún constructor de superclase que coincida con este formato.

6. La clase al completo quedaría:

```
public class Ejecucion {
  public static void main(String[] args) {
    Thread t1=new Thread ();
    Thread t2=new Thread ();
    Thread t3=new Thread ();

    //Establece las prioridades de las tareas
    t2.setPriority(Thread.MAX_PRIORITY);
    t1.setPriority(Thread.NORM_PRIORITY);
    t3.setPriority(Thread.MIN_PRIORITY);

    //Pone las tareas en ejecución
    t1.start();
    t2.start();
    t3.start();
  }
}
```

7. La respuesta correcta es la C, dado que *wait()* es un método heredado de Object y, por tanto, puede aplicarse sobre cualquier objeto.

8. Dado que las tres tienen la misma prioridad, puede ejecutarse cualquiera de ellas, incluso la tarea t1 de nuevo.

Apéndice C

# PREGUNTAS TIPO DE EXAMEN

## EXAM 310-065

**1. Given the following:**

```
1. public class Test {
2. public static void sum (Integer i) {
3.     int val = i;
4.     val += 4;
5.     i = val;
6. }
7.
8. public static void main (String args [ ] ) {
9.     Integer i = new Integer (5);
10.    sum (i);
11.    System.out.println (i);
12. }
13. }
```

**What is the result?**

A. Compilation will fail.

B. The program prints “9”.

C. The program prints “5”.

D. Compilation will succeed but an exception will be thrown at line 3.

**2. Given the following:**

```
public class Process {
  public Process (int x, long y) {
  }
}
```

**Which two overload the Process constructor? (Choose Two)**

A. void Process( ) { }

B. Process( ) { }

C. private Process(int z, int y) { }

D. public Object Process(int x, int y, int z) { }

E. public void Process(byte x, byte y) { }

**3. Given the following:**

```
1. //inicio
2. public class Test (
3.  public static void main (String[]args) throws Exception {
4.    java.io.PrintWriter out = new java.io.PrintWriter (new
5.            OutputStreamWriter (System.out), true);
6.    out.println("Hello");
7.  }
8. }
```

**Which statement at inicio on line 1 allows this code to compile and run?**

A. import java.io.PrintWriter;

B. include java.io.PrintWriter;

C. import java.io.OutputStreamWriter;

D. include java.io.OutputStreamWriter;

E. No statement is needed.

**4. Which three are valid declarations of a float? (Choose Three)**

A. float num = -0.0;

B. float num = 4.4;

C. float num = 44e1;

D. float num = 2.02f;

E. float num = 3;

F. float num = 0x0523;

**5. Given the following:**

```
boolean[] logic = new boolean[4];
boolean data= logic [0];
```

**What is the result?**

A. data has the value of 0.

B. data has the value of *null*.

C. data has the value of *true*.

D. data has the value of *false*.

E. An exception is thrown.

F. The code will not compile.

**6. Given the following:**

```
public class Test(
 public static void main(String[]args){
    String cads = args [1];
    cads = args [2];
    cads = args [3];
    System.out.println (cads);
 }
}
```

**And command line invocation:**

```
java Test hola que tal
```

**Choose the correct answer:**

A. The program prints "".

B. The program prints "null".

C. The program prints "hola".

D. The program prints "que".

E. The program prints "tal".

F. The code does not compile.

G. The program throws an exception.

**7. Given the following:**

```
public class Example {
private static int n = 0;

private static boolean test1(int k) {
    n += k;
    return n>0;
}

public static void test2(int i) {
    if(test1(2)||test1(4))
          n+=i;
}

public static void main (String args[]) {
    test2(2);
    System.out.println(n);
}
}
```

**What is the result?**

A. The program prints "0".

B. The program prints "2".

C. The program prints "4".

D. The program prints "8".

E. The code does not compile.

**8. Given the following:**

```
1. public class Example {
2. typeret test(byte a, float b) {
3.     return (short) a/b * 2;
4. }
5. }
```

**What is the valid typeret for test in line 2? (Choose two)**

A. int

B. byte

C. long

D. short

E. float

F. double

**9. Given the following:**

```
import java.util.regex.*;
public class Search {
    public static void main(String[] args) {
        Pattern pat = Pattern.compile("\\d\\d");
        Matcher mat = pat.matcher("1h320by7");
        while(mat.find()){
            System.out.print(mat.group());
        }
    }
}
```

**What is the result?**

A. Compilation will fail.

B. The program prints “32”.

C. The program prints “320”.

D. The program prints “1320”.

E. The program prints “207”.

**10. Given the following:**

```
switch (k) {
    default:
    System.out.println("Hello");
}
```

**What are the two acceptable types for the variable k? (Choose Two)**

A. double

B. char

C. Float

D. short

E. String

**11. Given the following regular expression pattern,**

**"\\d+"**

**Which of the following are *true*?**

A. The expresion is illegal acording regular expression rules.

B. The expresion will match any number.

C. The expresion will match a number only with two digits.

D. The expresion will match a positive number with one digit.

**12. Given the following:**

```
1. public class ArrayTest {
2. public static void main (String[]args) {
3.     float m[], t[];
4.     m = new float [10];
5.     t = m;
6.     System.out.println ("t[5]=" + t[5]);
7. }
8. }
```

**What is the result?**

A. prints t[5] = 0.0

B. prints t[5] = null

C. An error at line 5 causes compile to fail.

D. An error at line 6 causes compile to fail.

E. An error at line 6 causes an exception at runtime.

**13. Given the following:**

```
public class Test {
 String cad;
 public static void main (String[]args) {
    System.out.println ("cad=" + cad);
 }
}
```

**What is the result?**

A. The code compiles and "cad=" is printed.

B. The code compiles and "cad=null" is printed.

C. The code does not compile because string *cad* is not initialized.

D. The code does not compile because string *cad* cannot be referenced.

E. The code compiles, but a NullPointerException is thrown.

**14. Which are valid declarations of a char? (Choose Three)**

A. char car = 34;

B. char car = “a”;

C. char car = ‘cafe’;

D. char car = ‘\’ ‘;

E. char car = ‘\ucafe’;

F. char car = ‘\u10100’;

G. char car = (char) “c”;

**15. Given the following:**

```
public class Test {
  static int i;
  public static void main (String []args) {
    int a = 2, b = i++;
    if ((a++>++b) && (++a>5)) {
        a +=b;
    }
  }
}
```

**What is the final value of a?**

A. 1

B. 2

C. 3

D. 4

E. 5

**16. Given the following:**

```
public class One {
  public static void main (String[]args) {
    String cad = new String ("Hola a todas");
    String[] cads = convert(cad);
    for(String s:cads){
            System.out.print(s+"#");
    }
  }
  public static String[] convert (String s) {
    String[] res = s.split("a\\s");
    return res;
  }
}
```

**What is the result?**

A. The program runs and prints "Hol##todas#".

B. The program runs and prints "Hol#todas".

C. The program runs and prints "Holaatodas".

D. Compilation will fail.

**17. Given the following:**

```
1. //insert here
2. public class Calc {
3.    public static void main(String[] args) {
4.        double rad=6.0;
5.        System.out.println("The Area is: "+rad*rad*PI);
6.    }
7.}
```

**Which line must be inserted at line 1 to program runs ok?**

A. import java.lang.Math;

B. static import Math.*;

C. import static java.lang.Math.*.

D. import java.lang.*;.

E. static import java.lang.Math;

**18. Given the following:**

```
public class Runner {
static int a=1;
public static void main (String []args) {
    int b = 6;
    while (a++) {
         b--;
    }
    System.out.println("a=" + a + " b =" + b);
}
}
```

**What is the result?**

A. The output is a = 6 b = 0

B. The output is a = 7 b = -1

C. The output is a = 6 b = -1

D. The output is a = 7 b = 0

E. Compilation will fail.

**19. Given:**

```
public class Methods {
private long a;
private int b;
private float c;
public void method1(long a, int b, float c){
    this.a = a;
    this.b = b;
    this.c = c;
}
}
```

**Which two overload the method1 method? (Choose Two)**

A. int method1(long a, int b, float c){

this.a = a;

```
        this.b = b;
        this.c = c;
        return b;
    }
```

B.
```
public int method1(long a, float c, int b) {
        this.b =(int) a;
        this.c = b;
        this.a =(long) c;
        return b;
    }
```

C.
```
public void method1(int a, float b) {
        this.a = a;
        this.b = b;
    }
```

D.
```
public void mynewmethod(int a, float b){
        this(a,b);
    }
```

E.
```
public void method1(long n1, int n2, float n3) {
        a = n1;
        b = n2;
        c = n3;
    }
```

**20. Given the following:**

```
public class Test {
public static void main (String []args) {
    System.out.println("value =" +ontest(2));
}
public static int ontest(int x) {
    int a = 1;
```

```
7.     switch (x) {
8.             case 1: ++a;
9.             case 2: a=x;
10.            case 3: a++;
11.            case 4: a++;
12.            case 5: ++a;
13.            default:x++;
14.    }
15.    return a + x;
16. }
17. }
```

**What is the output from line 3?**

A. Value = 3

B. Value = 4

C. Value = 5

D. Value = 6

E. Value = 7

F. Value = 8

**21. Given the following classes:**

```
class Wrapper{
    String data;
    Wrapper(String d){
        data=d;
    }
}
class SubWrapper extends Wrapper{
    SubWrapper(String n){
        super(n);
    }
}
```

**Which of the following sentences are incorrect? (Choose three)**

A. List<?> l1 = new ArrayList<Wrapper>();

B. List<?> l2 = new ArrayList<SubWrapper>();

C. List<Wrapper> l5 = new ArrayList<SubWrapper>();

D. List<? extends Wrapper> l3= new ArrayList<SubWrapper>();

E. List<Wrapper> l4 = new ArrayList<Wrapper>();

F. List<Object> l6 = new ArrayList<SubWrapper>();

G. List<Wrapper> l7 = new ArrayList<? super SubWrapper>();

**22. Given:**

```
1.  import java.util.*;
2.   class Ordena {
3.     public Ordena (ArrayList<Object> col){
4.             Collections.sort(col);
5.             for(String s:col){
6.                     System.out.print("value: "+s+" ");
7.             }
8.     }
9.
10.  }
11.  public class Test{
12.    public static void main(String [] args){
13.            ArrayList<String> lista;
14.            lista = new ArrayList<String>();
15.            lista.add("type");
16.            lista.add("org");
17.            new Ordena(lista);
18.    }
19. }
```

**What is the result?**

A. The program prints "value:org value:type".

B. The program prints "value: null".

C. An Exception is thrown at line 5.

D. Compilation will fail.

**23. Given the following classes:**

```
class One {
   String k;
   Two t=new Two();
   void value(){
```

```
            t.s=k;
    }
 }
class Three extends One{
    Three(){
            k= "class Three";
    }
 }
class Two{
    String s;
}
```

**Which of the following are true about instances of the classes One, Two and Three? (Choose Three)**

A. Three is-a One

B. Three has-a Two

C. One is-a Three

D. Two is-a One

E. One has-a Two

**24. Choose the two methods defined in Thread class:**

A. *runnable()*

B. *wait()*

C. *yield()*

D. *run()*

**25. Which of the following methods can throw an InterruptedException?**

A. *run()*

B. *wait()*

C. *start()*

D. *notify()*

## 26. Given the following code:

```
class Outer {
    Outer(){
            System.out.print("Outer do ");
    }
    static class Inner{
            void Inner(){
                    System.out.println("Inner do ");
            }
    }
    public static void main(String []args){
            new Inner();
    }
}
```

**What is the result?**

A. The program prints nothing.

B. The program prints “Inner do ”.

C. The program prints “Outer do Inner do ”.

D. Compilation will fail.

## 27. Given the following code:

```
void method1 {
  Object o1=new Object();
  Object o2=o1;
  o1=null;
  method2(o2);
}
void method2(Object obj){
  obj=null;
}
```

**When will be elegible for garbage collection the object created in line 12?**

A. After line 14 runs.

B. The object is not elegible.

C. After line 18 runs.

D. After line 16 runs.

**28. Given the following program:**

```
class Test{
    public static void main(String [] args){
        try{
            myMethod();
            System.out.println("A");
        }
        catch(Exception e){
            System.out.println("B");
        }
        finally{
            System.out.println("C");
        }
        System.out.println("D");
    }
    public static void myMethod() throws Exception{
        throw new Exception();
    }
}
```

**What is the result?**

A. ACD

B. BCD

C. BC

D. ABC

E. Compilation will fail.

**29. Given the following program:**

```
interface Imp{
   int p=10;
}
class Test implements Imp{
   public static void main (String [] args){
           System.out.println(p++);
   }
}
```

**What is the result?**

A. 11

B. 10

C. 0

D. Compilation will fail.

**30. Given the following code:**

```
class Test{
   public static void main(String [] args){
           int p=6;
           int n=5;
           int k = Integer.parseInt(args[0]);
           assert false;
           p++;
           assert (p>n): "el valor "+p+" es mayor";
           n++;
           assert (n>k): "el valor "+n+" es mayor";
           doValidate(p);
   }
   private static void doValidate(int s){
           assert(s<0);
   }
}
```

**Which of the following lines have an inappropiate use of assertions?**

A. 6

B. 8

C. 10

D. 14

**31. Given:**

```
10.  float f1 = 4.3f;
11.  float [] f2 = new float[5];
12.  float [][] f3 = new float [2][];
13.  ?
```

**Which of the following expresions could be placed in the line 13? (choose two)**

A. f2[2] = f1;

B. f3[0][0] = f1;

C. f3[1]= f2[0];

D. f3[0] = f2;

**32. Choose the three correct array declarations:**

A. int m[10];

B. int m[][];

C. int [5] m;

D. int [] m[];

E. int [] m;

F. [][] int m;

## 33. Given:

```
class Tarea implements Runnable{
   public void run(){
          for(int i=0;i<5;i++){
                 System.out.print(i+" ");
          }
   }
}
class Principal{
   public static void main(String []args){
          Thread t=new Thread(new Tarea());
          t.run();
   }
}
```

**What is the result:**

A. It nothing prints.

B. 0 1 2 3 4

C. Compilation fails.

D. An exception is thrown.

## 34. Given:

```
class Test{
   public static void main(String []args){
          int n=5;
          printer(n);
   }
   static void printer(int p){
          p++;
          Integer in=new Integer(p);
          synchronized(in){
                 System.out.print(p);
                 p+=in.intValue();
                 try{
                        in.wait();
                 }
                 catch(Exception e){}
```

```
            }
            System.out.print(p);
        }
    }
```

**What is the result:**

A. It nothing prints.

B. 6

C. 612

D. Compilation fails.

E. An exception is thrown.

**35. Given:**

```
import java.io.*;
public class Main {
    public static void main(String[] args)
                                    throws IOException{
         FileWriter fw=new FileWriter("datos.txt", false);
         PrintWriter pw=new PrintWriter(fw);
         pw.print("a");
         pw.print("b");
         pw.print("c");
         pw.print("d");
         pw.close();
         FileReader fr=new FileReader("datos.txt");
         BufferedReader bf=new BufferedReader(fr);
         int cad;
         while((cad=bf.read())!=-1){
              char c=(char)cad;
              System.out.print(c);
         }
    }
}
```

**What is the result:**

A. It nothing prints;

B. d

C. abcd

D. dcba

E. Compilation fails.

**36. Given:**

```
1. import java.util.*;
2. public class Calcule {
3.     public static void main(String[] args) {
4.         System.out.println("Give me a number:");
5.         Scanner sc = new Scanner(System.in);
6.         Object o=sc.nextInt();
7.         //insert here
8.         System.out.println("The number is:"+c);
9.     }
10.}
```

**Which of the following must be inserted at line 7 to program prints the number introduced:**

A. Integer c = o;

B. int c = o.intValue();

C. int c = o;

D. int c = (Integer)o;

**37. Given**

```
import java.util.*;
public class Generic {
    public static void main(String[] args) {
        List<String> lista = new ArrayList<String>();
        lista.add("cade1");
```

```
6.          lista.add("cade2");
7.          if(lista instanceof List<? extends Object>){
8.              for(String s:lista){
9.                  System.out.print(s);
10.             }
11.         }
12.     }
13.}
```

**What is the result:**

A. Compilation fails.

B. The program runs and prints nothing.

C. The programa prints "cade1cade2".

D. The programa runs but exception at line 7.

**38. Given the following:**

```
1. public class X {
2.   public static void main (String[]args) {
3.     String s1 = new String ("50");
4.     Integer b1 = new Integer (50);
5.     if (s1.equals(b1)) {
6.           System.out.println("Equal");
7.     }
8.   }
9. }
```

**What is the result?**

A. The program runs and prints nothing.

B. The program runs and prints “Equal”.

C. An error at line 5 causes compilation to fail.

D. The program runs but aborts with an exception.

## 39. Given The following:

```
1. //insert here
2.    private E n1,n2;
3.    public OperaNumber(E n1, E n2){
4.         this.n1=n1;
5.       this.n2=n2;
6.   }
7.   public void suma(){
8.      System.out.println("La suma es "+
9.               n1.intValue()+n2.intValue());
10.  }
11.}
```

**Which declaration must be inserted at line 1 to compile correctly?**

A. public class OperaNumber{

B. public class OperaNumber<?>{

C. public class OperaNumber<E>{

D. public class OperaNumber<? extends Number>{

E. public class OperaNumber<E extends Number>{

F. public class OperaNumber<E super Integer>{

## 40. Given de following:

```
import java.util.*;
public class Principal {
    public static void main(String[] args) {
        ArrayList<Integer> nums=new ArrayList<Integer>();
        nums.add(new Integer(10));
        nums.add(20);
        prints(nums);
    }

    public static void prints(List items){
        int c=(Integer)items.get(0);
        Integer p=items.get(1);
        System.out.println(c+p.intValue());
    }
}
```

**Choose the correct answer:**

A. Compilation fails because error in line 6.

B. Compilation fails because error in line 7.

C. Compilation fails because error in line 11.

E. Compilation fails because error in line 12 .

F. Runtime exception.

G. The program runs correctly and prints 30.

**41. 1178796534586L is the number of seconds between Jan, 1, 1970 and 10 may of 2007. Given the following program:**

```
1. import java.util.*;
2. import java.text.*;
3. public class Test {
4.     public static void main(String[] args)
                        throws ParseException{
5.         DateFormat df1=
             DateFormat.getDateInstance(
                    DateFormat.LONG,new Locale("es"));
6.         DateFormat df2=
             DateFormat.getDateInstance(
                    DateFormat.SHORT,Locale.US);
7.         Date d=new Date(1178796534586L);
8.         String s=df1.format(d);
9.         Date d2=df1.parse(s);
10.        System.out.println(df2.format(d2));
11.    }
12. }
```

**What will be the result?**

A. The progrma prints 5/10/07.

B. An Exception is thrown.

C. Compilation fails in line 6.

D. Compilation fails in line 10.

**42. Given the following directories and files structure:**

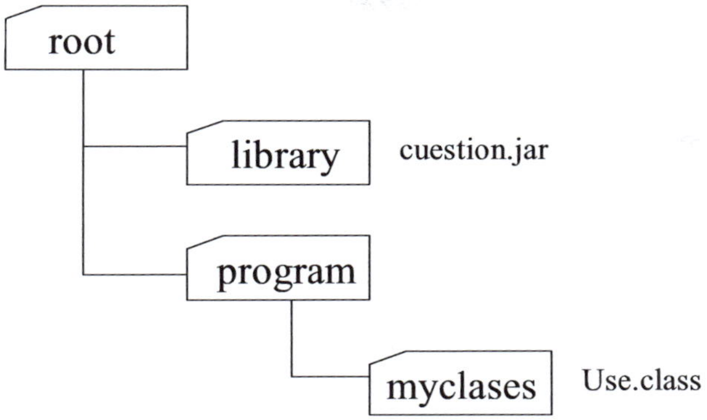


**And given the following classes:**

```
package pack.com;
public class Process {
    String data;
    public Process(String d) {
        data=d;
    }
    public void show(String p){
        System.out.println(data+":"+p);
    }
}

package myclases;
public class Use {
    public static void main(String[] args) {
        pack.com.Process ps=new pack.com.Process(args[0]);
        ps.show(args[1]);
    }
}
```

**If class Precess.clas is in the archive cuestion.jar and the actual directorie is root\program, which of the following produces the output "a:b"?**

A. java –classpath ..\library\cuestion.jar;. Use a b

B. java –classpath ..\library\cuestion.jar;. myclases.Use a b

C. java –classpath ..\library;. myclases.Use a b

D. java –classpath ..\library\cuestion.jar; myclases\Use a b

### 43. Given the following:

```
import java.util.*;
public class Printer {
   public static void main(String[] args) {
        Queue<String> pila=new LinkedList<String>();
        pila.add("cadena1");
        pila.add("cadena2");
        doPrint(pila);
   }
   public static void doPrint(Queue p){
       //insert here
       for(int i=1;i<3;i++){
           System.out.println(p.remove());
       }
   }
}
```

**And the output:**

```
cadena1
cadena2
100
```

**Which line of code inserted at "insert here" will produce the previous output?(choose all that can be applied):**

A. p.add(100);

B. p.add("100");

C. p.insert(2,100);

D. p.add(new Integer(100));

E. There are no instructions that can produce this result.

### 44. Given the following program:

```
import java.io.*;
class Primera {
    public int n;
    public Primera(){
        n=5;
    }
```

```
    public Primera(int n) {
        this.n=n;
    }
}
class Segunda extends Primera implements Serializable{
    public Segunda(int s){
        n+=s;
    }
}
public class Test{
    public static void main(String [] args)
      throws IOException, ClassNotFoundException{
              FileOutputStream fos=
                   new FileOutputStream("datos.obj");
        Segunda s=new Segunda(10);
        ObjectOutputStream os=new ObjectOutputStream(fos);
        os.writeObject(s);
        os.close();
        FileInputStream fis=new FileInputStream("datos.obj");
        ObjectInputStream oi=new ObjectInputStream(fis);
        Segunda s2=(Segunda)oi.readObject();
      System.out.println(s2.n);
    }
}
```

**What is the result:**

A. The output is 5.

B. The output is 10.

C. The output is 15.

D. Compilations fails.

E. An exception is thrown.

**45. Given the following:**

```
import java.util.*;
public class Test {
    public static void main(String[] args) {
```

```
            TreeSet<Integer> listal=new TreeSet<Integer>();
            NavigableSet<Integer> lista2;
            listal.add(5);listal.add(7);
            listal.add(30);listal.add(12);
            lista2=listal.subSet(5,false, 15,false);
            listal.add(10);
            lista2.pollLast();
            System.out.print(listal.size()+",");
            System.out.println(lista2.size());
        }
    }
```

**What is the result:**

A. The program prints 5,2.

B. The program prints 5,1.

C. The program prints 4,2.

D. The program exit with an Exception.

**46. Given the following clasess:**

```
    public class Principal {
        public static void main(String[] args) {
            //insert here
            for(Datos.estados d:Datos.estados.values()){
                if(d==dt)
                    System.out.print("Y");
                else
                    System.out.print("N");
            }
        }
    }
    class Datos{
        public enum estados{OPEN,CLOSE,READY}
    }
```

**Which instruction inserted at "insert here" produce the output "YNN"?**

A. estados dt=estados[0];

B. estados dt=estados.OPEN;

C. Datos.estados dt=Datos.estados.OPEN; //es esta

D. Datos dt=new Datos(estados.OPEN);

E. estados dt=estados.READY;

F. estados dt=estados.CLOSE;

**47. Given the following program:**

```
import java.util.*;
public class Test {
    public static void main(String[] args) {
        int n=2;
        StringBuilder sb=new StringBuilder();
        externo:while(true){
            LinkedList<String> lk=new LinkedList<String>();
            lk.add("hello");
            lk.add("bye");
            Collections.sort(lk);
            interno:for(int k=0;k<lk.size();k++){
                if(n==k) break externo;
                sb.append(lk.get(k).toString());
            }
            n--;
        }
        System.out.println(sb.toString());
    }
}
```

**What is the result:**

A. The program doesn't compile.

B. The program compile and throw an exception.

C. The program runs correctly and prints nothing.

D. The program runs correctly and prints "byehellobye".

E. The program runs correctly and prints "hellobye".

**48. Given the following code:**

```
public abstract class ClaseA {
    public ClaseA() {
```

```
        }
        abstract void printer();
    }

   ________ Inter {
        void draw();
    }

  ________ class ClaseB extends ClaseA ________ Inter{
        static   int p;
        public void printer(){}

    ________ void show(){
            System.out.println(p);
        }
    }
```

**Place the following words in the correct position to the programa compile without errors:**

| | | |
|---|---|---|
| abstract | final | public |
| static | extends | implements |

**49. Place the code fragment into correct position to read a file text and store the strings into the collection:**

```
________

________

public class Principal {
    public static void main(String[] args)
                                      throws IOException{
        List<String> lst=new ArrayList<String>();
        FileReader fr=new FileReader("datos.txt");
       ________
         String s;
```

```
                lst.add(s);
            }
        }
    }
```

| | |
|---|---|
| import java.util.*; | if(bf!=null){ |
| import java.lang.*; | while((bf.readLine())!=null){ |
| import java.io.*; | BufferedReader bf=new BufferedReader(fr); |

**50. Given the following class:**

```
import java.util.*;
public class Process <E>{
    public void doProc(List<? super E> lst, E data){
        //insert here
    }
}
```

**Place the compilation results on each code statement to indicate whether or not that code will compile if is inserted at "insert here":**

| Code statements | Compilation results |
|---|---|
| lst.add(data); | **Compilation ok** |
| System.out.println(lst.get(0).toString()); | **Compilation error** |
| lst.add(new Object()); | |
| E ob=lst.get(0); | |
| Object obj=lst.get(0); | |
| String s=(String)lst.get(0); | |

**51. Given:**

```
enum dirs{
    [          ]
}
public class Use {
    public static void main(String[] args){
    [          ]
        if(args[0].equals("0")){
            d=dirs.LEFT;
        }
        else{
            d=dirs.RIGTH;
        }
    }
}
```

**Place in the correct position the following statements:**

| | |
|---|---|
| String d; | dirs d; |
| LEFT, RIGTH | LEFT;RIGTH |
| enum d; | |

# RESPUESTAS

1.- **C**. Después de la llamada al método *sum()* la variable *i* sigue apuntando al objeto Integer de valor 5, pues en el interior de este método lo que se modifica es la copia de la variable, que pasa a apuntar a un nuevo objeto Integer de valor 9, manteniendo la variable *i* de *main()* con el dato original.

2.- **B** y **C**. Ambos son constructores y sus parámetros son diferentes a los definidos en el constructor que aparece en la clase.

3.- **C**. La clase OutputStreamWriter es utilizada con su nombre de clase, no con el nombre cualificado, por lo que deberá ser importada.

4.- **D**, **E** y **F**. Las tres asignaciones utilizan literales *float* o de un tipo que puede ser convertido implícitamente a éste. Los literales que aparecen en A, B y C son de tipo *double*.

5.- **D**. Todos los elementos de un array son inicializados implícitamente a su valor por defecto en el momento de su creación. En el caso de *boolean* el valor por defecto es *false*.

6.- **G**. Se producirá en la línea 5 una excepción de tipo ArrayIndexOutOfBoundsException, ya que las posiciones del array de argumentos van de la 0 a la 2.

7.- **C**. Dado que la primera llamada a *test1()* devuelve *true*, no se evaluará el segundo operando de la instrucción *OR*.

8.- **E** y **F**. La conversión a *short* afecta únicamente a la variable *a*. Al dividir su valor entre la variable *b* el resultado será *float*, por lo que el tipo de devolución puede ser *float* o *double*.

9.- **B**. El patrón establece como criterio de búsqueda la aparición de dos dígitos consecutivos. Puesto que los grupos no pueden compartir dígitos, el único que cumple la condición es “32”.

10.- **B** y **D**. Los únicos tipos admitidos como resultado de la expresión en una instrucción *switch* son *long* y cualquier otro que pueda ser convertido implícitamente a éste. Éste es el caso de *char* y *short*.

11.- **B**. Se trata de una expresión que hace referencia a cualquier secuencia numérica.

12.- **A**. Al tratarse de un array de tipo float, sus elementos son inicializados implícitamente a 0.0.

13.- **D**. Desde un método estático no se puede acceder a miembros no estáticos de su misma clase.

14.- **A**, **D** y **E**. En A se asigna el valor unicode del caracter, en D el literal *char* y en E el valor unicode en notación hexadecimal.

15.- **D**. Las instrucciones correspondientes a los dos operandos de la condición llegan a ejecutarse, si bien el resultado final es *false*.

16.- **A**. El método *convert()* transforma la cadena en un array de String formado por los elementos: "hol" y "todas".

17.- **C**. Corresponde a la correcta implementación estática de la clase Math.

18.- **E**. Error de compilación porque la condición evaluada por la instrucción *while* debe dar como resultado un *boolean*, no *int*.

19.- **B** y **C**. Son los únicos métodos que cumplen con las reglas de la sobrecarga.

20.- **F**. Al no existir instrucciones *break*, el programa entrará todos los *case* del 2 al 5, además del bloque *default*.

21.- **C**, **F** y **G**. Si una clase "B" es subclase de "A", esto no implica que una colección de objetos de tipo "B" sea una subcolección de tipos "A".

22.- **D**. Por el mismo motivo que en la pregunta anterior, no se puede volcar una colección de objetos String en una colección de tipos Object.

23.- **A**, **B** y **E**. Three es una subclase de One. Por este motivo, además, tanto One como Three tienen como dato miembro un objeto Two.

24.- **C** y **D**. El método *Runnable()* no existe y *wait()* está definido en la clase Object.

25.- **B**. Sólo *wait()*, de los métodos que aparecen en esta cuestión, puede lanzar una InterruptedException.

26.- **A**. El programa compilará y se ejecutará correctamente pero no se imprimirá nada, ya que lo que aparece en la clase Inner es un método, no un constructor.

27.- **D**. El objeto es elegido para la recolección cuando finaliza la ejecución de *method1()*, pues hasta entonces existen referencias "vivas" a dicho objeto.

28.- **B**. Al lanzarse una excepción en *myMethod()* la línea 5 no llegará a ejecutarse. Por otro lado, después de ejecutarse *catch* y *finally* el programa continúa con su ejecución normal.

29.- **D**. Se produce un error de compilación porque p es una constante y por tanto no se puede modificar.

30.- **C**. No se debe hacer suposiciones sobre un argumento público, en este caso, suministrado desde la línea de comandos.

31.- **A** y **D**. En el caso A, los elementos del array f2 son de tipo float, por lo que la asignación es correcta. En cuanto a D, es correcto porque cada uno de los elementos de la primera dimensión del array f3 es un array de float. Por otro lado, B no es correcto porque no está definido el tamaño de la segunda dimensión de f3, mientras que C tampoco lo es porque está asignando un valor float a un elemento de tipo array.

32.- **B**, **D** y **E**. Las tres son declaraciones correctas de un array, mientras que A, C y F no lo son.

33.- **A**. No imprime nada porque la instrucción de la línea 11 invoca directamente al método *run()* de un objeto de la clase Thread (por defecto no hace nada), pero no al *run()* del objeto Tarea.

34.- **B**. El método *printer()* se queda bloqueado indefinidamente en la línea 13, por lo que lo único que llega a visualizarse en pantalla es el valor de la variable p que se imprime en la línea 10.

35.- **C**. Las llamadas al método *read()* de BufferedReader devuelven los caracteres almacenados en el orden en que han sido grabados.

36.- **D**. El número es almacenado como Object, por lo que será necesario convertirlo explícitamente a Integer para poder extraer su valor entero. Por otro lado, la asignación explícita de un objeto Integer a un tipo *int* es correcta debido al autoboxing.

37.- **A**. Se produce un error de compilación por un uso indebido de instanceof con genéricos en la línea 7.

38.- **A**. No imprimirá nada porque la comparación de un objeto de un tipo (String) con otro objeto de tipo diferente (Integer) da como resultado *false*.

39.- **E**. La llamada al método *intValue()* sobre un tipo genérico sólo es posible si se restringe a un subtipo de Number.

40.- **E**. Dado que la colección items no es de tipo genérico la llamada a *get()* devolverá Object, por lo que se necesita una conversión explícita a Integer.

41.- **A**. Se imprime la fecha en formato corto tipo US.

42.- **B**. Es la que establece correctamente el classpath, indicando en éste tanto el directorio actual como la dirección completa del .jar. La respuesta A también utiliza correctamente el classpath, sin embargo, no utiliza el nombre cualificado de la clase Use por lo que tampoco es correcta.

43.- **A**, **B** y **D**. En los tres casos se añade el valor 100 a la colección *p* pues, al no estar declarada como tipo genérico, admite cualquier objeto. La opción C no es válida porque la clase Queue no admite el método *insert()*.

44.- **A**. Al no ser serializable la clase Primera, se ejecutará su constructor sin parámetros al recuperar el objeto Segunda almacenado en disco.

45.- **C**. El valor 10 está dentro del rango definido por el subconjunto, por lo que será accesible desde lista2. Al eliminar un elemento desde lista2 desaparecerá del conjunto.

46.- **C**. Es la única instrucción que accede de forma correcta a los valores de una enumeración que está definida en otra clase. Dado que el valor OPEN es el primero de la enumeración, la primera iteración del bucle *for* dará como resultado *true* en la condición d==dt y *false* en las dos restantes.

47.- **D**. El programa compila y se ejecuta correctamente. En la primera iteración del bucle *while* se ejecuta completamente el bucle *for*, añadiendo las dos cadenas almacenadas en la lista ordenada dentro del objeto StringBuilder. En la segunda iteración del bucle *while* las instrucciones del *for* se ejecutan una sola vez, produciéndose la salida del bucle *while* (etiquetado como externo) al comenzar la segunda iteración del bucle *for*.

48.- El código correcto sería:

```
public abstract class ClaseA {
    public ClaseA() {
    }
    abstract void printer();
}
interface Inter {
    void draw();
}
abstract class ClaseB extends ClaseA implements Inter{
    static int p;
    public void printer(){}
    static void show(){
        System.out.println(p);
    }
}
```

49.- El programa completo quedaría:

```
import java.util.*;
import java.io.*;
public class Principal {
    public static void main(String[] args)
                                  throws IOException{
        List<String> lst=new ArrayList<String>();
        FileReader fr=new FileReader("datos.txt");
        BufferedReader bf=new BufferedReader(fr);
        String s;
        while((s=bf.readLine())!=null){
            lst.add(s);
        }
    }
}
```

50.- Son correctas las siguientes sentencias:

```
lst.add(data); //se pueden añadir a la colección objetos E
System.out.println(lst.get(0).toString()); //muestra la
                         //representación como cadena
                         //del objeto, sea del tipo que sea
Object obj=lst.get(0); //la recuperación como tipo Object es
                         //segura, no requiere conversión
String s=(String)lst.get(0); //la conversión hace que la
                   //instrucción sea segura de cara a la
                   //compilación, aunque podría producir
                   //una excepción, dependiendo del tipo
                   //específico utilizado al crear
                   //el objeto Process
```

Las siguientes sentencias provocarían error de compilación:

```
lst.add(new Object()); //la lista sólo admite que se agregen
                       //objetos de tipo E
E ob=lst.get(0);//la única recuperación admitida sin
                // necesidad de conversión es a Object
```

51.- El código correcto sería:

```
enum dirs{
    LEFT, RIGTH
}
public class Use {
    public static void main(String[] args){
        dirs d;
        if(args[0].equals("0")){
            d=dirs.LEFT;
        }
        else{
            d=dirs.RIGTH;
        }
    }
}
```

# ÍNDICE ALFABÉTICO

## A



## B



## C

## D



## E



## F



## G

## H



## I



## J



## K



## L



## M



## N